COLLECTION
TEXTES A L'APPUI

De nombreux articles de cet ouvrage s'appuient sur des recherches réalisées avec le soutien du Programme interministériel sur la Ville du CNRS.
L'ouvrage est publié avec le soutien du Plan Construction et Architecture.

RÉSEAU
SOCIO-ECONOMIE
DE L'HABITAT

sous la direction de
marion segaud, catherine bonvalet, jacques brun

logement et habitat
l'état des savoirs

ÉDITIONS LA DÉCOUVERTE
9 *bis*, rue Abel-Hovelacque
PARIS XIIIe
1998

Catalogage Électre-Bibliographie

Logement et habitat : l'état des savoirs / éd. sous la dir. de Marion SEGAUD, Catherine BONVALET, Jacques BRUN. — Paris : La Découverte, 1998. — (Textes à l'appui)
ISBN 2-7071-2841-4

Rameau :	logement : France : histoire : 1945-....
	habitations : France : histoire : 1945-....
	politique du logement : France : histoire : 1945-....
Dewey :	307.3 : Communautés. Questions urbaines
	363.2 : Problèmes sociaux et services adaptés. Logement
Public concerné :	Universitaire. Professionnel, spécialiste

Si vous désirez être tenu régulièrement au courant de nos parutions, il vous suffit d'envoyer vos nom et adresse aux Éditions La Découverte, 9 *bis*, rue Abel-Hovelacque, 75013 Paris. Vous recevrez gratuitement notre bulletin trimestriel **A La Découverte**.

Avant-propos

*par Pierre-René Lemas**

On parle encore aujourd'hui en France de crise du logement. Et pourtant, depuis trente ans, la situation a profondément évolué. Quantitativement, l'essentiel des besoins en logements semble satisfait : avec 28 millions de logements en 1996, soit 484 logements pour mille habitants, la France se place en tête des pays d'Europe. Qualitativement, des progrès très importants ont été accomplis ces trente dernières années : les logements inconfortables représentent moins de 6 % du parc des résidences principales. Cependant, dans le même temps, apparaissent ou réapparaissent des situations de détresse sociale, des mal logés ou des non-logés en nombre croissant.

Le logement nous concerne tous, comme citoyens et comme habitants. C'est pourtant un sujet paradoxalement mal connu. En France, il fait l'objet d'une production écrite moins abondante que dans les pays anglo-saxons.

Le logement est un bien qui relève de la production, au cœur de l'activité industrielle du bâtiment, et qui contribue à dessiner l'image de la ville. Il est tantôt considéré comme un bien marchand qui s'échange, tantôt comme un bien patrimonial qu'on veut transmettre à ses enfants. Il est à la fois un bien d'usage et un bien de consommation, mais aussi un placement dont on peut attendre un rendement important. Enfin, peut-être est-il avant tout un bien situé dans un environnement. À ce titre, il est étroitement lié à la production de certains services. C'est notamment en prenant en compte ce changement d'échelle et en intégrant l'ensemble des rapports des acteurs sociaux à leur espace de vie que l'on peut parler d'habitat.

* Directeur général de la direction générale de l'urbanisme, de la construction et de l'habitat au ministère de l'Équipement, des Transports et du Logement.

La politique du logement est traversée de contradictions apparentes entre, d'une part, la volonté de soutenir un appareil de production soumis aux contraintes du marché et, d'autre part, des préoccupations sociales qui conduisent la politique du logement à participer aux efforts de protection sociale et à la lutte contre l'exclusion.

Ces contradictions illustrent bien la diversité des approches possibles autour du logement et de l'habitat.

Depuis une dizaine d'années, l'administration qui a en charge la politique du logement s'est attachée à mettre les données de base à la disposition du plus grand nombre et à favoriser la « capitalisation » des connaissances. Cet ouvrage en est en partie le reflet. Il s'inscrit dans une politique de valorisation des travaux de recherches. Cette politique s'appuie notamment sur le réseau Socio-économie de l'Habitat mis en place à l'initiative du Plan Construction et Architecture, et dont la mission est de développer la recherche dans le domaine de l'habitat et de la construction.

C'est en partie grâce à l'existence de ce réseau de chercheurs, soutenu par le Centre national de la recherche scientifique, que la réalisation de cet ouvrage a été possible.

Cet ouvrage aborde le domaine du logement et de l'habitat en conjuguant des approches multiples : architecture, démographie, droit, économie, géographie, histoire, sociologie y sont présents. Il ne traite pour l'essentiel que de la situation de la France, mais on peut faire le vœu que cette première édition soit suivie de nombreuses autres permettant de disposer en permanence d'un document de référence à jour, où la dimension internationale sera représentée.

Introduction

Logement et *habitat* : on aura peut-être quelques difficultés à comprendre pourquoi ces deux notions sont employées, là plutôt qu'ailleurs, au fil des chapitres de ce livre. Si nous avons tenu à garder « logement » et « habitat » côte à côte dans le titre de cet « état des savoirs », c'est qu'il nous est apparu qu'ensemble ils signalaient un champ de recherche dont ils constituent en quelque sorte les pôles. Les deux notions sont en effet utilisées dans différentes disciplines, et leurs acceptions varient selon les acteurs et les contextes, au point qu'il est difficile d'en donner des définitions universelles. Tout au plus peut-on dire qu'il existe un quasi-consensus autour de significations communes à une majorité de chercheurs français. Nous tenterons ici d'en donner quelques éléments. Des différences apparaissent d'emblée : la notion de *logement* est de toute évidence plus précise, car elle renvoie à une réalité physique bien délimitée dans l'espace, alors que la notion d'*habitat* est plus floue ; accolée à la première, elle permet souvent d'en élargir et d'enrichir le contenu.

Le *logement* est une unité d'habitation, appartement ou maison, abritant régulièrement un ou plusieurs individus qui en partagent l'usage. C'est avant tout un bien matériel, que l'on peut identifier, dans notre société, à partir de ses occupants, de sa localisation et de sa forme architecturale. Le logement est ainsi devenu, dès le XIXe siècle, une catégorie statistique et économique relativement claire, qui s'est construite au fil des recensements. Objet et outil statistique, le logement devient parallèlement un enjeu politique : de ce fait, il est également une catégorie administrative relevant de tout un ensemble de normes qui règlent la construction, les surfaces, l'occupation et les équipements.

Bien que l'acception du mot logement paraisse évidente et qu'il soit aujourd'hui relativement facile de décrire cette entité et d'établir des classifications, le logement constitue un bien complexe par ses fonctions : sa fonction d'usage qui, par le loyer payé, le rapproche d'un bien de consommation ; sa fonction patrimoniale qui en fait un bien transmissible. Toutefois, il se distingue des autres biens durables en raison de son ancrage spatial et de l'immobilisation des capitaux que nécessitent sa production et son investissement. Bien complexe aussi, parce que, outre sa fonction économique, il intègre d'autres dimensions significatives : une dimension symbolique (on sait combien peut être importante l'adresse dans le repérage social) et affective, lorsqu'il participe de l'unité familiale. Parfois lieu de la mémoire des générations antérieures, il est surtout le point d'ancrage des relations familiales. Parce qu'il se transmet, il se situe dans le temps long des générations ; et, si la famille « construit » son logement en l'habitant, le logement « construit » aussi la famille, comme le préconisaient déjà penseurs et hommes politiques du XIXe siècle. Se loger, c'est, en effet, vivre dans un lieu, se l'approprier, l'habiter. Selon la position dans le cycle de vie, selon l'histoire professionnelle et résidentielle de chacun, les manières d'habiter diffèrent et constituent un élément d'identité, tant des personnes que des groupes. Il est l'un des principaux carrefours des différents systèmes et réseaux de relations qui se nouent entre les ménages et la société.

Ainsi, le logement n'est pas seulement une cellule où l'on habite, il est situé dans un espace précis dont on ne peut l'abstraire. Sa valeur économique, affective et symbolique dépend de sa localisation et de son environnement. À ce stade de l'analyse, la notion de logement ne suffit pas à rendre compte de la complexité des phénomènes ; le recours au terme *habitat* permet d'y remédier.

En effet, la notion d'habitat est plus large, dans la mesure où elle intègre l'ensemble des éléments matériels et humains qui qualifient les modes de résidence des hommes. En géographie, par exemple, le terme désignait originellement le système de répartition spatiale des lieux habités. Le mode de localisation des habitations humaines conduisait à opposer l'habitat urbain à l'habitat rural, où la maison était à la fois le siège d'une exploitation agricole et le lieu de la vie familiale. À une autre échelle, la notion d'habitat permettait d'établir une classification des différents modes de répartition dans l'espace : villages, hameaux, habitat dispersé. Le terme d'habitat a pu désigner plus largement les rapports entre le logement et son environnement, jusqu'à inclure l'ensemble des liens entre une « communauté » et son territoire. Quand on parle d'habitat urbain, on prend donc en compte non seulement la fonction résidentielle de la ville, mais également les autres fonctions qui permettent à l'homme de subsister et de s'approprier cet espace.

C'est pourquoi, si la dimension statistique et économique est fortement présente dans l'étude du logement et peut faire l'objet d'approches mono-disciplinaires, il en va différemment avec la notion d'habitat ; celle-ci comporte en effet une dimension plus qualitative, plus globalisante et fait référence à une possible action consciente des acteurs sur l'aménagement de leur environnement.

C'est donc à l'aide de ces deux repères que notre champ s'organise : selon les angles d'approche, selon les conjonctures, selon les disciplines, l'un ou l'autre est mis en avant mais l'un et l'autre, dans une réciprocité de perspectives, sont indispensables pour avoir les clefs de ce *monde* technique, économique et symbolique fait d'acteurs sociaux, d'institutions, de métiers, de marchés, de politiques, de financements, de techniques de construction… *Monde* où, pour chacun, les enjeux sont spécifiques. Et cela particulièrement en France, où l'État joue un rôle important dans la production de l'habitat et du logement, comme dans le développement et l'orientation de la recherche.

La première partie de l'ouvrage retrace la façon dont un objet, le logement, qui nous semble bien défini aujourd'hui, s'est progressivement construit, depuis le milieu du XIXe siècle jusqu'au milieu du XXe, comme catégorie statistique, économique, comme forme architecturale et comme enjeu politique ; nous verrons qu'à travers l'histoire juridique de la propriété, le droit participe aussi à la construction de l'objet.

À partir des années cinquante, la question du logement se pose en termes nouveaux, avec l'intervention massive de l'État. Il semble que la demande politique se concentre sur la catégorie « logement » ; puis, progressivement, la notion d'« habitat » va intervenir dans les interrogations sur la ville. On retrouvera à plusieurs reprises dans cet ouvrage la trace de cette inflexion.

La deuxième partie rassemble des données quantitatives qui aideront le lecteur à situer le logement et l'habitat dans la société française contemporaine.

La troisième partie propose une analyse économique du bien logement, menée aux niveaux macro- et microéconomique. On y trouvera des éléments permettant de saisir non seulement la place du logement dans le circuit économique, financier et immobilier, mais aussi sa place dans l'épargne et le patrimoine des ménages.

La quatrième partie, tout entière consacrée aux politiques publiques, montre le foisonnement et la complexité des initiatives de l'État dont le rôle dans le domaine du logement est particulièrement important en France.

La cinquième partie, « Le logement dans la ville », évoque la place du logement dans l'architecture et les formes urbaines ainsi que le rôle de l'État dans les processus de construction. Elle aborde ensuite la mobilité des ménages et les interactions qui s'établissent entre l'espace habité, l'individu et les groupes sociaux.

Enfin, la dernière partie insiste sur l'importance du logement et de sa transmission au sein de la famille. En considérant son rôle dans les phénomènes de sociabilité, c'est la relation qu'il établit avec l'environnement proche qui est évoquée. Les dernières contributions du chapitre sont en particulier consacrées à l'« habiter » à la fois comme dimension *essentielle* de l'individu et comme « construction » de la vie quotidienne.

À travers cette rapide présentation, on comprendra que partout dans cet ouvrage se pose la question de l'interdisciplinarité. Même si chacune des sciences sociales a sa propre vision de ce qu'elle-même peut apporter à la connaissance en ce domaine (et sa propre attente à l'égard des autres sciences), les chercheurs, pour traiter les thèmes abordés, sont constamment amenés à franchir les limites de leur discipline. C'est pourquoi la majorité des chapitres mobilise, selon des combinaisons variables, l'histoire, la démographie, le droit, l'économie, la géographie, la psychologie, la sociologie... Il est vraisemblable que certains points de vue pourront apparaître contradictoires. Le respect de cette diversité d'approches et de conceptions devrait constituer, nous l'espérons, un élément de la richesse de notre entreprise. Ce livre est avant tout un matériau à partir duquel le lecteur devra encore travailler pour se faire sa propre idée sur les questions abordées.

Marion Segaud, Catherine Bonvalet, Jacques Brun

I

Histoire de la notion de logement jusqu'en 1950

1

Logement et propriété : un aperçu historique

*par Hélène Pauliat**

Le problème des droits s'exerçant sur une habitation ne date pas de la période à laquelle les individus ont été sédentarisés. L'instinct de propriété sur le refuge se manifeste dès qu'il existe une vie en communauté. Mais la protection sur ce logement varie, et il faut attendre une société plus élaborée pour que des mécanismes de protection soient organisés.

Le logement apparaît comme objet de propriété relativement tôt, même si par la suite la « manière » de posséder n'a pas cessé d'évoluer. Le droit a connu de nombreuses définitions de la propriété, la période romaine présentant peu de points communs avec la période médiévale, elle-même se trouvant très en retrait de la définition des textes révolutionnaires, puis du Code civil. On assiste à un mouvement de balancier, qui va d'un « absolutisme orgueilleux et égoïste » romain [Patault, 1989]** à une nécessaire exploitation des ressources, à un inévitable usage des choses, qui renforcera l'intérêt du logement, pour finalement revenir à une conception absolutiste de la propriété. Le droit de propriété sur son logement, sur ses terres, à un moindre degré sur ses biens mobiliers, apparaît alors comme un révélateur de la condition sociale d'un individu. Cependant, la détérioration des conditions économiques et l'évolution de la vie sociale amènent à reconsidérer les attributs du droit de propriété. La propriété n'est plus un privilège, mais une fonction : elle engendre des devoirs. Elle n'est plus un indicateur social : on s'oriente, dans les années cinquante, vers la reconnaissance d'un certain droit à la propriété, de signification différente, qui sert de compromis pour permettre, au niveau international, la signature de certains textes.

---

* Observatoire des mutations institutionnelles et juridiques, université de Limoges.

** Les références entre crochets renvoient aux bibliographies en fin de chapitre.

L'histoire du logement se confond alors largement avec l'histoire de la propriété. Elle révèle la lente émergence d'un droit naturel de propriété pour l'homme, rapidement concurrencé par d'autres droits : le droit de propriété se transforme, malgré les affirmations solennelles, en droit « peau de chagrin ».

Le logement, objet de propriété : la consécration d'un droit naturel de l'homme

La propriété est un droit sur un objet. Pourtant, seule une approche théologique parvient à expliquer l'émergence de ce droit naturel de l'homme qui sera consacré dans la Déclaration des droits de l'homme et du citoyen de 1789, puis dans le Code civil.

Une conception théologique influente

Comment les hommes perçoivent-ils le droit qu'ils exercent sur les choses, et en particulier sur leur logement ? C'est la légitimité même de la propriété qui est en cause : l'homme a un droit à s'approprier des choses dont, dans l'approche théologique, il n'est pas le maître, puisque Dieu seul en est le maître absolu.

D'après la Bible, en effet, Dieu, créateur de l'Univers, exerce sur le monde un véritable pouvoir de gouvernement, une puissance absolue. Ce n'est donc que par un ordre exprès que Dieu autorise l'homme à utiliser ou à user des choses, puisque Dieu a donné le monde à l'homme et qu'il l'a placé au-dessus de toutes les autres créatures terrestres. Ainsi, en exerçant des prérogatives sur les choses, l'homme participe au divin, le monde n'étant soumis à l'homme que parce que lui-même est soumis à Dieu [Renoux-Zagamé, 1985]. Cette pensée évolue cependant : Dieu demeure bien la source du monde, mais l'homme, par sa raison, se soumet un domaine qui doit satisfaire ses propres nécessités. Le domaine humain prolonge le domaine divin ; mais le droit de Dieu sur son domaine étant un droit absolu, le droit de l'homme sur son domaine relève de la même essence ; le droit donné par Dieu engendre un droit naturel de l'homme à s'approprier les choses. La laïcisation des fondements du droit de propriété entraîne alors une modification de la conception même du droit : celui-ci a désormais une finalité conforme à ce que veut l'homme. Dès lors, puisque le droit de l'homme sur les choses ne découle plus directement de Dieu, il devient un vrai « droit de l'homme ». Le « droit-liberté » s'impose.

Des proclamations textuelles emphatiques

Si les fondements théologiques conduisent à admettre l'existence d'un véritable droit naturel de l'homme sur son bien, les textes juridiques lui confèrent sa valeur en droit positif.

En droit romain, la propriété se traduit matériellement par la maîtrise de la chose et conduit ainsi à l'exclusivisme [Patault, 1989]. La puissance de l'individu sur les choses ne fait intervenir aucun rapport entre les individus. Le droit se confond avec l'objet du droit. À l'époque médiévale, la propriété n'est plus conçue comme maîtrise des choses dans leur corporéité, mais dans leur utilité, leur productivité : c'est la « possibilité légitime de tirer un profit » du bien. Une telle approche engendre la disparition de l'exclusivisme : sur un même fonds vont s'exercer des « propriétés simultanées », chacun pouvant retirer du bien une utilité particulière. Inévitablement, la propriété entraîne des rapports entre individus : il n'existe plus de propriétaire exclusif, mais un enchevêtrement de rapports de droits entre individus sur un même bien, qui explique la division entre domaine éminent et domaine utile. À partir du XVIe siècle, la perspective bascule : la société évoluant rapidement, l'essentiel est de pouvoir disposer de la chose *(res)*. Le seul à disposer d'un bien, c'est celui qui en a la maîtrise, et non celui qui bénéficie de son utilisation. La recherche de la libre disposition de son bien par l'individu est en fait une réaction contre l'impossibilité d'aliéner propre au système médiéval de la propriété : c'est la revendication de la pleine liberté sur son bien, qui demeure jusqu'à la Révolution.

Les cahiers de doléances soulignent, en effet, les demandes en matière de propriété : la conception féodale posant trop de difficultés, il faut en revenir à une propriété unitaire. La Déclaration de 1789 apparaît alors comme une rupture : le droit de propriété est considéré comme un « droit inviolable et sacré », que les révolutionnaires placent sur le même plan que la liberté, la sûreté et la résistance à l'oppression (art. 2). « Nul ne peut être privé de ce droit, si ce n'est lorsque la nécessité publique, légalement constatée, l'exige évidemment, et sous réserve d'une juste et préalable indemnité (art. 17) » : on ne pouvait sans doute affirmer de manière plus absolue l'importance du droit de propriété. Cependant, c'est un droit de l'homme, du citoyen, lié à la liberté [Morange, 1988] : l'homme dispose d'une sphère, matérielle, intellectuelle, où nul n'a le droit d'intervenir. Le logement en est l'exemple, avec un système de garanties qui commence à devenir réellement efficace. Cette liaison entre propriété et liberté sera dès lors constante (Conseil constitutionnel, 16 janvier

1982, « Nationalisations ») : la propriété devient condition de la liberté et élément de sa réalisation [Pauliat, 1994].

Cette apparence est pourtant trompeuse, puisque, après avoir consacré solennellement le droit de propriété, les révolutionnaires ont failli oublier de lui donner un réel contenu : l'article 17 a été expédié en catastrophe, avec une rédaction ambiguë [Suel, 1974]. La discussion a surtout porté sur le champ d'application de la protection offerte par le texte. À l'heure actuelle, il est avéré que la disposition visait prioritairement les propriétés foncières mais ne s'arrêtait pas à cette seule approche [Mestre, 1984]. De plus, même si le droit de propriété est consacré avec autant d'emphase, l'article 17 le limite en même temps, en prévoyant les modalités de dépossession du propriétaire. Certes, la procédure est beaucoup plus protectrice que sous l'Ancien Régime (la « juste et préalable indemnité »). Mais le droit de propriété, aussi absolu et exclusif soit-il, souffre déjà de restrictions.

Le Code civil confirme le processus ; la multiplicité des propriétés sur un même fonds est condamnée : le droit de propriété est « le droit de jouir et de disposer des choses de la manière la plus absolue, pourvu qu'on n'en fasse pas un usage prohibé par les lois et règlements » (art. 544). La suppression officielle des démembrements garantit le pouvoir absolu du propriétaire [Coste-Floret, 1935]. Cependant, le droit du propriétaire reste soumis à certaines limitations : l'article 545 reconnaît l'expropriation pour cause d'utilité publique. S'y ajoutent les restrictions imposées par la puissance publique, directement héritées des régimes précédents. Le propriétaire est encore maître de son bien sous certaines réserves, à condition de ne pas nuire à autrui.

Sous la pression des événements, les législations attentatoires au droit de propriété se multiplient et le propriétaire perd de son prestige.

Le logement, fonction de l'appropriation : la restriction progressive du droit de propriété

Le droit de propriété est contraint de suivre l'évolution de la société. Les auteurs soulignent tous la fonction sociale prééminente du droit au détriment de sa dimension individualiste traditionnelle. L'utilité du bien [Morin, 1950], non plus seulement pour son propriétaire, mais pour l'intérêt général (et non plus pour le bien commun, comme chez saint Thomas d'Aquin) devient déterminante. Les conceptions modernes de la propriété, développées principalement à la fin du XIXe siècle et au début du XXe, reprennent cette logique. L'histoire de la propriété recoupe celle de l'ordre juridique individualiste et entraîne sa remise en cause : la propriété, droit subjectif par excellence, doit être reconsidérée. Mais reconnaître la fonction sociale du droit implique la réduction du droit, des prérogatives qu'il engendre, au point d'en faire une peau de chagrin.

Une fonction sociale prééminente

L. Duguit sera le fervent défenseur de cette approche : « La propriété n'est plus le droit subjectif du propriétaire, elle est la fonction sociale du détenteur de la richesse » [Duguit, 1913]. La propriété demeure, mais elle doit être utile : la finalité est largement imposée de l'extérieur au propriétaire ; il n'en a plus le libre usage. Les propriétaires doivent donc user de leur propriété d'une façon qui rend service à la communauté [Waline, 1945]. Cela explique qu'à l'heure actuelle posséder un logement sans l'occuper est contraire à une certaine finalité sociale du droit, ce qui peut légitimer sa réquisition. Mais jusqu'où reconnaître le droit de propriété comme un droit-fonction ? Les propos de J. Carbonnier sont prêts d'être remis en cause : « Les tribunaux n'ont jamais admis [...] à l'époque où la pénurie de logement était cruelle, que le manquement d'un propriétaire urbain à remplir sa fonction sociale, qui est de loger les gens, pût justifier cette sorte de réquisition privée qu'est le squattage » [Carbonnier, 1988]. L'évolution de la société et des mentalités se fait à grands pas ; en est-on tellement éloigné aujourd'hui ?

Dans le même esprit, la revalorisation de l'usage du bien entraîne l'extension constante de la notion de propriété par une législation consacrant de « fausses propriétés » : la propriété commerciale, dès les années trente, vraie propriété « parce que le droit au bail commercial, en contraste avec les autres droits au bail, lui, est librement cessible, monnayable, preuve, s'il en était besoin, que la propriété tire sa puissance de l'aliénation » [Carbonnier, 1988] ; le droit d'occupation et le droit au maintien dans les lieux du locataire par les textes de 1948 et 1949 sont également significatifs : « le droit du propriétaire est réduit à la perception des loyers » [Morin, 1950]. L'utilisation, l'usage du bien deviennent essentiels, puisque, par eux, on peut accéder à la propriété [Théry, 1950]. Le propriétaire doit se plier à ces nouvelles exigences, au risque de voir son droit dévalué socialement, ou d'entrer dans un conflit de droits qui se résoudra nécessairement à son désavantage : le droit de propriété, après les années cinquante, est tributaire de cette conception.

Mais, au-delà de ces atteintes quant à l'étendue et à la fonction de la propriété, il faut prendre en compte les atteintes de la puissance publique, qui anéantissent les prérogatives du propriétaire.

Des prérogatives privées anéanties

« Le fait est là, terriblement évident. Je suis propriétaire et je ne puis pas utiliser ma maison comme je l'entends. Je ne puis pas la construire à mon goût, la louer à mon gré. Je dois tantôt l'entretenir malgré moi, tantôt la laisser périr, tout autant malgré moi. Et toujours je suis sous le coup d'une procédure d'expropriation, par laquelle, au moment peut-être où j'aurais le plus de joie ou de profit à ma propriété, l'administration va me l'enlever » [Trotabas, 1930]. C'est l'autre phénomène marquant, qui résume l'abondance des restrictions imposées dans tous les domaines au droit de propriété : la multiplication des textes limitatifs et contraignants laisse bien peu de liberté aux propriétaires. « Le propriétaire a le droit d'user, mais... son bien peut faire l'objet d'une réquisition ; le droit de jouir, mais... il ne peut construire sans permis ; le droit de disposer, mais... il lui faut l'agrément de son fermier pour vendre » [Carbonnier, 1988].

Le constat est accablant : que peut-il rester du droit de propriété originel, lorsque, lors de l'achat d'un terrain par exemple, il faut attendre quelque temps pour être sûr que la collectivité ne souhaite pas utiliser son droit de préemption, que, lors de la construction du terrain, il faut demander l'autorisation de construire, qu'il faut ensuite payer car le bâtiment projeté est trop haut au regard du coefficient d'occupation des sols, qu'il faut supporter l'intégralité des servitudes imposées sur le fonds et que, finalement, la construction d'une route étant envisagée, l'administration utilise son droit régalien d'expropriation, n'indemnisant alors que sur la base du terrain, en défalquant les servitudes ? Le tableau est caricatural, toutes les restrictions ne s'abattant pas toujours sur le même bien, donc sur le même propriétaire ; mais force est de constater que, plus le droit de propriété s'est étendu au regard des objets appréhendables, plus les prérogatives du propriétaire se sont réduites. On comprend mieux alors le titre de certains articles : le droit de construire est-il « vendu aux enchères » ? [Frier, 1989.]

Le phénomène est constant depuis le début du siècle, avec l'instauration du permis de construire et des plans d'embellissement des villes. L'évolution actuelle est dans le sens d'une illégitimité de la propriété, dès lors qu'elle ne remplit pas la fonction imposée par la société. Cette démarche est partiellement cautionnée par les juridictions judiciaires et administratives, et même par le juge constitutionnel qui, faisant éclater les prérogatives du propriétaire, privilégie le droit de disposer au détriment d'une propriété pleine et entière [Pauliat, 1994]. Il est difficile d'envisager de nouvelles restrictions, à l'exception, sans doute, du développement de certaines formes de réquisitions. Mais le droit de propriété n'offre plus à ses titulaires que de bien faibles prérogatives.

Bibliographie

Agostini Éric (1985), « L'étiolement du droit de propriété en France (1804-1985) », *Mélanges Flattet*, Lausanne.

Attali Jacques (1988), *Au propre et au figuré, une histoire de la propriété*, Fayard, Paris.

Carbonnier Jean (1988), *Flexible droit, Textes pour une sociologie du droit sans rigueur*, LGDJ, Paris.

Coste-Floret Paul (1935), *La Nature juridique du droit de propriété d'après le Code civil et depuis le Code civil*, Librairie du Recueil Sirey, Paris.

Duguit Léon (1913), *Les Transformations du droit public*, Armand Colin, Paris.

Duguit Léon (1920), *Les Transformations générales du droit privé depuis le Code Napoléon*, Librairie F. Alcan, Paris.

Frier Pierre-Laurent (1989), « Le droit de construire vendu aux enchères », *Revue française de droit administratif*, Sirey, Paris.

Gaudemet Jean (1974), *Le Droit privé romain*, Armand Colin, coll. « U2 », Paris.

Gonnard René (1943), *La Propriété dans la doctrine et dans l'histoire*, LGDJ, Paris.

Havel Jean-Eugène (1974), *Habitat et logement*, PUF, « Que sais-je ? », n° 763, Paris.

Hayem Henri (1910), *Essai sur le droit de propriété et ses limites*, Librairie nouvelle de droit et de jurisprudence, Paris.

Lanversin Jacques de (1975), *La Propriété, une nouvelle règle du jeu ?*, PUF, Paris.

Lepage Henri (1978), *Demain le capitalisme*, Hachette-Pluriel, Paris.

Lepage Henri (1985), *Pourquoi la propriété*, Hachette-Pluriel, Paris.

Lévy Jean-Philippe (1972), *Histoire de la propriété*, PUF, « Que sais-je ? », n° 36, Paris.

Magueru Michel (1935), *La Conception philosophique de la notion de propriété en France*, Éd. Jouve, Paris.

Mestre Jean-Louis (1985), « L'expropriation face à la propriété (du Moyen Âge au Code civil) », *Droits*, n° 1, PUF, Paris.

Mestre Jean-Louis (1984), « Le Conseil constitutionnel, la liberté d'entreprendre et la propriété », *Recueil Dalloz*, Paris.

Morange Jean (1988), « La Déclaration et le droit de propriété », *Droits*, n° 8, PUF, Paris.

MORIN Georges (1950), « Le sens de l'évolution contemporaine du droit de propriété », *Mélanges Ripert*, t. II, Paris.

NORY Jean (1923), *Le Droit de propriété et l'intérêt général*, Éd. Camille Robbe, Paris.

PATAULT Anne-Marie (1989), *Introduction historique au droit des biens*, PUF, coll. « Droit fondamental », Paris.

PAULIAT Hélène (1994), *Le Droit de propriété dans la jurisprudence du Conseil constitutionnel et du Conseil d'État*, Publications de la Faculté de droit et des sciences économiques de Limoges, PUF, Paris.

RENARD Georges et TROTABAS Louis (1930), *La Fonction sociale de la propriété privée*, Librairie du Recueil Sirey, Paris.

RENOUX-ZAGAMÉ Marie-France (1985), « Du droit de Dieu au droit de l'homme : sur les origines théologiques du concept moderne de propriété », *Droits*, n° 1, PUF, Paris.

ROMIEU Georges (1923), *La Propriété, ses rapports avec l'État, la société et l'individu*, PUF, Paris.

SUEL Marc (1974), « La Déclaration de 1789 : l'énigme de l'article 17 sur le droit de propriété. La grammaire et le pouvoir », *Revue du droit public et de la science politique*, n° 5, Paris.

TERRÉ François (1985), « L'évolution du droit de propriété depuis le Code civil », *Droits*, n° 1, PUF, Paris.

THÉRY René (1950), « De l'utilisation à la propriété des choses », *Mélanges Ripert*, t. II, Paris.

TOPALOV Christian (1987), *Le Logement en France, Histoire d'une marchandise impossible*, FNSP, Paris.

WALINE Marcel (1945), *L'Individualisme et le droit*, Éd. Domat-Montchrestien, Paris.

2

Le logement et la question sociale (1830-1870)

*par Frédéric Moret**

La question du logement doit s'appréhender à la lumière de la spécificité du développement industriel et urbain que connaît la France au XIXe siècle. L'essor de la grande industrie, principalement en milieu rural, est indissociable d'un maintien et d'un développement de l'artisanat urbain, capable — au moins jusqu'à la grande dépression des années 1880 — de concurrencer le travail usinier, grâce à un savoir-faire technique constamment actualisé et à une adaptabilité très vive aux évolutions du marché. Ce « dualisme économique » a des incidences très nettes sur le développement urbain. Plus tardive, moins violente que l'essor urbain britannique, la croissance urbaine à la française ne voit pas se constituer beaucoup de grandes agglomérations industrielles. Certes, Mulhouse, Roubaix, Saint-Étienne ou Le Creusot se rapprochent, à une moindre échelle, du modèle de Manchester : croissance rapide, fortes concentrations de populations ouvrières, absence ou atonie des vieux centres urbains dans ce développement. Pour l'essentiel, la question qui se pose est celle de l'accueil de nouvelles populations dans le cadre d'un bâti préexistant. Les surdensités dans les quartiers populaires du centre de Paris, ou de Lille, témoignent de la crise urbaine du premier XIXe siècle, que l'haussmannisation ne vint que très partiellement résoudre.

Le discours : l'habitat, symptôme de la crise sociale

La question du logement est prise en charge, principalement à partir des années 1830, par deux catégories d'observateurs de la

* Université de Marne-la-Vallée.

société française, dont les méthodes et les préoccupations se rejoignent souvent : les philanthropes et les socialistes.

Question sociale, question du logement :
le discours philanthropique

La monarchie de Juillet voit se multiplier les enquêtes sur la condition sociale du nouveau prolétariat dont l'émergence est d'abord un motif d'inquiétude, voire de curiosité, avant de susciter une véritable sollicitude. Ces enquêtes, menées par des médecins (Villermé, Guépin), des universitaires (Blanqui) ou des notables (le baron de Gérando), révèlent à une population aisée la situation dans laquelle se trouve une grande partie de la population ouvrière. Elles s'inscrivent dans un courant qui comprend également la vogue du roman « populaire », dont *Les Mystères de Paris* d'Eugène Sue constituent l'illustration la plus fameuse.

Contrairement au mythe selon lequel la ville préindustrielle serait marquée par une ségrégation sociale verticale et verrait se côtoyer dans la même cage d'escalier le commerçant logeant à l'entresol, le bourgeois aisé aux premiers étages, l'employé aux étages supérieurs, jusqu'à l'étudiant et la grisette logeant sous les combles, la ville du premier XIXe siècle distingue des quartiers bourgeois (l'Ouest parisien) et des quartiers populaires, étanches les uns par rapport aux autres. Les visites philanthropiques, comme le roman de Sue, fonctionnent ainsi selon le mode de la transgression des frontières séparant les différents « mondes ». Seuls quelques événements dramatiques, comme l'épidémie de cholera de 1834, semblent faire éclater au grand jour ces réalités pour le plus grand nombre.

La description des taudis du cœur de Paris, ou de Nantes, celle — devenue un classique — de la rue des Étaques à Lille par Villermé aboutissent à un constat sévère : insalubrité, absence d'hygiène, promiscuité, déficiences des systèmes de chauffage, d'adduction et d'évacuation des eaux. Les différents types d'habitat populaire, de la cave humide et glaciale à la soupente offerte aux intempéries, deviennent des archétypes de la misère populaire. La fonction de cette analyse du logement — qui occupe toujours une large place dans les différents rapports — est à la mesure de la difficulté qu'ont ces auteurs à ménager leur propos critique et leur orthodoxie idéologique. Il est en effet difficile à ces libéraux (c'est le cas de Villermé et de Blanqui) de contester l'organisation économique et sociale dont ils sont les avocats. Convaincus de la légitimité de cette organisation, ils ne peuvent, lorsqu'ils en constatent les effets néfastes, proposer des mesures risquant de la remettre en cause dans ses principes. Ils suggèrent alors d'apporter des améliorations à la marge : en ce sens, le discours sur l'amélioration du logement et celui sur la limitation du travail des enfants — plus tard des femmes — ressortissent au même propos.

Le logement est perçu, bien sûr, comme un symptôme de la misère ; mais l'accent est mis très fortement sur les responsabilités de la situation de l'habitat dans la dégradation physique et, plus encore, dans la dépravation morale des « classes laborieuses ». La promiscuité qui règne dans ces taudis choque en particulier ces philanthropes, qui établissent un lien très fort entre misère morale et misère sociale, la seconde étant pour eux bien souvent le résultat de la première.

Les socialistes : améliorer l'habitat et le logement pour résoudre la question sociale

Les socialistes de la première moitié du XIXe siècle élaborent leurs réflexions à partir d'un constat sensiblement identique. Pourtant — et c'est là que réside l'une de leurs grandes spécificités —, ils placent la question de l'habitat au cœur de leur projet. L'insalubrité des constructions dans lesquelles s'entassent, dans ce que Charles Fourier appelle la « Civilisation », non seulement les pauvres, mais aussi les populations les plus favorisées, semble un symptôme du désordre qui règne dans la société française du premier XIXe siècle. Aussi la réalisation pratique d'une communauté, d'un phalanstère, ou d'une ville idéale est-elle à la fois la condition et le résultat de l'accession à l'Icarie (Cabet) ou au Nouveau Monde industriel (Fourier). Les descriptions détaillées que ces auteurs font de leurs projets dessinent en creux la réalité contemporaine : les logements « utopiques » sont bien sûr spacieux, aérés, clairs, insonorisés, sains...

Cependant, l'analyse ne s'arrête pas à la question du logement : ces communautés sont dotées de toutes les fonctions urbaines (production, récréation, santé, culture, éducation). Dans ce contexte, la forme et l'esthétique jouent un rôle important, car elles conditionnent les relations sociales : la question sociale serait largement réglée en faisant vivre les hommes dans un cadre harmonieux. Le Phalanstère fouriériste est ainsi conçu pour que la circulation des « passions » soit optimale et que les différentes classes sociales, les différents âges et sexes se côtoient et s'enrichissent de leurs spécificités.

Certains disciples tentent, sans succès, d'adapter au milieu urbain ces modèles communautaires qui présupposaient, dans l'esprit de leurs inventeurs, une installation à la campagne. C'est le cas par exemple du « palais familial » de Victor Calland ou de divers projets d'« hôtels ouvriers ». Le Familistère que Godin crée à Guise à partir de 1859 pour loger les ouvriers de sa fabrique de poêles peut apparaître comme la seule réalisation durable — les bâtiments sont toujours habités. Resté fidèle aux convictions fouriéristes de sa jeunesse, le dynamique industriel fit construire des bâtiments en s'inspirant du Phalanstère, tout en l'adaptant aux nécessités et aux fonctions d'une cité ouvrière.

Des réponses ? L'État, les patrons

Le contraste est grand entre les dénonciations de la crise de l'habitat par les philanthropes et les socialistes et l'inertie des acteurs politiques et sociaux.

Un État absent

Durant la Restauration et la monarchie de Juillet, les pouvoirs publics se refusent à intervenir en faveur d'une amélioration de l'habitat. Pour la grande majorité des notables qui gouvernent la France — et les philanthropes en font partie —, il convient de ne rien faire qui puisse remettre en cause le sacro-saint principe de la propriété privée.

La IIe République marque, à cet égard, une inflexion certaine, dont témoigne le décret du 18 décembre 1848 instituant des conseils d'hygiène et de salubrité sur l'ensemble du territoire. Quelques années plus tard, c'est sur l'initiative d'Anatole de Melun, figure du catholicisme social à l'instar de son frère Armand, lui aussi député, qu'est votée la loi du 13 avril 1850 : le pouvoir législatif recommande aux conseils municipaux la création de commissions chargées de contrôler l'insalubrité des logements et « d'indiquer les mesures indispensables d'assainissement ». Cette loi est marquée à la fois par un souci hygiéniste et par une volonté d'apaisement social ; la Chambre, dominée par les représentants du parti de l'Ordre, se défend d'attenter à la propriété privée et la loi, qui ne comprend guère d'obligations, ne prévoit que des sanctions dérisoires pour les propriétaires contrevenants. Limitée dans ses principes, elle ne fut que très partiellement appliquée : de nombreuses collectivités locales négligèrent même de constituer des commissions, affirmant avec aplomb que la question ne se posait pas pour elles.

L'accession au pouvoir personnel de Louis Napoléon Bonaparte ne change guère la situation. Intervenant dans le débat sur la construction des cités ouvrières, celui qui est alors président de la République soutient le projet de la rue Rochechouart, connu sous le nom de « cité Napoléon ». Relevant d'une logique caritative plus que sociale, cette réalisation, largement isolée, fut critiquée à la fois par les philanthropes libéraux et par une partie du peuple parisien : là où les seconds voient des casernes pour les enfermer, les premiers s'inquiètent du potentiel révolutionnaire d'une telle concentration de population.

Les effets de ce qu'il est convenu d'appeler l'haussmannisation sur le marché du logement sont bien connus. La destruction des vieux centres surpeuplés aboutit à chasser, dans une certaine mesure, les populations les plus pauvres du cœur de Paris, mais aussi de nombreuses autres villes. Les logements dégradés font place aux immeubles de rapport « haussmanniens », conçus pour une clientèle bourgeoise. La question du logement populaire n'est pas du tout au centre du projet urbain ; on peut même souligner que l'haussmannisation renforce la pression sur le marché du logement populaire en périphérie.

Du côté du patronat : efficacité économique et moralisation du peuple

Rares sont les patrons français qui se préoccupent, avant la fin du XIXe siècle, de loger leurs salariés. Deux motivations essentielles se conjuguent alors : le souci de moraliser les ouvriers et la volonté de fixer la main-d'œuvre. Dans le processus d'industrialisation que connaît la France, on constate une réticence à la prolétarisation de la part d'une population ancrée dans la ruralité. C'est pour éviter que les ouvriers ne désertent la mine ou l'usine dès que se présente la possibilité de travaux agricoles, jugés moins pénibles et plus valorisants, que l'on construit des logements. L'exemple le plus classique est celui du Creusot : les Schneider, dans un premier temps, font construire des « casernes », avant de faire le choix de l'habitat individuel. L'ensemble de la vie sociale de la commune est alors contrôlée par l'entreprise. Il s'agit à la fois de sédentariser l'ouvrier et de le moraliser.

D'autres expériences sont davantage motivées par des préoccupations sociales (la cité de Noisiel, à l'initiative du chocolatier Menier) ou paternalistes : c'est le cas de la Société mulhousienne des cités ouvrières, créée à l'initiative de la Société industrielle de Mulhouse. Largement dominée par le patronat textile protestant, au premier plan duquel Jean Dollfus, cette opération est réalisée grâce à la souscription d'industriels (et, plus tard, au soutien financier de Napoléon III) qui ne reçoivent qu'une rémunération très faible de leur capital. On construit des pavillons à un étage, avec une cuisine et une pièce au rez-de-chaussée, trois chambres et un cabinet d'aisances à l'étage. Modèle le plus achevé, la cité de Mulhouse connaît un succès important — en 1867, on compte 800 maisons abritant 6 000 personnes [Guerrand, 1987] — et inspire d'autres réalisations. L'accession à la propriété du prolétaire demeure l'objectif premier : propriétaire, l'ouvrier est invité à privilégier son intérieur, à développer son sens de l'ordre, de l'hygiène, de l'épargne…

Les pratiques : le marché, le vécu

Pourtant, ces réalisations restent très marginales. Pour l'essentiel, la réalité de l'habitat populaire n'évolue guère sur la période et a même tendance à s'aggraver en raison de la pression démographique.

La rentabilité du taudis

La croissance de la valeur de l'espace est à la mesure de la densification urbaine ; c'est pourquoi la période ne voit pas d'amélioration, dans l'ensemble, de la situation du logement. Là où le docteur Villermé, dans les années 1840, souligne l'entassement (il estime pourtant qu'un logement est convenable si une famille dispose de deux pièces), les enquêtes de Le Play, dans les années 1880, les analyses du docteur Bertillon, en 1908, décrivent toujours les mêmes symptômes : le peuple des villes est toujours aussi à l'étroit et vit dans les mêmes conditions d'insalubrité. Le docteur Bertillon estime en 1908 qu'il y a surpeuplement au-delà de deux personnes par pièce : c'est le cas pour 620 Français sur 1 000 ; pour 260 d'entre eux, le problème se pose de façon très aiguë. De plus, l'entassement de la population, le niveau élevé des loyers font de ce secteur une activité très rentable. La rareté de l'offre permet aux propriétaires (le fameux Monsieur Vautour) de trouver aisément, même à un prix élevé, des locataires. Aussi n'est-il pas étonnant de constater que le taux de revenu des immeubles parisiens est le plus élevé dans les quartiers populaires.

L'échec des rares tentatives de règlement politique ou administratif de la question, la faible ampleur des réalisations patronales aboutissent à faire du secteur du logement une activité presque totalement soumise à l'initiative privée. Le rythme des constructions, dont témoignent les comptes des octrois, est soutenu pendant la Restauration et la monarchie de Juillet, et subit une nette accélération sous le Second Empire. Une ville comme Saint-Étienne compte 1 700 maisons en 1817 et 5 142 en 1856 ; avec même une légère anticipation sur la demande dans les années 1840. De plus, on constate une amélioration qualitative de la construction ; l'usage du plâtre est général, le ciment progresse rapidement dès le milieu du XIXe siècle. Pourtant, la crise du logement est encore forte, résultat d'une insuffisance de l'offre globale. À Marseille, les courbes de croissance de la population et du stock immobilier évoluent en parallèle jusqu'aux années 1880 ; ce qui signifie que l'écart reste constant entre la demande et l'offre de logement, qui reste insuffisante. Saint-Étienne connaît une hausse de 72 % du nombre des immeubles entre 1856 et 1911, alors que dans le même temps la population fait plus que doubler.

Le peuple urbain et le logement : de l'indifférence à la découverte de l'intimité et de l'intérieur

La réalité de la dégradation et de l'entassement des logements doit, enfin, être mesurée à l'aune de la pratique qu'en ont les habitants. Il convient de souligner que le XIXe siècle voit s'opérer une transition vers une prise en compte de l'intime et du familial. Le refus généralisé de l'habitat collectif, sous sa forme socialiste ou philanthropique, la dénonciation des « casernes » où l'on voudrait enfermer — et policer — l'ouvrier renvoient à une vision « archaïque » de l'habitat. Plus que le logement, c'est la ville qui importe, avec la liberté qu'elle apporte [Perrot, 1981]. Progressivement, cependant, les valeurs de l'intime, du privé, exaltées par la bourgeoisie, sur le modèle du *home, sweet home*, pénètrent le monde ouvrier, à la faveur notamment de l'amélioration de ses conditions matérielles. La volonté moralisatrice de l'Église, sa concurrente laïque et républicaine, le souci patronal du calme social vont dans le même sens que l'image de respectabilité que le syndicalisme naissant s'efforce de promouvoir. De nombreux facteurs se conjuguent ainsi pour valoriser l'image de l'intérieur propre, « bien tenu », qui devient le centre de la vie, au détriment des « ennemis » désignés que sont le café, le théâtre et la rue. Progressivement, question urbaine et question du logement peuvent ainsi se dissocier.

Bibliographie

AGULHON Maurice, dir. (1983), *La Ville de l'âge industriel. Histoire de la France urbaine*, t. IV, Seuil, Paris.

FLAMAND Jean-Paul (1989), *Loger le peuple. Essai sur l'histoire du logement social*, La Découverte, Paris.

GUERRAND Roger-Henri (1987), *Propriétaires et locataires*, Quintette, Paris.

PERROT Michelle (1981), « Les ouvriers, l'habitat et la ville au XIXe siècle », *Penser l'espace. La question du logement et le mouvement ouvrier français*, Éditions de la Villette, Paris.

PERROT Michelle, dir. (1987), *Histoire de la vie privée*, t. IV : *De la Révolution à la Grande Guerre*, Seuil, Paris.

3

Ville et logement : catégories statistiques et indicateurs sociaux (XIXe-XXe siècle)

par Marcel Roncayolo, Laurent Coudroy de Lille** et Yankel Fijalkow****

Clôturant trente années de réflexions et d'hésitations, le recensement de 1901 fait véritablement entrer le logement dans la statistique française. Cette nouveauté, après le précédent parisien en 1891, peut être présentée comme un progrès dans le connaissance quantitative de la population ; elle mérite néanmoins quelques commentaires critiques.

Sur le contexte, tout d'abord. Le cycle de transformations urbaines du XIXe siècle touche à sa fin. De nouvelles différenciations sont apparues ou se sont renforcées en même temps que les villes s'étendaient : disparités entre « beaux quartiers » et faubourgs populaires, opposition entre un Paris intra-muros (plus ou moins touché par les retombées de la rénovation haussmannienne) et des banlieues en général moins bien équipées (et qui semblent entraînées dans des dynamiques opposées). L'habitat urbain a connu une profonde révolution : diffusion de l'immeuble de rapport adapté aux différents groupes sociaux, industrialisation de la construction et apparition de modèles résidentiels nouveaux, comme l'appartement bourgeois de *standing*.

Sur le fondement de ce constat, les années qui précèdent la Première Guerre mondiale voient mûrir une importante réflexion sur la ville et son organisation. En particulier, Paris et sa banlieue alimentent une conception nouvelle de l'agglomération. Les acquis théoriques et pratiques du siècle passé ne sont certes pas oubliés, mais les acteurs publics et privés sont à la recherche de nouvelles

* Professeur émérite, université de Paris-X-Nanterre, EHESS.

** Laboratoire Vie urbaine, Institut d'urbanisme de Paris, université de Paris-XII-Val-de-Marne.

*** Groupe de Recherche Innovations et Sociétés, université de Rouen.

formules d'intervention urbaine. C'est dans le cadre de ce nouveau système d'idées, d'arguments et de représentations que la question du logement semble enfin trouver un sens et une place.

Car la question n'est pas nouvelle : au cours du siècle précédent, les enquêteurs sociaux et les hygiénistes (le docteur Villermé ou Victor Considérant) ont amplement rendu compte des conditions d'habitation des milieux populaires. Mais si certains éléments ont été formalisés par des utopistes ou des réformateurs, ces approches sont demeurées très qualitatives, et sans doute approximatives. La définition fournie par le *Grand Larousse* de 1873 révèle que le logement est bien une notion du XIXe siècle, mais le caractère essentiellement qualitatif des critères auxquels elle fait référence (logements insalubres, logements ouvriers) montre que l'approche statistique ne va pas encore de soi.

L'émergence d'une catégorie statistique

Le *Larousse* souligne également la distinction entre « logis » et « logement », ce dernier étant « relatif à la personne qui l'occupe », alors que le logis, « relatif au lieu même », désigne « la construction même ou la chambre, pouvant loger plusieurs personnes, soit dans le même temps, soit successivement ». Le logement était alors défini comme le lieu d'habitation du ménage, « réunion de plusieurs individus habitant et vivant ensemble sous la direction d'un même chef » (circulaire du 5 mai 1856 du ministère de l'Agriculture). En reprenant la référence au « ménage » le recensement de 1901 n'introduit pas seulement une catégorie de comptage : il établit un nouveau principe de repérage et de regroupement statistique de la population.

Sur ce point de définition, la catégorie statistique que constitue désormais le « logement » trouve ses premières limites. En effet, la correspondance entre le « ménage » et sa « résidence principale », c'est-à-dire le « lieu auquel chaque individu est présumé devoir rester attaché par un séjour d'habitude, par un établissement, par des occupations, par une industrie, par des moyens d'existence notoires », n'est pas toujours très nette. Émile Levasseur lui-même témoigne, dans le *Recensement général de la France*, d'« une difficile concordance entre le nombre de ménages et celui des logements habités » [1901].

Un logement est principalement décrit par le nombre des pièces : un consensus s'établit naturellement pour mesurer l'« encombrement » par l'évaluation du nombre de personnes par pièce (rappelons ici le précédent parisien de 1891). Même si la construction de tels indicateurs relève toujours du champ des inquiétudes urbaines et si des normes de confort plus précises seront établies par la suite, on ne tarde pas à critiquer le caractère simplificateur de cette statistique. Ainsi lit-on, dans la *Statistique générale de la France* en 1926 : « Évidemment, le rapport du nombre de pièces au nombre de personnes ne fournit qu'une indication sommaire sur les inconvénients qui peuvent résulter de l'encombrement des logements. Le cube d'air de chaque pièce, leur aération et leur exposition au soleil demeurent des facteurs importants : tel logement relativement encombré ou bien aéré et ensoleillé peut être plus salubre que tel autre qui abrite moins de personnes. »

Cette nouveauté frappe les contemporains eux-mêmes par son caractère rudimentaire. Alors que les enquêtes hygiénistes menées à l'occasion du choléra de 1832, et même antérieurement, proposaient de nombreux détails relatifs à l'ensoleillement, l'aération, l'élévation des bâtiments, la statistique des appartements qui émerge au début du XXe siècle réduit la mesure de l'insalubrité et le concept de taudis au simple rapport arithmétique du nombre d'habitants à la surface disponible.

L'immeuble et les enveloppes urbaines du logement

La critique vient naturellement des milieux hygiénistes et se manifeste par la création de « casiers sanitaires des maisons » à Saint-Étienne (1883), au Havre (1887), à Paris (1894), à Nancy (1903), à Orléans (1905). Nés de la bataille du tout-à-l'égout et des découvertes pastoriennes, qui soulignent l'importance de l'air et de la lumière, les casiers sanitaires consistent en des inventaires exhaustifs des immeubles selon certaines caractéristiques physiques et sanitaires. Il s'agit de revenir au repérage de milieux nocifs, tel que l'avaient proposé, depuis la Révolution, Louis Sébastien Mercier, le médecin Henri Bayard ou encore l'ingénieur polytechnicien Perreymond. Milieux supposés apporter la désolation par leur conformation physique, les « immeubles meurtriers ».

Retenons surtout de cette entreprise qu'elle renoue avec l'échelle intermédiaire de l'immeuble, à partir de laquelle on peut retrouver d'autres échelles plus urbaines, telles que la parcelle et l'îlot. La notion d'immeuble, utilisée pour la première fois lors du recensement de 1817 à Paris, figure en bonne place dans le catalogue des données des *Recherches statistiques sur la Ville de Paris*. En 1856, cette variable est reconnue par l'État : le ministre de l'Agriculture demande aux maires de détailler « le nombre de maisons qui sont ou non habitées, qui sont en construction, qui ont un ou plusieurs étages ». Mais les partisans des casiers sanitaires vont également s'opposer à l'utilisation rigide de cette catégorie qui ne prend en compte que des surfaces bâties. Ils posent, à cette occasion, la question des espaces publics et privés qui entourent les bâtiments sur rue ou sur cour.

Leur néo-hippocratisme est séduisant dans sa volonté d'échapper à l'abstraction des statistiques sur le logement. Il évacue cependant le contenu social de l'occupation, et ce dernier n'est saisi qu'à travers les maladies — choléra, tuberculose — supposées concerner surtout les « prolétaires ». Il en vient à confondre les milieux construits avec les hommes, comme si la pourriture des uns ne pouvait que correspondre à la dégénérescence des autres. Mais le « traitement » des îlots insalubres parisiens selon ces modalités d'identification perdure à travers le siècle. Signalons enfin que le casier sanitaire des maisons de Paris a très certainement permis le passage de la notion de rue à celle d'îlot, dans les opérations d'urbanisme comme dans les recensements de population.

Les critères d'identification et de description du « logement » comportent également une négation du « dehors » et des espaces intermédiaires entre le domicile et le domaine public. On sait à quel point ces interfaces que sont les façades, les entrées et les montées d'immeuble sont porteuses de sens dans la ville haussmannienne. On peut se demander si une statistique fondée sur les « fronts d'îlot » ne serait pas plus pertinente que d'autres, même élaborées à plus grande échelle, pour décrire l'espace social parisien. La différenciation sociale de l'espace urbain, qui se met en place dans ses modalités contemporaines à partir du XVIIIe siècle, ne tient pas seulement aux conditions de logement : l'environnement des appartements et leur contexte urbain sont des facteurs qui déterminent fortement leur occupation.

Plus globalement, la critique qui peut être faite porte sur la dimension normative introduite dans la description du social : l'individu n'est plus repéré que par l'adresse du ménage auquel il est rattaché. En établissant une correspondance univoque entre les individus et « leur » espace, on évacue non seulement toute dimension multiterritoriale, mais aussi toute complexité, relative par exemple au statut d'occupation. L'appropriation symbolique [Lefebvre, 1968], difficilement identifiable par la statistique, est souvent renforcée par une appropriation « réelle » : le logement confère un statut social, surtout lorsque le ménage en est propriétaire. Ce bien, ce patrimoine, et le statut qui leur est associé peuvent être transmis à la génération suivante.

Le logement comme catégorie réductrice de l'intervention urbaine

La réduction du logement à un indicateur élémentaire renvoie à la perspective malthusienne, dominante durant les premières décennies du XXe siècle. C'est largement par la « crise du logement » que les problèmes sont appréhendés, ce dont témoignent de nombreuses études, en partie, mais en partie seulement, ancrées sur les destructions de la Première Guerre mondiale (les premiers numéros de *La Vie urbaine*, à partir de 1919, sont significatifs à cet égard).

Malgré les études de Maurice Halbwachs sur les prix des terrains, toute explication par le marché foncier et par la valeur accordée aux emplacements est évacuée. Les lois Ribot (1922) et Loucheur (1928) initient une conception économique de la politique urbaine axée sur l'activité de construction du logement, se traduisant par l'émergence de lignes budgétaires spécifiques. La loi Loucheur, en particulier, qui accorde à l'État un rôle de contrôle, de soutien financier et de réglementation, concerne aussi bien l'accession à la propriété, la construction d'HBMO et d'habitations à bon marché (HBM) pour les couches moyennes, l'habitat pavillonnaire et collectif : toutes ces catégories de formes et de statuts différents répondent à un objectif global de « livraison » de 500 000 logements. Désormais, l'intervention des pouvoirs publics n'a plus pour seul objectif d'améliorer les conditions du logement, mais vise aussi à dynamiser une activité essentielle pour le pays. La transformation du « logement » en branche économique et son évolution vers l'abstraction statistique vont désormais de pair.

L'entre-deux-guerres se caractérise par une confusion entre la politique urbaine et la politique du logement. La question du logement est ainsi mobilisée par les élus locaux, tel Henri Sellier — conseiller général de la Seine (1908), maire de Suresnes et administrateur de l'Office public des HBM de la Seine (1919) —, pour maîtriser les équilibres sociaux dans l'agglomération : « Le Département de la Seine a voulu se servir de l'Office public des HBM de la Seine comme d'une sorte de *substratum* juridique pour poursuivre d'une part un effort dans le sens de l'extension et de l'aménagement rationnels de l'agglomération parisienne, d'autre part la création de centres d'habitation qui puissent constituer de véritables villes, plutôt qu'un effort particulier pour l'édification d'immeubles propres à loger la population laborieuse ou nécessiteuse de la Ville de Paris et de ses faubourgs. » Dans la terminologie comme dans l'argumentaire mobilisé, la cité-jardin de la banlieue parisienne n'est pas sans rappeler celle d'Ebenezer Howard : communauté sociale et économique autonome, ville complète ayant ses propres activités y compris agricoles, lieu de mixité sociale et fonctionnelle, cellule nouvelle d'urbanisation permettant de contourner les problèmes des vieux centres urbains et entrant en concurrence avec eux. Dans ce modèle, qui renvoie à toute la tradition utopiste — à commencer par le Phalanstère de Fourier —, le logement résiste à cette tendance qui conduit à le traiter comme une abstraction, car il s'inscrit dans la continuité des espaces qui l'entourent. Il est vrai que, dès les premières réalisations françaises, ce projet ambitieux est abandonné, l'habitat collectif s'imposant pour des raisons économiques, comme le déplore Sellier : « Depuis 1923-1924, les mécomptes constatés en ce qui concerne la gestion des constructions édifiées au cours des années précédentes et l'augmentation des prix de revient ont amené à simplifier les formules d'exécution, à rechercher l'effet d'esthétique dans le plan d'ensemble et à substituer aux préoccupations du pittoresque celles du confort et de l'organisation intérieure. »

La cité-jardin est ainsi réduite à sa fonction de logement et prend place dans la banlieue-dortoir. L'unité d'habitation reproduit cette ambiguïté : conçue comme une communauté de voisinage, avec un réseau d'équipements et de services de proximité, elle prépare l'adoption de la morphologie des « grands ensembles » au nom d'un idéal corbuséen et d'une volonté de maîtrise des densités. Les fenêtres des grands ensembles ouvertes sur le vide social renvoient à cette conception du logement comme entité abstraite destinée à satisfaire quantitativement les « besoins des ménages ».

La sociologie urbaine, dans les années cinquante, attirera l'attention sur cette caractéristique des banlieues nouvelles. Quelle identité pour des quartiers conçus comme des agglomérats de logements ? Comment interpréter socialement ces formes urbaines ? Le recensement parisien, dès 1946, ne réduit-il pas l'îlot à une somme de logements caractérisés par la présence (ou l'absence) de WC ou de salles de bains ? Les avatars de notre urbanisme montrent qu'une réflexion sur les échelles spatiales ou « écologiques » utilisées par la statistique doit être poursuivie. Dans le long terme, le logement n'est pas seulement une « boîte », réductible à quelques indicateurs normatifs.

Bibliographie

- Loi du 13 avril 1850 (dite de Melun) relative aux logements insalubres.
- Décret relatif aux rues de Paris, 26 mars 1852.
- Circulaire du ministre de l'Agriculture relative au recensement, 5 mai 1856.
- Recensement de 1926 (Instructions).

BERTILLON Jacques (1894), *Essai de statistique comparée du surpeuplement des habitations à Paris et dans les grandes capitales européennes*, Imprimerie Chaix, Paris.

BOUDON Raymond (1963), « Propriétés individuelles et propriétés collectives. Un problème d'analyse écologique », *Revue française de sociologie*, IV-3.

COSTE Michel (1984), « Perreymond, un théoricien de la question de la restructuration », *Annales de la recherche urbaine*, n° 22.

FIJALKOW Yankel (1994), « Mesurer l'hygiène urbaine. Logements et îlots insalubres. Paris. 1850-1945 », thèse EHESS, Paris (livre en préparation).

FIJALKOW Yankel (1996), « Territorialisation du risque sanitaire : les immeubles tuberculeux de l'îlot insalubre Saint-Gervais (1894-1930) », *Annales de démographie historique*.

HALBWACHS Maurice (1909), *Les Expropriations et le prix des terrains à Paris (1860-1900)*, Publications de la société nouvelle de librairie et d'édition, Paris.

LE CORBUSIER (Charles-Édouard Jeanneret-Gris, dit) (1942), *La Charte d'Athènes*, Seuil, Paris.

LEFEBVRE Henri (1968), *Le Droit à la ville*, Seuil, Paris.

LEROUX Thierry (1981), « L'urbanisme social-démocrate : Henri Sellier », mémoire EHESS, Paris.

LEVASSEUR Émile (1901), « L'habitation », *Recensement général de la France*.

RONCAYOLO Marcel (1995), « Pour un espace public aux usages multiples », *Paris-Projet*.

SELLIER Henri (1921), *La Crise du logement et l'intervention publique en matière d'habitation populaire dans l'agglomération parisienne*, Éditions de l'OPHBMS, Paris.

4

L'émergence du logement social : objectifs et moyens d'une réforme (1894-1930)

*par Susanna Magri**

La législation sociale ayant pour objet le logement voit le jour en France à la fin du XIXe siècle. La loi du 30 novembre 1894 relative aux habitations à bon marché (HBM) est le résultat de la mobilisation des réformateurs libéraux qui, après le silence des années 1870, reprennent l'initiative dans le nouveau contexte politique créé par l'arrivée au pouvoir de républicains « progressistes » en 1879. Cette loi ouvre une nouvelle période de la politique du logement : elle institue les HBM, placés sous la responsabilité de comités départementaux chargés d'en impulser et d'en contrôler la construction, et accorde aux sociétés reconnues d'utilité publique et aux particuliers qui la mettent en œuvre le bénéfice d'exemptions fiscales. Dans les quatre décennies qui suivent, la législation s'étoffera et se modifiera, dessinant les grandes orientations de l'action publique sur lesquelles s'édifiera la politique des habitations à loyer modéré (HLM) après la Seconde Guerre mondiale.

On a l'habitude de considérer que l'événement fondateur de ce que nous appelons aujourd'hui le « logement social » est l'autorisation donnée aux collectivités locales de bâtir des HBM, soit directement, soit par le biais des Offices publics. Cette décision politique, entérinée par la loi du 23 décembre 1912, est sans doute capitale puisqu'elle crée un secteur public de la construction et met pleinement en œuvre le principe de la redistribution du revenu qui est le fondement de l'État social. Mais les conflits sur les voies de sa réalisation (libéralisme ou interventionnisme), sur lesquels a largement insisté l'historiographie, doivent être reconsidérés à la lumière des convergences qui se construisent tout au long de cette période quant

* Institut de recherche sur les sociétés contemporaines (CNRS), Cultures et sociétés urbaines, Paris.

à l'objectif et au mode d'administration de la réforme de l'habitat populaire. Ce sont ces convergences que nous mettrons ici en lumière.

Premiers consensus

L'accord se réalise d'abord sur l'objectif de la réforme. Telle qu'elle ressort de l'analyse des doctrines, celle-ci vise la transformation du cadre de vie comme moyen pour mettre les pratiques populaires en conformité avec le nouvel ordre économique, social et démocratique. Le changement observable au début du XXe siècle dans l'objet même de l'action réformatrice — le quartier et non plus le logement seulement, l'habitat nouveau étant replacé dans une ville elle-même rationalisée — est le signe d'un déplacement de la cible : autant que la vie domestique, c'est la vie sociale qu'il s'agit de réorganiser. La reconstitution d'une communauté de quartier apparaît dès lors comme la condition de la formation du producteur et du consommateur d'une société industrielle pacifiée, mais aussi du citoyen de la société démocratique. Cette orientation est sanctionnée par la loi du 23 décembre 1912, qui assigne aux Offices publics d'HBM la mission de réaliser les « cités-jardins », modèles des nouvelles collectivités locales. Dans le même temps, l'accès aux HBM est ouvert aux ménages les plus défavorisés, la loi autorisant les municipalités à construire directement des logements subventionnés destinés aux « familles nombreuses ». Résultat de la montée du thème nataliste, cheval de bataille de la droite politique depuis la fin du XIXe siècle, cette disposition allait cependant s'accompagner d'une discrimination à l'égard des étrangers, qui se voyaient privés des réductions de loyer prévues pour les « familles nombreuses », en vertu de la loi du 14 juillet 1913 instituant, sous condition de nationalité, l'assistance aux familles nécessiteuses de plus de trois enfants de moins de treize ans. Ainsi, la citoyenneté sociale, que la politique du logement contribuait à construire pour les plus démunis, était entaché, dès sa fondation, d'une exclusive nationaliste. Celle-ci aura cours tout au long de l'entre-deux-guerres, comme en atteste la pratique des collectivités locales et de nombreuses sociétés d'HBM.

Second objet de consensus : le mode d'administration de la réforme. La rationalisation est le paradigme qui préside à l'organisation des politiques de l'État social. Celle-ci commande tout d'abord l'élaboration d'un système de normes qui se fonde sur l'observation et la production de schèmes de causalité fixant les termes du

« problème » à traiter et définissant les populations cibles. La désignation des ayants droit aux HBM se fonde ainsi non pas sur le statut social, comme au temps où la philanthropie construisait des « habitations ouvrières », mais sur la condition de « mal logé ». La définition de celle-ci est directement issue de la statistique des logements « insuffisants et surpeuplés » mise au point à la fin des années 1880 par le Dr Jacques Bertillon (1851-1922), alors chef de travaux de la statistique municipale de la Ville de Paris. Réalisée pour la première fois dans la capitale lors du recensement de 1891, cette statistique est étendue aux villes de plus de 100 000 habitants en 1896, à celles de plus de 5 000 habitants en 1906, et sera poursuivie en 1911, 1921 et 1926. Elle fait du « surpeuplement » l'indicateur qui permet de quantifier les « mauvais » logements et de qualifier les personnes susceptibles d'avoir accès aux HBM. Mais la nouvelle démarche rationalisatrice implique aussi une transformation dans l'administration elle-même, par l'association du politique et de l'expert dans l'élaboration et le contrôle des nouvelles politiques. Dans la période considérée, la création de comités de consultation et commissions ministérielles, composés de représentants du pouvoir politique, de réformateurs et de professionnels spécialisés dans les domaines du logement et de l'urbanisme, concrétise ce changement.

De telles transformations dans le projet réformateur ne se sont pas produites brusquement. Elles se préparent depuis les dernières décennies du XIXe siècle, lorsque les utopies cèdent la place aux projets réalisables. C'est alors que l'on peut prendre toute la mesure du changement. Dans cette perspective, on peut dire que la Grande Guerre est un tournant. Moins parce qu'elle inaugurerait l'ère des réalisations — les promesses de 1919-1920 concernant la construction de logements aidée par l'État et la planification de l'extension urbaine ne seront guère tenues — qu'en raison des urgences qu'elle crée et du renouvellement des gestionnaires qu'elle suscite au plus haut niveau de l'État : ce n'est sans doute pas le moindre facteur de la consolidation du consensus sur le projet réformateur et sur la programmation d'une politique nationale de l'habitation que l'entrée dans l'appareil de l'État, à l'occasion de la guerre, de ses partisans les plus actifs, et spécialement d'un nouveau corps de professionnels : les urbanistes.

La guerre, un laboratoire

La Grande Guerre marque la victoire des courants réformateurs qui s'étaient développés au cours des deux décennies précédentes. Elle a permis en effet leur rencontre avec des forces sociales elles-mêmes en pleine transformation : un patronat maintenant organisé et un mouvement syndical qui a conquis une légitimité nouvelle. Cette rencontre se réalise sur un terrain idéologique et sur un diagnostic communs qui justifient la nouvelle dimension nationale de la politique du logement.

Une nouvelle idéologie, que l'on peut qualifier d'industrialiste, permet de repenser la question ancienne du logement ouvrier dans des termes formulés pendant le conflit, au moment de l'« Union sacrée » : les mauvaises conditions de logement ne sont plus regardées comme le problème des classes les plus modestes, mais comme l'obstacle à l'avènement d'une société plus productive, plus prospère et, du même coup, enfin réconciliée. Le problème du logement apparaît maintenant comme un défi à la nation tout entière : au-delà de la condition ouvrière, il concerne la productivité industrielle du pays, le mode de vie des classes moyennes, la restauration des équilibres du marché. Ainsi se généralise un changement de perspective qu'exprimaient seuls auparavant les réformateurs les plus détachés de la tradition philanthropique. Dans le même mouvement, porter remède à ce problème cesse d'être la tâche des seuls constructeurs privés et des municipalités pour entrer dans le champ de responsabilité de l'État.

De la cité-jardin à la ville rationalisée

Le type d'habitat nouveau dont la réalisation est inscrite au programme de l'État, au lendemain de la Grande Guerre, n'est pas une invention du moment. Il est le fruit d'une double évolution de la pensée réformatrice, dont on peut situer le point de départ au milieu de la première décennie du siècle. Tout d'abord, au moment même où l'idée de cité-jardin reçoit une consécration officielle, son contenu se trouve profondément transformé : on ne songe plus à expérimenter — comme on l'avait fait en Grande-Bretagne au début du siècle — des communautés urbaines autosuffisantes ; on se tourne maintenant vers l'aménagement des banlieues résidentielles. En outre, l'objet de la réforme, loin d'être le seul logement populaire, devient la ville dans sa totalité et son extension.

L'urbanisme modifie en effet les termes du débat sur la réforme de l'habitat populaire. Celle-ci cesse d'être pensée comme une opération isolée pour s'inscrire dans le projet plus vaste de la réorganisation du système urbain. Ce projet se concrétise dans les plans d'embellissement, d'aménagement et d'extension des villes, instruments que le législateur met entre les mains des autorités locales le 14 mars 1919 (loi Cornudet). Une ligne conductrice organise cette planification : elle devra réaliser la nécessaire séparation spatiale des fonctions urbaines. Sur cette orientation convergent différents courants de pensée : l'environnementalisme des hygiénistes puis des sociologues, la théorie organiciste de la ville et la représentation de celle-ci comme usine taylorisée. Ces idées sont élaborées et diffusées par les géographes, historiens, urbanistes et réformateurs sociaux qui ont préparé à partir de 1908 le projet de loi sur le plan urbain, travaillé en 1911-1913 au premier plan d'extension de la capitale, et fondé en 1919 l'École des hautes études urbaines ainsi que la revue *La Vie urbaine*. Cette orientation s'inscrit, au cours de l'entre-deux-guerres, dans la planification des nouveaux quartiers où les espaces monofonctionnels de résidence, de travail, de vie civique sont rigoureusement distincts les uns des autres.

Reconstruire la communauté de quartier

En France, comme du reste dans les pays qui n'ont subi aucune destruction, les problèmes de l'immédiat après-guerre sont formulés en termes de « reconstruction ». Ce vocabulaire est caractéristique du climat social et de l'idéologie qui se sont développés au cours du conflit. On se prépare à refaire les infrastructures matérielles du pays — villes et industrie — en même temps qu'à remodeler les rapports sociaux, à élargir et à organiser la démocratie. Dans ce dessein, le quartier occupe une place centrale. La conviction qu'on ne peut changer les comportements individuels sans transformer le cadre de vie s'était matérialisée dans les projets et réalisations concernant l'habitat populaire dès les années 1900. Bâtir des nouveaux ensembles résidentiels, c'est, selon la vision réformatrice, fonder une nouvelle communauté locale. Celle-ci se réalise d'abord dans les grandes opérations d'HBM des villes-centres — à Paris, celles des fondations philanthropiques et de la municipalité — puis, à partir de 1919, dans les programmes de cités-jardins situées en banlieue. L'objectif se lit dans les trois dimensions du projet : le rôle attribué au nouveau quartier résidentiel dans le réaménagement des agglomérations ; la morphologie physique et sociale de ce quartier ; la gestion de celui-ci, embrassant à la fois le cadre de vie et sa population.

Le modèle d'habitat populaire unanimement partagé est clairement le quartier périphérique planifié et réalisé en bloc par un grand opérateur dans la perspective globale d'un réaménagement de l'agglomération. Le premier changement introduit par ce modèle est la nette séparation entre lieu de travail et lieu de résidence, ce parti allant de pair avec la tentative d'organiser la décentralisation industrielle et de créer des bassins d'emploi périphériques indépendants de la ville-centre. Le deuxième changement consiste dans le recours à de grands organismes de construction, seuls capables de procéder à la planification et à l'édification d'un quartier tout entier. Enfin, des principes scientifiques président désormais à ces réalisations : l'application d'un système de normes à l'ensemble des opérations — depuis le choix des matériaux jusqu'au plan des maisons et à leur disposition sur le terrain — est censée garantir l'efficacité à la fois économique et sociale des programmes.

L'étude de la morphologie des nouvelles « cités », dans les projets de l'entre-deux-guerres, montre que celles-ci rassemblent tous les éléments nécessaires à la vie sociale des habitants et à la constitution d'une communauté autonome. Le quartier est ainsi regardé comme le lieu d'une possible régénération du lien social, de l'inculcation collective de nouveaux modes de vie, de l'éducation et de l'organisation des citoyens dans une période où les salariés font irruption dans les institutions politiques. Quant à la gestion des cités, elle est cohérente avec ce projet. Que l'opérateur soit public ou privé, elle affronte trois ordres de questions : respecter les caractéristiques du cadre de vie consignées dans le plan et en assurer la permanence dans le temps ; faire en sorte que les pratiques quotidiennes soient mises en conformité avec les normes inscrites dans l'environnement physique ; enfin, mettre en place de nouvelles formes de sociabilité et d'expression collective de la population.

Une politique nationale

Les bouleversements produits par la guerre font pour la première fois envisager le logement comme une priorité nationale. La promesse d'une ère nouvelle pour les travailleurs, face à la montée en puissance du mouvement ouvrier, le thème nataliste, ravivé par l'ampleur des pertes humaines, l'amélioration des conditions de vie des ouvriers pour augmenter la productivité et gagner la bataille économique, sont les composantes du discours politique officiel en 1919. On procède donc pour la première fois à des évaluations nationales du besoin de logements, la politique de l'habitation étant désormais placée sous la responsabilité de l'État central. Celui-ci intervient directement dans le financement de la construction d'HBM, par un système de subventions puis de prêts directs institués en 1919 et 1921. Mais les décisions budgétaires limitent considérablement la portée de ces réformes institutionnelles, et le programme de construction de 500 000 « logements économiques et salubres » proposé par les ministres Louis Loucheur et Laurent Bonnevay, qui raisonnent sur la base des possibilités financières (proposition de loi déposée à la Chambre le 26 octobre 1920), n'est pas adopté. Un programme de grande envergure ne sera décidé qu'en 1928 avec la « loi Loucheur ».

Les projets de 1919 n'ont pas seulement pour objet la construction d'HBM. Deux éléments conduisent à envisager une intervention de l'État plus large, qui fonde une nouvelle complémentarité entre le public et le privé. D'un côté, la pénurie de logements constatée à la fin de la guerre concerne désormais aussi les « classes moyennes ». La construction de 30 000 logements destinés à ces classes, que réaliseraient des constructeurs privés aidés par l'État mais non soumis aux contraintes de la législation HBM, est proposée en 1920 par Louis Loucheur, alors ministre des Régions libérées. D'un autre côté, on s'accorde en 1919 pour considérer que, si la pénurie de logements devait durer, elle interdirait le retour à l'équilibre sur le marché immobilier et donc la suppression du blocage des loyers instauré dès le début de la guerre. Une partie des représentants des intérêts immobiliers et du personnel politique libéral ou conservateur en vient alors à admettre que l'État doit agir pour relancer et rationaliser la construction privée.

Mais les contraintes budgétaires des années vingt et le refus des contrôles publics par les milieux d'affaires retardent et entravent la nouvelle politique, les principales innovations restant limitées au secteur des HBM. Faute d'une mise en place rapide des financements publics nécessaires, les grands promoteurs privés « sociaux » ne seront actifs qu'à partir des années trente, en particulier à Paris (la Régie immobilière de la Ville de Paris, créée en 1923, est transformée en société d'économie mixte en 1930, date de création d'une seconde société, la Société anonyme de gestion immobilière). Une nouvelle catégorie de logements destinés aux classes moyennes, les « immeubles à loyer modéré », ne sera instituée qu'en 1928. Il faudra aussi attendre 1926 pour voir adopter l'exonération de la contribution foncière pour les logements construits dans les cinq ans dans le secteur privé. Rien n'est fait non plus pour orienter le crédit immobilier vers la propriété d'occupation du logement et pallier ainsi l'immobilisme des investisseurs dans le domaine de la construction populaire. C'est donc le programme de la loi Loucheur, adopté en 1928, qui développe l'accession à la propriété du logement, le secteur public s'ouvrant dans le même temps davantage aux revenus moyens avec la création en 1930 des « habitations à bon marché améliorées ».

C'est aussi dans ce secteur que sont appliquées les normes de construction proposées au lendemain de la guerre à la multitude des opérateurs qui réalisent l'expansion suburbaine. Ces normes concernent à la fois le dessin et l'agencement des maisons, les caractéristiques techniques des composants de la construction et les plans de lotissements. La construction en série d'un nombre limité de types de maisons est appliquée dans les opérations lancées en 1919 par l'Office public d'habitations à bon marché du département de la Seine, puis dans celles prévues par le programme public de construction de 1928. Dans le secteur privé, seul le grand patronat industriel s'engage dans cette voie, réalisant des cités ouvrières modèles. Les nouveaux ensembles résidentiels planifiés sont donc exceptionnels, et l'urbanisation des banlieues restera marquée par les lotissements « défectueux ».

À ne considérer que les réalisations, la première moitié du XXe siècle apparaît donc comme une simple ébauche des développements futurs. Mais, si l'on replace ce qui a été fait dans le contexte du projet d'ensemble de la politique sociale du logement, une autre vision de la période émerge. Celle-ci peut alors être regardée comme un moment historique où les logiques selon lesquelles s'ordonnent les pratiques et les représentations réformatrices se réorganisent en profondeur. Le projet de transformation de l'habitat populaire et ses méthodes possibles s'élargissent, ce qui permet de concevoir des formes nouvelles et diversifiées de politique, le logement public étant l'une d'entre elles. Un principe d'action inédit entre dans les faits : la définition savante des besoins et des méthodes qui conduiront à les satisfaire implique que soient mises en place les conditions d'une rationalisation de l'action de tous les agents de l'urbanisation, y compris chez les habitants eux-mêmes. Finalement, l'entre-deux-guerres compte plus, sans doute, pour le travail d'élaboration de normes sous l'autorité de l'État que pour avoir donné lieu à de grands programmes de construction publique.

Bibliographie

BULLOCK Nicholas et READ James (1985), *The Movement for Housing Reform in Germany and France, 1840-1914*, Cambridge University Press, Cambridge.

DUMONT Marie-Jeanne (1991), *Le Logement social à Paris, 1850-1930. Les habitations à bon marché*, Pierre Mardaga, Liège.

FLAMAND Jean-Paul (1989), *Loger le peuple. Essai sur l'histoire du logement social*, La Découverte, Paris.

GUERRAND Roger-Henri (1967), *Les Origines du logement social en France*, Éditions ouvrières, Paris (rééd. augmentée : *Propriétaires et locataires. Les origines du logement social en France*, Quintette, Paris, 1987).

GUERRAND Roger-Henri et QUILLOT Roger (1989), *Cent ans d'habitat social, une utopie réaliste*, Albin Michel, Paris.

MAGRI Susanna et TOPALOV Christian (1987), « De la cité-jardin à la ville rationalisée. Un tournant du projet réformateur, 1905-1925. Étude comparative France, Grande-Bretagne, Italie, États-Unis », *Revue française de sociologie*, XXVIII-3.

MAGRI Susanna et TOPALOV Christian (1988), « Reconstruire : l'habitat populaire au lendemain de la Première Guerre mondiale. Étude comparative France, Grande-Bretagne, Italie, États-Unis », *Archives européennes de sociologie*, t. XXIX, n° 2.

MAGRI Susanna et TOPALOV Christian (1995), « L'habitat du salarié moderne en France, Grande-Bretagne, Italie, États-Unis, 1910-1925 », *in* Yves COHEN et Rémi BAUDOUI, éds, *Les Chantiers de la paix sociale (1900-1940)*, ENS, Éditions Fontenay-Saint-Cloud, Fontenay-aux-Roses.

MAGRI Susanna (1990), « Aménager la cité : la conception de l'habitat populaire des réformateurs sociaux et des grands industriels en France, 1900-1925 », *Dossiers des séminaires Techniques, Territoires et Société*, DRI-ministère de l'Équipement, n° 11-12.

MAGRI Susanna (1991), « Des "ouvriers" aux "citoyens modestes". Naissance d'une catégorie : les bénéficiaires des habitations à bon marché au tournant du siècle », *Genèses*, n° 5.

MAGRI Susanna (1995), *Les Laboratoires de la réforme de l'habitation populaire en france : de la Societé française des habitations à bon marché à la Section d'hygiène urbaine et rurale du Musée social, 1889-1909*, ministère de l'Équipement, Plan construction et architecture, *Recherche*, n° 72, Paris.

5

L'émergence de l'outil statistique (XIXe-XXe siècle)

*par Pierre Durif**

La statistique en matière de logement a connu une longue phase de « préhistoire » pendant tout le XIXe siècle et dans la première moitié du XXe. Lorsqu'un économiste contemporain, Michel Lescure [Lescure, 1977], cherche à comptabiliser la construction de logements à Paris au cours de la seconde partie du XIXe siècle, il lui faut avoir recours au recensement des matériaux entrés à l'octroi de Paris, tandis qu'il doit s'appuyer, pour apprécier l'évolution des loyers, sur les valeurs locatives moyennes de locaux (majoritairement d'habitations) établies par les contributions directes ; quant à l'apport potentiel venant du volume des prêts accordés par le système bancaire, les seules données utilisables sont celles du Crédit foncier de France et du Sous-Comptoir des entrepreneurs dont le degré de corrélation avec les phénomènes « à expliquer » est sujet à caution, compte tenu des fluctuations du champ de leur activité au cours du temps.

Finalement, et malgré quelques tentatives de systématisation [Bertillon, 1874], la question de la mise en place d'un recueil de données fiables (donc examinées avec l'esprit critique nécessaire), homogène dans l'espace et continu dans le temps, n'a pas été le souci de ceux qui se sont penchés sur la question du logement avant la Seconde Guerre mondiale. La cause immédiate en est certainement que la culture statistique de ceux qui détenaient des sources exploitables était très insuffisante. Mais elle tient aussi au fait que leur fonction les orientait vers des préoccupations à caractère économique et financier (pour ce qui est des gestionnaires) ou politique (lorsqu'il s'agissait des représentants de pouvoirs publics).

La statistique sur le logement au XIXe siècle s'est donc trouvée en quelque sorte sous l'éteignoir des débats sociaux, dans lesquels

* Crédit foncier de France.

l'intuition et la monographie occupaient la place que tiennent aujourd'hui nos techniques scientifiques d'observation (recensements et enquêtes par sondage).

Les recensements d'avant 1946

Il est particulièrement intéressant d'examiner comment la question du logement a été traitée à travers les recensements, qui constituent un instrument de base de la statistique. Il faut d'abord constater que, jusqu'à la Seconde Guerre mondiale, ils n'ont comporté de questions sur les logements qu'à titre subsidiaire. Certes, dès 1846, les agents recenseurs avaient été chargés de dénombrer les « maisons » par commune, mais il s'agissait alors de ce que nous appellerions aujourd'hui des immeubles. Non seulement l'intérêt de la notion de logement n'est apparu que beaucoup plus tard, mais le dénombrement des immeubles a lui-même manqué de rigueur pendant un demi-siècle. Outre l'imprécision engendrée par la taille de ces « maisons » selon la densité de population, il faut noter le flou considérable entourant la notion de « maison » à usage mixte, notamment entre 1881 et 1896 où l'on a voulu, sans consignes claires, comptabiliser tous les immeubles bâtis, y compris ceux à usage autre que l'habitation. Ceux-ci n'ont vraiment fait l'objet d'une classification spécifique que lors du recensement de 1901, sans lever pour autant toute ambiguïté : par exemple, le nombre de locaux professionnels aurait diminué de 220 000 entre 1901 et 1911 et celui des logements mixtes aurait augmenté de 320 000, ces mouvements paraissant difficilement acceptables. D'autres incertitudes sont liées à la distinction entre immeubles habités et immeubles vacants où l'on relève des variations erratiques dans le recueil de l'information (selon le recensement et la localisation des immeubles) aussi bien que dans son exploitation. Ces incertitudes se sont prolongées jusqu'au recensement de 1946 compris.

Ces imprécisions font que le nombre d'immeubles n'est guère connu (hors mauvaise qualité du dénombrement) entre 1846 et 1946 qu'à 5 % ou 10 % près. Les données disponibles font, certes, clairement ressortir, sur la première moitié du XXe siècle, l'évolution inverse du nombre d'immeubles (en progression de 19 % en un siècle, pour aboutir à 8,8 millions en 1946) et de la population par immeuble. L'interprétation des résultats reste néanmoins difficile compte tenu de l'hétérogénéité de taille des immeubles recensés.

Il a fallu attendre 1881 pour que soient également dénombrés les logements. De plus, un certain flottement est alors perceptible dans la définition du logement : alors que, dès 1861, les ménages sont définis comme l'ensemble des « individus, mariés ou non, avec ou sans enfants, habitant un local distinct », ce qui assure en principe une correspondance stricte entre le nombre de ménages et celui des logements occupés, cette identité ne se trouve pas respectée en pratique, notamment en 1881 et 1896. Quoi qu'il en soit, cette cohérence ménage-logement qui fonde encore actuellement nos recensements (mais cette convention n'est pas retenue dans tous les pays) n'a pas permis de rendre vraiment opératoires les recensements : on a, par exemple, cessé de recenser l'ensemble des logements entre 1911 et 1946. À cette absence de cohérence se superposaient parfois des hésitations sur le champ du recensement : logements vacants, logements à usage mixte, logements des immeubles ordinaires, habitations mobiles, etc. Très généralement, on se limitait au simple décompte du nombre de logements. La définition de la pièce figure pour la première fois dans les instructions du recensement de 1901 et la consigne était de compter comme pièce toute partie du logement destinée à l'habitation et assez grande pour y placer un lit d'adulte. À quelques variantes près (relatives, par exemple, aux antichambres, aux grands cabinets de toilette...), ces instructions ont été maintenues jusqu'en 1946, date à laquelle une exception est faite pour les cuisines, suivant qu'elles contiennent ou non effectivement un lit. Ce changement de définition a été particulièrement gênant pour comparer les nombres de pièces à ceux des recensements précédents, notamment dans les zones rurales où les cuisines « familiales » jouaient un rôle essentiel. Cette prise en compte de la cuisine comme pièce à part entière, jusqu'à une période récente, éclaire tout à fait la dépendance sur le long terme des concepts statistiques à la réalité observée.

L'exploitation des données sur le nombre de pièces est restée très pauvre : si les recensements de 1911 et 1926 ont fait une place spéciale à la répartition des logements suivant le nombre de pièces, ce dépouillement a été limité aux grandes villes. Cependant, l'intérêt pour les besoins en logement a conduit à élaborer des normes de peuplement qui établissent une correspondance entre nombre de personnes et nombre de pièces : ce concept est apparu à l'occasion de l'exploitation du recensement de 1911 (et a été utilisé pour les « villes » de plus de 50 000 habitants). Des calculs rétrospectifs effectués en 1957 [INSEE] permettent de comparer avec cette définition les conditions de peuplement à un demi-siècle de distance et

Degré d'encombrement des logements d'après les normes de 1911

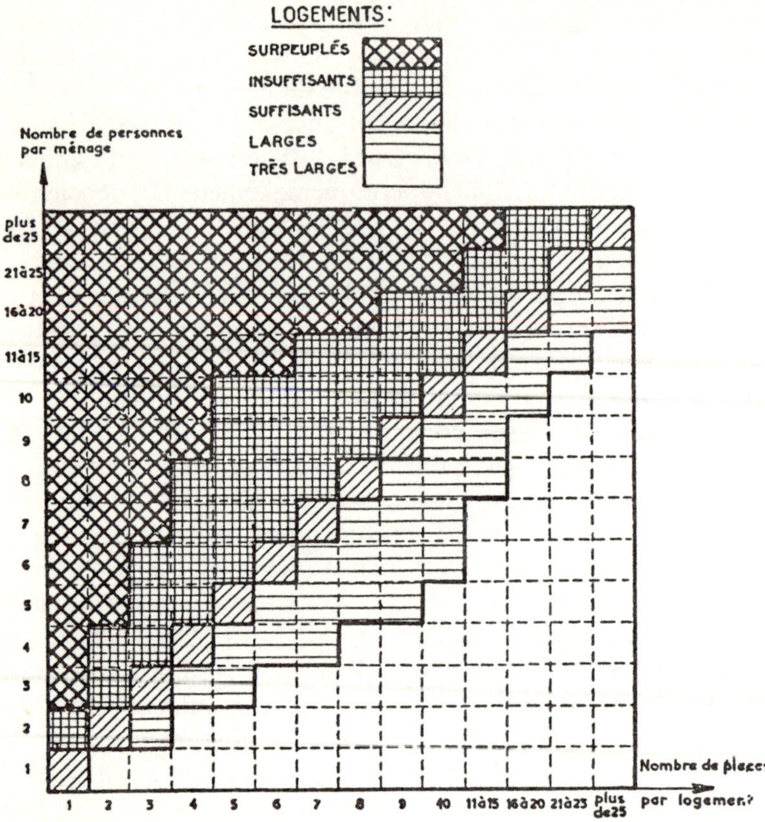

donc de quantifier l'amélioration des conditions de logement qui en résulte.

Les premières informations statistiques sur l'âge des immeubles et certains de leurs éléments de confort datent de l'enquête sur la propriété bâtie effectuée en 1941-1942 par l'administration des contributions directes dans certaines villes. En dehors de cette enquête et de celle qu'avait effectuée en 1906 le ministère du Travail sur l'habitation ouvrière dans cinquante villes (limitée aux logements de une à quatre pièces), qui relevait la présence de WC réservés à la famille, le nombre de pièces possédant une fenêtre et de celles possédant une cheminée, la première tentative de connaître le confort des logements remonte au recensement de 1946.

La période d'avant guerre peut donc être caractérisée de la façon suivante : peu d'informations sont recueillies sur le logement (les

1901-1954. Degré d'encombrement des logements (normes de 1911), France entière, par catégories de communes

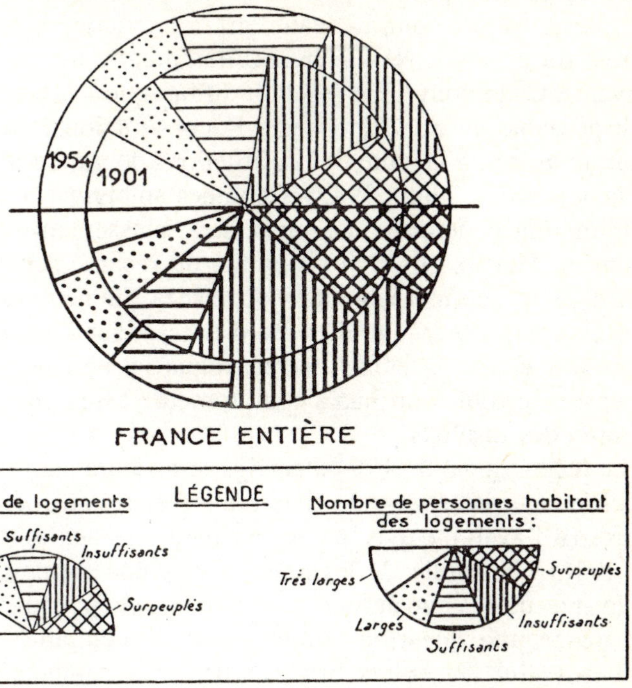

enquêtes par sondage autres que celle de 1906 sont inexistantes) ; et celles-ci se limitent essentiellement au dénombrement et à la taille des habitations. La qualité de ces informations est assez douteuse par suite du manque de rigueur des définitions et de la médiocrité des moyens consacrés à leur obtention ; les exploitations qui en sont faites sont très partielles et peu rigoureuses : la préoccupation d'étudier le confort du logement, et plus généralement les conditions de logement autres que le peuplement, est pratiquement inexistante.

L'absence d'une véritable politique du logement de la part des pouvoirs publics avant 1945 explique largement que le XIXe siècle, comme la première moitié du XXe, ne voient aucun progrès significatif de la connaissance dans ce secteur. En effet, on ne voit pas apparaître avant cette date de connexion concrète entre la statistique et son utilisation effective par les responsables économiques ou sociaux.

Le recensement d'après guerre

Le recensement de 1946 marque une étape décisive. Le questionnaire comportait pour la première fois un cadre spécial enregistrant les éléments de confort (eau, gaz, électricité, installations sanitaires) qu'on allait retrouver régulièrement dans les recensements suivants. Cette nouveauté résultait du fait que « cette statistique était indispensable au ministère de la Reconstruction et de l'Urbanisme pour apprécier, à la suite des destructions de guerre, l'ampleur de sa tâche » [INSEE, juillet 1947]. Certaines ambiguïtés du questionnaire entraînèrent cependant des erreurs de classement ou des doubles comptes. Mais, surtout, la proximité du recensement de 1946 et de la fin de la guerre (personnes déplacées, immeubles partiellement détruits), aussi bien que du vote d'une loi sur l'occupation insuffisante des locaux d'habitation, provoqua la méfiance des personnes recensées, ce qui contribua à compromettre assez gravement la signification des résultats.

Le recensement de 1954 a corrigé la majeure partie des défauts du recensement précédent : le champ a été élargi aux résidences secondaires (il l'avait été avec un succès médiocre aux logements vacants en 1946) ; la feuille de logement a pris une forme très voisine de celle que nous connaissons actuellement et, pour la première fois, est posée une question sur le statut d'occupation des ménages recensés. Sur les points litigieux des recensements précédents, la systématisation des consignes aux agents recenseurs et l'accroissement des moyens ont conduit à une amélioration considérable de la qualité de la collecte. Désormais, l'identité entre le nombre de ménages et celui des logements occupés est rigoureusement vérifiée. Ainsi les recensements ont pu être utilisés depuis 1954 comme base de sondage de presque toutes les enquêtes auprès des ménages effectuées par l'INSEE. L'unité de sondage en est presque toujours le ménage ou logement. Cela explique le rôle directeur que les pratiques du recensement relatives à la définition et au dénombrement des ménages (et donc des logements) ont pu avoir dans l'exécution des enquêtes de l'INSEE.

Le développement après 1950 des enquêtes par sondage change la perspective de la relation ménage-logement, dont nous avons vu combien elle avait mis de temps à émerger. Si le comportement des ménages fonde, comme par le passé, la recherche économique et statistique, le logement devient l'intermédiaire nécessaire (en l'absence d'un fichier de population) à son repérage : d'où la nécessité d'une définition et d'enquêtes rigoureuses sur le parc existant.

Sur un plan plus politique, le recensement des logements (couplé à l'appareil d'État de connaissance des logements terminés) constitue la base de sondage idéale pour les enquêtes. Il est devenu un instrument de développement de l'autorité scientifique de l'INSEE, même si celle-ci s'est trouvée marginalement contestée par le développement des enquêtes par quotas et pourrait l'être demain par les progrès foudroyants du traitement de l'information (fichiers « alternatifs » du téléphone, d'EDF...).

Jusqu'au recensement de 1946 inclus, et faute d'un moyen de traitement approprié, la plupart des exploitations se présentaient sous la forme d'indicateurs par zone géographique (agglomération, département). La mécanographie permet au recensement de 1954 de croiser pour la première fois, en tableaux à double ou triple entrée, un ensemble de données synthétiques décrivant les ménages et leur logement comme autant d'unités économiques et sociales : à cette occasion apparaissent les critères d'agglomération urbaine, sexe, âge et catégorie socioprofessionnelle du chef de ménage, qui constituent encore la base d'un grand nombre de tableaux d'étude du recensement. Ce progrès a été rendu possible par l'utilisation d'un échantillonnage au 1/20 des feuilles de logement pour avoir des résultats plus rapides.

Les recensements suivants apparaissent comme la consolidation des progrès ainsi réalisés. Des améliorations ont été apportées dans la connaissance des logements vacants et des résidences secondaires, ou de l'année d'achèvement des constructions. Surtout, le développement des capacités de traitement des ordinateurs a permis d'étendre les opérations d'exploitation. Les données collectées sont systématiquement contrôlées et redressées. On procède au tirage d'échantillons plus faciles à manier que les fichiers exhaustifs. On peut aussi constituer des codes complexes : depuis 1962, le code du degré de peuplement de l'INSEE retient non seulement le nombre de pièces et le nombre de personnes du ménage (comme la grille de 1911 ou la grille dite « du ministère de la Construction » de 1956), mais aussi la structure sociodémographique de ce ménage ; à partir du même recensement a été créé un code synthétique d'état du logement, qui combine les caractéristiques de gros œuvre et les éléments de confort intérieur du logement. Si le questionnaire des recensements a été peu modifié depuis 1954 dans sa partie relative au logement, la multiplication des possibilités de traitement informatique a permis la réalisation d'exploitations à la demande, jusqu'à l'incorporation de données détaillées des recensements dans des modèles.

L'analyse des migrations et de la mobilité résidentielle a pu être entreprise, et développée à partir de 1975.

Ce survol de l'histoire des recensements anciens conduit naturellement à se demander pourquoi la statistique du logement a connu au cours des années cinquante et soixante une accélération aussi impressionnante après une si longue période de latence. Il n'y a pas une seule explication, mais la conjonction d'un ensemble de facteurs :

— la constitution d'un système statistique d'ensemble digne de ce nom centralisé à l'INSEE et clairement distingué de l'exploitation de données à caractère administratif ou fiscal qui alimentaient les réflexions éparses sur le secteur ;

— l'« ardente obligation » qui animait la volonté de planifier la construction et son financement sous l'égide d'un pouvoir centralisateur et keynésien a été un puissant stimulant ;

— enfin, et surtout, la mise en place de moyens modernes de traitement de l'information : l'informatique a, de surcroît, contribué à fixer les concepts qui ont ouvert très largement le champ des réponses à la demande.

Bibliographie

BERTILLON Louis-Adolphe (1874), *Démographie figurée de la France*, Éditions G. Masson, Paris.

VILLERMÉ Louis-René (1840), *Tableau de l'état physique et moral des ouvriers dans les fabriques de coton, de laine et de soie*, Jules Renouard et Cie, Paris.

DUBY Georges, dir. (1983), *Histoire de la France urbaine (la ville de l'âge industriel)*, Seuil, Paris.

LESCURE Michel (1982), *Les Banques, l'État et le Marché immobilier en France à l'époque contemporaine (1820-1940)*, EHESS, Paris.

INSEE (juillet 1947), « Le problème du logement », *Études et conjonctures*, INSEE, Paris.

INSEE (1957), « Évolution des conditions de logement en France depuis 100 ans », *Études et conjonctures*, n° 10-11, INSEE, Paris.

6

Le logement comme forme architecturale : une approche typologique

*par Jean-Pierre Frey**

Établir une « typologie » consiste à opérer le classement systématique d'un ensemble diversifié d'objets, généralement à partir de leurs caractéristiques formelles. Cette activité, qu'elle soit ordinaire ou savante, permet à la fois d'attribuer un nom à chaque classe d'objets (appelée « type ») et de se faire une idée synthétique des caractéristiques (dites « typiques ») qui distinguent ces classes les unes des autres. Chaque objet particulier (ou « individu ») présente des particularités considérées comme secondaires ou négligeables par rapport à ce qui le rattache à une catégorie à l'exclusion des autres.

Les typologies ordinaires utilisent des noms dits « communs » et ont tout lieu de varier selon les sociétés, les cultures et les langues. Les typologies savantes, qui fondent méthodiquement leur classification sur des approches plus objectives de la réalité, tentent d'établir des typologies universelles propres à chaque discipline. Chaque profession et chaque science procède donc, en fonction de ses objectifs pratiques et de ses ambitions théoriques, à des typologies qui lui sont propres et qui s'intéressent à des objets spécifiques. Ainsi en est-il de ces ensembles d'objets que sont l'architecture (vue par les architectes), l'habitat (vu par les géographes) et le logement (vu par les tenants de politiques sociales du « logement »).

Les premières grandes typologies « architecturales » établies au siècle des Lumières procèdent d'un classement similaire à celui des taxinomies savantes. Sédiments d'une histoire déjà longue, issus de conditions de production très diverses (dont la plupart échappaient à la maîtrise des architectes), les édifices qui peuplaient alors la France de l'Ancien Régime ne furent guère analysés que *post festum*, selon des critères formels ou stylistiques indépendants de leurs conditions

* Institut d'urbanisme de Paris, université Paris-XII-Val-de-Marne.

de production ou d'usage, bref comme des artefacts dont seules la topologie et la régularité géométrique encore incertaine retinrent l'attention. Le souci du naturalisme objectiviste d'un abbé Laugier dans son *Essai sur l'architecture* (1754) devait cependant céder rapidement le pas aux préoccupations conceptuelles visant à dégager de ces inventaires tirés des expériences antérieures les règles de composition de nouveaux types d'édifices. Des conseils d'un Le Muet sur la *Manière de bien bâtir pour toutes sortes de personnes* (1623) au *Recueil et parallèle des édifices de tous genres anciens et modernes* de J. N. L. Durand (1802) puis aux catalogues contemporains que préfigure *L'Architecture privée au XIXe siècle* de César Daly (1864), il n'est en somme question que de formes bâties, au mieux d'architecture, parfois d'habitations, jamais de logement proprement dit.

Agglomération et désagrégation des formes de l'habitation

La « question du logement » devait tout d'abord être celle de la caractérisation des lieux d'habitation des classes ouvrières naissantes, puis celle de la production des habitations destinées à « loger » une part de ces populations, avant d'être, par un usage métonymique du mot, cette portion congrue de l'habitation ou de l'habitat qu'est le logement, comme construction à usage exclusivement domestique.

La dislocation du territoire par l'industrialisation devait voir émerger à la marge ou dans les interstices du parc immobilier existant de nouveaux lieux accueillant, dans des gîtes de fortune, une masse grandissante de main-d'œuvre arrachée à la terre, jetée sur les routes, condamnée à de nouvelles formes de précarité que l'industrie impose aussi bien dans les conditions de travail que dans celles de l'habitation. Les fermes voient s'éloigner ses enfants, l'artisanat régresse, la manufacture craque sous la pression de puissants outillages et les usines émergent au gré de la mise à profit des ressources naturelles. L'habitation et le travail ne peuvent que difficilement cohabiter, et la grande usine qui happe la force de travail rejette, la journée de travail terminée, ses ouvriers dans ces mauvais lieux : le cabaret et le taudis, où se fomentent les révoltes et où l'antagonisme se développe comme une épidémie.

Les conditions matérielles, morales et intellectuelles de ces ouvriers issus du travail du fer, de la houille, du bois ou des textiles préoccupent la bourgeoisie au point qu'elle éprouve le besoin d'instruire la question sociale en repérant les lieux où ces nouvelles classes laborieuses se manifestent. Leurs déplorables conditions de vie donnent lieu à une nosologie des mauvaises mœurs dans laquelle l'habitation, parée autant d'honneurs que d'indignité, devient la cause de tous les maux, mais aussi leur remède. À la famille élargie, déstabilisée par la déterritorialisation et l'éparpillement de ses membres, doit se substituer une famille-souche que la politique du logement aura à charge de fixer dans de nouveaux types d'habitation. Si les premières grandes enquêtes initiées par l'État dès 1800, mais surtout à partir de 1830, s'attachent à décrire en premier lieu les conditions de travail et de vie de ces mauvais pauvres, elles ébauchent un tableau général dans lequel les types d'habitat sont un lieu privilégié d'observation et de classement des populations. C'est avec Le Play, dans ses enquêtes sur *Les Ouvriers européens*, que l'on va inaugurer une série de typologies proprement sociales du logement par la restitution de correspondances entre genre de vie, milieux naturels et sociaux, famille et habitation.

Patronage, économie sociale et logement patronal pour les ouvriers

Les grandes casernes bâties sans discernement aux abords de l'usine sont rapidement abandonnées. Elles présentent le double inconvénient de reproduire l'entassement sous une autre forme, de comporter des parties communes qui facilitent la discorde ou des entraides menaçantes, et posent des problèmes de gestion ; elles coupent, enfin, trop brutalement les populations de la terre. Antithèse du taudis, de la caserne et du cabaret, la maisonnette isolée sur sa parcelle de jardin va devenir le modèle que les tenants de l'économie sociale vont appeler de leurs vœux. Garantir discipline, régularité, moralité, mais surtout gérer la production de nouvelles qualifications supposent de maîtriser une nouvelle division sociale du travail et de l'espace. Le mari à l'usine, la femme au foyer et les enfants à l'école fixent le programme d'une urbanisation de quartiers résidentiels qui appelle une réflexion nouvelle sur les types de logement et sur les conditions de leur production de masse.

Les théoriciens du patronage en appellent à l'initiative des industriels pour qu'ils assurent la maîtrise d'ouvrage de ces constructions destinées aux salariés dont il faut organiser la sécurité et la solvabilité sur le long terme. C'est ainsi que les sections d'économie sociale des Expositions universelles vont devenir la vitrine des expériences et des initiatives du patronat dans une politique du logement qui, jusqu'à la fin du XIXe siècle, se défiera de l'intervention de l'État et donnera naissance à de nouveaux types d'édifices dessinés, exposés, discutés, expérimentés et récompensés. À côté d'un habitat vernaculaire qui s'agglomère au gré des disponibilités foncières dans le parcellaire lamellé des zones maraîchères, loin de l'habitat bourgeois qui s'isole prudemment des lieux d'activités trop fébriles, et à l'écart des bas quartiers où l'on continue à s'entasser honteusement dans un bâti dégradé, émergent de nouveaux types de logements. Un monde nouveau, où l'on n'a pas encore entièrement droit de cité, s'ordonne aux portes d'une ville dont on amorce la disparition progressive au profit d'un espace urbain proliférant et aux destinées incertaines.

Identités fragiles et nouvelles entités territorialisées

Les autorités sont un peu dépassées par les événements ; les architectes regardent encore presque exclusivement du côté des monuments, des équipements ou de l'habitat des nantis. C'est donc une nouvelle race d'ingénieurs, plus sociaux que les autres, qui va se charger de la promotion et de la conception de ces habitations ouvrières. On doit en particulier à Émile Muller et à Émile Cacheux le recueil le plus informé sur les conditions de production, la composition des programmes et les plans des « Habitations ouvrières en tous pays » préparé pour l'Exposition de 1878 et complété par un album pour celle de 1889. Si l'ouvrage de Garnier et Ammann qui préside à la réalisation de la partie de l'Exposition de 1889 sur l'« Habitation humaine » participe bien d'une typologie générale de l'habitation, il ne ménage qu'une place infime aux nouveaux types qui émergent et tient plus de la fantaisie archéologique que de l'enquête sur le bâti existant. Il reste que la littérature foisonne de publications qui, dans le sillage des exhortations d'un Émile Cheysson sur *Le Taudis, ses dangers, ses remèdes*, posent la question des dispositions légales, financières, programmatiques et architecturales qu'il convient d'adopter selon les catégories de destinataires des logements.

Il y a tout d'abord la question du nombre de pièces et de leur distribution. Pour les ouvriers, comme du reste pour toutes les catégories sociales définies par leur niveau de vie, leurs revenus et les budgets domestiques, ce sont la condition salariale et les genres de vie qui dictent la nature des programmes et, par conséquent, les grands traits de la disposition des lieux. Les ouvriers n'habiteront guère que des deux-pièces (la salle et la chambre), trois maximum jusqu'à la Seconde Guerre mondiale. Les employés, contremaîtres et chefs en tout genre — qui préfigurent les classes moyennes contemporaines — auront une habitation d'emblée créditée d'une salle à manger séparée de la cuisine et d'un éventuel salon. La chambre matrimoniale se dissocie de celle des enfants et un couloir (ou des paliers attenants à un escalier en cas de logement en duplex) apparaît pour desservir un nombre de pièces qui peut varier de trois à six selon les modèles. Les installations sanitaires font une entrée timide dans le logement proprement dit ; les ouvriers sont pour longtemps condamnés au maniement des ustensiles de la toilette et aux WC sur le palier des immeubles ou au fond du jardin. Les ingénieurs seront logés conformément à leurs origines sociales : hôtels particuliers ou villas cossues tant qu'ils seront en nombre limité et issus de la bourgeoisie (jusqu'à la Première Guerre mondiale), villas du type de celles qui sont actuellement les plus répandues dès lors que la prolifération des écoles d'ingénieurs et un recrutement plus populaire leur feront prendre résolument place au sein des classes moyennes.

Aucune typologie simple n'est en mesure de rendre compte de l'évolution de la distribution et de la composition des logements dans le cadre de la généralisation de la condition salariale. En effet, le processus qui mène des distinctions statutaires très marquées des débuts de la politique patronale au logement normalisé des classes moyennes de l'après-Seconde Guerre mondiale accuse des variations multiples selon l'introduction des éléments de confort et les modes de groupement des logements proprement dits dans les immeubles.

Assainissement, circulation, prolifération

Si les populations gagnent en mobilité sociale et résidentielle, le logement s'ancre de plus en plus, non pas dans la terre ou le site, mais dans une multitude de réseaux techniques apportant les éléments essentiels d'un confort qui se diffuse progressivement dans toutes les couches de la société. Ainsi se pose la question d'une rationalisation (c'est-à-dire d'une économie politique) du mode de groupement des logements dans les immeubles et de leur répartition sur un territoire où se tissent de nouvelles infrastructures. L'alternative entre « individuel » et « collectif », posée clairement dès l'Exposition de 1889 et l'apparition de la Société française des HBM, devait dessiner deux grandes voies de l'évolution des types, avec un nombre considérable de solutions intermédiaires. Expliquer cet éventail de solutions suppose de tenir compte d'une série de facteurs qui jouent différemment selon les sites et les conditions de production. Peut-on faire cohabiter des groupes sociaux que différencie notamment la composition même des logements ? À la superposition de « cellules » identiques et à la verticalisation des organes techniques du confort dans de nouveaux types d'immeubles s'oppose le maillage extensif de lotissements accueillant des pavillons en tout genre. La tentation est donc forte de tabler sur une reproduction différentielle de dispositifs spatiaux qui d'un côté, rompant avec le tissu existant, effacent le découpage parcellaire et sérialisent les cellules dans des tours et des barres, et, de l'autre, multiplient sur un territoire morcelé à l'infini maisonnettes, villas et pavillons. L'hygiénisme, qui s'insinue dans tous les recoins, les flux d'eau, d'air et de lumière, que la fée électricité accroît, inaugurent une nouvelle aire consacrée à la mobilité : vitesse et circulation. L'automobile fait une entrée délicate dans les immeubles, discrète dans les zones rurales ou pavillonnaires, encombrante et destructrice sur l'ensemble du territoire.

Si l'on peut connaître la diversité des solutions proposées par les professionnels et la technostructure (qui va devoir rapidement se charger de ces mutations à cause des investissements lourds qu'elles supposent), grâce à de nombreuses publications (catalogues et projets) et aux traces laissées par les exigences procédurières, il n'en est pas de même des métamorphoses opiniâtres et continues, « bricolées » par les particuliers dans une modernisation plus discrète de l'habitat. Au regard productiviste, qui porte au-delà du bâti existant vers un avenir supposé radieux du logement, s'oppose celui, sans doute plus nostalgique, chagrin et soucieux du pittoresque des héritages folkloriques et régionaux, des analystes, notamment des géographes. Dans cette période tourmentée de mutation de l'« œcumène » et des paysages à travers les destructions des deux guerres et des efforts de reconstruction, ce sont l'habitat rural et la diversité régionale des formes d'une architecture subrepticement transformée en logement pour une masse grandissante de salariés qui donnent lieu aux typologies les plus exhaustives et les plus nuancées.

Réhabiliter l'habitat, refaire la ville, recomposer le paysage

À la fin du XIXe siècle, Flach et de Foville inaugurent des typologies que peaufineront historiens, géographes et architectes dans un souci commun de compréhension et de préservation non seulement d'un patrimoine bâti, mais de savoirs techniques et de modes de vie spécifiques dont les traces perdurent malgré les attaques répétées des pouvoirs publics, des grands groupes industriels et des courants modernistes. Que ce soit à l'initiative des géographes, sous les auspices de la SDN et plus récemment de la Communauté européenne, des travaux dressent la carte de la diversité des types d'habitat, qui témoignent des mutations du bâti sur le long terme.

Les analyses des formes urbaines initiées par les architectes italiens dans les années cinquante nous montrent que tout édifice doit une part importante de ses caractéristiques à ses conditions d'insertion dans un tissu urbain. La distribution interne, les entrées, la façade témoignent des relations établies entre un espace domestique protecteur des intimités et un espace public, livré à des appropriations plus anonymes, qui appelle la compétence des urbanistes. La sociologie, quant à elle, nous explique que le logement proprement dit (l'appartement en immeuble ou la maison, surtout quand ils sont produits en masse sur un marché de l'immobilier) n'a de sens, dans l'usage qu'en font les habitants, que par rapport aux équipements et aux services dont se peuple l'espace urbain environnant.

Ainsi, aucune topologie architecturale, qu'il s'agisse d'habitation ou non, ne saurait faire abstraction de l'inscription des édifices dans un espace urbain où se sédimentent des constructions de nature et d'époques diverses. Le traitement des abords de l'habitation et la gestion des espaces intermédiaires apparaissent même comme un enjeu spécifique de la socialisation des pratiques en milieu urbain. Les analyses typologiques offrent ainsi toujours l'opportunité d'envisager globalement l'espace urbain en reconsidérant les multiples métamorphoses d'un parc immobilier sur la longue durée, en fonction des conditions sociales de transmission et d'appropriation d'un habitat qui se prolonge bien au-delà des édifices.

Bibliographie

Atlas (1889), Auto Marchadier et Cie, Paris.

AYMONINO Carlo et ROSSI Aldo (1965), *La Formazione del concetto di tipologia edilizia*, Istituto universitario di architettura, Venise.

CACHEUX Émile et MULLER Émile (1879), *Les Habitations ouvrières en tous pays. Situation en 1878. Avenir*, J. Dejey, Paris (rééd. 1889, Baudry, Paris).

DOYON Georges et HUBRECHT Robert (1942), *L'Architecture rurale et bourgeoise en France. Étude sur les techniques d'autrefois et leurs applications à notre temps*, Vincent, Fréal et Cie, Paris.

EDF/MAISONNEUVE Patrick DE, dir. (coll.), *Connaissance de l'habitat existant*, 44 volumes, 1980-1988 + banque de données informatisées de 17 000 images.

FOVILLE Alfred DE (1894), *Enquête sur les conditions de l'habitat en France, Les maisons types*, Ernest Leroux, Paris.

FOVILLE Alfred DE et FLACH Jacques (1899), *Enquête sur les conditions de l'habitat en France*, t. II, Ernest Leroux, Paris (rééd. Gérard Montfort, 1980).

FREY Jean-Pierre, CROIZE Jean-Claude et PINON Pierre (1991), *Recherches sur la typologie et les types architecturaux*, L'Harmattan, Paris.

FREY Jean-Pierre (1986), *La Ville industrielle et ses urbanités, La distinction ouvriers/employés, Le Creusot 1870-1930*, Pierre Mardaga, coll. « Architecture + Recherche », n° 25, Bruxelles, 136 ill.

MOLEY Christian (1991), *L'Immeuble en formation. Genèse de l'habitat collectif et avatars intermédiaires*, Pierre Mardaga, Liège.

7

Le logement comme catégorie économique

*par Michel Mouillart**

Fondamentalement, le logement est un bien économique privé qui s'échange sur un marché. À cet égard, les choix de stratégie qui furent ceux des pouvoirs publics au lendemain de la Seconde Guerre mondiale, lorsque la France dut s'engager dans la voie de la reconstruction, sont relativement clairs.

Certes, la mise en œuvre des instruments et des politiques publics a parfois paru s'inscrire en décalage par rapport à cette conception philosophique du bien logement. Mais il ne suffit pas d'invoquer la référence au marché et au caractère privé du bien logement pour que toute intervention publique soit, *de facto*, inutile. Sauf, bien sûr, à laisser se développer des situations de déséquilibre suffisamment prononcées pour qu'il devienne nécessaire d'ouvrir une parenthèse, parfois assez longue : l'ampleur des moyens qui doivent être mobilisés pour répondre à l'urgence et (tenter d') amortir les processus d'exclusion est, dès lors, de nature à brouiller la lisibilité des choix et des situations.

Alors, pour ne pas avoir accepté l'idée que des besoins en logement existaient, nombreux et durables, et qu'à lui seul le marché ne pouvait y répondre s'il n'était pas aidé pour cela, les pouvoirs publics ont dû abandonner leur stratégie d'intervention minimale dès le début des années cinquante et investir directement dans la reconstruction. Ils ont ainsi laissé s'installer une certaine ambiguïté : le marché semblait inexistant, le bien logement mal défini, alors qu'en fait, depuis 1945 et la création du Service national du logement, les choix de stratégie n'ont jamais été remis en cause.

* Centre d'études et de recherches économiques sur la ville et l'espace, université de Paris-X-Nanterre.

Le libéralisme et les prémices d'une régulation

Si la première intervention de l'État dans ce domaine remonte à 1850 (loi sur l'assainissement des logements insalubres et l'interdiction de leur mise en location), jusqu'en 1945 les pouvoirs publics se sont peu impliqués dans la question du logement.

Du libéralisme pur de la fin du XIXe siècle...

Comme dans la plupart des pays européens, l'intervention de l'État dans le domaine du logement ne s'amorce véritablement qu'à la fin du XIXe siècle. Les premières mesures s'inscrivent alors dans le contexte des politiques sociales naissantes. Mais comme la pensée économique est encore largement dominée par la doctrine libérale du « laisser-faire », cette intervention est limitée à quelques actions en matière juridique et sanitaire.

Les économistes libéraux classiques et néoclassiques de la fin du XIXe siècle sont persuadés que la paix et le progrès matériel sont à la portée de toutes les sociétés et de toutes les classes sociales. Mais, pour y parvenir, l'État doit s'abstenir de fausser les règles du marché [Greenwald, 1984] et se contenter d'assurer ses fonctions régaliennes (justice, police et défense essentiellement). L'État doit se contenter de définir un cadre, tout investissement relevant totalement de l'initiative privée ; on estime ainsi qu'à la fin du XIXe siècle [André et Delorme, 1983] l'État ne consacrait, en moyenne, pas plus de 0,8 % de ses dépenses civiles et militaires pour aider et intervenir dans le secteur du logement (par comparaison, au début des années cinquante, cette proportion s'élèvera à 12,5 %). Seules les entreprises, dans le cadre de leurs relations avec les salariés et les organisations caritatives, sont habilitées à soulager les problèmes de logement des plus défavorisés [Guerrand et Quilliot, 1989].

Ce n'est qu'avec la loi Siegfried en 1894, généralement présentée comme l'acte de naissance du secteur du logement social, que des interventions spécifiques se développent. Elles vont bénéficier par la suite de l'élargissement du cadre d'action des pouvoirs publics avec la loi Ribot en 1908 (création des sociétés anonymes de crédit immobilier destinées à promouvoir l'accession sociale à la propriété) et la loi Bonnevay en 1912 (reconnaissance aux communes de la possibilité d'intervenir dans le logement des défavorisés). Mais il ne s'agit encore que d'une réflexion sans moyens : les interventions pourtant inscrites dans la loi Siegfried restent très modestes (quelques milliers de logements financés, au total, à la veille de 1914) en raison des réticences que l'intervention de la Caisse des dépôts fait naître à l'Assemblée nationale et au Sénat [Mouillart, 1991]. Le logement étant un bien privé, toute intervention dans son financement ne peut s'assimiler qu'à du « socialisme pur ».

Il ne s'agissait pas non plus de corriger les injustices les plus criantes du début du siècle. Il fallait simplement pallier les effets externes les plus graves des conditions de logement de la classe ouvrière sur le fonctionnement de l'économie.

... à l'émergence d'une intervention publique

Pendant l'entre-deux-guerres, les conditions de logement des ménages se sont détériorées. Une crise du logement se développe alors pour deux raisons principales :

— avec la Première Guerre mondiale, un contrôle des loyers avait été instauré pour protéger les familles des « poilus ». Bien qu'assoupli, le système a survécu au conflit : il a alors d'autant plus dissuadé les agents économiques d'investir dans l'immobilier de rapport que l'euphorie boursière de la seconde moitié des années vingt n'incitait pas à ce type de placement ;

— l'entre-deux-guerres fut marqué par deux périodes de récession économique aiguë, entre lesquelles prit place une courte phase d'expansion au cours de la seconde moitié des années vingt. Ces récessions ont fortement affecté le niveau de la construction (baisse des revenus, difficultés de financement, etc.) à un point tel qu'en 1939, la reconstruction des destructions de la Grande Guerre n'est pas terminée.

Au-delà des décisions réglementaires (le contrôle des loyers), cette période a néanmoins connu un début de reconnaisance de la légitimité des interventions de l'État. La crise économique de 1929, la plus grave que les pays industrialisés aient eu à affronter jusqu'alors, a marqué l'échec des thèses des économistes libéraux. Pour ces économistes classiques et néoclassiques imprégnés des théories développées au XVIIIe et XIXe siècles par Adam Smith, Alfred Marshall ou encore A. C. Pigou, le système des marchés qui compose l'économie est « auto-ajustable » : comme tous les déséquilibres doivent se résorber d'eux-mêmes si rien ne vient altérer le libre jeu du marché (le triomphe du laisser-faire), le chômage ne peut être durable et une relance de l'économie (ou des actions visant à corriger les déséquilibres des marchés) ne saurait en rien être justifiée (voir par exemple, sur ces points, les rubriques « Économie keynesienne » et « Libéralisme » de Greenwald [1984]). L'apparition d'une nouvelle pensée économique, le keynésianisme, qui préconise l'intervention de l'État pour réguler l'activité économique et lutter contre le chômage massif, a sensiblement modifié ces schémas : l'investissement en logements est devenu, en théorie, un des instruments de l'action publique pour lutter contre le chômage. Même s'il ne perd pas son statut de bien économique privé, le logement est en partie instrumentalisé et les marchés sur lesquels il s'échange vont se structurer en conséquence.

Cependant, en France, à la différence de ce qui s'observe alors au Royaume-Uni, les interventions publiques sont encore modestes. Elles s'inscrivent essentiellement dans le cadre de la réflexion générale sur la politique du logement initiée par la loi Loucheur dès 1928 : les objectifs quantitatifs de construction sont définis et les moyens financiers nécessaires sont recherchés. Les conséquences de la crise sur les capacités d'intervention publique vont néanmoins conduire les pouvoirs publics à revenir en arrière : dès 1932, les projets de construction prévus par la loi Loucheur sont interrompus et, en 1938, il est mis fin par décret au régime qu'elle avait institué.

Le logement, bien économique privé

Le statut économique du bien logement n'a donc pas évolué depuis près d'un siècle lorsqu'en 1945 sont posés les fondements de la politique « moderne » du logement. La situation de pénurie est en effet très grave, du fait des deux conflits mondiaux et de la situation du secteur durant l'entre-deux-guerres. Au même moment, la volonté de construire une société plus juste, plus solidaire est inscrite dans les idéaux proclamés par le Conseil national de la Résistance et reprise dans le préambule de la Constitution de 1946.

Les tentations du Service national du logement

Par l'ordonnance du 28 juin 1945, un « Service national du logement » est créé et justifie maintenant l'intervention de l'État dans le secteur : « Seul l'État peut arrêter les plans d'urbanisme, effectuer des expropriations importantes, faire pression sur les industriels du bâtiment pour qu'ils améliorent leur outillage et abaissent leurs prix de revient, et construire des ensembles assez vastes pour obtenir une réduction massive du prix de revient. » Le logement semble ainsi perdre son statut de bien privé, au moins pour ce qui concerne l'offre nouvelle : l'État paraît lui conférer le statut de bien public. Il prend le relais des acteurs économiques privés défaillants jusqu'alors et soupçonnés d'être à l'origine de la crise structurelle que connaît le secteur depuis 1880 [Topalov, 1987].

La question du logement se situe à l'intersection de l'action sociale et de la politique d'urbanisme, des politiques industrielle, monétaire et budgétaire. Il faut construire et améliorer rapidement le nombre le plus élevé possible de logements : ainsi, outre la législation sur les dommages de guerre et l'ordonnance du 28 juin 1945, les pouvoirs publics créent la Caisse nationale d'entretien et d'amélioration de l'habitat urbain et rural (ordonnance du 29 juin 1945), qui ne verra jamais le jour, et le Fonds national d'amélioration de l'habitat (FNAH) par l'ordonnance du 26 octobre 1945, qui ne disposera jamais de ressources suffisantes. L'ensemble des décisions prises dans le climat politique particulier de l'après-guerre seront donc, en fait, sans conséquences véritables. Les choix budgétaires affectent en effet la plus grande part des rares ressources à la reconstruction de l'appareil de production. Les pouvoirs publics vont alors mettre en place le cadre à l'intérieur duquel la question du logement pourra se résoudre d'elle-même, lorsque la croissance économique et la prospérité seront revenues.

Les choix de l'après-guerre

Les gouvernements européens, soucieux de résoudre une crise du logement dont ils observaient les conséquences, étaient confrontés à deux stratégies difficilement compatibles : d'un côté, l'État peut investir directement dans le secteur du logement. Il construit des logements dont il est propriétaire pour ensuite les louer ou éventuellement les revendre. Il se substitue donc, même partiellement, aux acteurs privés défaillants. Dans le cadre réaffirmé de l'économie de marché, le risque de mise en place d'une économie du logement planifiée est mineur. Mais cette option présente un coût budgétaire certain. D'un autre côté, par diverses dispositions financières ou fiscales, les pouvoirs publics peuvent inciter les autres agents économiques à investir dans le secteur du logement. Il « optimise » ainsi l'affectation de ressources budgétaires rares, en jouant sur l'« effet de levier » des interventions publiques.

La première stratégie a inspiré les pouvoirs publics dans les pays où la légitimité de l'intervention de l'État dans le logement étaient ancienne et où la philosophie économique, politique et sociale des gouvernements le permettait. Cela revenait en effet à accepter que le logement puisse revêtir les attributs d'un bien public, que la politique du logement s'adresse à l'ensemble de la population et non à des populations spécifiques et que le marché ne soit pas segmenté. Cette stratégie fut adoptée par les gouvernements sociaux-démocrates qui étaient au pouvoir dans les pays scandinaves (en particulier au Danemark) et par le gouvernement travailliste qui gagna les élections de 1945 au Royaume-Uni. Ils avaient tous fait le choix d'une « politique du logement pour tous » de qualité.

La seconde stratégie fut en revanche retenue dans la plupart des autres pays européens, dont la France : la légitimité de l'intervention de l'État était trop faible et la philosophie des gouvernements acceptait mal une intervention qui les aurait conduits à se substituer, même partiellement, aux acteurs privés. Le logement demeure un bien économique privé qui s'échange sur un marché dont les caractéristiques et les règles d'organisation restent à définir.

L'échec de la stratégie de l'intervention minimale

C'est donc une stratégie d'intervention minimale fondée sur le principe d'entraînement du secteur (« lorsque l'économie va, le bâtiment va ») qui fut finalement retenue. Le cadre qui se met en place à partir de 1947 va se renforcer, mais rester une coquille vide. Faute d'un volume de ressources suffisant, en dépit d'un effort certain et souvent sous-estimé [Mouillart, 1995], la crise va se nourrir et éclater au début des années cinquante. Elle va contraindre l'État à un engagement forcé qu'il n'aura de cesse de chercher à remettre en cause.

La crise d'une stratégie

Par la loi du 3 septembre 1947, la relance de la construction de logements sociaux est envisagée par un régime de prêts du Trésor aux organismes d'HLM. C'est le premier engagement effectif de l'État dans le secteur du logement (à l'exception de la loi Loucheur), mais il reste modeste : pour ne pas engager trop massivement l'État dans ce secteur, les pouvoirs publics cherchent à relancer l'investissement privé, mais l'image de ce dernier a été trop altéré depuis plusieurs décennies. Et cela d'autant que le secteur industriel paraît plus attrayant (prestige, rentabilité). En outre, la loi du 1er septembre 1948 sur les loyers, destinée initialement à assurer la sortie du contrôle des loyers et à réhabiliter la fonction de propriétaire bailleur, est vite dénaturée : la politique des loyers est rapidement redevenue un enjeu politique, avec la création de l'allocation logement familiale.

Le résultat est qu'entre 1947 et 1949 la construction et la reconstruction stagnent. C'est l'échec. Les pouvoirs publics prennent conscience, au début des années cinquante, que le principal obstacle à la réalisation d'un niveau élevé d'investissement réside dans l'absence de circuits structurés et aptes à drainer l'épargne privée vers l'immobilier. En effet, la capacité d'autofinancement des ménages est déprimée en raison de la politique des revenus mise en œuvre ; quant au marché financier, il est trop étroit pour permettre aux établissements de crédit de disposer des ressources nécessaires au financement du logement, surtout à un coût supportable pour les emprunteurs. Les pouvoirs publics vont alors définir une politique de financement qui gouvernera les interventions de l'État pendant plus de vingt années [Lefebvre *et al.*, 1992], jusqu'au rapport Consigny présenté en 1971 : par l'octroi d'aides à l'investissement, essentiellement à des organismes d'HLM (la loi du 2 juillet 1950 a ainsi rebaptisé les habitations à bon marché, en redéfinissant les normes de confort et d'occupation des logements, en liant l'attribution des aides aux conditions de ressources des occupants, donc en affirmant le caractère « social » des interventions publiques) ; par un système de primes et de prêts qui, mixant des ressources budgétaires et un pseudo-processus de transformation monétaire, doit permettre de mobiliser les acteurs privés (à des conditions avantageuses, ces interventions permettent néanmoins d'économiser des ressources budgétaires).

Le cadre est en place dès le début des années cinquante, mais il manque de substance, la priorité à la reconstruction de l'appareil de production ayant été réaffirmée avec la prorogation du Ier Plan. La situation de pénurie généralisée s'est bien installée et le pays doit affronter une crise du logement sans précédent.

Le logement, priorité nationale

Aussi, à partir de 1953, la politique du logement connaît une nouvelle orientation. Les pouvoirs publics doivent renoncer à leur stratégie d'intervention minimale… sauf à être contraints de faire du logement un bien public, comme des voix de plus en plus nombreuses le réclament (confiscation, réquisition…) : les travaux préparatoires du IIe Plan inscrivent le logement parmi les priorités de l'action économique et sociale à mener pour les années 1954 à 1957. L'engagement financier de l'État s'élève rapidement [Mouillart,

1995] et les pouvoirs publics s'efforcent de mobiliser l'épargne privée sur « tous les fronts » : l'histoire du 1 % logement, avec la « croisade » de Claudius-Petit, en constitue une des expressions les plus fameuses. Cependant, ces mesures arrivent tardivement : la mort d'un enfant, en janvier 1954, dans un abri de fortune et l'appel à l'« insurrection de la bonté » lancé par l'abbé Pierre sur les ondes de Radio Luxembourg font définitivement prendre conscience de la gravité de la situation.

En guise de conclusion

Le logement est un bien économique particulier par ses dimensions économique, sociale, patrimoniale et affective. Mais c'est aussi (et surtout) un bien privé qui s'échange sur un marché. À certaines périodes de l'histoire, le poids relatif des interventions publiques a pu laisser croire que le bien logement avait perdu ce statut : jamais, en fait, le choix stratégique d'inscrire le logement dans le marché n'a été remis en question.

En revanche, les pouvoirs publics ont longtemps hésité entre la conception keynésienne de la régulation du marché (l'État, garant de l'existence et du respect du libre marché se doit d'intervenir dès que la seule initiative privée n'est plus en mesure de le faire fonctionner) et la conception libérale de l'autonomie de l'économique et du social (le marché fonctionne librement, l'État devant seulement veiller à ce que les conséquences des mécanismes d'exclusion les plus apparentes et les plus brutales soient amorties).

À cet égard, même si de timides inflexions ont ponctué l'histoire de l'après-guerre, les hésitations des pouvoirs publics ont été définitivement levées lorsque, prenant acte de la fin de la « reconstruction », le rapport Consigny [Lefèbvre *et al.*, 1992] a défini ce que devra(it) être le système de financement et d'aides. Il ne restait plus alors qu'à inventer les limites en deçà desquelles le dysfonctionnement du marché pouvait être corrigé… et le point à partir duquel commençait le social.

Bibliographie

ANDRÉ Christine et DELORME Robert (1983), *L'État et l'économie*, Seuil, Paris.
GREENWALD Douglas, éd. (1984), *Encyclopédie économique*, Économica, Paris.

GUERRAND Roger-Henri et QUILLIOT Roger (1989), *Cent ans d'habitat social, une utopie réaliste*, Albin Michel, Paris.

LEFEBVRE Bruno, MOUILLART Michel et OCCHIPINTI Sylvie (1992), *Politique du logement : 50 ans pour un échec*, L'Harmattan, coll. « Habitat et Société », Paris.

MOUILLART Michel (1991), « La Caisse des dépôts et le financement du logement : une interprétation économique », *Revue d'économie financière*, numéro spécial « La Caisse des dépôts et consignations : 175 ans ».

MOUILLART Michel (1995), « Les dépenses de la collectivité en faveur du logement entre 1948 et 1993 », *L'Observateur de l'immobilier*, n° 31.

TOPALOV Christian (1987), *Le Logement en France : histoire d'une marchandise impossible*, Presses de la Fondation nationale des sciences politiques, Paris.

8

L'habitation, entre vie privée et vie publique

*par Monique Eleb**

Depuis la fin du XIXe siècle, un thème court dans la littérature, savante comme populaire (de Proust aux journaux féminins), qui se résume par un slogan : « Dis-moi comment tu habites, je te dirai qui tu es. » Au-delà des conformismes sociaux qui se reflètent souvent dans le décor des lieux habités, ce savoir populaire est fondé sur une réalité : la structure des relations familiales et interindividuelles d'une société s'inscrit dans le plan des habitations qu'elle produit. Loin d'être stables, ces modes de relations ont évolué, car les notions d'intime [Pardailhé-Galabrun, 1988], de privé, de public ont une histoire. La pudeur [Élias, 1939], le désir d'être seul, le plaisir de la retraite et celui de maîtriser chez soi les degrés de sociabilité que l'on entretient avec les autres, toutes ces notions, familières aujourd'hui, ont été, à une époque, des idées neuves. À titre d'exemple, le mot « intime », superlatif du mot intérieur, n'apparaît en France qu'en 1390 tandis qu'« intimité » n'est noté qu'en 1684 (dictionnaire Bordas et *Petit Robert*). Ce terme d'intimité est lié à la vie intérieure, au secret mais aussi à la vie quotidienne chez soi, plus tard à la vie familiale. Si les WC ont très longtemps été appelés des « privés », c'est sans doute parce qu'ils étaient le seul endroit où l'on était réellement seul.

L'organisation de l'habitat permet donc d'étudier la société [Mauss, 1960] et la façon de sentir et de penser des individus. Toutes ces manières de penser les relations aux autres ont varié au cours de l'histoire et la distribution des habitations en conserve les traces [Eleb, 1989]. En effet, les documents matériels que sont les plans d'habitation et leurs transformations, tout comme les discours des

* Laboratoire « Architecture, culture et société XIXe-XXe siècle » (UMR-CNRS) de l'École d'architecture Paris-Villemin.

architectes, les textes de romanciers, de philosophes, de témoins, mais aussi les tableaux, permettent de comprendre la notion d'habiter et l'évolution des mœurs.

Si les membres d'une société, à une période précise, choisissent, voire exigent des architectes, une organisation spécifique des lieux de la vie quotidienne, le sens en est peut-être à chercher dans l'évolution de leurs usages, de leur mentalité, de leur sensibilité. Cette voie d'entrée dans la compréhension de la culture matérielle n'a été jusqu'à présent que peu explorée, alors même qu'elle nous éclaire sur l'évolution de la vie privée et des mœurs et qu'elle permettrait de mieux concevoir aujourd'hui une habitation offrant la possibilité d'intégrer ces changements. Mais, tout d'abord, que nous montrent les habitations avant que l'architecture domestique ne commence à être théorisée en France [Le Muet, 1623] ?

De la vie avec les familiers à la vie privée

En France, avant le XVIIe siècle, promiscuité des personnes, polyvalence des espaces et dénominations peu précises des pièces semblent caractériser les habitations urbaines, où l'isolement est impossible. Les pièces sont traversantes — on passe de l'une à l'autre — car les couloirs n'existent pas. La dissociation entre espace où l'on se *tient* et espace que l'on *traverse* n'est pas pertinente. Les pièces sont peu spécifiées : on reçoit et l'on dort, à l'occasion, dans la salle commune et l'on peut aussi recevoir dans la chambre. Les maisons de ville sont organisées verticalement : le propriétaire peut posséder la salle et la cuisine au rez-de-chaussée et des chambres aux étages, et en louer d'autres. Quand on sait que les escaliers arrivent directement dans des pièces ouvrant les unes sur les autres, on peut imaginer des scènes, incroyables pour nous mais naturelles alors, où l'on voit le locataire traverser la chambre de la jeune fille de la maison pour arriver chez lui.

Si cela est tolérable, c'est bien que la notion d'intime ne guide pas les conduites et que pudeur et sphère privée sont alors des notions étrangères. Cette organisation ne correspond pas à une étape primitive de la pensée architecturale mais, au contraire, à une conception des interactions entre les personnes à laquelle les architectes se conforment et qui privilégie la communauté plutôt que l'individu. Le mélange des genres est la règle, et vie privée et vie professionnelle sont très souvent mêlées [Flandrin, 1976]. Vie privée signifie plutôt vie avec les familiers, qui sont les membres de la famille bien sûr, mais aussi les amis proches, les domestiques, et parfois les employés. Rien n'est organisé pour avoir un rapport à soi-même, personne ne peut s'isoler [Babelon, 1965]. Le souhaite-t-on d'ailleurs ?

Au début du XVIIe siècle émerge explicitement, d'abord dans les classes privilégiées, le désir d'être seul et d'avoir des espaces qui le permettent. La structure de l'habitation rend les domestiques trop présents. Ils doivent en effet passer par les pièces principales pour assurer leur service et font des intrusions inopinées dans la vie de leurs maîtres, comme nous le montrent les pièces de Molière, où l'on ne peut rien cacher aux soubrettes. Les aristocrates seront les premiers à demander aux architectes de dissocier les flux et les lieux de passage dans leurs hôtels particuliers. Service, réception et espace privé seront dès lors bien séparés et la circulation doublée : l'enfilade liant toutes les pièces principales et le couloir permettront à celles-ci d'avoir deux accès.

D'autre part, le concile de Trente, qui a rappelé aux chrétiens que le corps était source de péché [Flandrin, 1981] et l'examen de conscience une nécessité, a pour effet de renforcer le souhait de se cacher pour certaines activités intimes. À côté des espaces de réception plus ou moins ostentatoires, le dispositif du « petit appartement », constitué d'une chambre et de ses annexes, sera la réponse architecturale apportée au désir d'être plus protégé, de pouvoir choisir d'être seul ou avec ses proches. Les annexes de la chambre (cabinet, garde-robe) permettent à celle-ci de rester un espace relativement public où l'on peut recevoir ses intimes. La garde-robe, pièce la plus privée, sera aussi le lieu des déjections, de la chaise percée et de la toilette intime des maîtres. Quand apparaissent les antichambres, nous voyons se mettre en place un dispositif spatial permettant de maîtriser les relations de façon très nuancée, des plus publiques aux plus privées.

Maîtriser et hiérarchiser les rapports avec les autres

À côté de la vie en représentation des aristocrates, qui se donne à voir dans la succession des salons et dans l'appartement de parade, les relations choisies, électives, intimes vont, au XVIIIe siècle, se situer dans des pièces de plus en plus différenciées et hiérarchisées, au sein de classes qui inventent de nouveaux comportements. L'appartement privé va se trouver en effet enrichi par la création du « boudoir », espace féminin de réception des amis choisis, mais aussi lieu de la retraite intime qui permet aussi d'être seule avec soi-même, de rêver, de méditer, de lire — une activité solitaire qui se développe au XVIIIe siècle et à laquelle les hommes s'adonneront plutôt dans le « cabinet ». Ces deux pièces sont très ornées et l'on y voit souvent une écritoire, des instruments de musique, un bureau et un divan.

Les « appartements d'apparat » perdurent tandis que les « appartements de société » sont destinés à recevoir des amis choisis par inclination et non plus seulement par devoir, et que les « appartements de commodité » permettent d'être seul ou en famille, de s'y retirer en cas de maladie. Les antichambres se multiplient et jouent le rôle de filtre : seuls les visiteurs de même rang que les maîtres ou les amis de cœur approchent l'intimité des maîtres de maison, introduits par les serviteurs de plus haut rang. Chacun peut maintenant s'isoler de sa famille, des domestiques, des visiteurs, grâce aussi à la multiplication des sas et des escaliers de service. Pouvoir être seul(e) a longtemps fait partie des privilèges aristocratiques, en même temps que d'être entouré d'une nombreuse domesticité. Ce mode de vie est devenu un modèle pour les urbains moins privilégiés. Mais dans le monde rural, la salle commune continue à rassembler le groupe domestique, et sa polyfonctionnalité perdure.

Avec la transformation, à la fin du XVIIIe siècle, des rapports familiaux et des rôles masculins et féminins, avec une nouvelle attention accordée à l'enfance, apparaîtra une autre forme d'interaction entre personnes au sein de la maison, que nous pouvons nommer « sociabilité familiale ». Elle entraîne la création du « salon de famille », à mi-chemin entre l'espace intime du boudoir et de la chambre et l'espace public du salon.

La chaleur du foyer

L'idéal fastueux a cédé la place à la valorisation du foyer, lieu de la rencontre intime et du confort. Il s'agit de créer un espace chaleureux et douillet pour la rencontre quotidienne et sans protocole des membres de la famille, qui s'intéressent désormais les uns aux autres, et qui s'y tiennent avec une liberté des corps remarquable sur les tableaux de l'époque. La maison devient le lieu du « ressourcement », de la détente, avec cette possibilité rare de mettre à distance la société et de se mettre à l'écart du jeu social.

Ces évolutions ont souvent été le fait de ceux qui avaient les moyens culturels et financiers d'habiter en accord avec leurs mœurs. Dans les appartements des immeubles bourgeois du XIXe siècle, la partition des hôtels aristocratiques sera reprise dans des espaces plus réduits [Eleb, 1989 et 1995] et les domestiques seront envoyés dans les combles inconfortables et sans équipement. Pendant longtemps encore, jusqu'à la Seconde Guerre mondiale, les nantis continuent à avoir des chambres indépendantes, la chambre conjugale étant le fait de la petite bourgeoisie. Faut-il rappeler que, jusqu'à une époque très récente, amour et mariage n'étaient pas liés et que l'organisation des habitations en rendait compte [Élias, 1974] ?

Les premiers bâtiments des fondations philanthropiques réservés aux classes populaires au tournant du siècle nous montrent que la chambre, voire le lit sont rarement dévolus à une seule personne [Eleb, 1994]. S'isoler continue, dans ces classes populaires, à être très difficile, mais les ouvriers commencent, à la fin du XIXe siècle, à le revendiquer et demandent un lieu pour travailler, voire un bureau [Perrot, 1981].

Intimité et sociabilité aujourd'hui

Les transformations de l'habitation se diffusent lentement ; elles matérialisent des changements de mentalités et contribuent à les stabiliser. Aujourd'hui, notre « salon » ou « séjour » ressemble fort, au-delà des différences de décor, à ce « salon de famille » apparu dans la seconde moitié du XIXe siècle. La chambre est devenue, pour la plupart de nos concitoyens, un lieu de très petite surface qui n'abrite plus que le sommeil et qui ne permet plus de recevoir ses amis intimes. Pour les adultes, c'est, dans la plupart des cas, un lieu partagé, la chambre conjugale. Bien que le but poursuivi par de nombreux parents soit de donner une chambre à chacun de leurs enfants — un lit par enfant, disaient les philanthropes au début du siècle — pour que leur autonomie s'y développe (ce qui est une reconnaissance aussi de leur besoin d'intimité), cela n'est pas le cas pour tous. La chambre d'enfant est aujourd'hui perçue et organisée comme un lieu de jeu, de repos, de travail, de réception des amis : elle est donc privée et publique à la fois.

Quelles sont les évolutions prévisibles des lieux de la vie privée ? Dans la plupart des réflexions sur ce sujet, notamment dans les concours d'idées sur l'évolution du logement ces dernières années, les habitants semblent tous être perçus comme naviguant, dans la vie quotidienne, entre la nécessité de préserver leur autonomie sans renoncer au plaisir et au besoin de vivre en groupe [Eleb *et al.*, 1988, 1990].

Autonomie et dépendance

Proposer un dispositif spatial qui permette à la fois la retraite, l'indépendance et la rencontre, la vie familiale et sociale, a toujours été au centre de la réflexion sur l'architecture domestique. Tous les grands architectes, spécialistes de l'architecture domestique, ont savamment traité ce désir paradoxal de pouvoir être seul tout en étant entouré, dans un espace privé qui est aussi public, « ensemble mais séparément », comme l'écrit l'un des lauréats de ces concours.

La chambre semble être à redéfinir. Des pièces de repli, de retraite sont proposées, comme cette *insula*, sorte d'alcôve permettant de s'isoler alors que le reste de l'appartement demeure au contraire très ouvert, ou comme ces chambres individuelles insonorisées associées à un grand espace communautaire. L'idée s'impose que les différents habitants qui partagent un même appartement sont des individus qui cohabitent et non pas un couple fusionnel ou une famille ayant des buts unifiés et des désirs du même ordre. Une pièce par habitant s'impose alors.

Plusieurs équipes ont reconnu et respecté dans leur réponse à ces concours l'ambivalence de l'adolescence et ont proposé des organisations spatiales qui permettent aux adolescents d'être autonomes mais proches de leurs parents (double entrée, chambres annexées au logement mais différenciées, etc.). Ce jeu entre autonomie et dépendance est aussi lié à une remise en question des limites du « privé et du public ». À titre d'exemple, la chambre est-elle toujours un lieu privé ? Ne peut-elle aussi être considérée comme un lieu de séjour et de réception intime ? Il faudrait donc l'agrandir. La cuisine n'est-elle pas, si sa surface le permet, le lieu privilégié de la rencontre familiale quand chacun vit à son propre rythme ? L'idée d'un double séjour resurgit, une pièce intime qui peut supporter un certain désordre étant réservée à la vie quotidienne de la famille, à la télévision, aux repas informels, tandis qu'une autre pièce toujours propre, rangée, espace à montrer, s'offre aux relations avec les amis et les étrangers.

Les définitions successives de la sphère du privé, l'émergence d'une convivialité familiale reconnue et valorisée en tant que telle, la maîtrise de plus en plus grande des rapports publics dans l'habitation sont liées aux caractéristiques des relations interindividuelles privilégiées par chaque société. Les sensibilités évoluent et les objets et dispositifs spatiaux matérialisent ces évolutions et les perpétuent, en faisant découvrir à tous de nouveaux plaisirs, notamment celui du chez-soi, et en transformant ces plaisirs en besoins. La structure de l'habitation est un objet de civilisation [Eleb, 1989] qui devrait donc évoluer en même temps que nos usages, nos *habitus* [Mauss, 1960], les turbulences de nos vies et de nos plaisirs.

Bibliographie

BABELON Jean-Pierre (1965), *Demeures parisiennes sous Henri IV et Louis XIII*, Le Temps, Paris (éd. revue et commentée, 1991, Hazan, Paris).

ELEB Monique, CHÂTELET Anne-Marie et MANDOUL Thierry (1988), *Penser l'habiter. Le logement en questions*, Pierre Mardaga, rééd. 1990, Liège.

ELEB Monique, avec DEBARRE Anne (1989), *Architectures de la vie privée. Maisons et mentalités XVIIe-XIXe siècle*, Archives d'architectures modernes (1re édition In extenso, 1984), Bruxelles.

ELEB Monique, CHÂTELET Anne-Marie, GARCIAS Jean-Claude, PRELORENZO Claude et MANDOUL Thierry (1990), *L'Habitation en projets. De la France à l'Europe*, Pierre Mardaga, Liège.

ELEB Monique (1994), *L'Apprentissage du chez-soi ; le Groupe des maisons ouvrières, avenue Daumesnil, Paris, 1908*, Parenthèses, Marseille.

ELEB Monique, avec DEBARRE Anne (1995) *L'Invention de l'habitation moderne. Paris 1880-1914, Architectures de la vie privée, suite*, coédition A.A.M. et Hazan, Paris.

ÉLIAS Norbert (1973), *La Civilisation des mœurs*, Calmann-Lévy, Paris, (1re édition allemande, 1939).

ÉLIAS Norbert (1974), *La Société de cour*, Calmann-Lévy, Paris.

FLANDRIN Jean-Louis (1976), *Familles. Parenté, maison, sexualité dans l'ancienne société*, Hachette, Paris.

FLANDRIN Jean-Louis (1981), *Le Sexe et l'Occident. Évolution des attitudes et des comportements*, Seuil, Paris.

MAUSS Marcel (1960), *Sociologie et anthropologie*, PUF, Paris (premières éditions · « Étude de morphologie sociale », *L'Année sociologique*, 1904-1905, et « Les techniques du corps », *Journal de psychologie*, 1936).

LE MUET Pierre (1623), *Manière de bien bastir pour toutes sortes de personnes*, Paris.

PARDAILHÉ-GALABRUN A. (1988), *La Naissance de l'intime. 3 000 foyers parisiens, XVIIe-XVIIIe siècles*, PUF, Paris.

PERROT Michelle (1981), « Les ouvriers, l'habitat et la ville au XIXe siècle », *in* J.-P. FLAMAND, dir., *La Question du logement et le mouvement ouvrier français*, Éd. de la Villette, Paris.

II

Les données fondamentales de l'habitat

9

Grandes évolutions du parc et des ménages depuis 1950

par François Clanché et Anne-Marie Fribourg***

L'étude des résultats du recensement général de la population de 1946 et sa comparaison avec les recensements d'avant guerre donne une première idée de l'état du parc de logements du pays : les destructions liées à la guerre (un immeuble sur vingt détruit et un sur cinq endommagé), conjuguées au ralentissement de l'activité économique depuis le début des années trente, ont ramené le nombre de résidences principales au niveau de 1936 et celui des immeubles à celui de 1931. Trois cent cinquante mille logements endommagés par la guerre sont vacants. Dans la mesure où la population totale du pays est ramenée au niveau du recensement de 1926, le rapport du nombre de résidences principales au nombre d'habitants n'a rien d'inquiétant : il est nettement supérieur à ce qu'il était avant guerre, car la population a diminué plus fortement que le parc.

Cependant, un ménage sur trois vit dans une situation de surpeuplement (deux personnes dans une seule pièce, quatre dans deux pièces par exemple), dont près d'un sur cinq dans un surpeuplement « critique » (plus de deux personnes par pièce). Ces situations sont plus fréquentes dans les communes rurales que dans les villes, et ne se rencontrent pas plus souvent dans les grandes communes urbaines que dans les petites. De même, le nombre de personnes logées par pièce d'habitation est plus élevé dans les communes rurales (1,21) que dans les communes urbaines (1,09). En revanche, les situations de surpeuplement critique dans les villes de plus de 50 000 habitants sont beaucoup plus fréquentes en 1946 qu'en 1926 (14 % des ménages contre 9 %), signe d'un début de déséquilibre entre exode

* Administrateur, INSEE.
** Direction générale de l'urbanisme, de la construction et de l'habitat (ministère de l'Équipement, des Transports et du Logement).

rural et offre de logements dans les villes. L'urgence de construction est accrue par la reprise démographique : entre 1946 et 1954, la population du pays s'accroît de 285 000 personnes chaque année, alors qu'elle diminuait en moyenne de 100 000 par an entre 1936 et 1946.

Nous allons nous efforcer de mettre en lumière les grands traits des changements intervenus, en cinquante ans, sur le parc de logements du pays.

Cinquante ans de construction

L'effort de construction intervenu de 1960 à 1980 a modifié considérablement les conditions de logement des Français : en deux décennies, la part des logements construits après la guerre est passée de 15 % à 50 % (graphique 1). Ce renouvellement s'explique aussi par la disparition du parc le plus ancien, construit avant la Première Guerre mondiale, alors que le parc construit dans l'entre-deux-guerres a fait l'objet de très peu de désaffectations (tableau 1).

Graphique 1. — Renouvellement du parc de logements
(en %)

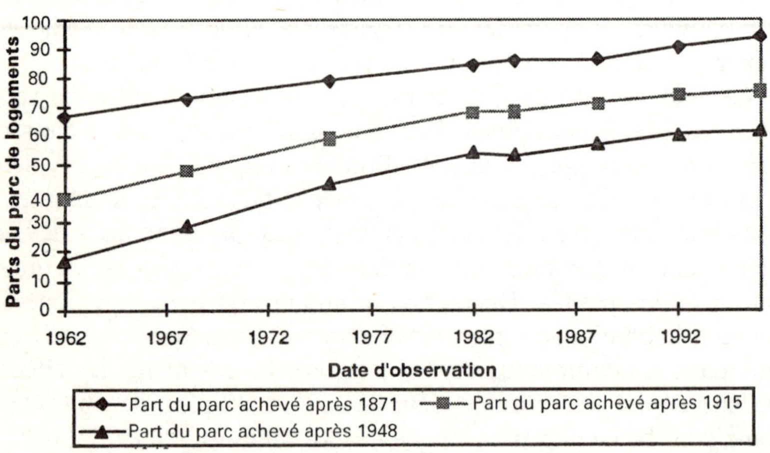

En cinquante ans, le parc de résidences principales est passé de 12,5 millions à 23,5 millions. Jusqu'aux années soixante-dix, cette croissance du parc ne fait que répondre à la croissance démographique. Ensuite, elle permet au nombre de résidences principales par

Tableau 1. — Évolution du parc de logements
(en milliers de logements)

	1962	*1968*	*1975*	*1982*	*1990*
Parc achevé avant 1915	10 165	9 478	8 550	7 492	6 935
dont :					
parc achevé avant 1871	5 447	4 968	4 418	3 697	
parc achevé entre 1871 et 1915	4 718	4 510	4 132	3 795	
Parc achevé entre 1915 et 1948	3 434	3 495	3 326	3 344	3 402
Parc achevé après 1948	2 793	5 283	9 196	12 873	15 868

Source : recensements généraux de la population (RGP).

habitant d'augmenter de nouveau, reprenant une progression ancienne interrompue en 1940 (graphique 2).

Graphique 2. — Évolution du rapport entre population et nombre de résidences principales

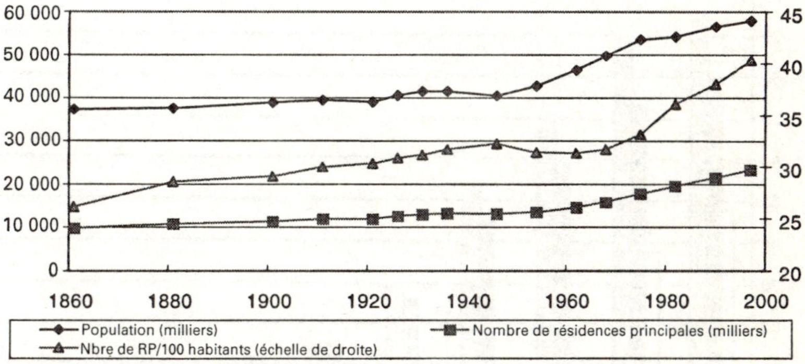

La totalité de l'accroissement du nombre de résidences principales s'est faite dans des communes urbaines, alors que le parc des communes rurales est resté stable : les constructions et les destructions s'y sont équilibrées. Dans l'agglomération parisienne, le nombre de résidences principales a doublé (graphique 3).

Cinquante ans d'amélioration du confort

Outre la nécessité d'un rattrapage quantitatif du parc, le recensement de 1946 révèle l'ampleur des progrès à réaliser en terme de confort des logements : si neuf résidences principales sur dix sont

Graphique 3. — Évolution de la localisation des résidences principales

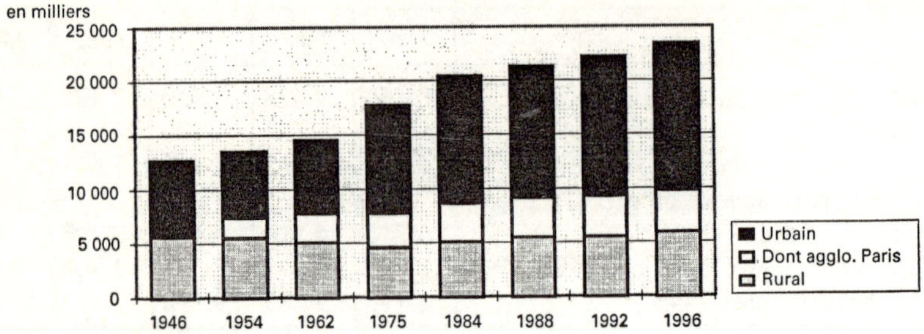

équipées de l'électricité, 6 % ont une douche ou une baignoire, 37 % ont l'eau courante au robinet à l'intérieur du logement (13 % dans les communes rurales) et seul un logement sur cinq possède des WC.

Graphique 4. — Évolution du confort des logements

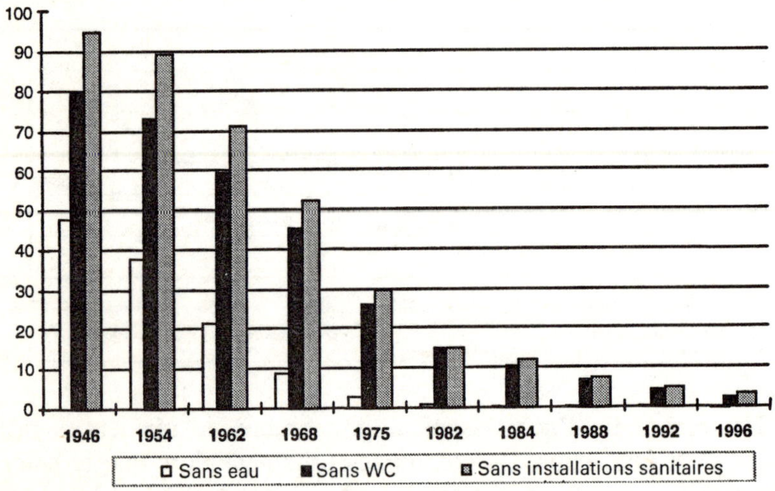

Dès 1962, le parc construit après guerre est à la fois plus grand que le parc ancien (3,5 pièces en moyenne contre 3), et huit fois sur dix équipé de sanitaires (contre une fois sur huit seulement dans le parc ancien) : au développement quantitatif s'ajoute donc une amélioration qualitative. À partir des années soixante, la quasi-totalité du parc construit est équipé des éléments sanitaires de base que sont les WC et/ou une douche ou une baignoire. Le taux d'équipement va donc s'élever sous l'effet du renouvellement du parc. Mais des travaux

Tableau 2. — Évolution du peuplement des logements de 1946 à 1996

	Surpeuplement accentué	*Surpeuplement temporairement admissible puis modéré (nouvelle norme 1962)*	*Peuplement normal*	*Sous-peuplement modéré*	*Sous-peuplement accentué*	*Dont sous-peuplement très accentué*	*Ensemble*
1946	2 279 **18,1**	1 960 **15,6**	5 254 **41,8**	2 197 **17,5**	893 **7,1**		12 583 **100**
1954	1 762 **13,1**	1 632 **12,2**	5 428 **40,5**	2 908 **21,7**	1 514 **11,3**		13 401 **100**
1962	1 693 **11,6**	1 825 **12,6**	6 322 **43,5**	3 130 **21,5**	1 568 **10,8**		14 538 **100**
1962	1 861 **12,8**	3 774 **26**	4 130 **28,4**	2 713 **18,7**	2 060 **14,2**		14 538 **100**
1970	1 021 **6,2**	2 908 **17,1**	4 835 **29,5**	3 937 **24,0**	3 706 **22,6**		16 407 **100**
1973	805 **4,7**	2 911 **17**	5 034 **29,4**	4 384 **25,6**	3 990 **23,3**		17 124 **100**
1978	597 **3,2**	2 591 **13,9**	5 294 **28,4**	5 070 **27,2**	5 089 **27,3**	**10,9**	18 641 **100**
1984	350 **1,7**	2 266 **11,1**	5 297 **26**	5 982 **29,4**	6 467 **31,8**	**13,1**	20 364 **100**
1988	316 **1,5**	2 195 **10,3**	5 115 **24,1**	6 007 **28,3**	7 620 **35,9**	**15,9**	21 256 **100**
1992	289 **1,3**	2 121 **9,6**	5 036 **22,8**	5 905 **26,7**	8 779 **39,7**	**19,0**	22 131 **100**
1996	258 **0,9**	2 333 **9,5**	5 256 **22,7**	6 039 **25,9**	9 402 **40,4**	**20,0**	23 365 **100**

Source : INSEE, RGP jusqu'en 1962, enquêtes nationales « Logement » après. Il y a eu changement de norme en 1962 ; avant, il n'était tenu compte que du nombre de personnes et pas de la structure familiale : par exemple, pour un couple, la norme antérieure exigeait trois pièces en peuplement normal, alors que la nouvelle norme admet deux pièces. À noter que dans le surpeuplement modéré figurent structurellement tous les studios puisque la norme pour une personne est de deux pièces.

d'améliorations sont également réalisés dans le parc ancien : en 1962, seuls 13 % des logements construits avant guerre étaient équipés ; ils sont 60 % en 1982 et 90 % en 1996.

La taille des logements augmente : on passe de 2,7 pièces par logement en 1946 à 3 pièces en 1962 et 4 pièces en 1992, et, parallèlement, le nombre de personnes par pièce passe de 1,15 en 1946 à 1 en 1962 et à 0,62 aujourd'hui.

Du surpeuplement au sous-peuplement

Le tableau 2 montre l'évolution du peuplement par rapport aux normes : on est passé de 18,1 % de logements en surpeuplement accentué en 1946 à près de 20 % des logements en sous-peuplement très accentué en 1996. Ce dernier chiffre s'explique en grande partie par la présence de personnes âgées dans de grands logements.

Tous propriétaires ?

Le taux de ménages propriétaires occupants de leur résidence principale est passé en France de 35 % en 1954 à 54 % en 1996, en particulier grâce au développement du crédit immobilier : en 1961, un propriétaire sur cinq remboursait un crédit ; en 1984, un sur deux. Cette ascension, fait dominant dans la plupart des pays développés, marque le pas depuis la fin des années quatre-vingt et il semblerait qu'un plafond soit atteint.

Tableau 3

	1954	*1962*	*1968*	*1975*	*1982*	*1984*	*1988*	*1992*	*1996*
Propriétaires (milliers)	4 760	6 019	6 815	8 278	6 929	10 323	11 387	11 913	12 644
Part des propriétaires occupants sur l'ensemble des ménages (%)	35,5	41,3	43,2	46,7	35,4	50,7	53,6	53,8	54,3

L'autre évolution majeure dans les statuts d'occupation des résidences principales est le développement du parc locatif HLM : depuis cinquante ans il ne cesse de croître, tant en pourcentage qu'en chiffre absolu, même si sa progression est, elle aussi, nettement ralentie depuis une dizaine d'années.

Graphique 5. — Évolution de l'importance des propriétaires occupants

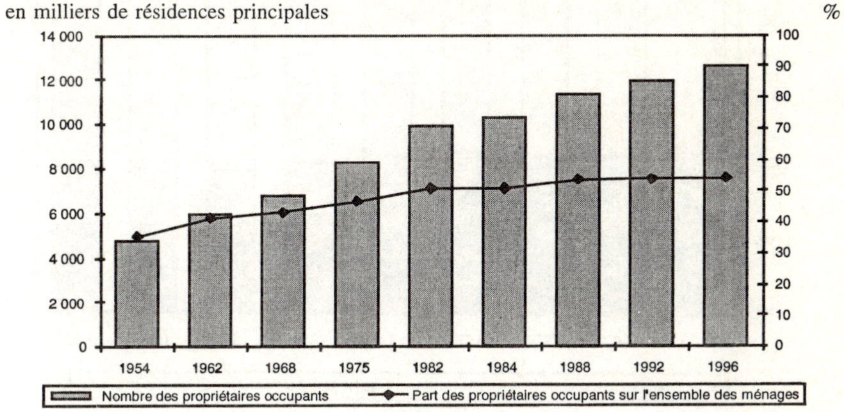

Tableau 4. — Évolution du parc HLM

Parc HLM (en milliers)	*1954*	*1963*	*1967*	*1970*	*1973*	*1978*	*1984*	*1988*	*1992*	*1996*
Nombres de logements HLM	380	880	1 164	1 565	1 933	2 481	2 978	3 189	3 376	3 656
Part de l'ensemble des résidences principales	2,8	5,9	7,4	9,5	11,3	13,3	14,6	15,0	15,3	15,7

Du fait de l'accroissement de la proportion des propriétaires occupants d'une part et de celle des HLM d'autre part, la part du parc locatif privé a beaucoup diminué depuis 1963 : il ne logeait plus, en 1984, qu'un ménage sur cinq contre un sur trois en 1963. Mais sa part s'est stabilisée et, depuis 1988, ce parc augmente régulièrement en valeur absolue.

Il est banal de dire que les conditions de logement en France se sont considérablement améliorées pour le plus grand nombre. Ces quelques données en sont une illustration et une preuve incontestable. Mais une telle approche, strictement statistique, masque d'autres évolutions dont il est rendu compte ailleurs dans cet ouvrage.

En outre, les normes de confort étudiées ici sont un indicateur devenu insuffisant pour décrire la qualité globale du logement : elles ne prennent en compte ni l'état d'entretien du logement, ni sa localisation, facteur qui a pris de plus en plus d'importance dans la période. Notons enfin que c'est justement le mouvement d'urbanisation massive, qui fut pendant des décennies indispensable à la satisfaction des besoins en logements de la population, qui fait

Graphique 6. — Évolution des statuts d'occupation

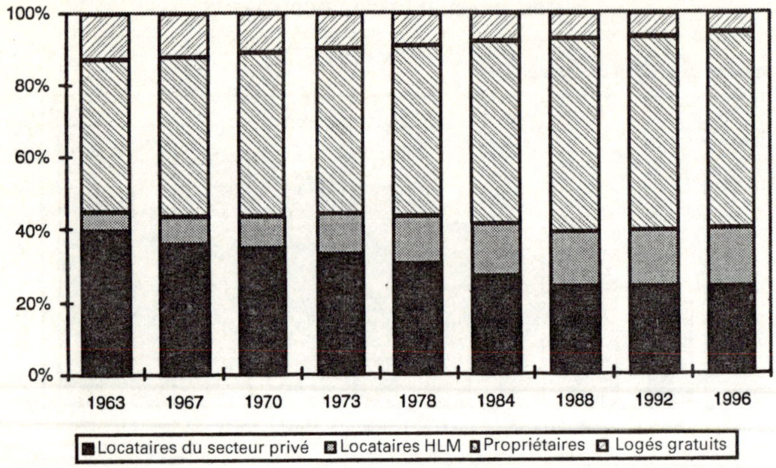

aujourd'hui l'objet de toutes les contestations en termes de qualité et d'insertion urbaine.

Sources

Les données citées dans cet article, ainsi que dans le tableau de synthèse page 85, proviennent de deux types de sources INSEE : les recensements généraux de la population (RGP des années 1946, 1954, 1962, 1968, 1975, 1982 et 1990) et les enquêtes nationales « Logement » (ENL, 1963, 1967, 1973, 1978, 1984, 1988, 1992-1993 et 1996-1997). La mise en série de ces sources sur une période aussi longue se heurte bien évidemment à des difficultés de comparaison : modifications méthodologiques dans la collecte et dans les traitements des données, changements de concepts, changements de zonage. L'importance des évolutions dégagées et l'intérêt de telles comparaisons nous ont paru suffisants pour nous autoriser à mettre en perspective des données qui ne sont pas toujours rigoureusement comparables.

Bibliographie

Ballain René et Jacquier Claude (1989), « Quarante ans de politique en faveur des mal logés », ministère de l'Équipement, Paris.

Fabre François (1984), « Le logement », *Données sociales*, INSEE, Paris.

INSEE, résultats des RGP de 1946, 1962, 1975 et 1990, volumes « Logements-Immeubles ».

Louvot Claudie (1992), « De la location à la propriété, le parc de logements se redistribue », *Économie et Statistique*, INSEE, Paris, n° 251.

Vandekerckhove L. *et al.* (1995), « Habitat et occupation du parc de logements en 1988 et 1992 », *INSEE résultats*, série Consommation-Modes de vie, n° 72-73 (n° général 392-393), INSEE, Paris.

Tableau de synthèse

	1946	*1954*	*1962*	*1968*	*1975*	*1982*	*1984*	*1988*	*1990*	*1992-1993*	*1996-1997*
Population totale (milliers)	40 503	42 777	46 456	49 755	53 589	54 273	55 026	56 118	56 615	57 374	58 375
Le parc de logements											
Nombre de logements (milliers)	13 945	14 410	16 392	18 256	21 072	23 709	24 576	25 709	26 205	26 976	28 221
Part du parc achevé avant 1949 (%)	100	96	83	71	56	46	46	43	39	36	38
Part du parc achevé avant 1915 (%)			62	52	41	32	31	29	26	26	25
Part du parc achevé avant 1871 (%)			33	27	21	16	14	14		9	6
Résidences principales (milliers)	13 052	13 427	14 565	15 778	17 743	19 590	20 364	21 256	21 521	22 131	23 285
Résidences secondaires (milliers)	225	448	1 255	1 692	1 696	2 265	2 293	2 297	2 803	2 848	2 452
Part des résidences secondaires (%)	*2*	*3*	*6*	*7*	*8*	*10*	*9*	*9*	*11*	*11*	*9*
Logements vacants (milliers)	668	535	854	1 223	1 633	1 854	1 919	2 156	1 881	1 997	2 231
Part des logements vacants (%)	*5*	*4*	*5*	*7*	*8*	*8*	*8*	*8*	*7*	*7*	*8*
Caractéristiques des résidences principales											
Achevées avant 1949 (%)	100	97	83	71	55	47	43	39	37	37	36
Achevées avant 1915 (%)			62	51	39	30	29	26	24	23	22
Achevées avant 1871 (%)			32	26	19	12	13	12		10	6
Part de l'individuel* (%)	50		52	51	51		54	55	53	56	57
Nombre moyen de pièces	2,7	2,95	3,09	3,29	3,45	3,65	3,8	3,85	3,8	4,00	4
Nombre moyen de personnes	3,10	3,19	3,10	3,06	2,88	2,77	2,68	2,61	2,57	2,5	2,48
Nombre moyen de personnes par pièce	1,15	1,08	1,01	0,93	0,83	0,76	0,71	0,68	0,68	0,64	0,62
Surface moyenne (en m²)				68 [2]	72 [3]	77 [4]	82	85		86	88
Caractéristiques de confort. Part des résidences principales…											
sans eau courante (%)	48	38	22	9	3	1	0,4	0,3	0,2	0,2	0,1
sans WC (%)	80	73	60	45	26	15	11	7	7	4	3
sans sanitaires**	95	90	71	53	30	15	12	8	7	5	3
ayant WC et sanitaires (%)	5	10	25	41	65	80	85	90	90	94	96
dont : logements achevés avant 1948 (%)	*5*		*13*			*61*	*68*	*78*	*78*	*85*	*90*
logements achevés après 1948 (%)			*80*			*96*	*98*	*98*	*99*	*99*	*99*
Ménages souhaitant déménager (%)			24 [1]	20 [2]	21 [3]	23 [4]	21	21		19	18
Propriétaires (%)		36	41	43	47	51	51	54	54	54	54
dont accédants (%)			8 [1]	20 [2]	21 [3]	20 [4]	24	26		24	22
Locataires (%)		53	49	48	45	43	41	39	41	39	40
dont HLM (%)		3	6 [1]	10 [2]	11 [3]	14	15	15	15	15	16
Logés gratuits*** (%)			13	12	11	8	8	7	6	7	6

1. Source ENL 1962 ; 2. Source ENL ; 3. Source ENL 1973 ; 4. Source ENL 1978.

* Situés dans des immeubles comportant seulement un logement ; ** Par sanitaires on entend ici une douche ou une baignoire ; *** Aux RGP de 1962, 1968, 1975 et 1982 on a inclus ici les ménages « logés par l'employeur ».

Source : À l'exception des notes ci-dessus, les données de 1946, 1954, 1962, 1968, 1975, 1982 et 1990 sont tirées des RGP, les autres des ENL.

10

Besoins et demande de logements

*par Jean Bosvieux**

Besoins en logements et planification

Le concept de besoins en logements est apparu en France dans les années cinquante, avec la planification. Le pays souffre alors d'une grave pénurie de logements résultant du retard de construction accumulé pendant l'entre-deux-guerres et des destructions de la Seconde Guerre mondiale (500 000 logements détruits, 1 400 000 endommagés). De plus, faute d'un renouvellement suffisant, le parc existant est, pour une large part, vétuste et inconfortable. De très nombreux ménages souffrent en conséquence de mauvaises conditions de logement : c'est le cas notamment des jeunes couples dont beaucoup, ne pouvant accéder à un logement indépendant, sont contraints de cohabiter avec leurs parents. La situation est particulièrement grave en Île-de-France. De ce constat, mis en lumière par plusieurs enquêtes, découle la nécessité de rattraper le retard accumulé et de subvenir aux besoins supplémentaires engendrés par la démographie. Seul un effort massif de construction neuve pourra permettre d'y faire face.

Mais quelle doit être l'ampleur de cet effort ? La première tentative d'évaluation prospective des besoins en logements portant sur la période 1950-1980 est réalisée en 1950 par L. Henry. Il est intéressant d'examiner la méthode utilisée, qui préfigure largement les méthodes d'estimation ultérieures. Elle distingue les composantes suivantes :

— le retard (déficit de la construction neuve par rapport aux besoins estimés rétrospectivement sur la période 1914-1950) : 3,9 millions de logements ;

* Économiste (ANIL).

— le renouvellement du parc existant : 3,5 millions de logements ;

— la démographie — évolution de la population sous des hypothèses de nuptialité, mortalité et fécondité (composante démographique pure) combinée avec le niveau de cohabitation des adultes : de 2,16 à 2,35 millions de logements selon les scénarios. L'effet des migrations internes est supposé nul, celui de l'immigration n'est pas pris en compte.

Au total, les besoins en logements neufs sont donc évalués à environ 9,6 millions de logements pour les trente ans à venir, soit une moyenne de 320 000 logements par an. Toutefois, la commission du IIe plan retiendra un objectif plus modeste — et sans doute plus réaliste, compte tenu du niveau de la construction au début des années cinquante — de 240 000 logements par an pour la période 1954-1957.

L'exercice d'évaluation prospective des besoins sera par la suite renouvelé lors de la préparation des plans successifs. Il s'agira désormais de projections à moyen terme destinées à fixer des objectifs quantitatifs de construction de logements neufs. Il importe en effet de réviser assez fréquemment les hypothèses démographiques en tenant compte des évolutions constatées, dans une période où la France connaît d'importantes mutations économiques et sociales. Par ailleurs, avec la croissance économique et l'urbanisation, dont l'exode rural est le corollaire, on assiste à un phénomène nouveau : l'accroissement d'un parc de résidences secondaires jusque-là embryonnaire (225 000 en 1946, 1 255 000 en 1968). Le nombre de logements vacants est également en augmentation rapide à partir des années soixante (535 000 en 1954, 1 223 000 en 1968).

La méthode d'évaluation utilisée devra donc dorénavant prendre en compte les résidences secondaires et les logements vacants. Les besoins en logements neufs estimés résultent de l'addition de quatre composantes :

— la croissance du nombre de ménages, découlant du double effet de la croissance purement démographique et de la décohabitation ;

— la nécessité de renouveler une partie du parc ;

— la demande de résidences secondaires ;

— le maintien d'un volant de logements vacants, nécessaire à l'évolution du parc et à la mobilité des ménages.

Le rapprochement avec l'évaluation de L. Henry fait apparaître une différence notable : la composante de rattrapage du retard a disparu. Nous reviendrons plus loin sur cette évolution, qui, loin d'être neutre, traduit un glissement de la notion de besoins à celle de demande potentielle.

Jusqu'au milieu des années soixante-dix, le niveau de la construction neuve augmente régulièrement et reste très proche des besoins estimés. Ce constat témoigne de l'efficacité de l'engagement de l'État dans l'effort de construction : pendant toute cette période, les besoins évalués s'imposent à la puissance publique comme un objectif à atteindre. L'intervention de l'État est en effet déterminante, qu'elle prenne la forme d'aides budgétaires directes ou, plus tard, d'affectation de ressources privilégiées au financement du logement.

Grâce à cet effort, 9 millions de logements seront construits entre 1954 et 1975, et la taille du parc augmentera de 50 %. Si l'on en juge par le nombre de logements vacants (1,7 million en 1975), la détente du marché est alors manifeste. Les conditions de logement ont connu une amélioration spectaculaire : le pourcentage de logements pourvus du confort sanitaire a considérablement augmenté, les logements sont devenus plus spacieux alors que la taille moyenne des ménages diminuait.

Une évaluation des besoins ou de la demande ?

Dès lors, la notion de besoins en logements va se trouver progressivement déconnectée de la définition des politiques publiques. On continuera, certes, à réaliser des prévisions de besoins, mais l'action de l'État va s'infléchir : il s'agira moins, désormais, d'atteindre des objectifs quantitatifs globaux pour la construction neuve que de permettre à tous, y compris aux plus démunis, l'accès à un habitat de qualité. Dans la ligne des conclusions des rapports Barre et Nora, le rapport du comité habitat du VIIe plan (1976-1980) affiche clairement cet objectif et les conséquences qu'il implique : « promouvoir partout un habitat de qualité » et « aider les plus démunis ». L'action régulatrice de l'État s'exercera en priorité sur la demande par le biais des aides personnalisées, alors que la politique d'offre se concentrera sur la construction de logements sociaux (« Avant le volume total de la construction neuve [...], assurer la construction de logements à caractère social »). Par ailleurs, pour combler au moins partiellement le retard qualitatif du parc de logements français par rapport à ceux des pays d'Europe du Nord, le VIIe plan retient l'objectif de diminuer de moitié (de 40 % à 20 %) en cinq ans le pourcentage de logements inconfortables, ce qui correspond à l'amélioration de 250 000 logements par an.

Bien que la référence aux besoins en construction neuve soit encore présente, il ne s'agit donc plus de l'objectif principal. Le rapport émet d'ailleurs un certain nombre de critiques quant à la méthode d'évaluation : « On ne se satisfera pas, au surplus, des seuls besoins recensés. Il faut y intégrer, dans la mesure du possible, la demande non exprimée, en analysant le degré de peuplement des logements à l'aide de critères d'habitabilité et de confort plus adaptés au mode de vie actuel que ne le sont les normes habituellement retenues pour apprécier le surpeuplement. Il faut, parallèlement, analyser les conditions de l'offre sur les marchés locaux. [...] Les normes de confort se limitant au confort sanitaire sont très insuffisantes pour rendre compte des qualités minimales exigibles aujourd'hui d'un logement. » Il insiste particulièrement sur la nécessité d'améliorer l'appareil statistique : « Enfin, il faut réitérer une demande déjà exprimée il y a cinq ans. Les outils statistiques dont nous disposons aujourd'hui dans le secteur de l'habitat sont nettement insuffisants : ils ne permettent qu'une mesure de la demande exprimée mais en aucune façon l'appréciation des besoins réels. L'appareil statistique de connaissance et de mesure des besoins doit être développé, en dépit de son coût, à un niveau géographique plus fin qu'aujourd'hui car il peut permettre des économies considérables. [...] Un effort particulier s'impose dans le domaine de la connaissance et des statistiques concernant les prix des logements, les loyers et les charges effectives. »

Vingt-cinq ans après, force est de constater que ces judicieuses recommandations n'ont guère été suivies d'effet. L'élaboration d'un compte du logement à partir de 1994 a mis en lumière la persistance des carences, mais n'a pas eu jusqu'ici d'effets vraiment tangibles sur la connaissance statistique du domaine. L'INSEE a continué à utiliser la méthode traditionnelle pour produire périodiquement des évaluations dites de « besoins », puis, tout récemment [P. Bessy, 1997], de « demande potentielle ».

Car c'est bien de demande et non de besoins qu'il s'agit, comme le relevait le Comité habitat du VIIe plan, et comme le prouve un examen attentif de la méthode utilisée. En effet, la notion de besoins implique la référence à une norme, c'est-à-dire, dans le cas qui nous occupe, la définition des conditions minimales de logement socialement acceptables. En comparant les situations observées à cette norme, il est possible d'évaluer des besoins non satisfaits correspondant aux populations mal logées (ou pas logées du tout). Or à aucun moment, dans les estimations récentes, il n'est fait mention d'une quelconque norme, et la notion de retard à combler est pratiquement absente des évaluations de besoins depuis les travaux de L. Henry.

En réalité, la méthode d'évaluation s'appuie sur les évolutions constatées du volume de la construction neuve et du renouvellement du parc. Ces évolutions reflètent l'équilibre entre la demande et l'offre de logements qui s'est établi aux conditions démographiques, sociologiques, économiques et politiques de la période observée. Cet équilibre dépend, en effet, non seulement de l'évolution de la population et de la tendance à la décohabitation, mais aussi, notamment, du prix des logements, du niveau moyen et de la dispersion du revenu des ménages, de l'intervention budgétaire et réglementaire de l'État. La prolongation dans l'avenir des tendances passées s'appuie donc nécessairement sur une hypothèse économique implicite qui suppose notamment une évolution des revenus identique à celle observée sur le passé récent.

L'exercice consiste donc à estimer le nombre de logements neufs à construire pour assurer l'adéquation quantitative du parc à une demande potentielle évaluée sous l'hypothèse de la prolongation des tendances passées.

Une méthode d'évaluation inadaptée aux problèmes actuels…

Cette méthode a pu avoir un intérêt dans une période de pénurie aiguë qui ne pouvait être circonscrite que par un effort massif de construction neuve : il convenait alors de fixer des objectifs quantitatifs. Il n'en est plus de même aujourd'hui où les problèmes ont changé de nature. Qui pourrait soutenir sérieusement que l'action sur le niveau global de l'offre suffirait à résoudre les problèmes actuels ?

Depuis les années cinquante, l'action des pouvoirs publics dans le long terme a eu pour but de créer les conditions de fonctionnement d'un marché du logement. La création, puis le bouclage des aides personnelles ont constitué un élément essentiel dans ce processus : il s'agissait en effet de fournir aux ménages à faibles revenus la capacité de satisfaire leurs besoins en logement sur le marché. Toutefois, la solvabilisation, par les aides, des ménages les plus modestes étant insuffisante, le rôle du parc locatif social demeurait essentiel pour assurer une offre à bas prix.

Ce dispositif a rapidement trouvé ses limites. On a en effet assisté simultanément, au début des années quatre-vingt-dix, à une crise de surproduction et à un accroissement des difficultés de logement pour les plus démunis, dont l'augmentation du nombre de sans-abri constitue la manifestation la plus visible. Malgré l'institution du revenu minimum d'insertion (RMI), les aides personnelles ne suffisent plus, pour une part croissante de la population, à permettre l'accès à un logement décent, même dans le secteur social. La création du prêt locatif aidé très social (PLATS), destiné à favoriser le développement d'une offre financièrement adaptée aux ménages les plus modestes, et des Fonds de solidarité logement (FSL) constitue, en même temps qu'une reconnaissance officielle de l'acuité de ces problèmes, une tentative d'y apporter des solutions.

... mais dont la rénovation implique une amélioration du système statistique

Loin d'être devenue inutile, l'évaluation de besoins en logements est donc tout aussi nécessaire qu'il y a trente ans. Mais un renouvellement des méthodes d'évaluation s'impose.

En premier lieu, il est indispensable d'évaluer les besoins non satisfaits. Cette évaluation suppose la définition d'une norme minimale de logement qui doit prendre en compte, aussi largement que possible, les différentes dimensions des conditions de logement : qualités intrinsèques, qualité de la localisation et de l'environnement, adéquation du logement à la taille et à la structure du ménage. La comparaison à la norme des situations observées conduit à fixer un objectif de rattrapage des besoins non satisfaits. L'évaluation globale doit ensuite être ventilée en un besoin de travaux et un besoin de logements neufs. Il faut pour cela être en mesure de classer les logements ne satisfaisant pas à la norme de qualité en deux catégories : ceux qui, moyennant des travaux d'amélioration, peuvent être jugés aptes à l'habitation, et ceux dont le mauvais état justifie le remplacement. L'expression des besoins doit également tenir compte de la capacité financière à accéder à un logement répondant aux normes. Autrement dit, l'évaluation doit distinguer et chiffrer les différents types d'offre susceptibles de faire face aux besoins non satisfaits, à des conditions de prix compatibles avec les ressources des ménages concernés. Cela suppose la définition d'une norme de taux d'effort maximal ou de revenu résiduel minimal. Cette première étape constitue un préalable indispensable à toute évaluation prospective des besoins. À partir de là, on peut dérouler la méthode classique de projection des ménages sur laquelle repose l'évaluation des besoins futurs, en prenant soin notamment d'expliciter les normes sous-jacentes aux hypothèses de décohabitation.

En deuxième lieu, les besoins doivent être évalués de façon localisée. Une évaluation nationale est en effet insuffisante, voire erronée, car les besoins nationaux ne sont pas égaux à la somme des besoins locaux. En d'autres termes, il n'y a pas équivalence entre des logements situés à Bayonne ou à Strasbourg. Par ailleurs, il faut tenir compte des disparités géographiques, qui s'expriment notamment en termes de niveaux des prix et des loyers, pour définir des types d'offre adaptés à la solvabilité des ménages.

Enfin, l'approche des besoins ne doit pas se limiter aux ménages. Selon le recensement de 1990, 1 150 000 individus vivent « hors ménage » : ils ne doivent pas être ignorés dans les évaluations. En particulier, les conditions de logement des personnes hébergées en foyers doivent être appréciées au regard de la norme, cette comparaison pouvant déboucher sur l'estimation de besoins spécifiques.

Ce type d'évaluation est pratiqué dans plusieurs pays, comme l'a montré une série d'études réalisées à l'initiative du Plan Construction et Architecture [Bosvieux et Coloos, 1994] : au Royaume-Uni et aux Pays-Bas, qui font figure d'exemples, mais aussi aux États-Unis. Toutefois, il est fondamental de remarquer que ces pays disposent, dans ce domaine, d'un système statistique beaucoup plus développé que celui de la France. Les statisticiens britanniques et néerlandais peuvent ainsi fonder leurs évaluations sur une observation très complète de la qualité et des prix des logements, et, pour les Pays-Bas, sur une connaissance géographique très fine des marchés. Le système statistique français, qui n'a guère évolué depuis les années soixante, reste essentiellement national et très insuffisant quant à la description qualitative des logements, des prix et des individus « hors ménage ». Son amélioration constitue un préalable indispensable à la réalisation d'évaluations des besoins utilisables dans la définition de politiques locales du logement.

Bibliographie

BESSY Pascal (1977), « La demande potentielle de logements neufs à moyen terme », *INSEE Première*, n° 518, INSEE, Paris.

BONVALET Catherine, dir. (1994), *Logement, mobilité et populations urbaines*, CNRS Éditions, Paris.

BOSVIEUX Jean et COLOOS Bernard (1994), « Besoins et qualité des logements », *Recherches*, n° 53, Plan Construction et Architecture, ministère du Logement, Paris.

COMMISSARIAT GÉNÉRAL DU PLAN (1976), *Rapport du comité habitat*, La Documentation française, Paris.

HENRY Louis (1949), « Structure de la population et besoins en logement », *Population*, n° 3, INED, Paris.

HENRY Louis (1950), « Perspectives relatives aux besoins de logements », *Population*, n° 3, INED, Paris.

HENRY Louis et FEBVAY Maurice (1957), « La situation du logement dans la région parisienne », *Population*, n° 1, INED, Paris.

LOUVOT Claudie (1989), « La croissance des ménages soutiendra la constuction neuve jusqu'au milieu des années 90 », *Économie et Statistique*, n° 225, INSEE, Paris.

MOUILLART Michel (1991), « Quels sont les besoins en logement ? », *L'Observateur de l'immobilier*, n° 20, Crédit Foncier de France, Paris.

11

Ménages, familles et modes d'habiter

*par Denise Arbonville**

Après la Seconde Guerre mondiale, une véritable révolution a bouleversé les modes d'habitat des ménages français. En 1996, la majorité des logements sont des maisons individuelles occupées par leur propriétaire (voir, *supra*, article de F. Clanché et A.-M. Fribourg) et sa famille nucléaire. Cette évolution de l'habitat correspond à des transformations très marquées des modes de vie familiaux et des conditions économiques. Néanmoins, si un modèle résidentiel dominant semble émerger fortement des statistiques disponibles [Bonvalet, Merlin, 1988], l'analyse plus précise des données fait aussi apparaître une nette opposition entre deux modes de vie : celui des couples mariés avec enfants et celui des jeunes, des couples consensuels, des divorcés ou des familles monoparentales. La multiplication de ces ménages « atypiques », dont la préférence va au secteur locatif des centres-villes, introduit une diversification de plus en plus significative de la demande de logement.

L'étude détaillée des données de l'Enquête nationale « Logement » de 1992, mise en rétrospective avec les évolutions plus générales de la société française, permet en effet de distinguer la superposition de trois temporalités distinctes.

• Une tendance, plus que séculaire, de diminution de la taille des ménages correspond au lent mouvement d'urbanisation du pays et à la « transition démographique » qui s'opère simultanément : les regroupements résidentiels les plus complexes, souvent des ménages de rentiers ou des unités de production agricole et artisanale, se raréfient progressivement dans un contexte d'exode rural et d'industrialisation. Cette tendance s'accélère après la Seconde Guerre mondiale et débouche sur un type résidentiel dominant associé à la

* Réseau Socio-économie de l'habitat.

« nucléarisation » des ménages : en nombre croissant, les simples cellules conjugales parviennent à acquérir leur propre logement, souvent une maison individuelle en périphérie urbaine, au cours d'un cycle familial sans rupture.

• Pendant les trente dernières années, le mouvement d'autonomisation résidentielle s'accélère. Les pratiques d'isolement deviennent de plus en plus fréquentes : union libre, divortialité, longévité, individualisme concourent à multiplier les occasions de vie solitaire à un moment ou à un autre de l'existence. Les itinéraires résidentiels des personnes et des familles s'en trouvent largement infléchis dans la mesure où, lorsqu'ils vivent (ou se retrouvent) seuls, les individus ont plus fréquemment recours à un habitat locatif et collectif en zone urbaine centrale.

• Ces deux tendances, de longue et moyenne période, se déploient dans un contexte général d'amélioration du niveau de vie individuel et de *boom* de la construction neuve. La conjoncture économique défavorable, qui s'installe au cours de ces vingt dernières années, vient imposer de nouvelles contraintes : la précarité de l'emploi détermine une inflexion des comportements familiaux et résidentiels des ménages. Les difficultés du présent, ou les incertitudes de l'avenir, se traduisent actuellement par un retard à la décohabitation des jeunes du foyer parental, par une montée — ou une visibilité accrue — des personnes sans domicile fixe, par une moindre accession sociale et par une demande croissante de logements en location.

Première temporalité de longue période : le développement d'un modèle résidentiel dominant

Le développement d'un modèle d'accession généralisée à la propriété des ménages nucléaires est caractérisé, lorsqu'on le compare au mode familial ancien, par une autonomie du noyau conjugal, tant du point de vue économique que résidentiel. C'est la triple conjonction d'une amélioration du niveau de vie, d'une politique active de construction et d'une transformation des modes de vie qui constitue le cadre de ce développement. Même si, comme nous le verrons par la suite, une demande de logement diversifiée se fait jour dans la période la plus récente, ce modèle reste, en quelque sorte, une référence idéale, avec un cycle familial et résidentiel linéaire aux étapes bien tranchées.

Étapes du parcours type

On quitte ses parents pour se marier, ou pour aller chercher du travail, et l'on ne tarde pas, lorsque l'on trouve un emploi, à fonder un foyer. Le premier enfant arrive assez vite, suivi d'un autre et, plus rarement, d'un troisième. L'« élevage » des enfants constitue la phase suivante du cycle familial. Lorsque le dernier enfant s'en va, commence une période de vie à deux — l'étape du « nid vide » [Le Bras, 1988] —, suivie d'une période de vie solitaire au moment du veuvage. Sur le plan de l'habitat, ce cycle familial est associé à un parcours résidentiel « promotionnel » (voir, *infra*, article de J.-P. Lévy), dans des logements de plus en plus confortables. Le terme en est l'accession à la propriété, avec une étape éventuelle dans le secteur social (surtout dans les décennies soixante et soixante-dix, ou dans des petites villes). L'achat est le plus fréquemment réalisé après la naissance du premier enfant ou quand la famille atteint sa taille maximale. Pour des raisons d'espace et de qualité de vie fami-

Tableau 1. — Mode d'habitat des couples en 1992

	Part dans le total des ménages (en %)	*Propriétaire de plein droit (en %)*	*Accédant* (en %)*	*Locatif social (en %)*	*Autre locatif (en %)*	*Maison individuelle (en %)*	*Périurbain** (en %)*	*Taille du logement (nombre de pièces)*
Couple sans enfants								
Ensemble	**30**	**48,9**	**16,4**	**10,2**	**18,9**	**65,1**	**53,8**	**4,1**
< 30 ans	4	1,2	7,5	21,2	61,8	25,7	41,9	2,8
30-40 ans	2	6,2	26,4	15,8	44,9	42,4	49,9	3,4
40-60 ans	9	40,0	32,7	9,3	13,4	71,7	59,6	4,4
> 60 ans	16	70,1	8,3	7,5	8,7	73,6	53,8	4,4
Couple avec enfants								
Ensemble	**35**	**14,7**	**45,3**	**15,5**	**19,2**	**66,3**	**58,7**	**4,7**
< 30 ans	4	2,3	22,6	30,8	37,7	45,2	54,7	3,7
30-40 ans	13	6,0	50,6	15,7	22,5	65,1	60,1	4,6
40-60 ans	17	21,2	48,8	11,9	13,2	71,8	59,1	5,0
> 60 ans	1	48,3	16,2	17,7	13,1	65,9	51,6	

* Propriétaire en cours de remboursement d'un crédit.

** Commune urbaine périphérique ou rurale en ZPIU.

Lire : les couples sans enfants dont l'homme est âgé de plus de 60 ans représentent 16 % de l'ensemble des ménages. Parmi eux, 70,1 % sont propriétaires et 8,3 % finissent de rembourser un crédit ; 7,5 % louent un logement social et 8,7 % sont dans le secteur locatif privé ; 73,6 % d'entre eux vivent dans une maison individuelle et 53,8 % dans une commune périurbaine ; en moyenne, leur logement compte 4,4 pièces.

Source : enquête « Logement » 1992.

liale, les choix se tournent vers la propriété d'une maison individuelle dans une zone périurbaine (surtout à partir de la fin des années soixante-dix).

Amélioration générale du niveau de vie

L'amélioration générale des conditions de vie de la population — tant du point de vue des revenus que de l'habitat — s'est poursuivie pendant plus de trente ans. Consommation et pouvoir d'achat ont été multipliés par trois entre 1954 et 1994 tandis que les dépenses de logement ont remplacé les dépenses alimentaires comme premier poste des dépenses de consommation [Barry et Hourriez, 1996 ; Abramovici, 1996]. La généralisation du salariat et la montée de l'activité féminine ont induit une capacité accrue d'autonomie économique du ménage, encore renforcée par l'augmentation des transferts sociaux (retraite, aides et allocations diverses) et par la politique publique du logement (logement social et aide à l'accession).

Graphique 1. — Couples selon l'activité des conjoints de 1968 à 1990

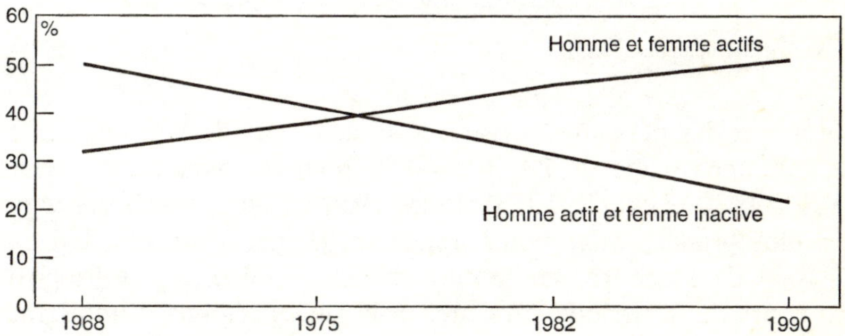

Source : INSEE, recensements de la population.

Mobilité, urbanisation, périurbanisation

Le mouvement de construction neuve, d'abord dans les grands ensembles des années soixante et soixante-dix, puis dans les lotissements individuels en périurbain, a permis de prendre en charge l'augmentation sans précédent de la demande de logement nourrie tant par une croissance démographique importante (*baby-boom*, augmentation de la longévité, rapatriements et immigration) que par les transformations des modes de vie. La période de l'après-guerre est en effet caractérisée par une concentration urbaine et une mobilité très intenses de la population sur le territoire français, voyant ainsi la poursuite des tendances issues de la révolution industrielle jusqu'au début des années soixante-dix.

Graphique 2. — Taux d'urbanisation de 1806 à 1990

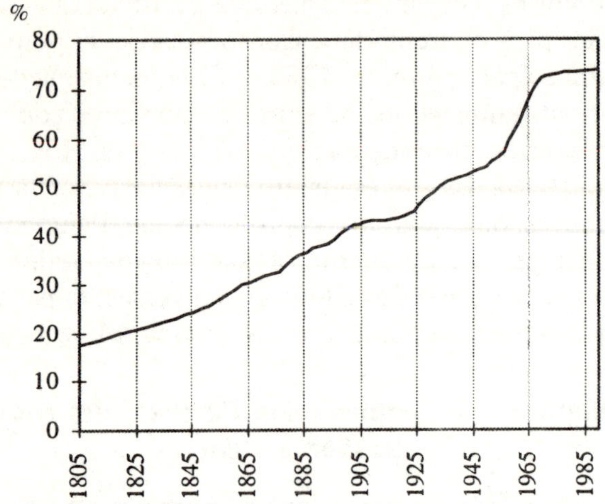

Source : [Dupâquier, 1988].

La part des personnes vivant, à 45 ans, hors de leur département de naissance passe de 20 % à 40 % pour les générations nées de 1820 à 1930 [Tugault, 1973]. Entre 1954 et 1962, seules les régions des plus grandes métropoles françaises (Paris, Marseille, Lyon), et l'Alsace dans une très faible mesure, ont un solde migratoire positif. Au cours de la période suivante, trois autres régions d'immigration apparaissent (le Centre, l'Aquitaine et le Languedoc-Roussillon).

L'étude détaillée des soldes migratoires par taille de communes pour 1954-1962 et 1962-1968 montre une hiérarchisation presque parfaite de l'espace urbain-rural : plus la taille de la commune augmente et plus le solde migratoire croît [Courgeau, 1990]. Ce phénomène témoigne d'une migration essentiellement économique.

Le début des années soixante-dix voit d'importantes et durables transformations des flux : on observe, d'une part, une baisse générale de la mobilité, qui reste néanmoins à un niveau supérieur à celui des deux décennies précédentes (voir le chapitre suivant), et, d'autre part, une modification de la redistribution des migrations selon les régions. Alors que le solde migratoire vers l'Île-de-France devient négatif, de

Tableau 2. — Taux migratoires nets annualisés des régions françaises de 1954 à 1990
(pour 10 000 habitants)

Région	*Période*				
	1954-1962	1962-1968	1968-1975	1975-1982	1982-1990
Île-de-France	+ 52,1	+ 7,1	- 25,0	- 64,0	- 36,4
Champagne-Ardenne	- 23,6	- 15,0	- 34,2	- 38,9	- 39,2
Picardie	- 12,5	- 0,2	+ 1,4	+ 5,8	+ 2,0
Haute-Normandie	- 2,9	- 3,8	+ 0,1	- 1,8	- 8,9
Centre	- 1,1	+ 33,4	+ 42,7	+ 41,9	+ 32,5
Basse-Normandie	- 55,0	- 26,9	- 27,0	- 7,0	- 6,3
Bourgogne	- 13,3	- 1,0	+ 10,4	+ 7,6	- 1,4
Nord-Pas-de-Calais	- 16,6	- 30,5	- 47,9	- 44,6	- 51,6
Lorraine	- 4,0	- 32,3	- 50,7	- 52,3	- 56,2
Alsace	+ 1,9	+ 15,1	+ 20,8	+ 2,0	- 2,5
Franche-Comté	- 1,8	- 6,7	- 31,9	- 19,8	- 23,7
Pays de la Loire	- 28,6	- 17,5	+ 7,3	+ 17,4	+ 0,1
Bretagne	- 49,3	- 14,3	+ 13,1	+ 30,5	+ 7,7
Poitou-Charentes	- 31,8	- 34,2	- 11,2	+ 13,0	+ 6,9
Aquitaine	- 5,8	+ 5,5	+ 14,5	+ 41,6	+ 39,3
Midi-Pyrénées	- 18,8	- 8,1	+ 9,5	+ 32,2	+ 40,7
Limousin	- 29,6	- 7,2	+ 2,1	+ 35,8	+ 14,1
Rhône-Alpes	+ 19,1	+ 30,7	+ 22,0	+ 15,2	+ 23,0
Auvergne	- 19,5	- 11,9	- 15,9	+ 4,9	- 3,8
Languedoc-Roussillon	- 21,2	+ 1,3	+ 23,4	+ 90,1	+ 82,0
Provence-Alpes-Côte-d'Azur	+ 43,0	+ 46,8	+ 86,4	+ 73,4	+ 51,8
Corse*	- 109,8	- 18,9	+ 22,0	+ 81,7	+ 47,7

* Résultats peu significatifs en raison de l'imperfection des recensements.

Lire : la région Aquitaine enregistrait un déficit de migration de 5,8 pour 10 000 de 1954 à 1962. Au cours de toutes les autres périodes le flux migratoire est devenu positif : + 5,5 de 1962 à 1968, + 14,5 de 1968 à 1975, + 41,6 de 1975 à 1982 et + 39,3 de 1982 à 1990.

nombreuses régions deviennent bénéficiaires. L'analyse des évolutions n'est possible que par un redécoupage des espaces urbains ou ruraux qui permet de mettre en évidence le phénomène de périurbanisation : un mouvement de déconcentration urbaine des villes vers leur couronne urbaine ou rurale se met en place [Le Jeannic, 1997]. De 1968 à 1990, les flux vers les pôles urbains ne sont bénéficiaires que dans les groupes d'âge entre 20 ans et 30 ans, alors que les couronnes périurbaines attirent massivement les familles avec enfants (classes d'âge de 0 à 20 ans et de 30 ans à 45 ans).

Tableau 3. — Croissance et périurbanisation de 1975 à 1990

Population (en %)			*Taux annuel de variation (en %)*	
	1962	1990	1962-1975	1975-1990
Urbain	70,5	74,0	1,45	0,40
Rural	29,5	26,0	– 0,34	0,77
Pôles urbains [1]	58,5	60,7	1,48	0,30
Communes périurbaines :				
Couronne périurbaine [2]	8,9	12,2	1,34	2,28
Communes multipolarisées [3]	3,3	3,5	0,45	1,31
Espace à dominante rurale [4]	29,3	23,6	– 0,25	0,10
France métropolitaine	46 425 394	56 615 155	0,96	0,49

1. Pôle urbain : offrant 5 000 emplois ou plus, indépendants des autres pôles ; 2. Couronne périurbaine : ensemble des communes, urbaines ou rurales, formant une continuité avec un pôle urbain, et dont au moins 40 % de la population employée travaille dans le pôle ou ses satellites ; 3. Commune multipolarisée : ensemble des communes, urbaines ou rurales, dont au moins 40 % de la population employée travaille dans plusieurs des pôles urbains voisins (et dans leurs satellites) ; 4. Espace à dominante rurale : ensemble des communes n'appartenant pas à l'espace des pôles urbains et de leurs satellites (le reste).

Lire : entre 1962 et 1975, les pôles urbains croissent plus vite que les communes périurbaines (1,48 % contre 1,34 % ou 0,45 %). Cette situation est renversée entre 1975 et 1990 (0,30 % contre 2,28 % et 1,31 %).

Source : recensements de la population INSEE ; LE JEANNIC [1997].

Diminution de la taille moyenne des ménages

S'« il a fallu un siècle pour passer de quatre à trois personnes par ménage » [Taffin, 1991], le mouvement de décroissance s'est ensuite accéléré, et à peine plus de vingt ans se sont écoulés, de la fin des années soixante au début des années quatre-vingt-dix, pour atteindre une moyenne de 2,6 personnes par logement.

Les facteurs qui convergent tous vers la diminution de la taille des ménages sont variés. Une tendance historique longue révèle tout d'abord une diffusion généralisée, depuis un siècle, du modèle du ménage nucléaire aux dépens de la famille élargie : réduit au simple noyau du couple des parents élevant leurs enfants, il se diffuse dans le contexte de l'urbanisation croissante qui caractérise la France. Dans un premier temps, l'exode rural équivaut simplement à l'installation urbaine et à l'éloignement des migrants du terroir familial. Dans un second temps, l'offre de logements en ville, de taille et de

Graphique 3. — Taille moyenne des ménages et nombre de logements de 1855 à 1990

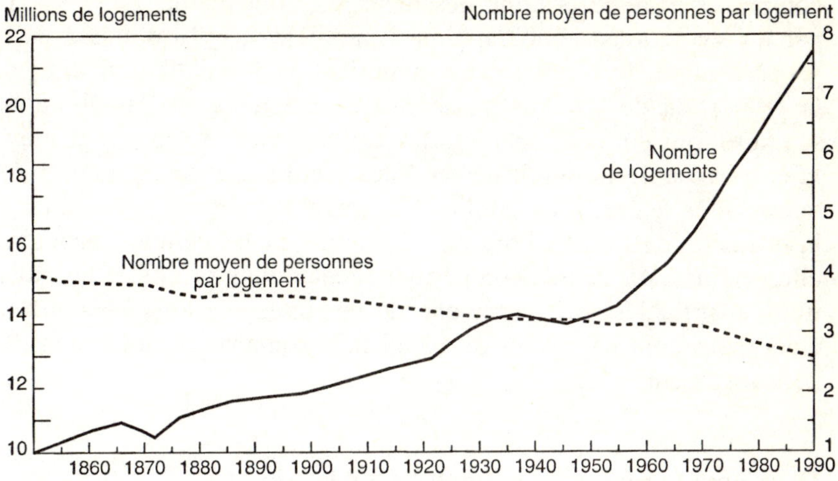

Source : TAFFIN [1991].

fonctions plus réduites qu'à la campagne, et une politique publique de logement très active accentuent encore les tendances au regroupement nucléaire des familles : il devient de moins en moins envisageable, culturellement et matériellement, de partager le logement de ses parents, et relativement facile d'acheter ou de louer une résidence autonome.

Tableau 4. — Proportions de familles « complexes » et de ménages de plus de 6 personnes
(en %)

	1968	*1975*	*1982*	*1990*
Famille hébergeant une personne isolée ou une autre famille	14,3	11,0	8,4	7,7
Ménages de 6 personnes ou plus	19,2	15,4	12,0	10,0
Ensemble (en milliers)	15 778	17 744	19 500	21 251

Lire : en 1968, 14,3 % des ménages hébergent des personnes n'appartenant pas à la famille nucléaire. Ils ne sont que 7,7 % en 1990.

Source : recensements de la population, INSEE.

Tous les effets des transformations des comportements de cohabitation, qui réduisent le nombre de regroupements familiaux complexes et donc la taille des ménages, sont induits ou renforcés par les évolutions démographiques parallèles : qu'il s'agisse de la généralisation des pratiques de planification familiale, qui diminue la proportion de familles nombreuses, ou encore de l'amélioration sanitaire, qui entraîne un important allongement de la vie et induit la croissance de l'effectif des couples vieillissant sans enfant et des veuves très âgées, sans oublier l'augmentation de la divortialité et la diffusion de l'union libre, qui déstabilisent les cellules nucléaires elles-mêmes. Au cours de la période récente vont proliférer les situations, marginales antérieurement, de personnes de tous âges et tous états matrimoniaux vivant de façon indépendante et isolée dans un petit logement.

Deuxième temporalité de moyenne période : la diversification et l'individualisme

Depuis la fin des années soixante, on peut observer une diversification des comportements familiaux qui multiplie encore la croissance de la demande de logement. Cette diversification est liée tant à la libéralisation des mœurs familiales et personnelles qu'à l'amélioration des situations économiques individuelles, en particulier celles des femmes, de plus en plus souvent salariées. Elle est déterminée par un nouveau comportement vis-à-vis du mariage et se trouve facilitée par la détente du marché du logement.

Diversification des cycles familiaux et autonomie résidentielle des jeunes, des vieux et des femmes

Ces évolutions se traduisent par des transitions plus ou moins floues entre chaque séquence du cycle familial. Tout d'abord, l'entrée dans la « vie adulte » se fait plus tardivement. D'une part, les jeunes quittent plus tard leurs parents parce qu'ils prolongent leurs études, et d'autre part, même quand ils occupent un logement indépendant, les jeunes vivent plus souvent seuls, sans fonder de famille ni même former de couple. Quand, enfin, on se « met en ménage », le nouveau couple est fréquemment consensuel et retarde la venue des enfants. Les couples, mariés ou non, avec ou sans enfant, se séparent plus souvent, et les individus recomposent éventuellement une famille après une période de vie solitaire. La taille des familles se réduit et, avec elle, la période d'« élevage » des enfants, tandis que s'accroît la longévité. Qu'ils soient seuls ou en couple, la période vécue par les individus vieillissant, une fois les enfants partis, s'allonge cependant qu'augmente la préférence pour l'autonomie résidentielle — rester dans son « petit chez-soi » tant qu'on peut vivre seul, considérer comme « impossible » la cohabitation avec des parents âgés ou des enfants.

Diversification des parcours résidentiels

À cette large diversification des comportements familiaux correspond une gamme très variée de parcours résidentiels, qui repose sur des préférences marquées pour le locatif, l'habitat collectif et des localisations urbaines plus centrales. Pour les plus jeunes, il peut s'agir tant de questions de budget (pouvoir payer un petit logement, plus fréquent dans les centres-villes, épargner en vue de l'accession future) que de modes de vie plus festifs (jouir des équipements culturels des métropoles) ou de nécessités liées à la présence des centres de formation ou de documentation des grandes villes. La rupture des unions entraîne souvent, quant à elle, la revente du logement acheté à crédit et l'obligation de prendre une location dans un lieu plus central, pour des raisons budgétaires bien sûr, mais également, lorsqu'il y a des enfants, pour assurer la proximité des gardes (par des crèches, l'autre parent, les grands-parents). L'étape postparentale ou le veuvage prolongé induisent de plus en plus souvent la revente de l'ancien logement, désormais trop grand ou trop cher à entretenir. Et l'extrême vieillissement rend nécessaire la proximité de services et d'équipements médicaux.

Les « trente glorieuses » ont vu la résolution de la crise du logement de l'immédiat après-guerre : les ménages français ont acquis une large liberté de choix pour leur habitat. Pourtant, depuis une quinzaine d'années, la question du logement a repris un tour dramatique, un peu similaire à celui des années cinquante. Une nouvelle législation a vu le jour au début de la décennie quatre-vingt-dix pour tenter d'établir un « droit au logement ».

Troisième temporalité de courte période : la « crise »

Le troisième temps de l'évolution de l'habitat dans l'après-guerre est en effet déterminé par la détérioration du contexte socio-économique. Néanmoins, si la « crise » commence en 1973, ses

Tableau 5. — Synthèse des évolutions familiales

Types de ménages (en % du total)	*1968*	*1975*	*1982*	*1990*
Une personne vivant seule	20,3	22,2	24,6	27,1
Famille monoparentale	4,2	4,1	4,3	5,3
Couple sans enfant	26,5	26,8	27,3	25,2
Couple avec enfants	43,6	42,1	39,7	38,4
Sans structure familiale	5,5	4,9	4,1	4,0
Ensemble des ménages (en milliers)	*15 778*	*17 744*	*19 500*	*21 251*
Dont (en milliers) :				
Couples non mariés	310	440	823	1 676
Femme seule avec ou sans enfant	2 698	3 212	3 861	4 590
Personnes âgées de plus de 60 ans	8 960	9 481	9 548	10 785

(Lire : en 1968, 20,3 % des ménages ne comptent qu'une personne et l'on dénombre 310 000 couples non mariés.)

Proportion de naissances selon l'âge de la mère (en % du total)	*1970*	*1980*	*1990*
Moins de 25 ans	45,8	36,2	23,2
Plus de 35 ans	11,4	5,9	12,1

(Lire : en 1975, 45,8 % des naissances étaient le fait de femmes de moins de 25 ans.)

Mode de vie des femmes âgées (en % de la classe d'âge)	*1962*	*1975*	*1982*	*1990*
Femmes de 75 à 84 ans				
En institution	7,1	8,3	7,5	6,8
En couple	17,8	22	25,1	28,1
Avec un autre ménage	38,3	27,6	21,0	16,0
Seule	36,9	42,2	46,4	49,1
Femmes de 85 ans ou plus				
En institution	14,8	19,8	21,0	22,0
En couple	5,2	5,3	6,4	7,9
Avec un autre ménage	51,9	40,2	32,5	25,8
Seule	28,2	34,8	40,1	44,3

(Lire : en 1962, 51,9 % des femmes de plus de 85 ans étaient hébergées dans une famille — souvent chez leurs enfants.)

Mode de vie des enfants et des jeunes (en % de la classe d'âge)	*1968*	*1975*	*1982*	*1990*
Enfants de moins de 18 ans vivant en famille monoparentale	6,2	6,8	7,7	9,8
Types de ménages formés par les garçons de 19-24 ans				
Seul	5,4	5,1	7	8,1
En couple sans enfant	7,9	9,9	10,9	8,5
En couple avec enfant	8,1	9,7	6,1	3,3
Total de ceux ayant un logement autonome	21,5	24,8	24,1	19,9
Types de ménages formés par les filles de 19-24 ans				
Seule	4,5	5,4	7,3	9,6
En couple sans enfant	14,7	17,3	19,3	16,9
En couple avec enfant	21,7	22,7	17,2	9,5
Total de celles ayant un logement autonome	41,6	46,4	46,1	37,6

(Lire : en 1968, 6,2 % des enfants de moins de 18 ans vivaient en famille monoparentale. À cette date, 41,6 % des filles de 19 à 24 ans avaient quitté le foyer parental et 21,7 % d'entre elles vivaient en couple avec un ou des enfants.)

Source : INSEE, recensement de la population, et statistiques de l'état civil.

Tableau 6. — Mode d'habitat des ménages selon l'âge et le type en 1992
(en pourcentage et en nombre de pièces par logement)

Type de ménage	*Statut matrimonial*	*Âge de la personne de référence*	*Part dans le total*	*Propriétaire**	*Locatif social*	*Autre locatif*	*Maison individuelle*	*Périurbain***	*Taille du logement*
Couple sans enfant	Deux célibataires	moins de 30 ans	2	5,4	20,8	66,1	20,2	36,8	2,6
Isolé	Célibataire	moins de 30 ans	5	6,1	15,5	66,8	9,8	27,9	1,8
Couple avec enfant	Deux célibataires	moins de 30 ans	1	12,9	38,2	45,4	38,6	43,3	3,3
Couple sans enfant	Marié	moins de 30 ans	1	14,1	21,9	54,4	35,2	50,5	3,2
Famille monoparentale	Séparé	30-40 ans	1	15,7	42,8	35,9	34,3	45,9	4,0
Famille monoparentale	Célibataire	30-40 ans	1	16,0	44,0	36,3	21,0	47,1	3,3
Isolé	Séparé	30-40 ans	1	22,0	24,4	45,6	31,7	47,6	3,1
Isolé	Célibataire	30-40 ans	3	22,4	19,2	50,8	18,2	36,2	2,4
Couple sans enfant	Deux célibataires	30-40 ans	1	25,5	15,4	53,0	36,5	45,2	3,1
Couple avec enfant	Marié	moins de 30 ans	3	29,5	27,9	34,5	47,9	59,1	3,9
Isolé	Séparé	40-60 ans	2	34,5	21,5	36,1	32,0	43,9	3,0
Famille monoparentale	Séparé	40-60 ans	2	36,1	28,7	30,1	39,0	48,2	4,1
Couple sans enfant	Marié	30-40 ans	1	37,2	14,5	40,1	44,6	54,2	3,5
Couple avec enfant	Deux célibataires	30-40 ans	1	37,4	24,8	32,6	45,6	58,4	4,0
Isolé	Séparé	60 ans et plus	2	41,2	20,1	31,8	35,2	39,5	3,0
Isolé	Célibataire	40-60 ans	2	48,1	13,6	30,9	33,6	40,8	2,7
Isolé	Veuf	60 ans et plus	10	50,6	16,1	19,7	54,6	48,8	3,4
Couple avec enfant	Recomposé***	40-60 ans	1	51,8	19,4	23,6	61,2	61,9	4,6
Couple sans enfant	Recomposé***	40-60 ans	1	52,2	12,3	29,7	56,7	51,6	3,8
Moyenne				**53,8**	**15,3**	**23,9**	**56,3**	**51,7**	**4,0**
Isolé	Célibataire	60 ans et plus	2	55,2	11,8	22,2	47,0	40,4	2,9
Famille monoparentale	Veuf	40-60 ans	1	57,2	23,3	12,7	61,3	54,0	4,6
Famille monoparentale	Veuf	60 ans et plus	1	58,4	21,0	12,7	60,5	56,8	4,2
Couple avec enfant	Marié	30-40 ans	11	59,4	14,3	21,0	67,7	60,6	4,7
Isolé	Veuf	40-60 ans	1	60,9	16,2	15,1	60,7	52,1	3,9
Couple avec enfant	Marié	60 ans et plus	1	64,7	17,1	13,2	66,3	51,8	4,8
Couple avec enfant	Marié	40-60 ans	16	71,3	11,4	12,4	72,6	58,9	5,0
Couple sans enfant	Marié	40-60 ans	8	75,5	8,7	11,4	73,9	60,4	4,5
Couple sans enfant	Marié	60 ans et plus	15	79,0	7,1	8,3	74,0	54,0	4,4

* Propriétaire de plein droit ou accédant en cours de remboursement d'un crédit.
** Commune périphérique ou rurale en ZPIU.
*** Recomposé : une des personnes du couple a été mariée et est séparée, divorcée ou veuve au moment de l'enquête.

Lire : les couples mariés avec enfants, dont la personne de référence (en l'occurrence l'homme) est âgée de 30 à 40 ans représentent 11 % de l'ensemble des ménages ; parmi eux, 59,4 % sont propriétaires, 14,3 % louent un logement social et 21 % sont dans le secteur locatif privé ; 67,7 % d'entre eux vivent dans une maison individuelle et 60,6 % dans une commune périurbaine ; en moyenne, leur logement compte 4,7 pièces.

Source : enquête « Logement » 1992.

conséquences ne se font réellement sentir que depuis le milieu des années quatre-vingt. Cette détérioration renforce encore le « flou » des parcours familiaux et résidentiels par la fragilisation économique croissante des individus et des ménages, et la tension du marché du logement qui la caractérise.

Désaffection pour l'accession à la propriété : le recul de l'accession « sociale »

Ces évolutions pèsent d'abord, bien entendu, sur les capacités d'accession à la propriété des ménages aux revenus les plus faibles. D'une part, les prix ont augmenté sur tous les marchés, en particulier dans les grandes agglomérations et à Paris. D'autre part, les conditions de financement sont devenues moins favorables, par suite de la raréfaction des prêts conventionnés et des aides personnelles, que la mise en place du dispositif des prêts à taux zéro ne comble que partiellement. Les ménages les moins aisés, et notamment ceux dont l'apport personnel est réduit, ont préféré renoncer à acheter plutôt que de revoir leur projet à la baisse. Le risque du chômage incite les ménages à la prudence avant de s'endetter [Lacroix, 1995].

La sélection plus stricte des candidats à la propriété induit un moindre accès des jeunes et des familles nombreuses. De plus, la mobilité résidentielle débouche moins fréquemment sur la propriété, particulièrement pour les ménages issus du secteur HLM qui constituaient la clientèle type des prêts aidés.

Dynamisme du locatif privé, blocages dans le parc social, loyers plus élevés partout

Le contrecoup du tassement de la propriété est un regain du secteur locatif [Cases, 1995], malgré la hausse des loyers [Pitrou, 1995]. Le secteur libre se développe tandis que la désaffection du parc ancien se ralentit. Dans l'habitat social, dont le rythme de construction décline, on note une moindre mobilité et une paupérisation croissante des ménages.

La normalisation croissante des logements — augmentation générale du confort, destruction des habitats insalubres, raréfaction des statuts d'occupation « spéciaux » — et le ralentissement des constructions sociales entraînent une diminution du nombre des logements les plus abordables et, par là même, des risques accrus d'insolvabilité des ménages [Arbonville, à paraître]. Par ailleurs, le développement du chômage et de l'emploi précaire empêche les jeunes de prendre leur autonomie (voir tableau 5), provoque éventuellement leur retour vers le foyer parental [Arbonville, 1995] ou les jette à la rue comme SDF.

Tableau 7. — Variation des effectifs de ménages selon le statut juridique d'occupation du logement de 1984 à 1988

(en milliers)

	1984-1988	*1988-1992*	*1984-1992*
Propriétaires de plein droit	433	883	1 316
Accédants aidés	– 627	88	– 538
Autres accédants	1 221	– 438	784
Ensemble des propriétaires	**1 027**	**533**	**1 562**
Locatif social	260	154	413
Locatif libre avec bail	148	434	582
Ensemble statuts locatifs normalisés	**408**	**588**	**996**
Locatif libre sans bail	– 241	– 85	– 326
Loi de 1948	– 186	– 80	– 266
Meublé ou sous-location	– 58	51	– 7
Hôtels et garnis	4	– 39	35
Ensemble statuts locatifs spéciaux	**– 480**	**– 153**	**– 634**
Logés gratuitement par la famille	– 39	59	20
Autres logés gratuitement	– 24	– 153	– 177
Ensemble des logés gratuitement	**– 63**	**– 94**	**– 157**
Ensemble statuts spéciaux	**– 543**	**– 247**	**– 790**

Lire : entre 1984 et 1992, le nombre d'accédants aidés a décru de 538 000 unités ; sur la même période l'effectif des ménages occupant un logement sous statut locatif spécial (essentiellement dans le parc le plus ancien) diminue de 634 000.

Source : INSEE, enquêtes nationales « Logement ».

Être doublement autonome en étant propriétaire de son logement, mais surtout, dans ses rapports résidentiels quotidiens, avoir le plus d'espace possible, dans une maison individuelle, lorsqu'il y a des enfants : tels sont les choix dominants quand la situation économique le permet (par l'importance du revenu personnel ou par les aides publiques disponibles). Le niveau de réalisation de ces aspirations au sein de la population totale est fortement lié aux évolutions globales des cycles de modernisation, des rythmes de la croissance et de l'amplitude des politiques de redistribution.

Trois effets de conjoncture (urbanisation, individualisme, croissance économique) se superposent et structurent les préférences actuelles en matière d'habitat des ménages. Néanmoins, une dimension importante du mode d'habiter des ménages échappe à la vision offerte par les données tirées des recensements et des grandes enquêtes nationales.

Comme le souligne C. Bonvalet, le logement est un bien complexe dont les enjeux, multiples (économiques, patrimoniaux, affectifs, familiaux), s'inscrivent dans la durée. Leur compréhension nécessite de compléter les travaux statistiques globaux par des analyses rétrospectives plus détaillées. La prise en compte des événements et des représentations de la vie familiale ou professionnelle permet d'éclairer le sens symbolique et social qui guide les stratégies des familles en matière de logement [Bonvalet, 1993].

Bibliographie

ABRAMOVICI Gérard (1996), « La consommation des ménages depuis 1959 », *Données sociales*, INSEE, Paris.

ARBONVILLE Denise (1995), « Les conditions de vie des jeunes de 18 à 25 ans », *in* Oliva ECKERT *et al.*, *Ce que coûtent les jeunes de 18 à 25 ans*, INED et Haut Conseil de la population et de la famille, *Dossiers et Recherches*, n° 47.

ARBONVILLE Denise (à paraître), « L'évolution de l'habitat social de fait », *in* M. MARPSAT et J.-M. FIRDION, éds, *Les Sans-Domicile fixe*, INED, coll. « Travaux et Documents », Paris (titres provisoires).

BACCAINI Brigitte, COURGEAU Daniel et DESPLANQUES Guy (1993), « Les migrations internes en France. Comparaisons avec les périodes antérieures », *Population*, n° 6, INED, Paris.

BARAILLE Jean-Pierre (1993), « L'âge de la retraite », *Données sociales*, INSEE, Paris.

BONVALET Catherine (1993), « Le logement et l'habitat dans les trajectoires familiales », *Recherches et prévisions*, CNAF, Paris.

BONVALET Catherine et MERLIN Pierre, éds (1988), *Transformation de la famille et habitat*, INED, coll. « Travaux et Documents », n° 120, Paris.

BARRY Chantal DE et HOURRIEZ Jean-Michel (1996), « Panorama de la consommation des ménages », *Données sociales*, INSEE, Paris.

CASES Luis (1995), « Le retour des locataires », *Économie et Statistiques*, n° 288-289, INSEE, Paris.

COURGEAU Daniel (1990), « Les migrations internes en France : changements au cours des trente dernières années », *in* Catherine BONVALET et Anne-Marie FRIBOURG, éds, *Stratégies résidentielles*, INED, coll. « Congrès et Colloques », n° 2, Paris.

DESPLANQUES Guy (1993), « Autour de la famille », *in La France et sa population*, *Cahiers français*, n° 259.

DUPÂQUIER Jacques, éd. (1988), *Histoire de la population française*, PUF, Paris.

LACROIX Thierry (1995), « Le recul de l'accession sociale », *Économie et Statistiques*, n° 288-289, INSEE, Paris.

LE BRAS Hervé (1988), « Structures de la famille dans la France actuelle », *in* Catherine BONVALET et Pierre MERLIN, éds, *Transformation de la famille et habitat*, INED, coll. « Travaux et Documents », n° 120, Paris.

LE JEANNIC Thomas (1997), « Trente ans de périurbanisation », *Économie et Statistique*, n° 307, INSEE, Paris.

PITROU Laure (1995), « 1984-1992 : alourdissement des loyers et des charges », *Économie et Statistique*, n° 288-289, INSEE, Paris.

TAFFIN Claude (1991), « Deux fois plus de logements qu'il y a un siècle », *Économie et Statistique*, n° 240, INSEE, Paris.

TUGAULT Yves (1973), *La Mesure de la mobilité. Cinq études sur les migrations internes*, INED, coll. « Travaux et Documents », n° 67, Paris.

12

Mobilité résidentielle et statut d'occupation

par Bernard Coloos et Claude Taffin***

La mobilité résidentielle est une question vaste et complexe. Cet article vise à éclairer brièvement trois aspects essentiels et complémentaires du phénomène en soulignant les liens entre mobilité et marché du logement, apprécié sous l'angle économique. Ces trois aspects sont : l'évolution globale de la mobilité sur longue période ; les facteurs de mobilité ; les échanges entre les principaux secteurs (accession à la propriété, locatif privé et parc HLM).

Les tendances de moyenne période

La mobilité est d'abord déterminée par le rythme de la construction. Tout logement neuf occupé l'est à l'évidence par un ménage mobile. Le taux annuel d'emménagement dans l'ensemble du parc suit d'ailleurs, avec un léger décalage, la même courbe que les logements neufs, c'est-à-dire une décrue sensible depuis la fin des années soixante-dix (tableaux 1 et 2***). Selon la source la plus récente (l'enquête « Logement » 1992), une baisse de 8,9 % à 8,7 % du taux d'emménagement s'est produite depuis 1984. Pour gommer l'effet de la construction neuve, on calcule un taux d'emménagement dans le parc existant. Le constat diffère alors légèrement : la mobilité remonte, à partir de 1984, sous l'effet de la croissance de l'accession à la propriété dans le parc ancien.

En observant les données par statut d'occupation, on note, premièrement, que les taux de mobilité pour les propriétaires sont peu

---

* Fédération nationale du Bâtiment.

** Observatoire foncier et immobilier (Crédit foncier de France).

*** Les tableaux se trouvent regroupés en fin de chapitre, p. 115.

instructifs. Leur diminution traduit surtout la croissance de la population concernée. Pour les locataires, on peut être *a priori* surpris par la remontée des taux d'emménagement à partir de 1988. Elle masque en réalité deux tendances à l'œuvre depuis dix ans : une baisse de la mobilité dans le parc social, en grande partie liée au vieillissement des locataires, au renforcement de son rôle social et à une réduction concomitante de l'accession à la propriété sociale ; une hausse dans le parc privé, qui tient pour l'essentiel à la transformation radicale du rôle joué par ce parc que caractérisent, d'une part, la réduction du parc social de fait liée au choc du renouvellement des générations et de la réhabilitation, et, d'autre part, le développement du parc dans les centres urbains, en particulier pour la fraction tournée vers l'accueil des décohabitants. La mobilité dans le parc social est d'ailleurs devenue inférieure à la mobilité dans le parc privé en 1984, alors que son rôle se transforme de parc d'accueil temporaire en parc social de fait pour des populations n'ayant pas le choix de se loger ailleurs.

Ces analyses se trouvent corroborées par l'exploitation des données fournies par les enquêtes « Emploi », qui présentent l'avantage d'être annuelles et de permettre une comparaison par statut d'occupation. Principal inconvénient de cette source, elle ne distingue pas entre location du secteur libre et location du secteur HLM. Pour ce dernier segment de marché, l'information nous est fournie par l'enquête HLM-DRE (Direction régionale de l'équipement) de la Direction des affaires économiques et internationales — DAEI (tableau 5). Signe évident du recul relatif de l'accession à la propriété, la baisse du taux global de mobilité suivant le statut d'occupation à l'arrivée depuis le début des années quatre-vingt se situe à environ 1 point. La stabilité des taux globaux de mobilité depuis le début des années quatre-vingt en HLM se trouve ici aussi en opposition avec la progression de 3 à 4 points de ce même taux pour l'ensemble du parc locatif, ce qui suppose une progression nettement plus marquée dans le parc locatif privé.

Autre critère pertinent de distinction pour une analyse fine de la mobilité, les caractéristiques du ménage avec la différenciation entre, d'une part, ceux qui entrent sur le marché du logement, et qui sont mobiles à près de 100 %, et, d'autre part, les ménages constitués en début de période et dont la mobilité correspond à un vrai déménagement. Les experts les ont appelés « ménages permanents », faute de mieux (ce qui ne leur interdit pas de divorcer). On parle alors de taux de mobilité au lieu de taux d'emménagement. L'analyse des tendances à la lumière de cette distinction souligne la concordance générale des évolutions mais permet aussi de mettre en exergue des divergences récentes : globalement, même en incluant la construction neuve, la mobilité ne baisse pas entre 1984 et 1988 (tableau 3). La diminution du taux d'emménagement aurait donc pour cause des créations de ménages moins nombreuses (démographie et chômage des jeunes).

C'est l'inverse qui se produit entre 1988 et 1992 : le taux d'emménagement est stable alors que le taux de mobilité décroît.

Les déterminants de la mobilité

Le constat d'une moindre mobilité ne signifie pas pour autant blocage ou moindre efficience des mécanismes de marché. Avant d'incriminer le fonctionnement du marché du logement, deux points importants méritent en effet un rappel. Le premier a trait au fait que la mobilité résidentielle décroît très rapidement avec l'âge : les motifs d'ordre familial ou professionnel sont plus nombreux quand on est jeune. Une population qui vieillit se révèle donc globalement moins mobile. Or le vieillissement des ménages, s'il est encore peu marqué (24 % de moins de 40 ans parmi les personnes de référence en 1990 contre 26 % en 1982), est appelé à s'accroître. Il y a, sinon une contrepartie, du moins un facteur de modération à cette tendance : la croissance de la divortialité, des recompositions familiales, et la mobilité liée au départ en retraite (mais cette dernière n'est pas encore un phénomène statistiquement marquant).

Le second point est que la principale cause de mobilité est l'amélioration des conditions de logement. Une population qui a accédé à plus de confort, plus de surface habitable et à la propriété de son logement a moins de motif d'en changer. D'ailleurs, la grande majorité des déménagements s'effectue dans un périmètre restreint, pour plus des deux tiers dans la même agglomération. *A contrario*, les évolutions économiques qui affectent le marché du travail, en particulier chez les cadres, se traduisent dans tous les travaux de prospective par un besoin accru de mobilité professionnelle et par son corollaire, une demande accrue de logements locatifs. Une telle tendance, si elle se confirmait, aurait pour conséquence un transfert de clientèle vers le secteur locatif de ménages qui auraient précisément les moyens financiers d'accéder à la propriété. Force est de constater que les statistiques disponibles ne permettent ni d'infirmer ni de confirmer cette analyse.

Plus fondamentale, la relation entre mobilité et statut d'occupation n'est pas aussi simple qu'il apparaît dans l'exposé ci-dessus. Il semble en réalité que les facteurs essentiels soient l'âge et les comportements sociologiques. C'est surtout du fait de l'âge — même si les difficultés de revente et le niveau des droits de mutation constituent des obstacles spécifiques à notre pays et notre époque — que les propriétaires sont si peu mobiles. De même, l'exemple des États-Unis, montre que la population y est deux fois plus mobile qu'en France alors que le taux de propriétaires y est sensiblement plus élevé.

Au plan international, il existe malheureusement peu de données aisément comparables. Pour contourner la difficulté, on a alors recours à des indicateurs de caractère financier qui ont un sens lorsqu'il existe un marché du logement pour la location et l'achat. Les résultats pour la France, où cette hypothèse est discutable, retracent pourtant correctement l'évolution des taux de mobilité précédents (tableau 4).

Mobilité et changement de statut d'occupation

L'étude du changement de statut d'occupation entre octobre 1988 et novembre 1992, dernières dates connues (tableau 6), permet de mesurer les flux de passage d'un secteur à un autre. Une lecture en colonne souligne le poids de l'immobilité : 15 millions de ménages sur un total de 20 habitent en 1992 le même logement qu'en 1988 ; parmi les mobiles, en 1992, 1,6 million sont propriétaires, 2,5 millions locataires. De manière plus sélective, si l'on s'intéresse aux seuls mobiles issus du parc locatif, on observe d'abord que 65 % des mobiles sont restés dans le parc locatif, que 29 % des autres sont devenus propriétaires et que 6 % ont un autre statut. Quant aux propriétaires, ils ont conservé ce statut dans une très large proportion (56 %). La comparaison des données plus fines aux dates des deux dernières enquêtes (1988 et 1992) met en lumière un facteur complémentaire essentiel : le blocage de l'accession sociale a plus durement freiné la mobilité des locataires HLM que celle des locataires du parc privé. Le flux de sortie vers l'accession à la propriété a, de fait, chuté de 44 % pour les locataires HLM contre seulement 18 % pour ceux du privé. Enfin, les nouveaux ménages sont hébergés à 70 % dans le parc locatif (HLM seuls : 20 %, soit moins de un locataire sur trois pour le seul parc locatif) alors que 13 % deviennent directement

La mesure de la mobilité

Les principales sources pour appréhender le phénomène de mobilité sont :

• le recensement de la population qui se prête bien à l'étude de la mobilité résidentielle (lieu où les ménages habitent) des personnes à des niveaux géographiques divers, par grande région, communes ou types de commune (*cf.* chapitre 11) ;

• les enquêtes « Logement » qui permettent d'appréhender la mobilité des ménages, c'est-à-dire le lien entre mobilité des personnes et marché du logement à une date donnée pour une période donnée (les douze derniers mois ou entre deux enquêtes, soit en général quatre ans). On parle ainsi d'études transversales pour les emménagés récents ;

• l'échantillon démographique permanent de l'INSEE constitué des personnes nées un des quatre jours de référence d'une année quelconque (proche donc d'un échantillon au 1/100). L'intérêt d'un tel échantillon est de permettre aux différentes dates de recensement des études longitudinales (un même individu à des dates différentes) ;

• les enquêtes « Emploi », qui, sur la base d'échantillons aréolaires (zones géographiques déterminées), interrogent pour les deux tiers de l'échantillon les mêmes ménages à un an d'intervalle. Cela permet de calculer des taux de mobilité sur un an ;

• les enquêtes spécifiques sur la base d'échantillons de ménages mobiles, alors que toutes les autres sources portent sur un échantillon représentatif de la population, parmi lesquels on identifie une fraction de mobiles (*cf.* notamment enquête EDF, *infra*, chapitre 13).

À partir des statistiques collectées, il est de coutume de mesurer les grandeurs suivantes :

a) le taux d'emménagés récents parmi les personnes de référence à la date de l'enquête. Afin de comparer deux enquêtes (y compris enquête « Mobilité » spécifique) pour lesquelles la notion d'emménagés récents correspond à des périodes de longueurs différentes, on passe à des taux annuels à l'aide de la formule :

$$T = 1 - (1- T_n)^{12/n} \text{ (avec } T = \text{Taux annuel ; } T_n = \text{Taux sur } n \text{ mois).}$$

Elle exprime la probabilité de ne pas être mobile pendant n/12 années, qui est égale au produit des probabilités moyennes (1 – T) de ne pas être mobile au cours d'une année (ce qui est exact à condition de négliger les mouvements d'aller et retour) ;

b) la proportion d'emménagés récents dans le parc existant en début de période, ce qui gomme l'effet le plus direct de la construction neuve ;

c) la proportion de mobiles parmi les seuls ménages permanents, ce qui isole l'effet de la décohabitation.

propriétaires ou accédants. Ces proportions sont voisines de celles observées pour la période 1984-1988.

On peut répéter l'exercice dans le sens vertical. Les anciens locataires représentent toujours près de 60 % des « nouveaux propriétaires ». Les ex-propriétaires ou secundo-accédants représentent un peu plus du tiers de cette population. Quant aux « nouveaux locataires », ils occupaient déjà un logement locatif dans près de quatre cas sur cinq. Seulement 14 % des ménages permanents mobiles locataires en 1992 étaient propriétaires en 1988.

Les chiffres du tableau 7, relatif à la mobilité dans le parc HLM résument assez bien la pression qui s'exerce sur le parc locatif social. La diminution du locatif privé y accroît la demande directe des nouveaux ménages et celle des ménages qui transitaient par le locatif privé. Dans le même temps, la « sortie par le haut », l'accession à la propriété, s'est refermée au cours des années quatre-vingt.

Les contraintes économiques conduiront dans les prochaines années à relancer les débats autour de trois points fondamentaux en matière de mobilité : la baisse des droits de mutation ; la place de l'accession sociale ; la mobilité en parc HLM.

Tableau 1. — Évolution des taux d'emménagement et de mobilité de 1963 à 1992
(en %)

	*1963**	*1967**	*1970*	*1973*		*1978*	*1984*	*1988*	*1992*
Taux annuel d'emménagement dans le parc total	8,6	9,6	9,6	10,1*	9,7	10,0	8,9	8,7	8,7
Taux annuel d'emménagement dans le parc existant	6,6	7,4	7,5	7,5*	7,3	7,9	7,5	7,8	7,7
Taux annuel de mobilité (ménages permanents)	5,3	6,6	nd	7,5*	7,1	7,6	6,5	6,8	6,2

* Ménages non agricoles.

Sources : CREDOC et INSEE.

Tableau 2. — Évolution des taux d'emménagement de 1970 à 1992 selon le statut d'occupation
(en %)

	1970	*1973*	*1978*	*1984*	*1988*	*1992*
Taux annuel d'emménagement dans le parc total	9,6	9,7	10,0	8,9	8,7	8,7
Propriétaires	5,6	5,5	5,4	5,1	5,1	4,1
Locataires	12,5	14,8	15,9	14,9	15,3	15,9
Taux annuel d'emménagement dans le parc existant	7,5	7,2	7,9	7,5	7,8	7,7
Propriétaires	nd	2,7	2,8	2,9	3,4	3,0
Locataires	nd	12,1	14,1	14,0	14,6	14,8

Source : INSEE.

Tableau 3. — Évolution des taux de mobilité de 1973 à 1992 selon le statut d'occupation
(en %)

	1970	*1973*	*1978*	*1984*	*1988*	*1992*
Taux annuel de mobilité dans le parc total	n.d.	7,1	7,6	6,5	6,8	6,2
Propriétaires	n.d.	4,8	4,9	4,6	4,5	3,6
Locataires	n.d.	10,8	12,0	10,3	11,4	11,1

Source : INSEE.

Tableau 4. — Évolution des ratios loyer/revenu et prix/revenu de 1970 à 1992
(en %)

	1970	*1973*	*1978*	*1984*	*1988*	*1992*
Loyer/revenu [1]	11,7	11,5	10,7	11,7	14,1	16,1
Prix/revenu [2]	2,88	2,82	2,74	2,82	3,01	3,06

1. Loyer net d'aide personnelle des locataires emménagés récents d'un local loué vide rapporté à leur revenu déclaré à l'enquête.
2. Prix d'achat des acquéreurs récents rapporté à leur revenu déclaré à l'enquête.

Source : INSEE.

Tableau 5 — Taux global de mobilité suivant le statut d'occupation à l'arrivée (en %)

Statut d'occupation à l'arrivée	*Emménagés récents entre les enquêtes emplois de*												
	1982 à 1983	*1983 à 1984*	*1984 à 1985*	*1985 à 1986*	*1986 à 1987*	*1987 à 1988*	*1988 à 1989*	*1989 à 1990*	*1990 à 1991*	*1991 à 1992*	*1992 à 1993*	*1993 à 1994*	*1994 à 1995*
Propriétaire accédant	8,1	9,0	7,7	7,1	7,8	7,7	7,7	7,1	7,6	7,2	6,2	6,8	7,3
Propriétaire non accédant	2,8	2,9	2,7	2,9	3,0	3,2	3,2	3,1	3,2	2,9	3,0	2,9	2,7
Locataire ou sous-locataire d'un local loué vide	16,0	16,9	17,5	17,8	18,7	19,1	18,0	18,2	19,4	18,5	19,2	20,1	20,7
dont : locataires HLM	11,1	11,5	11,6	12,2	12,5	11,8	10,9	10,3	10,1	10,2	10,6	11,1	

Sources : INSEE (enquêtes « Emploi ») et enquête HLM-DRE – DAEI ministère de l'Équipement pour les locataires HLM.

Tableau 6. — Changements de statut d'occupation entre octobre 1988 et octobre 1992
(en milliers)

Statut d'occupation au 1.10.92 / *Statut d'occupation au 1.10.88*	*Propriétaires*	*Locataires*	*Autres statuts*	*Total*
Occupent le même logement	10 039	4 203	1 125	15 367
Occupent un logement différent*	1 577	2 538	374	4 489
Propriétaires	535	367	55	957
Locataires	886	1 940	170	2 996
Autres statuts	156	231	149	536
Nouveaux ménages**	297	1 595	383	2 275
Total	11 913	8 336	1 882	22 131

* Ensemble des ménages permanents mobiles.
** Les nouveaux ménages sont ceux qui, en octobre 1988 ; soit étaient hébergés par leurs parents ou des amis ; soit habitaient en ménage collectif ou habitation mobile ; soit vivaient hors de France métropolitaine.

La lecture de ce tableau est la suivante : en intitulé de colonne, on trouve le statut en fin de période, novembre 1992 ; en ligne, la distinction entre nouveaux ménages (en un sens un peu élargi), ménages permanents non mobiles (en haut) et permanents mobiles répartis selon le secteur en début de période (octobre 1988). Les données de l'INSEE existent à un niveau nettement plus détaillé. Ces dernières ne sont pas reprises ici mais utilisées en tant que de besoin pour les commentaires.

Tableau 7. — Entrées et sorties du parc HLM
(en milliers)

	*Entrées**	*Permanents***	*Sorties***
1984-1988	1 071 (36)	2 118 (71)	601 (20)
1988-1992	986 (29)	2 390 (84)	462

* Entre parenthèses : % du parc de fin de période pour tenir compte de la construction.
** Entre parenthèses : % du parc de début de période.

Source : INSEE.

Bibliographie

AIDI Amena, PITROU Laure et GENETAUD Michel (1997), *La Mobilité des ménages en 1992*, ministère de l'Équipement et des Transports, Économica, coll. « Immobilier Finances », Paris.

AUDIRAC Pierre Alain (1982), « Les mutations annuelles du parc de logements 1975-1980 », *Archives et documents*, n° 40, INSEE, Paris.

COLOOS Bernard (1992), « La mobilité des ménages en 1988 », *Cahiers de l'habitat*, n° 18, ministère du Logement (DHC), Paris.

COLOOS Bernard, CALCOEN Francis, DRIANT Jean-Claude et FILIPPI Benoît (1997), *Comprendre les marchés locaux*, L'Harmattan, Paris.

FILIPPI Benoît (1995), *Le Marché du logement en 1994*, Direction de l'habitat et de la construction – OLAP, Paris.

JOUSSELLIN B., LANCO B., MARÉCHAL P., STAVRIDIS L. et TYRMAN R. (1976), *La Mobilité résidentielle ; exploitation de l'enquête logement*, CRÉDOC, Paris.

TAFFIN Claude (1983), « Mobilité résidentielle de 1973 à 1978 », *Archives et documents*, n° 95, INSEE, Paris.

TAFFIN Claude (1987), « La mobilité résidentielle entre 1979 et 1984 », *Données sociales*, INSEE, Paris.

TUGAULT Yves (1973), *La Mesure de la mobilité. Cinq études sur les migrations internes*, Cahiers de l'INED, n° 67, INED-PUF, Paris.

13

La mobilité résidentielle des ménages en 1994

*par Brigitte Jousselin**

Le marché du logement se distingue des autres marchés de biens par le rôle central joué par le stock de capital et de service que le parc existant représente. L'étude des mouvements ou transactions sur ce marché ne peut, de fait, se réduire à la simple analyse de la production de logements nouveaux (inférieure à 300 000 par an) alors que le parc, dans son ensemble, en compte plus de 25 millions. Un ménage qui souhaite se loger peut choisir d'acquérir ou de louer soit un logement neuf, soit, tout aussi utilement, un logement existant. Comprendre les mécanismes de fonctionnement de ce marché, les rôles respectifs du neuf et de l'existant dans la satisfaction de la demande, nécessite de mieux appréhender la mobilité des ménages dans son ensemble. Longtemps freinée pour des raisons de coût, l'observation de la mobilité et des conditions de confrontation de l'offre et de la demande a fait un progrès décisif avec l'utilisation des fichiers d'abonnés EDF, qui permettent d'identifier *a priori*, au sein d'une population, les ménages mobiles, c'est-à-dire ayant emménagé récemment dans un nouveau logement.

Sur cette base, une enquête nationale auprès de 20 000 emménagés récents a été réalisée en 1995 par l'Observatoire des loyers de l'agglomération parisienne (OLAP) à la demande du ministère de l'Équipement, du Logement, des Transports et du Tourisme (MELTT). La description de la mobilité pour une année à l'échelle nationale s'est accompagnée d'une surreprésentation des effectifs sur cinq sites dont l'Île-de-France, permettant d'étudier le fonctionnement du marché du logement à des échelles locales tout en le situant dans l'ensemble des mouvements d'échange avec les autres régions.

* Observatoire des loyers de l'agglomération parisienne (OLAP).

Ce type d'enquête fournit trois catégories d'informations principales :

— une photographie des ménages mobiles et des parcs qui les accueillent ;

— une analyse des trajectoires résidentielles des ménages ;

— les « effets de chaîne » par l'étude des occupants successifs d'un même logement ainsi que les conditions de formation de l'offre rendue disponible par les mouvements des ménages [Filippi, 1995].

Seuls les deux premiers points feront l'objet d'un exposé dans le cadre de cet article. Sur ces deux points, l'exposé des résultats vaut d'abord par la description quantitative du phénomène de mobilité.

Une mobilité différenciée dans l'espace, en fonction des statuts et de l'âge

En 1994, 11,3 % des résidences principales ont vu arriver un nouvel occupant, soit 2,5 millions de ménages (tableau 1). Le croisement des taux de mobilité en fonction du statut et de la localisation souligne l'importance des écarts. La fréquence ou probabilité d'être mobile diffère d'abord entre les points du territoire ; elle croît avec la taille de l'unité urbaine : on compte ainsi deux fois plus de ménages mobiles dans les agglomérations de plus 100 000 habitants, hors Paris, qu'en zone rurale. Elle diffère tout autant en fonction du statut : sur la France entière, les propriétaires sont près de trois fois moins mobiles que les locataires du secteur privé. Enfin, on remarque, toujours à la lecture du tableau 1, que pour un même statut le taux de mobilité varie en fonction de la localisation, y compris chez les propriétaires.

Ce constat quant à la différenciation des taux de mobilité appelle quelques remarques complémentaires. Le statut d'occupation, l'âge, la localisation, voire le statut matrimonial constituent autant d'éléments qui, du point de vue de la mobilité, sont étroitement liés. La probabilité d'être mobile est nécessairement plus élevée pour un jeune célibataire locataire urbain que pour un propriétaire âgé en milieu rural (tableau 2) [Taffin, 1987 ; Courgeau, 1988]. La mobilité à un endroit donné sera donc aussi fonction du type de parc [Brésard, 1996]. Tous segments confondus, le parc locatif privé accueille, en effet, un mobile sur deux, le parc HLM deux sur dix. Seuls 17 % des emménagés durant une année sont des propriétaires alors que ce statut est largement majoritaire dans la population.

Tableau 1. — Taux annuel de mobilité* selon la taille de l'agglomération et le statut d'occupation

	Propriétaire	*Locataire du secteur social***	*Locataire du secteur privé*	*Locataire en meublé*	*Logé gratuit*	*Ensemble*
Communes rurales	2,6	19,9	23,0	33,3	6,0	6,2
Agglo. de moins de 20 000 hab.	3,3	17,0	26,3	40,5	12,6	10,4
Agglo. de 20 000 à moins de 100 000 hab.	3,7	12,8	31,7	48,9	9,3	12,9
Agglo. de plus de 100 000 hab.	4,9	12,8	30,5	58,6	11,9	14,7
Agglomération parisienne	4,3	9,7	22,9	35,9	17	12,1
France entière	3,7	13,0	27,4	46,1	10,6	11,3

* Rapport des effectifs d'emménagés récents pendant l'année 1994 (enquête « Mobilité » 1994, DHC/OLAP) au parc total de résidences principales (enquête nationale « Logement » 1992, INSEE).
** Secteur HLM et social non HLM (logement appartenant à une société d'HLM, à une SEM, à l'État, à une collectivité locale, ou retenu par l'employeur au titre du 1 % logement).

Source : MELTT-OLAP.

La part des emménagements assurée par les logements neufs est plus élevée dans le parc social (12 %) que dans le parc privé (5 %), compte tenu, d'une part, de la faiblesse relative de la mobilité dans le parc social existant, d'autre part, de l'importance de la construction neuve dans le parc social.

Tableau 2. — Statut d'occupation des emménagés récents selon la position des ménages dans leur cycle de vie

	Effectif (%)	*Propriétaire (%)*	*Locataire du secteur social (%)*	*Locataire du secteur privé (%)*	*Autres statuts, meublé et logé gratuit (%)*	*Ensemble*
Jeune* célibataire décohabitant	11	3	11	60	26	100
Jeune* célibataire non décohabitant	15	3	13	65	19	100
Jeune* couple nouveau	9	5	23	60	12	100
Couple sans enfants	13	24	16	51	9	100
Couple avec jeunes enfants	26	32	23	37	8	100
Couple avec grands enfants	4	38	17	39	6	100
Famille monoparentale	7	9	44	42	5	100
Isolé(s) d'âge moyen (> 30 ans)	11	15	16	55	14	100
Ménage âgé (> 64 ans)	4	26	23	42	9	100
Total	100	17	20	50	13	100

* Moins de 30 ans.

Source : MELTT/OLAP.

La mobilité est le plus souvent une mobilité de proximité : six mouvements sur dix se font dans la même agglomération, huit sur dix dans la même région — on déménage la plupart du temps pour adapter son logement à l'évolution de la taille de la famille, au moins durant sa phase de croissance. *A contrario*, les déménagements sur plus longue distance résultent plus de raisons professionnelles, en particulier pour les plus jeunes [Louchart, 1997], voire du passage à la retraite.

Au total, ces éléments mettent en lumière que la mobilité ne peut s'expliquer par le seul facteur prix. Certes, le cas de la région parisienne constitue un cas particulier : la mobilité y est moindre que dans les grandes agglomérations et les prix nettement plus élevés. On note néanmoins que la mobilité croît avec la taille de l'agglomération, et donc avec les prix. La raison ne saurait, de même, se trouver dans un éventuel différentiel de pouvoir d'achat : les écarts de prix (acquisition ou loyer) en fonction de la localisation sont nettement plus marqués que les écarts de revenus (tableau 3). Phénomène multidimensionnel, la mobilité traduit, en réalité, la complexité de l'humain et la diversité des facteurs explicatifs des comportements.

Tableau 3. — Caractéristiques des emménagés récents selon le statut d'occupation

	Effectif (%)	*Âge moyen du chef de ménage*	*Nombre de personnes du ménage*	*Revenu annuel (F)*	*Revenu annuel (F/UC**)*	*Surface moyenne (m²)*
Propriétaire accédant	15	37	3,0	198 235	89 243	102
Propriétaire non accédant	3	54	2,3	164 493	90 450	91
Locataire HLM	16	34	2,6	100 556	51 969	69
Locataire social non HLM*	4	35	2,5	124 819	66 059	69
Locataire secteur privé	50	32	2,0	120 994	74 993	61
Meublé	6	27	1,5	85 799	65 496	41
Logé gratuitement	6	33	2,1	118 894	70 154	67
Ensemble	100	34	2,2	128 062	72 921	68

* Secteur social non HLM : logement appartenant à une société d'HLM, à une SEM, à l'État, à une collectivité locale, ou retenu par l'employeur au titre du 1 % logement.

** Revenu annuel en francs par unité de consommation (une unité pour le chef de ménage, 0,7 pour toute personne de 14 ans ou plus, et 0,5 par enfant de moins de 14 ans).

Source : MELTT/OLAP.

Trajectoires résidentielles et rôle spécifique des différents segments du parc

Mobilité locale et changement de statut ne coïncident pas. Lorsqu'il déménage, un propriétaire occupant sur deux conserve son statut d'occupation. Près de six locataires sur dix du secteur privé, plus de quatre sur dix en secteur locatif social sont également dans ce cas. Les emménagés récents ont donc d'autant plus de chance d'être propriétaires qu'ils l'étaient déjà avant : la probabilité d'emménager en propriété occupante pour un propriétaire est ainsi 2,9 fois plus élevée, légèrement supérieure à la moyenne lorsqu'un ménage quitte un logement social, et réduite de presque de moitié pour les ménages qui viennent de se constituer [Filippi, 1996].

L'exemple de la région parisienne et du schéma des flux de mobilité par et entre statuts d'occupation (schéma p. 126) montre que :

— l'accueil des nouveaux ménages et des migrants (entrants en Île-de-France) est assuré par le parc locatif privé et les autres statuts (meublés, garnis) ;

— le locatif privé assure l'accueil mais aussi la transition vers la propriété occupante. On notera au passage le déséquilibre des échanges entre locatif privé et locatif social, qui s'explique pour la région Île-de-France par des écarts de prix très sensibles qui ne sont pas aussi marqués dans d'autres régions [Joussellin et Suat, 1993]. Ainsi, on n'observe aucun départ du secteur social vers Paris intramuros pour devenir propriétaire [Joussellin et Brésard, 1997] ;

— avec l'âge, on devient plus souvent propriétaire, au prix, il est vrai, d'un éloignement vers la périphérie d'autant plus marqué que les revenus baissent et/ou que la taille du ménage augmente. Un accédant sur deux achète en grande couronne.

Pour autant, l'éclatement des cellules familiales, les aléas de la vie économique, l'instabilité de l'emploi, les transformations de l'environnement font qu'il se révèle de plus en plus délicat de raisonner en termes de trajectoires résidentielles ascendantes (montée vers l'accession, *a contrario* descente ou retour vers le locatif). Pour apprécier, par exemple, l'amélioration des conditions d'habitat d'un ménage donné, les éléments tels que l'évolution de la qualité du logement, de l'environnement, de la localisation ainsi que le coût influent tout autant. Au schéma classique — jeune décohabitant qui s'installe dans le secteur locatif privé puis devient propriétaire vers 35 ans après avoir eu un enfant — se superposent d'autres mouvements pour lesquels il importe de maintenir la fluidité du marché et d'anticiper les évolutions souhaitables du parc offert.

Tableau 4. — Caractéristiques des emménagés récents et dépenses moyennes selon le statut d'occupation et la taille de l'agglomération

	Agglomération parisienne	*Agglomération > 100 000 hab.*	*Agglomération < 100 000 hab.*	*Communes rurales*	*Ensemble*
Propriétaire accédant					
Surface moyenne *(m^2)*	84	101	105	110	102
Revenu mensuel par UC* *(F/UC)*	118 270	93 102	82 043	74 984	89 243
Prix moyen *(milliers de F)*	1 025	650	592	555	669
Prix moyen *(F/m^2)*	12 222	6 421	5 622	5 034	6 569
Taux d'effort net *(%)*	25,8	23,4	23,6	23,5	24,0
Taux d'apport personnel	46	42	37	32	40
% de couples avec enfants	47,6	45,5	53,3	63,5	52,3
Locataire du secteur privé					
Surface moyenne *(m^2)*	50	55	68	79	61
Revenu annuel par UC* *(F/UC)*	99 311	70 755	70 898	62 512	74 993
Loyer mensuel moyen *(F/m^2)*	73	43	33	25	41
Taux d'effort net *(%)*	24,2	20,9	18,3	17,4	20,6
Bénéficiaires** d'aides au logement *(%)*	29,7	56,2	44,5	43,4	46,5
% de personne(s) isolée(s)	45,3	57,1	40,3	31,8	47,1
Locataire du secteur social					
Surface moyenne *(m^2)*	68	66	70	75	69
Revenu annuel par UC* *(F/UC)*	64 622	52 502	51 669	50 838	54 526
Loyer mensuel moyen *(F/m^2)*	30	25	24	23	25
Taux d'effort net *(%)*	15,2	13,9	14,1	13,5	14,2
Bénéficiaires** d'aides au logement *(%)*	38,4	62,6	56,9	60,7	55,6
% d'employés et d'ouvriers	58,9	54,5	61,0	67,8	58,9

* Unité de consommation : une unité pour le chef de ménage, 0,7 pour toute personne de 14 ans ou plus, et 0,5 par enfant de moins de 14 ans.
** Bénéficiaire d'une aide personnelle au logement : AL, ALF, ALS ou APL.

Source : MELLT/OLAP.

Importance des flux d'emménagements en 1994 en Île-de-France
Effectifs des différents mouvements pour 1 000 emménagements

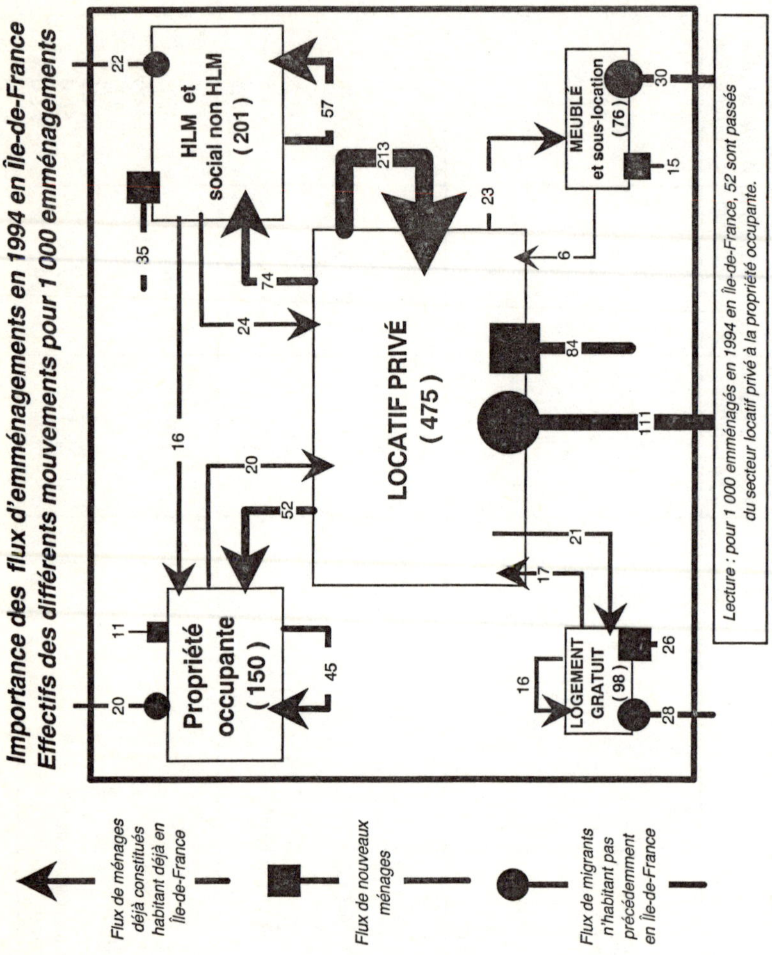

Source : enquête « Mobilité résidentielle », DREIF-OLAP, 1997.

Bibliographie

BRÉSARD Dominique (1996), *La Place du locatif privé dans la mobilité résidentielle*, ANAH-OLAP, Paris.

COURGEAU Daniel (1988), *Méthodes de mesure de la mobilité spatiale*, INED, Paris.

FILIPPI Benoît (1995), « L'enquête Mobilité 1995, une percée dans l'observation dynamique des relations habitat/habitants et l'analyse du fonctionnement des marchés locaux du logement », *in* Jean-Claude DRIANT, *Les Marchés locaux du logement. Savoir et comprendre pour agir*, Presses de l'École nationale des ponts et chaussées, Paris.

FILIPPI Benoît (1996), *Le Marché du logement en 1994*, Direction de l'habitat et de la construction – OLAP, Paris.

JOUSSELLIN Brigitte et SUAT Catherine (1993), *La Mobilité résidentielle des ménages à Paris, septembre 1991-septembre 1992*, Direction de l'habitat et de la construction – OLAP, Paris.

JOUSSELLIN Brigitte et BRÉSARD Dominique (1997), *La Mobilité résidentielle des ménages en Ile-de-France en 1994*, Direction régionale de l'équipement de l'Ile-de-France – OLAP, Paris.

LOUCHART Philippe (1997), « Les jeunes, la famille et le logement », *Les Cahiers de l'IAURIF*, supplément habitat, n° 16, IAURIF, Paris.

TAFFIN Claude (1987), « La mobilité résidentielle entre 1979 et 1984 », *Données sociales*, INSEE, Paris.

14

Information statistique et marchés du logement

*par Jean-Claude Driant**

La fiabilité et la précision de l'information statistique figurent parmi les préoccupations récurrentes des acteurs de l'économie et des politiques du logement. Souvent évoquée comme une priorité dans les rapports officiels [Seligmann, 1993], l'amélioration des outils de connaissance du secteur est désormais bien engagée et permet d'envisager des progrès notables, tant pour le pilotage des politiques publiques que pour la recherche.

Pour rendre compte de ces évolutions, il est nécessaire de distinguer le cadre national, caractérisé par une série d'avancées fondamentales depuis le début des années quatre-vingt-dix, de la connaissance des situations locales, qui constitue désormais le principal défi pour l'amélioration de l'appareil statistique.

Le cadre national : les pièces du puzzle

L'une des difficultés majeures de la connaissance statistique du secteur vient probablement de la nécessité de mettre en relation la description du parc et des conditions de logement des ménages avec celle des flux de production (construction et réhabilitation) et d'échanges (transactions et mobilité résidentielle). C'est l'intégration de ces deux catégories d'informations qui doit permettre à la fois un suivi précis des effets de l'action publique et la description fiable des modalités de fonctionnement du marché (afin de décrire, par exemple, le degré d'accessibilité des éléments du parc pour les différentes catégories de ménages). Depuis le début de la décennie,

* L'OEIL, Institut d'urbanisme de Paris, université Paris-XII-Val-de-Marne.

l'amélioration des outils existants et la création de sources nouvelles permettent d'approcher cet objectif.

L'état des stocks : les grandes enquêtes de l'INSEE

Le recensement général de la population (RGP) fournit une série d'informations essentielles sur le stock de logements et sa mise en relation avec les ménages et leur composition. Indispensable en tant qu'outil généraliste de dénombrement et base de sondage pour des enquêtes sectorielles, il ne suffit pas néanmoins à décrire la situation du logement. Le RGP reste muet, par exemple, sur les variables économiques de la description du couple « habitat-habitants » : ni les revenus ni les dépenses n'y sont abordés. De plus, la périodicité de plus en plus distendue des recensements rend particulièrement délicates l'analyse et l'interprétation des tendances qui sont à l'œuvre. Nécessaires informations de cadrage, les chiffres du RGP se révèlent donc largement insuffisants dès lors qu'il s'agit de piloter et d'évaluer l'impact des politiques publiques du logement.

L'enquête nationale « Logement » (ENL), réalisée désormais tous les quatre ans par l'INSEE (la dernière en date a été menée à la fin de 1996, la première en 1955), constitue l'outil le plus complet : menée sur la base d'un échantillon national de quarante mille logements, elle fournit une image très détaillée du parc et des ménages, et développe notamment les conditions économiques de l'occupation en permettant une analyse fine du rapport entre les revenus et les dépenses d'habitation (loyers, remboursement de prêts, charges), mises en relation avec les caractéristiques physiques des logements (notamment en termes de surface et de niveau de confort). L'ENL peut donc être considérée comme le socle du dispositif statistique français sur le logement. Largement utilisée par les pouvoirs publics (le ministère du Logement participe d'ailleurs à sa conception et à son financement), l'ENL alimente également une masse importante d'études et de recherches, tant à l'INSEE [INSEE, 1995] que dans les milieux scientifiques.

Cependant, comme toute enquête « Ménages » de ce type, l'ENL ne peut fournir qu'une information statique sur l'état des stocks à une date donnée. Décrivant des ménages en place, et donc des logements occupés, elle ne permet pas d'analyser avec précision les mouvements qui traversent le parc et n'offre pas d'information sur la description des mécanismes du marché. Cette lacune majeure impose l'articulation de l'ENL avec des sources d'information sur les flux.

L'amélioration des connaissances sur le fonctionnement national du marché

L'approche statistique nationale des flux qui traversent le marché du logement repose sur une série d'outils qui visent à décrire, d'une part, la production et, d'autre part, les différents types d'échanges. Les premiers, centrés sur la construction neuve et sa commercialisation, sont en place sous leur forme actuelle depuis le milieu des années quatre-vingt ; les seconds sont beaucoup plus récents.

La connaissance fine de la construction de logements neufs est assurée, avec une fiabilité croissante, par le Système d'information sur la construction de logements et de locaux neufs (Siclone), géré par le ministère de l'Équipement (Direction des affaires économiques et internationales, DAEI), sur la base de l'enregistrement exhaustif des permis de construire. C'est cette source qui permet l'élaboration de statistiques régulières, presque en temps réel, sur la production de bâtiments résidentiels. Ce système connaît une amélioration notable en 1998 et change d'appellation, devenant le Système d'information et de traitement automatisé des données élémentaires sur les logements et les locaux neufs (Sitadel). Parallèlement, la DAEI observe les modalités de commercialisation des opérations neuves de plus de cinq logements destinés à la vente (enquête de commercialisation des logements neufs, ECLN).

Ces acquis importants sont cependant bien insuffisants, dans un contexte général marqué par un faible niveau de construction neuve. En effet, le marché est désormais largement conditionné par les mutations qui touchent le parc existant, d'où la nécessité de développer de nouveaux outils d'observation dans quatre domaines majeurs : les travaux, les transactions, l'évolution des loyers et la mobilité résidentielle.

L'approche des travaux d'amélioration reste la principale lacune du système statistique national. Seules les opérations bénéficiant d'une aide publique sont appréhendées par le biais du suivi budgétaire des dépenses correspondantes et de la nature des travaux financés. Le principe de la collecte et du traitement de ces informations en dessine les limites intrinsèques, notamment par leur morcellement (chaque type d'aide donne lieu à son système statistique propre) et du fait de l'exclusion des opérations non aidées. L'analyse de l'impact des travaux sur le marché est donc pratiquement contrainte de se cantonner à la comparaison des caractéristiques physiques des logements entre deux ENL.

Avec près de 625 000 logements vendus par an, la transaction constitue un moteur essentiel du marché immobilier résidentiel. Cependant, en France, une des caractéristiques de ce marché est son opacité. En effet, aucune source statistique nationale ne permet une approche complète des volumes échangés et leur mise en relation avec les prix pratiqués. Deux éléments permettent cependant d'espérer : les dispositifs de suivi mis en place dans certains départements par les notaires et la création en 1994, par la DAEI, de l'enquête EXISTAN portant sur un échantillon national de 34 000 extraits d'actes de mutation [DAEI, 1996]. Cette importante innovation, qui pèche encore par la longueur des délais d'obtention de l'information (plus de trois ans), souffre principalement des lacunes de sa source, qui n'abordait pas, jusqu'en 1997, la surface des biens échangés, rendant impossible le calcul, pourtant essentiel, des prix de vente au mètre carré. La mention de la surface étant désormais obligatoire dans les actes notariés, ce défaut devrait être corrigé à partir de l'enquête portant sur les ventes de 1997.

La connaissance nationale des montants et de l'évolution des loyers du secteur locatif privé reste lacunaire. L'enquête « Loyers et charges » menée annuellement par l'INSEE sert à l'élaboration d'un indice intégré à l'indice des prix à la consommation. Cependant, la faible taille de l'échantillon rend très délicate une analyse fine des statistiques ainsi obtenues. Elle interdit, notamment, une approche précise des loyers demandés lors de la signature de nouveaux baux. Pourtant, chaque année, plus de 1,2 million de ménages entrent dans un logement locatif privé. La fiabilité et la précision de l'enquête « Loyers et charges » tend cependant à s'améliorer, notamment sous l'effet des exigences d'information contenues dans la loi Mermaz-Malandain du 6 juillet 1989 qui régit les rapports locatifs [ministère de l'Équipement, 1996]. Mais c'est plutôt au niveau local, dans quelques grandes agglomérations, que les principaux progrès se font sentir.

C'est dans la connaissance statistique du lien entre mobilité résidentielle et fonctionnement du marché que les avancées les plus significatives ont été accomplies au milieu des années quatre-vingt-dix. L'enquête menée par l'Observatoire des loyers de l'agglomération parisienne (OLAP), pour le ministère de l'Équipement, en est la clé de voûte (voir *supra*, chapitre 13). Elle permet une approche inédite des mouvements des ménages dans le parc, et surtout une analyse des modalités d'accès aux différents secteurs, en insistant notamment sur leurs dimensions économiques. Couplée à la description du stock par l'ENL, la connaissance de la mobilité résidentielle fournit une image des principaux flux qui traversent le marché et comble partiellement les lacunes des sources portant sur les transactions et les loyers. Reste à dépasser le stade d'une enquête isolée et à trouver les moyens d'une véritable insertion de la connaissance de la mobilité dans le système statistique portant sur le logement.

Un essai d'intégration : le compte du logement

Tels qu'évoqués ci-dessus, les principaux éléments du dispositif donnent encore l'impression d'une accumulation de sources dont la faible compatibilité rend délicate la constitution d'une vision globale du marché. Depuis 1994, la publication annuelle du compte du logement [ministère de l'Équipement, 1997] vise à délivrer une connaissance intégrée. Construit sur les concepts de la comptabilité nationale (il s'agit d'un « compte satellite »), ce nouvel outil approche le secteur par l'analyse détaillée des ressources et des emplois des producteurs et consommateurs du service logement, ainsi que par leur investissement et son financement. De plus, le compte vise l'articulation de ces flux monétaires avec un nouveau cadre de présentation des aides de la collectivité (aides effectives, mais aussi aides fiscales et avantages de taux), mettant ainsi de l'ordre dans l'extrême diversité des appréhensions chiffrées du rôle économique des pouvoirs publics dans le secteur. Enfin, un effort de modélisation entrepris à l'INSEE permet d'obtenir des séries annuelles de description du parc de logements et de ses mutations, cohérentes avec les flux financiers qui le traversent.

Cet essai d'intégration des différentes sources disponibles présente par ailleurs le mérite de la rétroactivité, puisque les données annuelles publiées remontent à 1984, ce qui permet d'en tirer des analyses sur une période supérieure à dix ans. On dispose donc désormais d'un cadre statistique national, qui devient peu à peu la référence centrale sur le secteur. En revanche, le caractère très englobant du compte du logement et les spécificités de son approche comptable l'empêchent de se substituer totalement aux autres sources. Il ne rend compte à aucun moment, par exemple, de la diversité des relations entre les ménages et leur habitat (les conditions de logement) et de la dynamique de ces relations (la mobilité résidentielle).

Les défis d'une connaissance locale

Les progrès accomplis par l'outillage statistique national ne doivent pas occulter la persistance de graves lacunes au niveau local. Or, au moins depuis la seconde moitié des années soixante-dix, est apparue la nécessité d'approches localisées du fonctionnement des marchés du logement et de la formulation des politiques publiques. La décentralisation a renforcé ce constat, mais le système statistique tarde à en tirer toutes les conséquences.

Des acquis largement lacunaires

Si l'on se réfère à l'appareil national, le nombre et la qualité des sources d'information exhaustives (et donc pouvant être précisément localisées) sont très limités. Le recensement général de la population (RGP) est le seul outil capable de fournir quelques éléments sur les conditions de logement des ménages, avec les limites mentionnées au début de ce texte. L'autre pilier des statistiques locales sur le logement est le suivi de la construction neuve (Siclone, puis Sitadel) et de sa commercialisation (ECLN), déjà évoqué.

Pour le reste, l'analyse locale doit généralement se contenter de recourir à des sources partielles, disponibles sur l'ensemble du territoire, mais dont aucune ne débouche sur une approche complète du secteur. Parmi la multitude d'informations de ce type, on peut citer : l'enquête annuelle sur le parc locatif social, qui permet de faire le point sur la situation du patrimoine des organismes d'HLM ; les fichiers des Caisses d'allocations familiales (CAF), très complets sur l'effort financier induit par le logement, mais dont le champ est limité, par nature, aux ménages bénéficiaires des aides à la personne ; les bases de données de suivi statistique des différentes catégories d'aides publiques au logement, qui renseignent parfois sur la nature des opérations financées en construction ou en amélioration ; enfin, le fichier d'Électricité de France (EDF) qui, à travers le suivi des ouvertures et fermetures de compteurs, permet un dénombrement des logements vacants et des emménagements.

Toutes ces sources, et quelques autres, plus limitées encore, sont désormais regroupées dans une base de données construite et gérée par l'État, pour son usage exclusif : Géokit. Cet outil, présent dans tous les services déconcentrés (directions départementales et régionales de l'équipement, DDE et DRE), constitue aujourd'hui la pièce centrale de toute l'information statistique locale sur le logement, détenue et traitée par l'État ; il est capable de fournir des recueils de tableaux pour toutes les communes du territoire. Mais cette abondance est trompeuse à deux titres. D'abord, parce qu'elle crée l'illusion d'une masse d'informations sans pour autant en fournir des clés de mise en relation et d'interprétation. C'est ainsi que la production de statistiques locales sur l'habitat, notamment dans le cadre d'observatoires départementaux ou d'agglomération, prend parfois des allures d'annuaires volumineux regroupant des chiffres d'origines diverses sans fil conducteur, ni capacité de déboucher sur un diagnostic global.

Ensuite, parce que l'essentiel en est absent. En effet, aucune source disponible au niveau local ne permet une approche fiable des mouvements du marché, c'est-à-dire les conditions dans lesquelles les ménages peuvent accéder aux logements : transactions, loyers, efforts financiers et mobilité résidentielle restent les principaux parents pauvres des statistiques locales sur l'habitat.

La nécessaire information locale

Face à ces lacunes, il est sans doute vain d'attendre, dans un délai raisonnable, une amélioration de l'appareil statistique national. Le coût et la lourdeur de mise en place de nouveaux outils exhaustifs en rendent la perspective trop lointaine, voire illusoire. C'est donc vers l'initiative locale qu'il faut se tourner, comme le montre la multiplication des expériences développées depuis le début des années quatre-vingt-dix. On peut certes trouver, au cours des décennies antérieures, de nombreuses marques d'intérêt pour l'information locale sur le marché du logement ; l'exemple des enquêtes destinées à alimenter le modèle SMALA au début des années soixante-dix en est l'illustration la plus fameuse [Coloos et Pitrou, 1997]. Cependant, la conjonction de l'accélération du désengagement financier de l'État et de la montée des politiques locales, avec notamment la mise en place de grands programmes locaux de l'habitat (PLH) d'agglomérations, a considérablement augmenté les besoins d'information.

C'est dans le cadre de cette dynamique qu'il faut placer l'articulation avec les démarches nationales déjà évoquées, d'enquêtes locales sur la mobilité résidentielle ou les loyers du secteur privé, ainsi que la multiplication des traitements statistiques des actes de mutation. Certaines grandes agglomérations disposent ainsi désormais d'une vaste palette d'outils d'analyse des marchés du logement, dont la plupart sont conçus pour être comparables et compatibles avec le cadre statistique national. C'est le cas, par exemple, de Brest, Rennes et Toulouse qui, parmi d'autres, ont fait le choix de se doter des moyens d'une analyse globale de leurs marchés immobiliers.

Mais le perfectionnement de l'appareil statistique peut aussi venir des acteurs privés du marché. La mise en place progressive, au niveau national, de la Base informatique d'expertise notariale (BIEN — traitement statistique des transactions immobilières), déjà opérationnelle dans plusieurs départements, dont Paris, à l'initiative des chambres syndicales de notaires, en fournit un exemple intéressant, dans la mesure où elle illustre une démarche novatrice issue des besoins d'information d'un secteur professionnel.

Beaucoup de chemin reste à parcourir et bien des obstacles, notamment financiers, doivent encore être franchis pour que les acteurs locaux disposent enfin d'outils fiables pour fonder les réflexions qui orientent leur action sur les marchés du logement. La recherche figure également au premier rang des domaines concernés ; et il n'est probablement pas fortuit qu'une part importante de ses activités, dans le champ de l'économie du logement, soit aujourd'hui consacrée aux réflexions théoriques et méthodologiques sur les liens entre l'outillage statistique et les perspectives qu'il ouvre en matière d'analyse systémique des marchés.

Bibliographie

COLOOS Bernard et PITROU Laure (1997), « SMALA : un modèle de simulation du marché du logement au niveau de l'agglomération », *in* COLOOS *et al.*, *Comprendre les marchés du logement*, L'Harmattan, Paris.

DAEI (1996), « Les ventes de logements neufs et anciens en 1993, ministère de l'Équipement, du Logement, des Transports et du Tourisme », série *Statistiques et études générales*, n° 177, Paris.

DRIANT Jean-Claude (1995), *Les Marchés locaux du logement. Savoir et comprendre pour agir*, Presses de l'École nationale des ponts et chaussées, Paris.

INSEE (1995), « Les ménages et leurs logements au début des années quatre-vingt-dix », *Économie et Statistique*, n° 288-289, INSEE, Paris.

MINISTÈRE DE L'ÉQUIPEMENT, DU LOGEMENT, DES TRANSPORTS ET DU TOURISME (1996), *Rapport sur l'évolution des loyers*, Direction de l'habitat et de la construction, Paris.

MINISTÈRE DE L'ÉQUIPEMENT, DU LOGEMENT, DES TRANSPORTS ET DU TOURISME (1997), *Le Compte du logement*, Économica, Paris.

SELIGMANN Bernard (1993), « Rapport du groupe technique politiques locales de l'habitat », *in* François GEINDRE (1993), *Villes, démocratie, solidarité : le pari d'une politique*, La Documentation française, Paris.

15

L'univers des HLM

*par Gilles Horenfeld**

Une croissance économique plus faible, des capacités d'emploi insuffisantes, des prélèvements obligatoires élevés et des inégalités de revenus accrues mettent à mal les systèmes de protection sociale dont se sont dotés les pays d'Europe du Nord. Comment, en effet, gérer et transformer ces systèmes, alors qu'il sont plus sollicités et que leur financement est structurellement plus difficile ? Les politiques du logement s'appliquent à étendre le marché, notamment par des mesures fiscales, et à contenir la dépense collective en réservant les dépenses d'aides directes les plus importantes, telles que l'accès aux logements sociaux ou les aides à la personne, aux populations dont les ressources sont les plus faibles.

Aussi les dispositifs institutionnels se succèdent et s'empilent pour infléchir l'offre de logements HLM vers l'accueil des ménages défavorisés. Mais si les organismes d'HLM ont intégré le renforcement de leur mission sociale dans leurs actions, en tant que responsables finaux des équilibres de gestion du patrimoine, ils s'interrogent sur leurs capacités réelles à concilier contraintes économiques, diversité d'occupation et exercice des solidarités. Doivent-ils pour cela disposer de plus d'autonomie ? Est-il possible d'éviter qu'une part des HLM ne passe irrémédiablement de l'état de patrimoine à celui de « parc » locatif résiduel, spécialisé et géré en tant que tel, tandis qu'une autre part conserverait une attractivité et des valeurs locatives élevées ?

* Économiste, Union nationale des fédérations d'organismes HLM.

Un patrimoine important mais qui ne permet plus d'assumer une vocation sociale étendue

Le terme de HLM (habitation à loyer modéré) désigne, depuis la loi du 2 juillet 1950, à la fois les organismes, offices ou sociétés anonymes dont l'objet est de réaliser et de gérer des logements aidés et réglementés, et, plus largement, le patrimoine locatif dont ils sont propriétaires (une partie des organismes d'HLM sont des sociétés anonymes coopératives ou de crédit immobilier, dont l'objet principal est l'accession à la propriété, activité aujourd'hui banalisée, qui ne sera pas abordée ici).

On dénombre 3 500 000 logements HLM, dont l'implantation, répartie sur l'ensemble du territoire, est très liée au degré d'urbanisation. Un logement HLM sur deux appartient à une centaine d'organismes gérant plus de 9 000 logements. À l'opposé, un peu plus d'un organisme sur deux gère moins de 4 000 logements. Environ 55 % des logements sont gérés par 207 offices publics d'HLM (OPHLM) et 84 offices publics d'aménagement et de construction (OPAC), établissements publics rattachés à une collectivité locale (communes ou leurs regroupements, départements), et 45 % le sont par 337 sociétés anonymes d'HLM, de droit privé, à lucrativité limitée. Ces organismes ont un objet social et des compétences identiques dans le domaine du logement. Leurs origines et leurs développements respectifs n'ont pas entraîné de différences notables dans l'occupation sociale ou les loyers.

Neuf logements locatifs sociaux « de droit » (c'est-à-dire dont l'accès et le loyer sont réglementés) sur dix appartiennent aujourd'hui à des organismes d'HLM et relèvent de la législation s'appliquant à ce secteur. Un peu plus de la moitié des logements HLM ont entre vingt et quarante ans, tranche d'âge à laquelle appartiennent des groupes immobiliers relativement importants. Une partie d'entre eux est bien intégrée dans le tissu urbain. Une autre partie (équivalant à environ un quart du patrimoine HLM) appartient aux sept cent seize ZUS (zones urbaines sensibles, délimitées en 1997 dans le cadre de la politique de la ville), dont les difficultés sont de nature et d'intensité différentes. C'est aussi à cette tranche d'âge qu'appartiennent l'essentiel des 1,2 million de logements HLM ayant bénéficié de travaux de réhabilitation aidés par l'État, avec des effets contrastés, et souvent insuffisants au regard des problèmes posés.

La production la plus récente se démarque des générations précédentes. Constituée d'unités de dimensions plus modestes et, pour plus d'un quart, de maisons individuelles, elle s'est déplacée en partie vers les petites villes et les communes rurales périurbaines. Les PLA (prêts locatifs aidés) ont contribué à banaliser physiquement le logement HLM et à le diversifier, répondant à l'objectif qualitatif inscrit dans la réforme de 1977. À la faveur des politiques de « recentrage social » des aides sont réapparues, à la fin des années quatre-vingt, de nouvelles segmentations de la production : les PLA « très sociaux » (PLATS), destinés à limiter le niveau des loyers de l'offre nouvelle pour y faciliter l'entrée des ménages à revenus faibles. Le poids de ces logements dans l'ensemble HLM reste à ce jour marginal. Mais ils témoignent d'un retour à certaines conceptions de la politique d'avant la réforme de 1977, tempéré par le souci d'accompagner socialement leurs occupants et de disséminer les logements pour éviter les concentrations de populations en difficulté auxquelles avaient contribué en leur temps les cités « de transit » ou « d'urgence ».

Aux moments forts de leur édification, dans les années soixante-dix notamment, les HLM avaient pour mission de contribuer à l'accroissement quantitatif de l'offre, ce qui justifiait une vocation sociale relativement ouverte. À partir des années quatre-vingt, les politiques publiques ont ralenti le développement des HLM. Au cours des dix dernières années, l'accroissement net de ce patrimoine s'est situé entre 45 000 et 50 000 logements par an, stabilisant la proportion de HLM à 15 % du parc total. Cependant, durant cette période, la demande de ménages à très faibles ressources a de nouveau rapidement augmenté. La dimension du patrimoine HLM s'est révélée insuffisante pour absorber cet accroissement et, simultanément, maintenir une vocation intermédiaire. Situation dont les pouvoirs publics ont tiré les conséquences en diminuant les plafonds de ressources pour l'accès (80 % des ménages français pouvaient prétendre à un logement HLM sur la base des plafonds de 1980, ils ne sont plus que 50 % avec les plafonds actuels). Une « surpression » à l'entrée des HLM s'est installée, alimentée par la tension des marchés et la disparition progressive des filières alternatives que sont les hôtels meublés, la sous-location et l'offre locative privée à bas loyers.

Du logement des classes moyennes à l'accueil des « défavorisés »

Les politiques de réhabilitation et de construction menées depuis vingt ans ont amélioré, sinon la qualité urbaine du patrimoine HLM, du moins celle des logements et des immeubles qui le composent. Mais la charge de remboursement de la dette contractée pour financer ces investissements a considérablement augmenté en termes réels. C'est au prix d'une sévère limitation des loyers, et grâce à des aides à la personne consistantes, que le coût du changement a été amorti pour les habitants, et que la vocation sociale a été renforcée.

En 1970, les HLM étaient occupés par une population jeune, composée de familles de dimension relativement importante, avec une présence majoritaire d'ouvriers et d'employés, en grande partie en mobilité sociale et en transition résidentielle vers l'accession à la propriété. En 1992, les ménages de une ou deux personnes sont devenus majoritaires. Cette diminution de la taille des ménages est en partie liée à l'augmentation relativement rapide de la population âgée vivant en HLM, conséquence d'un « vieillissement dans les lieux » d'une partie des ménages plutôt que de la structure des âges à l'entrée. Plus proche de la structure démographique d'ensemble, l'occupation des HLM est cependant marquée par la présence de catégories éprouvant des difficultés particulières à se loger ailleurs : familles nombreuses, familles monoparentales, ménages « étrangers », dont près de la moitié (hors ménages provenant de la Communauté européenne) est logée en HLM. Une partie des tensions et difficultés marquant les HLM trouve ainsi son origine dans cette concentration, constituée progressivement par le jeu de la vacance des logements, des filières d'attribution, de la croissance démographique. Tensions très fortement concentrées dans des quartiers le plus souvent périphériques, aujourd'hui en situation difficile.

Si l'accueil en HLM des ménages « défavorisés » tend incontestablement à s'accroître, la quantification des évolutions catégorielles reste cependant très approximative et hétérogène. Les données sur le revenu des habitants des enquêtes « Logement » de l'INSEE restent la principale référence disponible pour une vision globale, historique et relative des évolutions. Elles permettent de dater du milieu des années soixante-dix l'augmentation de la présence en HLM de populations très pauvres et/ou en situation difficile, les années quatre-vingt ayant été celles de la transition vers l'accélération de l'entrée de ces catégories. Parmi les emménagés récents (entre 1988 et 1992), la proportion des ménages les plus pauvres (ceux dont le revenu par unité de consommation était inférieur au premier décile de revenu, soit 31 200 francs par an en 1992) était sensiblement plus élevée en HLM (16,7 %) que dans les logements locatifs non HLM (10,7 %), avec un écart plus important en Île-de-France que dans les autres régions. Plus globalement, les nouveaux occupants des HLM sont, pour un tiers, de nouveaux ménages, essentiellement décohabitants. Comparés à ceux qui partent, les ménages entrants sont plus jeunes, de taille plus réduite, et leurs revenus par unité de consommation sont inférieurs. La présence en HLM des ménages considérés comme appartenant aux classes moyennes tend ainsi à diminuer de manière continue. Les revenus des emménagés récents sont proches de ceux des résidents plus anciens. Et une part croissante de la population en place a des ressources trop faibles pour quitter les HLM.

Un appauvrissement relatif régulier des HLM s'opère ainsi par le jeu des mutations de logement qui favorisent la substitution des catégories pauvres aux catégories moyennes, et par la sédimentation des catégories pauvres, dont la mobilité sociale et résidentielle est plus réduite que celle de leurs prédécesseurs. Des projections à moyen terme, réalisées à partir de données sur la mobilité des locataires HLM observée entre 1988 et 1992, il ressort que la diminution de la taille des ménages et le vieillissement sont des tendances lourdes, qui pèseront fortement à l'avenir sur l'occupation des logements HLM.

Les politiques d'attribution : un enjeu décisif pour le devenir des HLM

C'est en définitive aux politiques d'attribution et de maintien dans les lieux que la structure des revenus en HLM est, et restera, la plus sensible. Toute accentuation de l'entrée de ménages à revenus faibles diminue les probabilités de sortie des logements HLM, alimentant ainsi, avec une relative rapidité, un processus cumulatif et problématique de spécialisation de ce patrimoine.

Dans les faits, les évolutions sociales se sont déjà imposées aux acteurs de la procédure d'attribution, et ont infléchi la structure des ménages entrant en HLM : les deux tiers ont en effet aujourd'hui des revenus, prestations sociales incluses, qui les situent parmi le quart le plus pauvre de la population. Toutefois, la multiplication des situations précaires, leur concentration urbaine et leur médiatisation ont conduit à une accumulation de dispositions, notamment les PDLD (plans départementaux pour le logement des défavorisés) et les POPS (plans d'occupation du parc social), issus de la « loi Besson ». Définissant localement des priorités d'accueil renforcées des « ménages défavorisés », négociées sinon imposées aux collectivités locales et aux bailleurs par l'État, ces procédures ont un impact additionnel relativement modeste, mais en progression. Elles ont surtout contribué à redéfinir durablement le rôle institutionnel du logement social, n'écartant pas les objectifs de diversité sociale mais les subordonnant aux priorités d'accueil des personnes ou des familles en situation d'exclusion. Dans l'immédiat, les pratiques d'attribution continuent de susciter des critiques et donnent encore une image de dysfonctionnement, d'hétérogénéité ou d'injustice. Difficultés et complexité de fonctionnement naissent en fait de l'implication, dans les procédures d'attribution par les bailleurs, de trois autres acteurs, disposant chacun de droits de réservation des logements en contrepartie des aides et des garanties d'emprunts qu'ils apportent : les collectivités locales (20 %), les préfectures (30 % dont 5 % pour les fonctionnaires) et les entreprises selon leurs apports. Les tendances récentes ont été de renforcer les capacités de contrôle des préfets et des maires sur l'affectation de leurs contingents. S'ils restent responsables en dernier ressort de l'attribution, les gestionnaires, à qui incombent les liens contractuels avec les locataires et la gestion des difficultés éventuelles, ont ainsi vu leurs marges de manœuvre considérablement restreintes. L'accès aux logements HLM des ménages dont les ressources sont faibles, ou précaires, a certes été économiquement amélioré par les revenus sociaux, les aides à la personne, les dispositifs de garantie et d'aide aux impayés, tels que les FSL (Fonds de solidarité pour le logement, créés par la loi Besson). Il reste qu'en matière d'attribution chacun des acteurs suit une logique propre : de développement, de clientélisme ou de protection pour les maires, de réponse à la demande de leurs salariés pour les entreprises, de solidarité pour l'État, et d'équilibres sociaux de patrimoine pour les gestionnaires. À cet égard, l'action de l'État, en recherche de solutions immédiates aux problèmes « prioritaires », ou l'action des maires, opposés à l'accroissement de populations défavorisées sur leur commune, peuvent constituer des éléments conflictuels et difficilement conciliables avec le maintien d'une « mixité » sociale.

Une mixité sociale est-elle encore possible dans les HLM ?

Bien que le sens des évolutions soit clair, une relative diversité d'occupation subsiste globalement en HLM, dont la distribution des revenus des occupants est un indicateur.

En fait, les différentes composantes du patrimoine sont dans des situations différentes à l'égard d'une mixité qui se définirait simplement par la cohabitation de ménages dont l'autonomie économique et sociale, l'âge, et le groupe ethnique et culturel d'appartenance sont différents. La partie la plus valorisée est maintenue hors fonctionnement libre du marché par un processus sélectif d'attribution, des prix réglementés et le droit au maintien dans les lieux. Les ensembles immobiliers anciens les plus centraux dans les agglomérations, ou dont l'environnement reste attractif, sont occupés par des ménages dont le profil social, plus ou moins défini par l'âge, la catégorie socioprofessionnelle, le revenu, est proche des caractéristiques moyennes de la population locale. Les politiques d'attribution des logements libérés dans ces immeubles cherchent à conserver ces « équilibres » sociaux instaurés au cours du temps, tout en intégrant des ménages à très faibles ressources, susceptibles de se conformer au modèle d'occupation des ménages en place, exercice complexe à réaliser alors que ces immeubles font l'objet de la demande la plus forte.

La partie la moins valorisée, notamment celle des quartiers dits « sensibles », souffre en revanche d'un défaut de régulation, et constitue un marché particulier. Ces quartiers, pour la plupart excentrés et éloignés des fonctions urbaines essentielles, offrent en effet des capacités d'offre excédentaires, dont témoignent les taux de vacance élevés qui les caractérisent. Les loyers y sont très inférieurs aux maximums autorisés et les locataires ont des ressources se situant largement en deçà des plafonds. Il devient fréquent que les logements ne puissent être attribués qu'aux seuls ménages qui les acceptent, faute de capacités de choix, et qu'ils jouent désormais à certains égards le même rôle que jouait dans les années cinquante l'habitat locatif privé dévalorisé. Les « politiques de peuplement », dont l'ambition était d'organiser la diversité sociale dans l'ensemble des HLM, ont fait long feu, cédant aux concentrations sociales ou ethniques souvent souhaitées par les demandeurs, et entretenues par le propre mouvement démographique de ces quartiers.

La politique des loyers : les limites de la solidarité

Étroitement encadrés par une réglementation visant un objectif social de redistribution, les loyers HLM sont rigides et peu sensibles à la localisation : les moyennes par taille d'agglomération varient (en franc/m^2 de surface habitable) entre 26 francs en agglomération parisienne, 22 francs dans les autres agglomérations, 23 francs dans les communes rurales (enquête « Loyers et charges » de l'INSEE). Une dispersion s'observe à l'intérieur des patrimoines qui néammoins reste essentiellement fonction de l'âge des immeubles. Dans les marchés du logement tendus, il en résulte des écarts très importants avec les loyers libres : les loyers HLM leur sont inférieurs en moyenne de 60 % en agglomération parisienne, de 20 % à 50 % dans les autres agglomérations, et de 10 % seulement dans les communes rurales (enquête « Mobilité » 1994, OLAP-ministère du Logement). Relativement aux loyers libres pratiqués pour des logements de qualité similaire, les logements HLM représentent pour leurs occupants un avantage économique substantiel, que l'on estime à 32 milliards de francs par an pour l'ensemble, soit l'équivalent de la moitié de la masse des loyers perçus. Cet avantage est cependant inégalement réparti. La qualité des immeubles qui composent le patrimoine HLM est loin d'être homogène : des différences sensibles existent selon le type d'habitat, la localisation et l'environnement du quartier, ou encore le niveau de service des logements et des équipements. Mais les règles et pratiques administratives encadrant la fixation et l'évolution des loyers s'opposent à une répartition sur un principe économique qui en tiendrait compte. Les gestionnaires disposent de marges de manœuvre étroites pour différencier les loyers d'un immeuble à l'autre en fonction de ces paramètres, situation préjudiciable à l'amélioration de la répartition des efforts demandés aux locataires, et finalement au maintien de loyers bas et aux plus faibles revenus.

Quelles évolutions des gestionnaires ?

Les organismes d'HLM ont modifié profondément leurs relations avec les habitants et l'orientation de leur développement. La plupart sont devenus des entreprises spécialisées dans la gestion sociale, économique et technique de patrimoines importants. Ils doivent aussi multiplier les métiers : gestion de proximité, développement social, création d'emplois d'insertion, aménagement de quartiers. Mais l'autonomie financière dont ils disposent est mise à mal par le renchérissement en termes réels de leurs financements externes, alors qu'ils doivent renforcer les ressources humaines, le service aux habitants, et que les patrimoines vieillissants demandent plus de maintenance, une diversification accrue et un renouvellement de leurs composantes obsolètes. La réalisation de nouvelles opérations s'inscrit dans une concurrence plus vive, alors que les systèmes d'aide s'ouvrent à tous les investisseurs. Toutefois, il paraît peu probable que le quasi-monopole des organismes d'HLM sur la gestion du patrimoine de logements sociaux leur soit contesté, en raison des obligations sociales qui pèsent sur cette activité et des règles de tarification. La baisse tendancielle de la solvabilité des locataires les contraint cependant à réduire les coûts et à augmenter la productivité.

En fonction de leur culture professionnelle, de leurs statuts et de leurs règles de fonctionnement, les familles d'organismes envisagent des réponses différentes (mais compatibles entre elles) aux évolutions qu'elles doivent affronter. Les SA d'HLM ambitionnent de devenir des généralistes du logement, en conservant une vocation principale de logement social et d'accueil de ménages à faibles ressources, et en élargissant leur champ d'intervention au secteur concurrentiel pour fournir un service immobilier répondant à la demande locale non satisfaite. Les Offices souhaitent le maintien d'un statut particulier et protégé de bailleur et de constructeur de logements sociaux, en contrepartie d'une « mission de service public » comportant, par exemple, une obligation de loger tous les contingents de demandeurs des préfectures et des collectivités locales. Cette seconde voie privilégie le statut d'établissement public local, sous contrôle des collectivités de rattachement, et un renforcement des subventions publiques pour concilier finalités sociales et équilibre de gestion.

Plus de régulation par les politiques locales

Le processus centralisé d'élaboration des politiques générales à l'égard des HLM engendre désormais des difficultés de traduction dans des politiques locales dont il est largement déconnecté. Les capacités d'accueil des HLM, l'évolution des quartiers, la demande réelle sont en effet très hétérogènes. Déterminée par les tendances sociales et économiques lourdes, la situation des HLM est néanmoins très sensible à l'état des marchés locaux du logement, dont ils subissent aujourd'hui les évolutions plus souvent qu'ils ne les influencent. Les politiques, y compris celles garantissant la solidarité, ne peuvent donc plus être uniformes, les responsabilités dans leur mise en œuvre doivent être reconsidérées, et la régulation du logement social organisée différemment.

L'État dispose des principales clés financières, exerce la tutelle des organismes de logement social et réglemente l'accès et les loyers. Mais il ne se résout pas à un transfert des aides au logement, qui lui laisserait les charges de financement sans la capacité d'en maîtriser le volume. Les collectivités locales orientent l'urbanisme et l'usage des sols, disposent du permis de construire, complètent les financements et ont la responsabilité de gestion des quartiers. Mais elles ne veulent surtout pas d'un transfert total de la compétence sur le logement social, sans les aides correspondantes. Ce paysage, en place depuis les lois de 1982, n'a pas été bouleversé par la loi d'orientation sur la ville de 1991 et ses aménagements ultérieurs. Et la situation actuelle reste bloquée aux limites d'une décentralisation inachevée, où l'État « négocie » localement ses financements, mais infléchit ses décisions en fonction du poids politique de ses interlocuteurs.

De fait, l'État a encore un rôle essentiel à jouer. Il garantit l'exercice des solidarités, notamment par les aides personnelles au logement dont le rôle dans l'accès aux logements sociaux est majeur. Les quartiers en difficulté ont besoin d'interventions de nature et de degré variables, comportant des transformations lourdes qui ne pourront être menées à bien sans un effort public important. Simultanément, il paraît indispensable que les actions destinées au logement des populations défavorisées, la gestion des quartiers, les investissements et les adaptations réglementaires nécessaires à l'équilibrage de l'offre soient élaborés à des échelles de décision cohérentes avec le fonctionnement local du marché du logement : communautés urbaines, districts et autres groupements. Il s'agit aussi de concilier garantie d'exercice de la solidarité, maîtrise de leur devenir par les collectivités locales, organisation de la concurrence entre les différents opérateurs et responsabilité des gestionnaires.

Une voie privilégiée, mais difficile, s'offre et peut être mise à profit plus largement : celle de la convention ou du contrat de développement, entre l'État, les organismes d'HLM (dont la coopération est à structurer) et les collectivités locales. Les contenus et les cadres de ces contrats existent : PLH et POPS, notamment. Il s'agirait d'articuler objectifs et moyens respectifs, d'engager les acteurs sur un projet local commun dont la définition et le pilotage reviendraient aux collectivités locales en charge de la gestion des territoires concernés.

Bibliographie

COING Henri et TOPALOV Christian (1995), « Crise, urgence et mémoire : où sont les vraies ruptures », *in* F. ASCHER, *Le Logement en questions*, Éditions de L'Aube, La Tour-d'Aigues.

FURET Juliette et MORA Béatrix (1995), « Politique et pratiques d'attribution », *Les Collections d'actualité HLM*, n° 29, Paris.

GUERRAND Roger Henri et QUILLIOT Roger (1989), *Cent ans d'habitat social : une utopie réaliste*, Albin Michel, Paris.

MORA Béatrix et MORAIN Marc (1996), « Quartiers et mixité sociale », *Les Collections d'Actualité HLM*, n° 40, Paris.

TANTER Annick et TOUBON Jean-Claude (1995), « Vingt ans de politique francaise du logement social », *Regards sur l'actualité*, n° 214, Paris.

16

Comparaisons internationales

*par Patrick de La Morvonnais**

Aborder le logement au niveau international, c'est ajouter une dimension supplémentaire à la complexité inhérente à ce secteur. Dans chaque pays, la situation actuelle du logement résulte d'une alchimie où sont intervenus de multiples facteurs : historiques (destructions au cours de la Seconde Guerre mondiale et intensité plus ou moins forte de l'effort de reconstruction), démographiques (natalité, immigration), sociologiques (modes de vie), économiques (croissance, inflation, taux d'intérêt, fiscalité...), politiques (affirmation plus ou moins marquée du « droit au logement », générosité des systèmes d'aides publiques). Ces héritages ont forgé des situations qui se caractérisent aujourd'hui à la fois par de fortes convergences et de grandes disparités.

Les similitudes sont bien normales : le logement est partout un bien essentiel, nécessairement onéreux, objet d'un investissement à long terme, souvent inaccessible pour les populations les plus défavorisées et justifiant presque toujours des interventions publiques. Quant aux divergences, elles sont également inévitables, compte tenu du grand nombre de variables qui influent sur le logement et de leur interdépendance. Pourquoi s'en étonner lorsqu'on constate des différences régionales tout aussi fortes au sein d'un même pays ?

Au-delà de la simple confrontation des situations nationales, l'objectif des comparaisons internationales est plus ambitieux : quels sont les facteurs les plus discriminants pour expliquer ces écarts et ces ressemblances ? Quels enseignements peut-on en tirer pour l'analyse du cas français ?

---

* Directeur d'études au BIPE.

Le poids du logement

Dans la plupart des pays développés, le logement est aujourd'hui le premier poste du budget des ménages, devant l'alimentation. Les loyers (réels ou fictifs), les charges, le chauffage et l'éclairage représentent en moyenne 21 % de la consommation finale des ménages, sans tenir compte des dépenses d'entretien courant. Les disparités sont très nettes entre les pays scandinaves (Finlande, Danemark et surtout Suède) et les pays d'Europe du Sud (Italie, Espagne). Ces différences s'expliquent, entre autres, par la qualité des logements, par des considérations climatiques (poids des dépenses énergétiques pour le chauffage), par les coûts même de construction (niveau relatif des salaires). Plus fondamentalement, elles tiennent à des modèles culturels et sociaux différents : le logement est relativement bon marché aux États-Unis, mais chacun sait que les Américains, contrairement aux Européens, paient très cher l'éducation et la santé.

Tableau 1

Année 1994	*Poids du logement (%) dans la consommation finale des ménages*	*Poids du logement (%) dans l'investissement total*
Allemagne (Ouest)	22,9	35,9
Autriche	18,8	25,8
Belgique	18,0	26,2
Danemark	27,5	20,1
Espagne	13,1	20,7
Finlande	25,0	24,9
France	21,3	26,1
Grande-Bretagne	19,6	20,9
Italie	17,5	30,7
Norvège	20,0	11,3
Pays-Bas	19,5	27,8
Suède	32,7	17,3
Suisse	20,7	n.d.
Canada	24,7	32,5
États-Unis	18,1	24,6
Japon	21,9	19,9

Source : OCDE.

Le quart de l'investissement total d'un pays est en général consacré au logement, qu'il s'agisse de la construction neuve ou du gros entretien. Le logement est d'ailleurs le seul investissement possible des ménages. Ce ratio est évidemment plus instable que le précédent, puisque fortement dépendant de la conjoncture : le chiffre très élevé de l'Allemagne s'explique par l'effort de construction très important entrepris après la réunification ; symétriquement, la faiblesse du ratio pour la Suède et la Norvège résulte de l'effondrement des mises en chantier au cours des années récentes.

Au-delà des écarts, parfois sensibles, entre pays, ces chiffres démontrent à l'évidence la place centrale du logement dans les économies nationales. En opposant le cas des pays scandinaves à celui des pays d'Europe du Sud, on pourrait penser que l'importance du budget des ménages consacré au logement est très directement liée au niveau de vie ; le contre-exemple des États-Unis suffit à infirmer cette thèse. En effet, d'autres phénomènes entrent en jeu, tels que la structure de consommation des ménages, qui dépend des prélèvements fiscaux (directs et indirects) et des coûts relatifs d'autres dépenses (l'éducation et la santé, par exemple).

Qualité du parc

Le logement constitue un parc très important, de l'ordre de 165 millions d'unités pour l'ensemble de l'Union européenne. Le nombre de logements pour mille habitants est un indicateur souvent utilisé, mais à tort. Il convient, en effet, de tenir compte de deux catégories particulières, les résidences secondaires et les logements vacants. Les premières représentent plus de 10 % du parc total en Autriche, en Espagne, en France, en Italie, au Portugal, en Suisse alors qu'elles sont pratiquement inexistantes en Allemagne, aux Pays-Bas et en Grande-Bretagne : des raisons historiques (transmission du patrimoine) et bien sûr touristiques justifient de tels écarts.

Le nombre de logements vacants est très variable d'un pays à l'autre : infime aux Pays-Bas en raison de la pression de la demande, il est très élevé en Espagne, en France, en Italie et au Portugal. La vétusté d'une fraction du parc, la désertification de certaines zones en sont souvent la cause.

Même en considérant le nombre de résidences principales pour mille habitants, on relève de sensibles disparités selon les pays : cet indicateur varie de 330 à 470. Cela tient à la disponibilité effective du logement mais également à la taille moyenne des ménages. Cette dernière souligne d'importantes différences démographiques : on compte ainsi moins de 2,3 personnes par ménage en Allemagne, en

Autriche, au Danemark, en Suède, mais plus de 3 en Espagne, au Portugal, au Japon.

Il est important de noter que la France est le seul pays qui adopte l'identité : « une résidence principale égale un ménage ». Cela rend délicates certaines analyses (cohabitation, besoins) dans le contexte actuel d'une multiplicité accrue des types de ménages.

La structure par âge du parc de logements varie considérablement d'un pays à l'autre sous l'influence de plusieurs facteurs : les conséquences de la dernière guerre, l'effort plus ou moins tardif de reconstruction, la pression démographique. La Grande-Bretagne se caractérise par un parc très vieux qui s'explique par la faiblesse chronique de la construction neuve ; on compte plus de 40 % du parc achevé après 1970 en Belgique, en Espagne, en Finlande, aux Pays-Bas, au Portugal, aux États-Unis ; le Japon se singularise par la quasi-absence d'un parc d'avant guerre.

Tableau 2. — Le parc de logements en 1995

	Parc total (millions d'unités)	*Répartition en %*				*Résidences principales pour 1 000 hab.*
		Résidences principales	*Résidences secondaires*	*Logements vacants*	*Autres*	
Allemagne	35,9	96,0	0,5	3,5	—	420
Autriche	3,8	83,0	12,0	5,0	—	392
Belgique	3,9	92,0	4,0	4,0	—	354
Danemark	2,6	92,0	8,0	ε	—	460
Espagne	17,8	73,5	13,0	11,0	2,5	332
Finlande	2,4	91,5	ε	8,5	—	429
France	27,9	81,5	11,0	7,5	—	391
Grande-Bretagne	23,8	97,0	ε	3,0	—	404
Italie	25,6	79,0	14,0	7,0	—	353
Norvège	2,1	90,0	7,0	3,0	—	432
Pays-Bas	6,3	99,0	1,0	ε	—	403
Portugal	4,4	73,5	16,0	10,5	—	327
Suède	4,6	90,0	8,0	2,0	—	467
Suisse	3,2	89,0	10,0	1,0	—	400
États-Unis [1]	106,6	89,0	3,0	8,0	—	368
Japon [1]	45,9	89,0	1,0	9,0	1,0	327

1. Année 1993.

Source : statistiques nationales.

Il n'y a pas de corrélation entre la qualité de l'habitat et l'âge du parc. Le nombre de logements déficients (c'est-à-dire manquant d'un ou de plusieurs éléments de confort) peut être relativement élevé au sein d'un parc récent (cas de la Belgique, du Portugal et du Japon), comme relativement faible dans un parc plus ancien (cas du Danemark) ; autrement dit, un courant régulier d'entretien et d'amélioration permet de préserver une qualité de l'habitat quand bien même existe une forte proportion de logements construits avant guerre. Si la Suède et la Suisse ont presque éliminé la vétusté et l'inconfort, la plupart des pays comptent environ 5 % à 10 % de logements ne répondant pas aux normes actuelles (en matière d'équipements sanitaires et de chauffage notamment).

Tableau 3. — La qualité du parc de logements en 1995

	Répartition selon la date d'achèvement (%)			*Pourcentage des logements déficients*
	Avant 1945	*1945-1970*	*Après 1970*	
Allemagne	32	33	35	5
Autriche	31	31	38	6
Belgique	29	29	42	13
Danemark	40	29	31	6
Espagne	14	36	50	9
Finlande	15	30	55	6
France	34	27	39	6
Grande-Bretagne	46	32	22	8
Italie	27	40	33	9
Norvège	23	38	39	5
Pays-Bas	24	32	44	8
Portugal	22	30	48	20
Suède	33	45	32	1
Suisse	30	33	37	1
États-Unis [1]	24	33	43	7
Japon [1]	5	24	71	8

1. Année 1993.

Source : statistiques nationales.

Le type d'habitat constitue un important facteur de différenciation des pays : la maison individuelle est largement majoritaire en Belgique, aux Pays-Bas, en Grande-Bretagne et aux États-Unis ; les appartements dominent dans l'Europe du Sud (Espagne, Grèce, Italie) et surtout en Suisse. Ailleurs, on observe un relatif équilibre, même au Japon où, contrairement à une idée reçue, on compte 58 % de maisons individuelles. Le type d'habitat est indépendant de la densité de population : les Pays-Bas comptent beaucoup de maisons individuelles pour une des densités parmi les plus élevées d'Europe ; la Finlande et la Suède connaissent une situation exactement inverse. L'explication tient donc davantage à des facteurs sociologiques (modes de vie, perception de l'habitat).

La surface habitable moyenne dépend avant tout du poids relatif des deux types d'habitat, même si l'on constate, pour chaque catégorie de logements, des écarts appréciables. La maison individuelle est très spacieuse au Danemark, en Italie, en Norvège, en Suède et surtout aux États-Unis ; les appartements sont de très petite taille en Finlande, en Grande-Bretagne, au Portugal et surtout au Japon. La surface habitable par tête constitue un indicateur plus parlant : elle s'inscrit entre 35 et 40 m^2 dans la plupart des pays mais connaît une forte dispersion. Elle est faible en Espagne, en Finlande, au Japon, mais très élevée au Danemark, en Norvège, en Suède et aux États-Unis.

Tableau 4. — Les caractéristiques du parc en 1995

	Part de la maison individuelle (%)	*Surface habitable moyenne (m^2)*			*Surface habitable par tête*
		Individuel	*Collectif*	*Ensemble*	
Allemagne	46	107	66	85	37,8
Autriche	48	116	66	87	38,7
Belgique	73	100	75	93	37,3
Danemark	61	131	76	110	50,7
Espagne	36	100	80	87	28,0
Finlande	40	100	57	73	31,1
France	56	103	66	87	34,1
Grande-Bretagne	79	90	57	83	33,5
Italie	32	135	74	93	33,0
Norvège	58	133	86	124	51,0
Pays-Bas	71	100	80	94	39,8
Portugal	61	95	56	80	26,2
Suède	54	124	67	93	41,3
Suisse	21	115	81	88	37,1
États-Unis [1]	68	175	80	145	54,3
Japon [1]	58	118	46	88	29,1

1. Année 1993.

Source : statistiques nationales.

Statuts d'occupation

Les différences les plus marquantes tiennent aux statuts d'occupation.

La proportion de propriétaires occupants varie de 31 % (en Suisse) à 85 % en Espagne, pour se situer en moyenne dans une fourchette comprise entre 55 % et 60 %. Elle est encore faible en Allemagne et en Suède, mais largement majoritaire en Belgique, en Italie, au Portugal, en Grande-Bretagne et aux États-Unis.

Le secteur locatif se partage de façon très inégale entre parc privé et parc social. Ce dernier est quasi inexistant en Espagne, en Italie, en Suisse, aux États-Unis, mais dominant en Grande-Bretagne et aux Pays-Bas. Dans ces deux cas, il s'agit d'un héritage de longue date justifié au départ par le souci de loger des salariés à revenu faible pour les besoins de l'industrie.

La gestion du parc social peut être assurée par les collectivités locales, par des organismes sans but lucratif, par des sociétés nationales. La réalité est cependant plus nuancée : en France, les offices publics d'HLM dépendent des collectivités locales ; en Angleterre, on a encouragé une vente massive du parc détenu par les municipalités dont le monopole est aujourd'hui remis en cause pour le développement des *Housing Associations* ; aux Pays-Bas, les *Woning Corporaties* sont devenues d'une certaine façon indépendantes.

Le cas des « autres statuts » est assez complexe : il peut s'agir de sous-locataires, de personnes logées gratuitement, mais également de formes particulières d'occupation : la Suède en fournit le meilleur exemple avec les coopératives. Dans ce système, les membres des coopératives deviennent locataires pour une durée indéterminée en acquittant un droit d'entrée de 10 % (qui peut être revendu). Des formes analogues existent au Danemark et en Norvège.

Outre des considérations historiques et sociologiques, quatre raisons fondamentales permettent d'expliquer ces différences de statut :

— les aides publiques ont joué un rôle majeur en fonction de leur orientation et de leur budget : le soutien massif à un secteur locatif public aux Pays-Bas relève d'un choix économique et social dès les années cinquante ;

— la fiscalité a, d'une certaine façon, « forcé » les choses : les possibilités d'amortissement offertes aux bailleurs en Allemagne ont permis le développement d'un important parc privé ; quant aux déductions d'intérêts d'emprunts, très avantageuses à une certaine époque, elles ont favorisé l'accession à la propriété en

Tableau 5. — Le statut des ménages en 1995

	Propriétaires occupants	*Locataires du secteur privé*	*Locataires du secteur public*	*Autres statuts*
Allemagne	39	37	24	—
Autriche	50	29	10	11
Belgique	65	28	6	1
Danemark	53	19	26	2
Espagne	85	14	1	—
Finlande	62	9	19	10
France	54	22	18	6
Grande-Bretagne	67	10	23	—
Italie	70	20	4	6
Norvège	59	19	3	19
Pays-Bas	49	13	38	—
Portugal	65	15	3	17
Suède	42	17	23	18
Suisse	31	67	2	—
États-Unis	65	31	1	3
Japon	60	26	7	7

Source : statistiques nationales.

Grande-Bretagne, aux États-Unis et au Danemark (où, à un certain moment, le logement était le seul moyen d'échapper à une fiscalité directe très lourde) ;

— il faudrait évoquer également les systèmes de financement du logement — la position dominante des *Building Societies* britanniques par exemple, les *Bausparkassen* allemandes, les nombreux instituts de Crédit foncier — ainsi que les modalités particulières du crédit immobilier (durée des prêts notamment) ;

— enfin, on ne peut passer sous silence le rôle de l'inflation dans le développement de l'accession à la propriété. Le graphique ci-après montre une probable corrélation entre le taux de propriétaires occupants et l'inflation sur longue période.

Ces disparités tendent lentement à se réduire : on observe presque partout une privatisation des marchés locatifs (c'est le cas du secteur public aux Pays-Bas et en Grande-Bretagne) et une tendance à l'augmentation du nombre de propriétaires ; les politiques de soutien au logement se rétractent (aides à la pierre, aides fiscales) au profit de politiques sociales (aides à la personne).

On est souvent tenté d'identifier maison individuelle et statut de propriétaire. Si nombre de pays permettent d'illustrer une corrélation de ce type, deux modèles font exception : les pays d'Europe du Sud

Accession et inflation ?

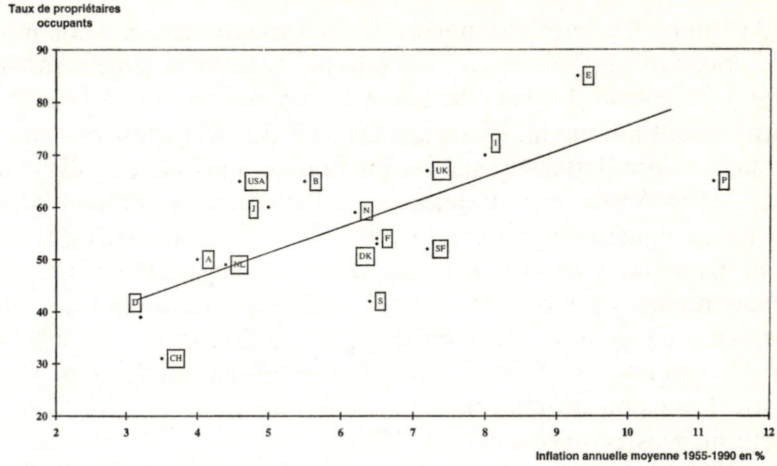

(Italie, Espagne, Grèce) où la forte proportion de propriétaires occupants va de pair avec un habitat majoritairement collectif ; et certains pays d'Europe du Nord (Pays-Bas, Suède), où maison individuelle et secteur locatif dominent simultanément.

Statut d'occupation et type d'habitat

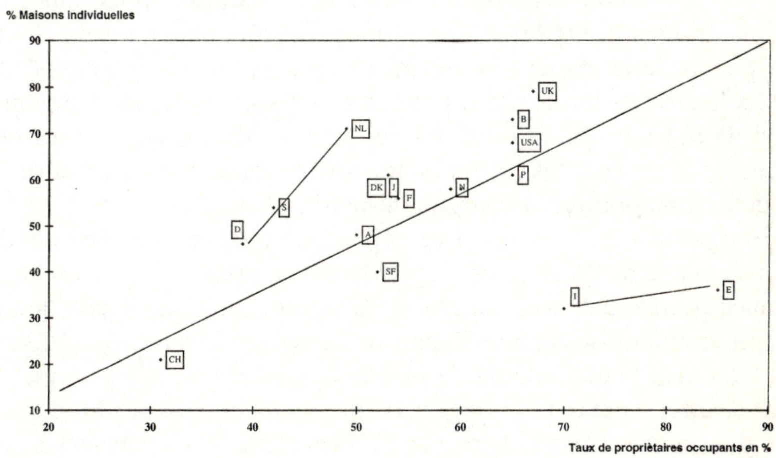

Effort de construction

Au cours des dernières années, la construction neuve a connu des évolutions très différentes selon les pays : quasi-doublement en Allemagne en raison des besoins liés à l'immigration puis à la réunification ; effondrement au Danemark, en Suède ; repli marqué en Finlande ; oscillations sensibles en France, en Italie, en Espagne. Stabilité en Autriche, en Belgique, aux Pays-Bas, au Portugal. Mieux vaut sans doute considérer le nombre de logements construits pour mille habitants pour comparer les efforts de construction. Cet indicateur ressort en moyenne à 5 ‰ en Europe et montre de fortes disparités nationales : élevé en Espagne, au Portugal, aux Pays-Bas, en Allemagne ; très faible au Royaume-Uni, en Suède et au Danemark. Le Japon affiche un score sans commune mesure avec les performances européennes, soit 12 ‰.

Conclusion

Un tel panorama est bien sûr réducteur, faute de pouvoir développer tous les thèmes abordés dans cet ouvrage sur le plan international. Certaines questions n'ont été qu'effleurées ou même passées sous silence : les différents systèmes de financement du logement (organisation du marché hypothécaire, rôle des banques, types de prêts...) ; les aides publiques au logement (nature et importance des aides, critères d'éligibilité...) ; la mobilité résidentielle et la fluidité du marché immobilier ; la répartition des prérogatives entre l'État, les collectivités locales et les autres acteurs du système ; l'organisation de la filière (maîtrise d'œuvre, maîtrise d'ouvrage...) ; les relations entre logement, urbanisme, aménagement du territoire ; la fiscalité immobilière, l'épargne, le patrimoine...

Malgré ces lacunes on peut cependant risquer quelques conclusions : au sein des pays de degré de développement comparable, la France occupe une position plutôt moyenne, que l'on observe le taux de propriétaires occupants, la part de la maison individuelle, l'âge du parc, la qualité de l'habitat, le niveau des aides publiques, le taux de construction neuve ou le ratio prix du logement/ revenu. En dépit de progrès qualitatifs constants, la France apparaît en retrait sensible sur certains points : la surface habitable par tête est plutôt faible, la mobilité résidentielle est assez réduite (sans doute en raison d'une insuffisante fluidité du marché immobilier), l'âge moyen d'accession

Nombre de logements construits pour 1 000 habitants en Europe Période 1991-1995

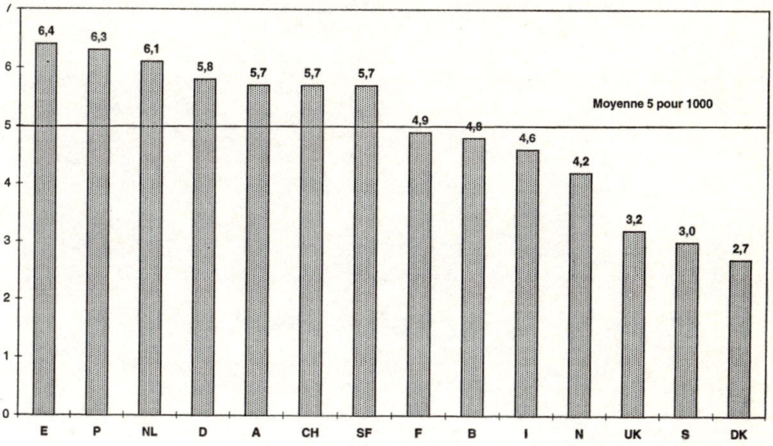

est élevé (43 ans) probablement du fait de prêts immobiliers beaucoup plus courts qu'ailleurs.

Au niveau européen, en tout cas, les disparités demeureront (ce qui est certainement souhaitable) tout en s'estompant progressivement dans le cadre d'une convergence des modes de vie et des politiques économiques. De nombreux signes en témoignent : le passage d'une logique de flux (construction neuve pour répondre aux besoins quantitatifs) à une logique de stock (gestion du parc et qualité de l'habitat) ; la libéralisation accrue du marché du logement et de son financement ; le développement de l'accession à la propriété ; la diminution régulière des interventions directes en faveur du logement social (aides à la pierre).

Enfin, tout laisse à penser que le logement restera longtemps encore un bien cher (quatre années de revenu en moyenne) justifiant une politique sociale de l'habitat (ciblage des aides à la personne) pour éviter une dérive des phénomènes d'exclusion.

III

L'économie du logement

17

Le logement dans l'économie

*par André Thomas**

Le logement est à la fois un bien que l'on produit et que l'on répare ou améliore, un service que l'on utilise, un puissant motif d'épargne, un poids lourd de la sphère financière et un bien social donnant lieu à un volume de transferts considérable. Dans cet article, nous indiquerons les principaux rôles du logement dans les grands équilibres macroéconomiques. Les instruments statistiques essentiels de cette analyse sont précisés en bibliographie. Les chiffres fournis concerneront l'année 1994 et les évolutions la période 1984-1994.

Le logement dans le système de production : vue d'ensemble

Pour le produit logement neuf, l'année 1994 a donné lieu à un total d'investissements TTC de 215 milliards de francs qui se ventilent en 40 milliards de frais de terrains et taxes afférentes, 110 milliards de travaux de bâtiment, 35 milliards de coût de promotion et 30 milliards de TVA [ministère du Logement, 1996].

Pour les travaux, la ventilation se résume en 125 milliards de travaux et 25 milliards de TVA retenus pour les investissements ou gros travaux, et quelque 70 milliards de petits travaux TTC.

Les chiffres fournis sont des ordres de grandeur. La production neuve (110 milliards) n'est guère connue qu'à 5 milliards près, celle sur le parc existant à quelque 10 milliards près. En effet, les comptes incluent, à côté de la production des professionnels, une autoproduction et un montant de travaux clandestins importants, par nature imparfaitement connus. Pour les professionnels, le logement

* Ancien directeur des affaires économiques de la Fédération nationale du bâtiment.

représentait, en 1994, 250 milliards : 110 milliards de construction neuve et 140 milliards de travaux sur bâti existant. Mais le logement ne constitue que 55 % de la production professionnelle de bâtiments (en 1994).

La production de logement et la demande intérieure

La comptabilité nationale utilise le concept de formation brute de capital fixe logement (FBCF logement) qui exclut les petits travaux d'entretien difficilement isolables et les terrains, et inclut les travaux non professionnels, donc n'est pas directement comparable aux chiffres ci-dessus. La FBCF logement représente 5,7 % du PIB marchand, mais sa part a diminué de manière continue depuis 1984 où elle était encore de 7 %. En valeur, le supplément d'évolution du PIB par rapport à la FBCF logement s'établit à 23 % sur 1994-1984, soit un différentiel de deux points en moyenne annuelle. Elle évolue presque toujours moins vite que le PIB marchand et présente une volatilité supérieure.

Elle a aussi vu sa part baisser par rapport à l'ensemble de la FBCF : 26 % en 1994, contre 30 % en 1984. Elle apparaît cependant moins volatile que le total des autres composantes de la FBCF, qui a été plus dynamique pendant la reprise de 1985-1990, puis a connu une plus forte plongée sur la période de crise de 1991-1994. En résumé, les évolutions de la FBCF logement présentent une tendance lourde à la baisse et une volatilité forte, mais moindre que celles des autres investissements.

La comparaison de la FBCF logement des ménages (80 % de la FBCF logement) aux achats des mêmes ménages en biens durables va dans le même sens : en 1984, la FBCF logement équivaut à 105 % des achats de biens durables, en 1994 à seulement 92 %. Un peu en retrait par rapport au regroupement produits électroménagers-téléviseurs, elle a été beaucoup moins dynamique que les automobiles.

En dépit de quelques « reprises », le logement n'a donc plus joué le rôle de moteur de l'économie qu'il assumait pendant les années 1955-1975.

L'appareil de production : un univers d'entreprises de main-d'œuvre

La production professionnelle est assurée pour 95 % par quelque 290 000 entreprises de bâtiment qui vont des 275 000 très petites entreprises (moins de dix salariés) à cinq « majors » employant plusieurs dizaines de milliers de salariés. Des estimations d'emploi sont souvent effectuées pour estimer l'impact d'une mesure gouvernementale sur l'économie.

Voici un raisonnement simple d'une fiabilité suffisante pour l'aide à la décision. La sous-branche bâtiment représente 1 170 000 emplois, salariés et non salariés. Sa production est de 450 milliards de francs, dont 110 + 140 = 250 concernant le logement. Un calcul au prorata donnerait donc 650 000 emplois pour le seul logement. Mais il y a quelques raisons d'effectuer une correction de productivité. On retiendra donc un chiffre rond de 700 000 emplois pour le logement. Il convient d'y ajouter les emplois induits résultant des biens et services en amont. En tenant compte des importations, le tableau d'entrées-sorties de la comptabilité nationale indique un multiplicateur minimal de 1,6 — soit un indicateur d'emploi total de 1 150 000 pour la production de logement (année 1994). Par rapport aux 22 millions d'emplois et aux 16 millions d'emplois du secteur marchand, la « filière » du produit logement représente respectivement 5 % et 7 %. Entre 1984 et 1994, on a connu une perte de l'ordre de 175 000 emplois directs et de près de 300 000 emplois filière. Une coïncidence numérique fait que ce chiffre est à peu près équivalent à la perte des emplois marchands (320 000) observée sur la même période dans l'ensemble de l'économie marchande.

Le système des prix : une connaissance insuffisante

L'évolution des prix est un point capital. Nos informations restent malheureusement très fragmentaires. Nous connaissons l'évolution en prix du chiffre d'affaires bâtiment sur le logement neuf (les 110 milliards ci-dessus), mesurée par l'indice du coût de la construction INSEE (ICC). Sur 1984-1994, cet indice donne lieu à une hausse de 2,3 % l'an seulement contre 3,1 % pour le célèbre indice INSEE des prix à la consommation. Cependant, nous suivons moins bien l'évolution des prix des réparations (les 150 milliards ci-dessus), qui progresse semble-t-il un peu plus vite que l'ICC en restant proche de l'indice des prix à la consommation.

Les calculs effectués permettent d'estimer la production en volume de logements des entreprises (neuf et ancien confondus). Elle a légèrement baissé (– 3 %) sur 1984-1994, cette baisse s'analysant en une baisse de 2 % l'an pour le logement neuf et une hausse de 1 % l'an pour les travaux dans l'ancien. Ces évolutions en prix et en volume induisent une réduction de la part des travaux neufs, passée de 50 % à 43 % en dix ans. La décroissance n'a pas été régulière : les années 1988 à 1990 ont en effet donné lieu à une reprise du logement neuf, conformément au cycle économique.

Pour le logement produit fini, nous n'avons pas d'indice fiable. À titre d'indicateur grossier, l'évolution du prix au mètre carré du logement collectif non aidé a montré une envolée, image de la bulle immobilière, entre 1987 (11 235 F) et 1992 (14 214 F) puis entamé une baisse progressive.

Le logement, élément de régulation économique

On évoque parfois un rôle de régulation keynésienne par le financement de logements sociaux. Qu'a-t-on pu constater dans la période récente ? Devenue en 1984 inférieure au chiffre clé de 300 000, les mises en chantier n'avaient cessé de chuter depuis 1981. Le gouvernement avait bien lancé un grand nombre de logements sociaux. Mais la hausse excessive des taux d'intérêt avait rapidement paralysé la production privée. Et la nécessité d'assainir l'économie en amorçant la « désinflation compétitive », qui conduisait à réduire les dotations budgétaires, avait abouti à 295 000 logements mis en chantier. On stagnera à ce niveau pendant trois ans (1984-1986). La coïncidence d'un supplément de logements sociaux, de mesures incitatrices et de la divine surprise de la croissance retrouvée créent une relance en 1987-1989, jusqu'à 339 000 logements en 1989. Puis vint le reflux, amplifié par la crise immobilière. Après le minimum de 1993 à 257 000 logements, le chiffre de 300 000 a été à nouveau dépassé de peu en 1994. Mais la nouvelle relance keynésienne fondée sur les logements sociaux a fait long feu : l'atonie de la conjoncture n'a pas permis un redémarrage significatif en dépit de la reprise des ventes et du lancement de deux instruments performants : prêt à taux zéro des accédants et amortissement Périssol des investisseurs.

Une bonne conjoncture dans le logement neuf suppose donc à la fois un niveau correct de logements sociaux, une conjoncture générale favorable et de bonnes conditions (taux d'intérêt, fiscalité) pour le marché privé. Or, orientations des politiques générales et impératifs du budget rendent problématique une telle conjonction des facteurs : ou bien les logements sociaux sont soutenus et les mesures fiscales vont à l'encontre du développement du marché privé, ou bien des réductions budgétaires drastiques exercent un effet dépressif prépondérant, alors même que le secteur privé n'a pas encore repris ses opérations. Sans doute les « besoins » en logement ont-ils baissé. Néanmoins, la plupart des observateurs estiment que la demande ainsi « ballottée » reste inférieure à la demande naturelle.

Le service du logement

Le total des loyers reflétant le coût de ce service s'élève en 1994 à 696 milliards. Pour les seuls ménages, c'est un poste lourd qui évolue à l'inverse de la construction neuve : 13 % de la consommation en 1994, contre 9 % en 1984. Mais ce total comprend deux tiers de loyers fictifs calculés pour les propriétaires occupants et seulement un tiers de loyers effectifs.

Certes, il s'agit d'une consommation des ménages, mais la part prépondérante des loyers fictifs ne correspond pas à un effet mécanique d'entraînement de la conjoncture, comme par exemple la consommation d'automobiles.

Les loyers sont le seul prix encore rigoureusement contrôlé par les pouvoirs publics ; leurs évolutions ont subi un fort effet de rattrapage sur notre période d'étude.

Le logement, élément de patrimoine

Quatre-vingts pour cent du patrimoine logement est détenu par les ménages. Il représente, avec 10 000 milliards de francs, 80 % de leurs actifs non financiers et 41 % du total de leurs actifs ; il a pour contrepartie un endettement affecté important de 2 500 milliards de francs. Le besoin de financement des logements des ménages (neufs et travaux seulement) s'est élevé en 1994 à 280 milliards de francs. Le taux d'autofinancement est voisin de 50 %, entraînant donc une consommation forte de crédits à l'habitat. Mais il faut rappeler que le système complexe des procédures d'aide au logement intervient également.

Le logement, bien social

Le logement semble être devenu le bien social de la fin du XXe siècle, équivalant au pain avant 1800. L'État a posé le principe d'un droit au logement. Il a souvent été tenté de fixer les prix du service logement comme l'on fixait les « prix du blé » en période de pénurie, faisant ainsi jouer aux propriétaires-investisseurs un rôle social non recherché. Il a défini des circuits de financement très aidés pour les bailleurs sociaux, des allocations pour aider les locataires à payer leur loyer, des circuits d'aide, de financement et de déduction fiscale pour les accédants et les travaux. Mais il a aussi compliqué et accru la fiscalité sur les actifs immobiliers (taxe foncière), leur utilisation (taxe d'habitation) et leurs transactions (droits de mutation). La cohérence globale de cet ensemble n'est pas évidente. Aussi, si le total des aides dépasse 100 milliards de francs, le logement collecte 30 % des ressources fiscales des collectivités locales. Le solde de ces flux serait équivalent, selon nous, à une « aide » d'au plus une vingtaine de milliards. Pour une large part, le logement reste un secteur administré sans doute encore trop éloigné d'un dispositif de marché piloté par la rentabilité recherchée par les investisseurs. Mais qui peut dire avec certitude le point d'équilibre souhaitable pour ce bien essentiel et complexe, à la fois bien de première nécessité et élément de placement ?

Bibliographie

INSEE (1994), *Rapport sur les comptes de la nation*, Paris.

INSEE, *25 ans de comptes de patrimoine 1969-1993*, Paris.

MINISTÈRE DU LOGEMENT (1996), *Compte du logement, rapport à la Commission des comptes du logement*, Économica, Paris.

L'Observateur de l'immobilier, nombreux articles, *varii auctores*, Crédit foncier de France.

Actes des Rencontres construction/aménagement du territoire, Assemblée nationale. Articles de Michel MOUILLART.

Statistiques de production du bâtiment de la Fédération nationale du bâtiment.

TRILLAT Dominique (1994), « Le lien entre l'activité et l'emploi dans la construction de logements », *Bulletin du CASP*, n° 18, ministère de l'Équipement, Paris.

18

L'analyse économique du bien logement

*par Michel Mouillart**

Le logement et les flux de services qu'il engendre relèvent de la catégorie des biens qui s'échangent sur un marché. Tel fut le choix philosophique des gouvernements occidentaux au lendemain de la Seconde Guerre mondiale sans qu'il soit jamais remis en question depuis, même par les réformes et les transformations intervenues dans les politiques publiques du logement.

Implicitement, nombre d'économistes en prennent acte et considèrent alors que le bien logement ne serait qu'« un actif comme les autres ». Comparable en tout point à n'importe quel autre bien économique, il ne devrait pas être exclu des lois de l'économie : certes, le logement est un bien durable, mais d'autres le sont aussi ; certes, le logement est un produit de placement, mais d'autres le sont aussi ; certes, le logement présente une dimension sociale forte, etc. Il suffit, dès lors, d'approfondir l'analyse des déterminants de l'offre et de la demande, puis d'examiner les conditions dans lesquelles celles-ci interfèrent, pour appréhender le marché et comprendre à quel niveau se formeront les valeurs d'équilibre, prix ou loyers.

Et surtout que l'État ne vienne pas perturber le fonctionnement naturel et harmonieux de ce marché : la concurrence pure et parfaite est suffisante pour assurer une bonne allocation de ressources et une intervention publique n'aurait à coup sûr que des effets pervers. Suivant cette conception néoclassique et libérale (au sens théorique du terme, selon Greenwald [1984]) portée en France par Raymond Barre [1964], puis, notamment, reprise par J.-J. Rosa [1989], l'analyse économique du bien logement ne présente donc aucune spécificité.

* Centre d'études et de recherches économiques sur la ville et l'espace, université de Paris-X-Nanterre.

Surtout il faut bien distinguer politique sociale et politique du logement : l'efficacité économique ne peut s'atteindre que si les règles économiques fondamentales sont respectées (en gros, il suffit d'appliquer les enseignements des manuels de microéconomie tel, par exemple, celui de Picard [1990]) ; la politique du logement doit donc se contenter d'une mission minimale d'information des agents, d'incitation des décideurs et d'amélioration de l'efficacité des mécanismes et des décisions (c'est la conception défendue depuis très longtemps par l'administration des Finances) ; et si politique sociale il y a, elle doit se distinguer de celle du logement, l'essentiel étant qu'elle ne soit pas discordante et donc qu'elle réserve ses interventions à ceux qui en ont le plus besoin.

Cependant, pour la majorité des économistes, le bien logement présente des caractéristiques particulières : il ne ressemble pas à la plupart des biens économiques « banals ». La multiplicité de ses facettes (bien d'investissement, bien de placement, bien de première nécessité...) le classe parmi les biens complexes et hétérogènes. En l'absence de toute intervention extérieure qui viserait à en réguler le fonctionnement, les marchés qui correspondent à de tels biens procèdent alors suivant un mode particulier. Loin du schéma idéal de la concurrence pure et parfaite qui réalise une allocation minimale des ressources dans le temps et dans l'espace, les marchés du logement seraient en effet hiérarchisés et segmentés. Les prix et les loyers constitueraient surtout l'expression d'une recherche de différenciation des clientèles et des produits par les offreurs, alors que les demandeurs seraient très souvent à l'origine de la constitution d'espaces sociodémographiques homogènes et de situations de ségrégation.

Le logement, un actif comme les autres

Si, pour certains économistes néoclassiques et libéraux, le logement est un actif comme les autres, c'est parce que l'univers dans lequel il se place présente des caractéristiques particulières. Certes, le bien logement peut être doté des attributs de la complexité : son voisinage, l'immeuble auquel il appartient, l'étage où il se situe... font qu'en général rien n'est plus dissemblable d'un logement qu'un autre logement. Mais cela est de peu d'importance : l'analyse économique néoclassique ne montre-t-elle pas, en effet, que cet univers complexe peut sans difficulté s'homogénéiser ? C'est bien là le rôle des prix que de réduire les différences, d'unifier, d'harmoniser et, en un mot, de rendre compatible ce qui était au départ inconciliable. Toute caractéristique d'un bien contribue en effet à la formation de sa « valeur d'usage », donc à son prix.

Sur un marché de concurrence pure et parfaite, l'analyse économique du bien logement peut alors se réduire à celle du service de logement, c'est-à-dire à la production et à la consommation d'unités élémentaires fictives que va s'approprier le locataire ou le propriétaire occupant, dès lors qu'il s'installe dans un logement (ces unités élémentaires peuvent correspondre à une unité de surface-qualité-confort, toute la difficulté consistant à composer et à réduire ces trois arguments). L'analyse procède alors en trois étapes [par exemple, Fallis, 1985] :

— examen des caractéristiques des fonctions de demande (bien souvent, il s'agit d'estimer les élasticités prix et revenu qui peuvent à elles seules résumer toute la fonction de demande [Picard, 1990] ; et qui permettent de comparer zones géographiques, pays et périodes de l'histoire sans « difficultés » apparentes) ;

— définition et représentation de la stratégie et des contraintes des offreurs. La théorie microéconomique du producteur (de service de logement) fournit l'instrumentation nécessaire (le propriétaire occupant se loue à lui-même et le propriétaire bailleur loue à autrui) ;

— l'équilibre sur un marché de concurrence est alors simple à déterminer. Et le cadre d'analyse proposé est suffisamment globalisant pour permettre de traiter toutes les questions : la vacance des logements, le rôle et l'efficacité des aides, le poids et la place des interventions publiques et réglementaires…

Pour beaucoup d'économistes, cette représentation n'est peut-être pas tout à fait satisfaisante : déjà, dans les années cinquante, les fondateurs de l'école de Cambridge, avec Joan Robinson, avaient fustigé l'économie de la « confiture ». Si les approches néoclassiques et libérales peuvent faire l'impasse sur l'hétérogénéité, les viscosités, les imperfections endogènes… c'est qu'en fait elles ont préalablement réduit artificiellement la complexité de l'univers en l'homogénéisant [Greenwald, 1984] : rien ne ressemble plus à de la marmelade que de la marmelade. L'analyse des historiens (et pas seulement celle des « néomarxistes », tel Topalov [1987]) a renforcé les doutes sur la capacité de l'analyse néoclassique à rendre compte de la réalité. Enfin, les analyses « modernes » de la théorie de la régulation [Boyer et Saillard, 1995] et des institutions [Salais et Storper, 1993] ont fini par jeter un doute sur la pertinence de la représentation du marché comme structure suffisante et autorégulable.

Les spécificités du bien logement

Comme beaucoup d'autres biens économiques durables, le bien logement présente des caractéristiques qui l'excluent du champ des biens banals. Il doit en effet répondre à un grand nombre de besoins [Lancaster, 1971] : c'est un espace de liberté qui se caractérise par une multitude d'attributs : taille, surface, équipement (installations électriques et téléphoniques, isolation thermique et phonique...) ; il assure une vie sociale que rend possible la complexité de son environnement : voisinage, équipements sociaux, scolaires et culturels, proximité des commerces ; il est le reflet du statut social que lui confèrent son apparence architecturale, la nature des matériaux, le type de construction, etc. ; c'est enfin un abri dont la complexité des équipements et des aménagements permet de se protéger des agressions extérieures (rigueur climatique...).

Le logement est un bien économique dont la complexité et l'hétérogénéité peuvent néanmoins se réduire à un nombre réduit de caractéristiques fondamentales, le « vecteur des caractéristiques » [Butler, 1982, ou Fallis *et al.*, 1982] : celles relatives au terrain — sa qualité (nature du sol, surface, configuration), sa situation spécifique (ville, quartier, proximité des équipements, des espaces verts, composition sociologique et niveau de vie du voisinage...) et sa situation générale (situation économique, fiscale, politique... de l'espace géographique d'accueil : département, commune...) ; celles relatives à la construction et au bien lui-même (matériaux, architecture, aménagements, etc.).

Pour certains économistes, le logement est alors un bien durable qui autorise la production de services consommés en propre par son propriétaire ou échangés sur un marché (la location à titre onéreux, par exemple), ce qui le classe dans la catégorie des biens d'investissement. Il s'inscrit dès lors dans la gamme des actifs patrimoniaux réels et financiers dont les rendements peuvent, par exemple, être comparés par un investisseur dans une logique de choix de portefeuilles : c'est d'ailleurs, bien souvent, l'approche la plus répandue parmi les économistes qui étudient cette question.

Les représentations du marché

Le marché de tout bien économique est, par définition, une structure organisationnelle qui constitue un lieu de rencontre entre des offres et des demandes multiples. La théorie des marchés examine donc les conditions dans lesquelles les quantités des biens et des services effectivement échangées se déterminent, en spécifiant les mécanismes de formation des prix et en appréciant éventuellement la qualité (c'est-à-dire l'efficacité économique et sociale) de l'allocation des ressources à laquelle une situation d'échange peut correspondre.

Bien économique banal, le logement devrait relever d'une logique de marché proche d'un schéma de concurrence pure et parfaite. Dans ce cadre, les prix jouent le rôle de variable d'ajustement du marché (ils s'élèvent lorsque la pression de l'offre est trop forte, ils s'abaissent si l'offre s'élargit) et toute action publique ou privée qui viserait à contrarier la logique économique (les contrôles des prix, la création de cartels, les ententes...) altérerait les conditions optimales de l'allocation des ressources [Rosa, 1989]. Ainsi, toute subvention accordée au secteur du logement (aides à l'investissement et, dans une moindre mesure, aides à la personne) aura comme conséquence de provoquer un accroissement de la demande (la quantité de « services consommés », pour les économistes néoclassiques ou libéraux [Fallis *et al.*, 1988]) et d'entraîner un relèvement du niveau des prix (en courte période, l'offre est rigide parce que la quantité de services du logement qui peut être produite est « fixée » par la taille du parc existant ; en moyenne période, le jeu de ces facteurs de tensions peut certes s'atténuer, mais, comme le niveau de la construction bute sur la contrainte de rareté des biens fonciers et sur celle de l'insuffisance des ressources à disposition, le résultat est sensiblement le même). La prise en compte de l'imperfection de l'information et du coût élevé des transactions (voire de prix « faux », c'est-à-dire de prix qui ne reflètent pas seulement les tensions relatives entre l'offre et la demande, comme dans le cas théorique du polypole doublement parfait — la concurrence pure et parfaite des manuels d'économie — mais aussi une certaine forme de viscosité des échanges, en réponse à la stratégie d'un côté du marché, tels les offreurs, à certaines particularités du bien logement...) ne constitue qu'une complexification du schéma sans pour autant le remettre en cause [Fallis *et al.*, 1988].

Cependant, en l'absence d'une intervention extérieure qui viserait à en réguler le fonctionnement (un contrôle des prix ou des loyers, la recherche d'une meilleure adéquation entre l'offre et la demande...), les marchés qui correspondent à ce bien hétérogène et complexe paraissent procéder suivant un mode sensiblement différent du schéma idéal de la concurrence pure et parfaite. Surtout depuis que l'évolution des politiques publiques du logement a renforcé le degré d'exposition du secteur aux risques de toute nature [Mouillart, 1995] : le terrain étant un bien rare et non reproductible et la qualité du logement résultant de l'intensité des avantages et des inconvénients que déterminent les « vecteurs des caractéristiques », les offreurs se trouvent en situation de quasi-monopole face à une demande abondante compte tenu du niveau des besoins économiques et sociaux à satisfaire [Vincent, 1986, ou Lefebvre et Rotillon, 1993] ; le mode de fixation des prix des biens et des services de logement est donc le même que celui d'un marché de concurrence monopolistique avec différenciation des clientèles et des produits. Les offreurs déterminent les caractéristiques de la demande susceptible d'acquérir les biens et les services proposés, compte tenu du « vecteur des caractéristiques ». En fonction du pouvoir d'achat de cette clientèle, ils déterminent les prix auxquels ils proposeront ces biens et ces services.

La valeur des biens et des services qui se détermine sur le marché ne dépend pas, en effet, seulement de leurs coûts de production [Vincent, 1986]. Elle dépend largement de leur rareté relative, de leur situation spécifique (caractéristiques intrinsèques) et générale (localisation, environnement...), ainsi que des conditions de solvabilisation de la demande : à cet égard, la théorie des prix hédoniques fournit le cadre d'analyse à l'intérieur duquel se comprennent les mécanismes de valorisation qui entrent en œuvre sur le marché [Butler, 1982].

Si les analyses présentées considèrent que les conditions de fonctionnement du marché ne sont pas celles du schéma de concurrence pure et parfaite, le prix n'est plus alors un indicateur de rareté (l'expression du déséquilibre entre l'offre et la demande), mais devient l'une des variables de financement des offreurs. On retrouve dès lors la conception de la formation des prix que Keynes présentait dès 1936 dans sa *Théorie générale* et que les manuels de macroéconomie ont rangée sous la rubrique « théorie de la demande effective » : en courte comme en longue période, l'offre ne s'élève de manière significative que si les conditions de solvabilisation de la clientèle s'améliorent ; une intervention publique visant à contrôler les conditions de formation des ventes de marché et des profits exceptionnels (c'est-à-dire, au sens de la théorie économique, établis au-delà du niveau associé à une rémunération normale de l'activité productive correspondante) pourra contribuer, même en cas de subvention compensatrice, à une extension de l'activité du marché (c'est le fondement de l'intervention de l'État que préconise Keynes lorsque le marché est « naturellement » défaillant) ; mais un contrôle direct des prix ou des loyers, hors toute compensation, se traduira toujours par une restriction de l'offre [Marks, 1984].

La segmentation du marché

La spécificité du bien logement et les caractéristiques organisationnelles des marchés de concurrence monopolistique avec différenciation des produits déterminent une segmentation de ce marché. Cette segmentation est structurelle, et non pas seulement l'expression des conséquences des interventions publiques comme le suggèrent les analyses néoclassiques ou libérales : c'est en effet le résultat de la durabilité du bien logement qui rend permanentes les différenciations éventuelles des offres et des demandes ; d'autant que ces différenciations expriment largement la stratégie et la pratique des offreurs, promoteurs et agents immobiliers [Lefebvre et Rotillon, 1993], et aussi celles des pouvoirs publics lorsqu'ils couplent produits et catégories de demandes.

La segmentation est alors l'expression même des marchés : c'est autant le résultat de leur jeu que les conséquences des limites de leur fonctionnement. Elle ne se réduit pas dans ce cadre d'analyse à une simple imperfection du schéma de la concurrence pure et parfaite qui affecterait l'offre (il ne suffit pas de rétablir une concurrence pure et parfaite idéale pour gommer les expressions de la segmentation) ; elle ne se résume pas non plus à la segmentation de la seule demande que proposent les auteurs de la nouvelle économie urbaine [Zoller, 1988] lorsqu'ils représentent les fondements microéconomiques de la différenciation des ménages dans leurs choix d'acquisition et de localisation en supposant que le bien logement est un bien homogène. Elle se trouve, en revanche, renforcée par le fait que la valeur accordée au bien logement par un agent économique est, comme celle de tout autre bien économique, affectée par le risque. La valeur économique de chaque bien reflète en effet le niveau des avantages et des inconvénients actuels et/ou potentiels que lui reconnaît chaque utilisateur. S'il pressent, évalue ou constate un risque, l'usager sera éventuellement (s'il dispose des moyens nécessaires pour cela) prêt à payer pour le réduire et acceptera donc de supporter un surcoût d'usage [Lefebvre et Rotillon, 1993]. En acceptant de payer un prix élevé, certains agents économiques vont alors accéder à un segment de « meilleure qualité » : les mécanismes de sélection des clientèles qui opèrent dans ces conditions [Tabard, 1990, par exemple] réduisent la probabilité d'une évolution défavorable de la valeur des biens.

Cela explique la relative insensibilité de la demande au prix et éclaire une des causes de la segmentation des marchés.

Marché du logement et exclusions

Le fonctionnement des marchés est ainsi de nature à favoriser la constitution d'espaces fortement hiérarchisés selon le niveau de revenu des ménages qui occupent les logements. La discrimination des clientèles qui caractérise un tel mode de fonctionnement est, en effet, à l'origine de mécanismes de ségrégation spatiale : hors toute intervention (publique) visant à les corriger, sont exclus du « club » les ménages qui ne peuvent acquitter le droit d'entrée demandé (les ménages aux revenus les moins élevés, par exemple, ne peuvent supporter par eux-mêmes des coûts d'accès d'autant plus élevés que les espaces sont convoités : bonne localisation, qualité de l'environnement et des équipements...).

Une intervention (publique) peut donc se fixer comme objectif de corriger les mécanismes de ségrégation et de formation des exclusions : c'est bien, en général, le but de tout système d'aides. Mais on sait, à cet égard, que les conditions dans lesquelles il opère et les choix des instruments qui sont les siens peuvent plus ou moins limiter l'efficacité des interventions [Mouillart, 1995]. Et ce d'autant plus que la demande est très souvent, elle-même, à l'origine du renforcement des mécanismes de ségrégation et d'exclusion. Par exemple, la présence de risques assurables est de nature à provoquer une perte (d'utilité et donc de richesse) pour l'agent économique qui détient le bien affecté [Lefebvre et Rotillon, 1993] : les risques vont concerner chacune des composantes du « vecteur des caractéristiques ». Ils peuvent bénéficier d'une assurance explicite (terrorisme, catastrophes naturelles, sinistres...) ou implicite (détérioration de l'environnement, altération de la réputation du quartier...) ; les usagers sont souvent prêts à payer pour les réduire et, par conséquent, vont accepter de supporter un surcoût d'usage. Dans un environnement à haute qualité de vie (climat, faible pollution...), ils acquittent volontairement un prix élevé, illustrant bien la raison pour laquelle, en général, la demande est faiblement élastique au prix.

Confrontée au risque, la demande (ou certaines de ses composantes) est donc prête à supporter un prix d'achat ou d'usage élevé pour se protéger. Pour protéger l'espace choisi, elle va donc constituer des « clubs », en s'efforçant de regrouper des « adhérents » aux caractéristiques les plus proches et les plus homogènes. La segmentation du marché, résultat de sa structure monopolistique, se trouve ainsi renforcée et pérennisée par la stratégie même des composantes de la demande. En acceptant de payer un prix élevé, donc en cherchant à s'(auto-)assurer, les agents vont accéder à un segment de marché de meilleure qualité : les mécanismes de sélection des clientèles opèrent alors, se renforcent et réduisent la probabilité d'une évolution défavorable de la valeur des biens.

En guise de conclusion

L'hétérogénéité fondamentale du bien logement et la structure monopolistique des marchés ont alors comme conséquence que le prix ou le loyer d'un logement constitue une expression directe de ses attributs : les caractéristiques de la construction (nombre de pièces, surface, nature et qualité de l'équipement...) et celles du terrain (qualité, situation spécifique et situation générale).

En général, le jeu des acteurs (stratégie de constitution des « clubs » par la demande et de différenciation des clientèles et des produits par les offreurs) va confirmer l'évaluation du « vecteur des caractéristiques » et ainsi contribuer à constituer des espaces homogènes (ségrégés) en termes économiques dont la carte recoupe assez fidèlement celle des capacités de solvabilisation et des caractéristiques sociodémographiques des ménages.

Un des enjeux essentiels des politiques du logement consiste donc, au total, en la mise en œuvre des mécanismes régulateurs/dispositions correctives sans lesquels exclusion et ségrégation finiraient par dénaturer puis bloquer le fonctionnement des marchés.

Bibliographie

Barre Raymond (1964), *Économie politique*, PUF, Paris.

Boyer Robert et Saillard Yves (1995), *Théorie de la régulation : l'état des savoirs*, La Découverte, Paris.

Butler Richard (1982), « The Specification of Hedonic Indexes for Urban Housing », *Land Economics*, vol. 58, n° 1.

Fallis Georges (1985), *Housing Economics*, Butterworth, Toronto.

Fallis Georges, Rosen Kenneth et Smith Laurence (1988), « Recent Developments in Economic Models of Housing Markets », *Journal of Economic Literature*, n° 26.

Greenwald Douglas, éd. (1984), *Encyclopédie économique*, Économica, Paris.

Lancaster Kelvin (1971), *Consumer Demand : a New Approach*, Columbia University Press.

LEFEBVRE Bruno et ROTILLON Gilles (1993), « Risques et marchés immobiliers », Direction de l'habitat et de la construction, ministère du Logement, Paris.
MARKS Donald (1984), « The Effect of Rent Control in the Price of Rental Housing », *Lands Economics*, vol. 60, n° 1.
MOUILLART Michel (1995), « Les logiques patrimoniales dans les marchés du logement », *in* F. ASCHER, *Le Logement en questions*, Éditions de l'Aube, La Tour-d'Aigues.
PICARD Pierre (1990), *Éléments de microéconomie*, Domat, Paris.
ROSA Jean-Jacques (1989), *L'Industrie du logement*, CNAB, Paris.
SALAIS Robert et STORPER Michael (1993), *Les Modes de production*, Éditions de l'EHESS, Paris.
VINCENT Maurice (1986), *La Formation du prix du logement*, Économica, Paris.
TABARD Nicole (1990), « Voisinage social en Ile-de-France », *Données sociales*, INSEE, Paris.
TAFFIN Claude (1994), « La crise de l'immobilier en province », *L'Observateur de l'immobilier*, n° 29.
TOPALOV Christian (1987), *Le Logement en France : histoire d'une marchandise impossible*, Presses de la Fondation des sciences politiques, Paris.
ZOLLER Henri-Georges (1988), « L'espace résidentiel et le prix du logement », *Analyse économique spatiale*, PUF, Paris.

19

Patrimoine logement, épargne et cycle de vie

*par André Babeau**

En France, comme dans l'ensemble des pays développés, l'acquisition de la résidence principale est, pour une proportion très importante de ménages, la décision centrale autour de laquelle se constitue le patrimoine. Ce rôle décisif du logement peut être mis en évidence d'un point de vue global, notamment en observant la place qu'occupent les actifs résidentiels dans le patrimoine global des ménages. Il est encore plus net dans une optique microéconomique : au cours de leur cycle de vie, une majorité de ménages commence par préparer l'acquisition de leur logement en constituant leur « apport personnel » ; ayant acquis ce logement, ils remboursent pendant plus ou moins longtemps les emprunts qu'ils ont contractés à l'occasion de cette acquisition. Ils peuvent aussi être amenés, souvent à cause de l'augmentation de la taille de la famille, à acquérir un logement plus grand que le premier acheté. Au moment de la cessation d'activité, au contraire, ils s'installeront souvent dans un logement plus petit. Enfin, la transmission de leur logement à leurs descendants est une préoccupation fréquente des couples et des personnes âgées.

Le patrimoine logement : une approche macroéconomique

À la fin de 1996, par rapport à un patrimoine total, physique et financier, de près de 28 000 milliards de francs, le patrimoine logement s'élevait à un peu moins de 12 000 milliards, soit près de 42 % du total. En 1992, sur un peu plus de 22 millions de résidences principales, plus de 10 millions étaient en location ou occupées à titre gratuit. Ces 10 millions de résidences qui ne sont pas occupées par

* Professeur émérite à l'université de Paris-Dauphine.

leurs propriétaires ne sont pas nécessairement la propriété de particuliers : les investisseurs institutionnels (compagnies d'assurance, caisses de retraite), les offices d'HLM et parfois les entreprises elles-mêmes sont aussi propriétaires de logements qu'elles donnent à bail. Cependant, au total, environ les quatre cinquièmes de l'ensemble du parc de résidences principales sont la propriété des ménages.

En comptabilité nationale, la valeur du parc de logements possédés par les ménages dépend de trois facteurs principaux : les investissements réalisés chaque année par les ménages en patrimoine logement, soit sous forme d'achats de logements neufs, soit sous forme de travaux (on remarquera ici que la vente d'un logement ancien entre deux ménages ne contribue évidemment pas à accroître la valeur du patrimoine logement possédé par l'ensemble des ménages) ; l'usure du parc de logements du fait de leur utilisation et de leur vieillissement ; la valorisation par les marchés des différents types de logements détenus par les ménages : cette valorisation est souvent exprimée par un prix au mètre carré qui dépend évidemment lui-même d'un très grand nombre de facteurs : nature du logement (individuel, collectif), localisation, ancienneté, etc.

Il est dès lors assez facile d'interpréter l'évolution de la part du patrimoine logement des ménages dans leur patrimoine total depuis un peu plus d'un quart de siècle. Fin 1969, le patrimoine logement des ménages représentait seulement un peu plus du tiers de leur patrimoine total ; mais on était encore dans une période d'investissement important (chaque année plus de 10 % du revenu disponible des ménages y était consacré). Le poids de l'amortissement (usure) du parc restait, par ailleurs, modéré en raison de l'importance relative des logements récents (l'amortissement ne représentait guère plus du quart du montant de l'investissement). Enfin, le logement apparaissait comme une bonne protection contre l'inflation : entre 1970 et 1982, le prix moyen des logements anciens évolue plus vite que les indices généraux de prix (sauf en 1975, suite à une très forte poussée inflationniste liée au premier « choc pétrolier ») ; le logement est donc source de plus-values réelles. La conjonction de ces trois facteurs se traduit par une rapide augmentation de la part du patrimoine logement dans le patrimoine total des ménages : cette part culmine, entre 1982 et 1985, à des valeurs voisines de 48 % ; on n'est donc pas loin de la moitié.

À partir du début des années quatre-vingt, les facteurs de croissance du patrimoine logement connaissent d'importants changements. Le taux d'investissement dans le logement passe nettement en dessous de 10 % du revenu disponible (ce sont surtout les logements neufs qui souffrent de cette diminution) et, en 1996, ce taux d'investissement se retrouve à peine à plus de 6 %. Parallèlement, à mesure que les générations de logements construits dans les années soixante vieillissent, le poids de l'usure (amortissement), mesuré par rapport à l'investissement annuel, devient plus important : de 38 % en 1981, ce poids passe progressivement à plus de 58 % en 1996. Enfin, la diminution du rythme de l'inflation est associée, en moyenne, sur la période 1981-1996, à une baisse du prix relatif des logements anciens ; cette baisse est particulièrement nette lors de la première crise des marchés immobiliers du milieu des années quatre-vingt et lors de la seconde crise, à dimension internationale celle-là, du début des années quatre-vingt-dix.

Il faut ajouter enfin que le patrimoine financier des ménages a, au contraire, crû fortement depuis le début des années quatre-vingt, en raison en particulier de performances boursières qui, en moyenne, ont été bonnes sur la période (mais les placements financiers des ménages sont aussi restés relativement importants). On comprend donc bien comment cette convergence d'évolutions a abouti à la baisse rapide de la part des actifs résidentiels dans le patrimoine total (moins de 42 % en 1996).

Pour la première fois depuis probablement le début du siècle, le patrimoine financier des ménages atteint, en 1996, la moitié du patrimoine total, et la croissance de cette part n'est vraisemblablement pas terminée. On observera également, ce qui est cohérent avec le tassement de la proportion du patrimoine logement, que, d'une part, la proportion de ménages propriétaires de leur logement ne progresse plus depuis la fin des années quatre-vingt (elle reste aux environs de 54 %) et que, d'autre part, le poids de l'immobilier donné à bail a diminué dans l'ensemble du patrimoine de rapport des ménages, qui est devenu plus financier. Il n'en reste pas moins qu'actuellement, avec plus de 40 % du patrimoine total, les actifs résidentiels occupent encore une place prépondérante : aucun autre actif n'approche de ce niveau.

Logement, cycle de vie et choix de portefeuille : un peu de microéconomie

L'absence de toute référence au logement dans la théorie élémentaire du cycle de vie, telle qu'elle a été formulée au milieu des années cinquante par Ando, Brumberg et Modigliani, n'est paradoxale qu'en apparence : les auteurs se sont d'abord intéressés au choix entre consommation et épargne, et donc au seul montant du patrimoine accumulé au cours du cycle de vie : la composition du patrimoine devait être considérée dans un second temps comme une question séparée.

Il s'agissait là des conséquences d'une hypothèse appelée *double-step budgeting* : on supposait que les ménages commençaient par répartir leur revenu courant entre consommation et épargne ; dans un second temps seulement, ils se préoccupaient de l'emploi de leur épargne et du montant d'endettement nécessaire à la réalisation de leurs projets.

La remise en question, au cours du dernier quart de siècle, des divers « théorèmes de la séparation » a permis de notables rapprochements avec la réalité observée. Mais la route a été longue, et quant à la décision d'acquisition du logement, son statut théorique reste encore en partie à élucider.

À vrai dire, pour intégrer la décision d'acquisition du logement dans la théorie du cycle de vie, il suffit de considérer le flux de services produit par le logement et de l'intégrer à l'ensemble des autres consommations : dans ces conditions, si cette acquisition permet de se procurer à moindre coût la même quantité de services de logement sur l'ensemble du cycle de vie, le choix est simple : ou bien, pour constituer l'apport personnel nécessaire à l'acquisition de mon logement, je peux me priver assez tôt de certaines consommations autres que celles du service logement ; je deviens alors immédiatement propriétaire et serai récompensé plus tard par une consommation plus élevée de ces autres produits et services. Ou bien cette privation immédiate m'est insupportable et je resterai locataire ; mais le prix de mon impatience sera finalement une moindre consommation globale sur l'ensemble de mon cycle de vie.

Toutefois, si le logement est un bien de consommation durable, c'est aussi un actif patrimonial auquel on peut associer un couple rendement-risque : l'insertion du logement, au même titre que les actifs financiers, dans la théorie des choix de portefeuille initiée par Tobin dans les années soixante est alors parfaitement envisageable et répond à la question de la composition du patrimoine. Compte tenu des caractéristiques du logement en termes de rendement et de risques, la théorie des choix de portefeuille précisera la place que doit avoir le logement dans l'ensemble des actifs patrimoniaux [Grossman et Laroque, 1983]. Mais *quid*, dans cette optique, de la satisfaction des besoins en matière de logement ?

Il est finalement impossible d'échapper à la double nature du logement, bien de consommation durable et bien d'investissement. Si l'on tente de réconcilier ces deux approches [Henderson et Joannides, 1983], il faut confronter une demande de consommation de service logement et une demande d'investissement dans le bien logement. Si la demande de consommation est supérieure à la demande d'investissement, l'acquéreur n'occupera pas personnellement le logement acheté (trop petit par exemple) ; il le donnera à bail et restera lui-même locataire. Si, au contraire, la demande d'investissement est supérieure à la demande de service logement, l'individu concerné deviendra propriétaire occupant et pourra même faire l'acquisition d'un logement à louer.

Le réalisme de ce dernier modèle [Arrondel et Lefebvre, 1996] rend assez bien compte des comportements d'achat de logement dans un pays comme les États-Unis : la double dimension de bien producteur de services et de revenu épuiserait la signification du logement pour une majorité d'Américains ; dans le cas des ménages français, une troisième dimension, plus symbolique, est sans doute nécessaire pour expliquer la réalité observée : le comportement d'« attachement à la pierre » révèle que le statut de propriétaire entre directement dans la fonction d'utilité du consommateur épargnant.

L'apport des enquêtes

Au-delà de la question théorique, les enquêtes « Logement » de l'INSEE font bien apparaître l'augmentation progressive de la proportion de propriétaires au cours du cycle de vie. Elle culmine à près de 70 % de propriétaires chez les 60-74 ans. À partir de 75 ans, on notait, en 1992, un net tassement : il n'est pas impossible que celui-ci traduise, pour partie, un effet de génération qui devrait disparaître au début du siècle prochain. Il n'en reste pas moins qu'au-delà d'un certain âge, que l'on peut estimer compris entre 65 et 75 ans, la proportion des propriétaires a plutôt tendance à régresser. Ce changement de statut peut être lié à de nombreux facteurs : baisse des ressources, déménagement au moment de la cessation d'activité, veuvage, etc.

La proportion du logement dans le patrimoine des ménages, au cours de leur cycle de vie, suit une évolution qui est évidemment liée en partie à l'évolution de la proportion de propriétaires que l'on vient de commenter. Jusqu'à 35 ans environ, la part des actifs résidentiels dans le patrimoine total est faible. À partir de 35 ans, au contraire, l'entrée de la résidence dans le patrimoine des ménages change du tout au tout sa composition qui, de financière, devient

Proportion de ménages propriétaires de leur résidence principale selon l'âge de la personne de référence en 1992
(en %)

15 à 29 ans	12,1
30 à 39 ans	45,1
40 à 49 ans	62,0
50 à 59 ans	67,3
60 à 74 ans	69,3
75 ans et plus	56,5
Ensemble	53,8

Source : INSEE, enquête « Logement », 1992.

presque exclusivement immobilière : la résidence principale peut alors représenter jusqu'à 90 % de la valeur brute du patrimoine (passif non déduit). Après 50 ans, les dettes liées à l'acquisition de la résidence principale sont en général remboursées ; l'épargne prend alors une forme financière qui contribue à la diversification du patrimoine total et la part de la résidence dans ce dernier diminue plus ou moins vite. Dans cette tranche d'âge, l'achat d'une résidence secondaire ou de logements de rapport peut venir freiner la baisse de la part des actifs résidentiels dans le patrimoine total.

Reprenons, en les approfondissant, les différentes étapes du cheminement du logement dans le patrimoine des ménages au cours de leur cycle de vie : de 20 à 35 ans, il s'agit le plus souvent de la phase de préparation à l'acquisition du logement. Il faut accumuler un apport personnel pour pouvoir s'endetter raisonnablement. L'actif utilisé pour constituer au moins une partie de cet apport personnel est souvent un produit d'épargne logement (compte d'épargne logement ou plan d'épargne logement). La proportion de détenteurs de plans d'épargne logement culmine, assez tôt dans le cycle de vie, à 30 % des individus entre 25 et 34 ans, mais ne décline ensuite qu'assez lentement en raison de l'intérêt spécifique du produit.

L'acquisition de la première résidence principale se réalise de diverses manières : au cours des années récentes, pour 7 % à 8 % des « primo-acquéreurs », il s'agissait d'un héritage ou d'une donation, pour 12 % à 13 % d'un paiement comptant, mais, dans près de 80 % des cas, l'acquisition se faisait avec recours au crédit.

L'âge moyen des ménages (personne de référence) accédant pour la première fois à la propriété de leur résidence principale en utilisant un crédit (« primo-accédants ») est proche de 36 ans et semble assez

Proportion d'individus détenteurs de plans d'épargne logement selon leur âge en 1996
(en %)

18-24 ans	17
25-34 ans	30
35-44 ans	29
45-54 ans	27
55-64 ans	25
65-74 ans	19
75 ans et plus	13
Ensemble	24

Source : CREP, enquête OPERBAC, 1996.

stable. En 1994, quelque 350 000 ménages sont devenus pour la première fois propriétaires de leur logement de cette façon. Le montant moyen de leur opération était d'environ 600 000 francs et représentait un peu moins de trois fois leur revenu annuel. Le logement acheté était d'une surface moyenne de 96 mètres carrés et souvent situé dans des agglomérations de moins de 2 000 habitants. On devient, en outre, plus souvent « primo-accédant » dans un logement individuel que dans du collectif et en faisant soi-même construire son logement qu'en achetant un logement neuf déjà construit.

Le taux d'apport personnel (rapport de l'apport personnel au montant de l'acquisition) des « primo-accédants » était, en 1994, de 30 %, plutôt en baisse par rapport aux années précédentes : il devenait moins coûteux de s'endetter en raison de la diminution des taux d'intérêt. En matière d'emprunts, le plan de financement des « primo-accédants » comportait en moyenne deux prêts, dont l'un était très souvent un prêt d'épargne logement (44 % des cas en 1994) ou un prêt réglementé (37 %) — prêt conventionné ou prêt à l'accession de la propriété qui n'a été supprimé qu'à la fin de 1995. La durée moyenne de l'endettement était d'un peu plus de treize ans.

De nombreux ménages, après une période plus ou moins longue, mais qui peut être plus courte que la durée d'endettement de l'opération de « primo-accession », sont amenés à changer de logement, surtout quand la famille s'aggrandit. En 1994, une centaine de milliers de ménages ont ainsi acheté (avec crédit), pour l'habiter, un logement qui n'était pas leur première acquisition. L'âge moyen de ces acquéreurs était de 44 ans, soit huit ans de plus que les « primo-accédants ». Le montant de l'opération était alors nettement plus élevé (en moyenne, autour de 770 000 francs), la surface plus grande, le taux d'apport personnel plus important (autour de 45 %), le nombre de prêts plus faible, la présence de prêts bancaires plus fréquente, mais la durée moyenne d'endettement était identique à celle des « primo-accédants ».

L'acquisition de la résidence secondaire ne concerne que des catégories relativement aisées de la population qui habitent, en général, des agglomérations de plus de 100 000 habitants. En 1992, 11,5 % des ménages étaient propriétaires d'une résidence secondaire ; ils étaient, pour la quasi-totalité, déjà propriétaires de leur résidence principale. Entre 1994 et 1996, le nombre annuel moyen d'acquéreurs d'une résidence secondaire s'est élevé à quelque 40 000.

Au cours de la même période, le nombre d'achats de logements par des particuliers en vue de la location a été d'environ 70 000 par an (dont quelque 45 000 avec recours au crédit). L'âge moyen des acquéreurs était de 45 ans. Ces opérations portent souvent sur des logements collectifs (anciens dans 41 % des cas et neufs dans 34 %). Le prix au mètre carré est, dès lors, relativement élevé et, malgré la modestie de la surface (un peu plus de 60 mètres carrés), le montant moyen des opérations est assez important (environ 460 000 francs).

D'un point de vue macroéconomique, il est vraisemblable que le poids relatif des actifs résidentiels dans le patrimoine des ménages restera important, en dépit de son net tassement au cours de la dernière décennie. Les logements de rapport peuvent apparaître, en particulier, comme un utile actif de diversification.

Dans une optique microéconomique, même si la proportion de ménages propriétaires de leur logement n'augmente plus, l'acquisition de la résidence principale dans le premier tiers du cycle de vie restera, pour une majorité, la décision fondatrice à partir de laquelle s'organise la séquence suivante d'accumulation du patrimoine.

Bibliographie

ACHOUR Dominique et COLOOS Bernard (1993), *L'Investissement immobilier*, Le Moniteur, Paris, Fisher Presses, Québec.

ARONDEL Luc et LEFEBVRE Bruno (1996), *Les Logements dans les choix patrimoniaux des ménages*, 13e Journées de microéconomie appliquée, Liège, 6-7 juin, ronéoté, 26 pages plus annexes.

ARTLE Robert et VARAYA Peter (1978), « Life Cycle Consumption and Home Ownership », *Journal of Theory*, vol. 18, p. 38-58.

BABEAU André et CHARPIN Françoise (1993), « Détermination du financement optimal d'un logement par la théorie du cycle de vie », *Observations et diagnostics économiques*, n° 47, OFCE.

BABEAU André et FAUDEMER Sébastien (1996), « Un quart de siècle de croissance du patrimoine des ménages », *Risques*, n° 26.

BABEAU André et FAUDEMER Sébastien (1996), « Résidence principale : les facteurs d'achat », *Banque*, n° 576.

CREP (1996), *Caractéristiques des primo-accédants et des opérations de primo-accession*, étude pour la DHC du ministère de l'Équipement, du Logement, des Transports et du Tourisme, Paris.

CREP (1997), *Les Investissements dans les logements de rapport*, étude pour la DHC du ministère de l'Équipement, du Logement, des Transports et du Tourisme, Paris.

CREP (1997), « Une banque de données originale : 27 ans de croissance du patrimoine », document disponible sur support papier ou sur disquette.

GROSSMAN Simon J. et LAROQUE Guy (1987), « Asset Pricing and Optimal Portfolio Choice in the Presence of Illiquid Consumption Durable Goods », *Econometrica*, vol. 58, p. 25-51.

HENDERSON John V. et IOANNIDES Yann Michael (1983), « Owner Occupancy : Investment *vs* Consumption Demand », *Journal of Urban Economics*, vol. 21, p. 228-241.

INSEE (1991), « Le logement », *Économie et Statistique*, n° 240, INSEE, Paris.

INSEE (1995), « Les ménages et leurs logements au début des années quatre-vingt-dix », *Économie et Statistique*, n° 288-289, INSEE, Paris.

LEFÈVRE Bruno, MOUILLART Michel et OCCHIPINTI Sylvie (1992), *La Politique du logement : 50 ans pour un échec*, L'Harmattan, Paris.

MOUILLART Michel (1997), *Les Opérations immobilières réalisées par les ménages (modèle DESPINA)*, CREP, Paris.

20

La spécificité économique de la filière logement
Analyse du rôle des acteurs

*par Jean-Jacques Granelle**

Comme la filière construction dans son ensemble, la filière logement s'organise autour des activités représentées par les entreprises de bâtiment et des entreprises industrielles qui leur sont liées (matériaux de construction, etc.), tandis que s'adjoignent à la périphérie des activités de services (conception, négoce, promotion, etc.). On pourrait ainsi s'attendre à définir la filière logement sur le fondement d'un argumentaire théorique propre à la notion de filière en général. De fait, diverses propositions ont été émises pour appréhender la filière construction d'après le système d'agents qui structurent la filière, en particulier à l'initiative de Carassus en 1987. Toutefois, ces travaux n'ont pas été suffisamment rattachés aux enseignements de la théorie économique. Pour cette raison, analyser la spécificité économique de la filière logement revient, pour l'instant, à prendre en compte, en termes plutôt empiriques, la place de chacun des acteurs au sein de la filière. À cet effet, on examinera d'abord la production du logement neuf, puis l'amélioration-entretien du logement, enfin la commercialisation et la gestion du logement.

La production du logement neuf

L'investissement en logement neuf est une première composante de l'investissement en logement, à côté des travaux d'amélioration-entretien et des transactions portant sur les logements d'occasion. Selon le compte du logement, il représente 30 % de l'investissement en logement en 1995 (contre 42 % en 1984). Il se trouve associé à

* Université Paris-XII-Val-de-Marne.

un système d'acteurs, qui est distinct selon qu'il s'agit du logement collectif ou du logement individuel.

Logement collectif

La production du logement collectif s'organise autour du maître d'ouvrage, promoteur privé ou public. De façon générale le promoteur est un acteur qui assure la gestion d'un capital monétaire dans sa phase de transformation en logement. Cette définition a été proposée initialement par Topalov en 1974, dans un cadre d'analyse qui, selon l'auteur, était inspiré du matérialisme historique, mais qui manifestement dépasse cette conception philosophique.

Dans le secteur privé, l'autonomie de la promotion immobilière est liée à deux contraintes spécifiques qui pèsent sur l'acte de bâtir : la contrainte foncière et la contrainte de financement. La promotion immobilière privée n'a pu se développer que grâce à la combinaison de moyens de financement originaux : capitaux propres des promoteurs, crédits d'accompagnement à court terme, apports personnels des utilisateurs, complétés par des crédits à long terme.

De manière générale, le promoteur réunit, grâce à un « tour de table », les capitaux nécessaires auprès d'investisseurs qui assumeront le risque, et recherche les financements d'emprunt. Il se trouve investi du suivi du programme, son objectif étant la maximisation du taux de profit, c'est-à-dire du rapport entre la marge nette et le capital engagé par unité de temps. Le promoteur agit dans ce cas en maîtrise d'ouvrage directe ; il peut aussi intervenir en maîtrise d'ouvrage déléguée, en étant seulement prestataire de services pour le compte d'un acteur qui engage ses propres capitaux ou mobilise son propre tour de table.

La fonction de conception est dévolue à divers agents : l'architecte, les bureaux d'études techniques et le promoteur (maîtrise d'œuvre). La production matérielle du bâtiment est confiée à une entreprise de bâtiment et travaux publics (BTP). Il faut insister sur le fait que l'entreprise de BTP est dans une situation de dépendance par rapport au promoteur au niveau de l'opération immobilière. Quant à la fonction de commercialisation, elle est assumée par le promoteur lui-même ou par des organismes spécialisés.

Selon l'enquête de la Fédération nationale des promoteurs-constructeurs, on compte, en 1997, 860 promoteurs privés. Ce qui témoigne d'une forte concentration de la profession. La typologie des promoteurs privés fait apparaître une distinction majeure entre les promoteurs indépendants (81 % des promoteurs, mais 38 % du chiffre d'affaires total) et les filiales de groupes — groupes bancaires ou financiers, groupes de BTP, etc. (15 % des promoteurs, mais 56 % du chiffre d'affaires total). À la suite du repli de leur activité depuis 1990, les promoteurs privés se sont recentrés sur le logement.

Alors que les promoteurs privés construisent pour vendre, l'importance de la promotion publique vient d'abord de la dimension du parc en gestion. Au 1er janvier 1995, l'ensemble du parc locatif social (collectif et individuel) regroupe un peu plus de 3,7 millions de logements selon l'enquête annuelle du ministère de l'Équipement. En prenant en compte les logements en accession à la propriété, on peut dire que près d'une personne sur quatre est logée avec le concours des organismes d'HLM. Les logements du parc locatif HLM sont à près de 90 % des logements en immeuble collectif.

Comme pour la promotion privée, on note une concentration de la profession. Les promoteurs publics sont très différenciés juridiquement, les familles de HLM ressortissant à diverses créations d'organismes à partir de la fin du XIXe siècle, regroupés, à l'exception de la dernière catégorie, dans l'Union nationale des fédérations d'organismes d'HLM : offices d'HLM (établissements publics à caractère administratif), offices publics d'aménagement et de construction (OPAC, établissements publics à caractère industriel et commercial), sociétés anonymes d'HLM (disposant d'un statut d'entreprise privée à but non lucratif), groupes d'organismes d'HLM, sociétés de crédit immobilier, sociétés coopératives d'HLM, sociétés d'économie mixte. En pratique, les offices et les sociétés anonymes occupent une place prépondérante sur le marché.

Le financement d'un logement locatif social repose pour l'essentiel sur le prêt locatif aidé et sur une défiscalisation de TVA, mais les financements complémentaires sont importants (en particulier le « 1 % »), tandis que les fonds propres ont une part excessivement faible. La part des logements mis en chantier en secteur HLM proprement dit remonte dans les années quatre-vingt-dix : 20 % de l'ensemble des mises en chantier en 1996, contre 29 % pour la promotion privée (y compris l'individuel), le reste des logements étant mis en chantier par les particuliers maîtres d'ouvrage (44 %) et d'autres intervenants (7 %).

Pour la promotion privée comme pour la promotion publique, la détermination du prix d'offre du logement renvoie classiquement à des considérations de coûts de production. Toutefois, en promotion publique, du fait de la gestion locative, le prix d'offre du logement se fixe aussi par référence aux loyers futurs attendus, ce qui correspond à l'idée selon laquelle le prix d'un bien devrait être égal à la valeur actuelle des revenus futurs, la réglementation venant fortement tempérer ce principe général.

Logement individuel

À l'inverse du logement collectif, le logement individuel n'est pas produit seulement selon la filière promoteur, mais fait apparaître aussi une filière constructeur et une filière artisanale. Certes, la filière promoteur est représentée en secteur privé et en secteur public. Mais de moins en moins de ménages achètent leur logement individuel à un promoteur (7 % des propriétaires récents selon l'enquête « Logement » de 1992). En revanche, en secteur privé, l'expansion de la maison individuelle est largement passée par la filière constructeur. Dans ce cas de figure, le particulier est maître d'ouvrage, il recherche un terrain et s'adresse à un « constructeur sur catalogue », maître d'œuvre, pour acquérir une maison à poser sur le terrain.

La filière constructeur s'est bien développée depuis les années soixante-dix. Selon une enquête menée par l'Union nationale des constructeurs de maisons individuelles, on recense en 1994 un peu plus de quatre mille constructeurs sur catalogue. L'offre est dans l'ensemble très atomisée, le constructeur moyen réalisant seize maisons par an. Le prêt à taux zéro est susceptible de redonner de nouvelles parts de marché à cette filière, qui était déjà majoritaire selon l'enquête « Logement » de 1992 (50 % des acquéreurs de maisons individuelles, propriétaires récents).

Il ne faut pas mésestimer pour autant l'importance de la filière artisanale. Selon la même enquête, 7 % des propriétaires récents en individuel avaient fait construire eux-mêmes et 36 % avaient fait construire par un entrepreneur.

L'amélioration-entretien du logement

L'investissement en logement ne dépend pas seulement de la production du logement neuf, il est tributaire aussi pour une part importante des travaux d'amélioration-entretien du logement (24 % de l'investissement en logement selon le compte du logement en 1995). La réhabilitation du logement ancien recouvre des niveaux de travaux très divers. Selon une conception extensive de ces travaux, on estime au ministère de l'Équipement que la construction neuve représente 44 % du chiffre d'affaires des entreprises de bâtiment en logement en 1996 (111 milliards de francs) et l'entretien

66 % (140 milliards de francs). Pour illustrer l'importance de la réhabilitation, on peut aussi se référer au tableau de bord de la réhabilitation, qui avait été créé par l'Agence nationale pour l'amélioration de l'habitat (ANAH) à la fin des années quatre-vingt. Il en ressort que le parc total de logements se renouvelle alors annuellement par la construction neuve (1,2 % du parc), mais aussi par l'amélioration du parc existant (2,1 % du parc). Ces ratios de structure restent largement valables aujourd'hui.

En matière de réhabilitation, l'opérateur peut recourir au critère de la valeur actuelle nette, selon lequel un investissement est envisagé si la valeur actuelle nette des revenus futurs attendus est supérieure au coût des travaux. Cela étant, en secteur privé, la réhabilitation d'un logement existant est engagée parce qu'elle permet une augmentation de son prix, sans doute grâce à une meilleure qualité du bâti, mais aussi largement grâce à la libération d'une certaine rente immobilière, qui est sous-jacente à l'opération avant réhabilitation. On a pu observer, en effet, en général, une déconnexion entre le coût des travaux et le prix final du logement réhabilité. En témoignent les opérations de réhabilitation des logements qui ont été réalisées dans les centres historiques.

La stratégie de maximisation du profit varie selon le maître d'ouvrage. Celle d'un marchand de biens est de s'approprier rapidement un montant important de la rente immobilière ainsi libérée. Le bailleur privé a une logique voisine, à première vue, dans bon nombre de cas. Les travaux engagés prennent en compte les exonérations fiscales et les aides publiques (ANAH). Toutefois, les comportements se différencient nettement selon que les propriétaires se situent dans une phase ascendante, intermédiaire ou déclinante de leur patrimoine immobilier.

L'amélioration du logement est également recherchée par le propriétaire occupant en liaison avec le cycle de vie familial (avec une part non négligeable d'autoréhabilitation). L'importance des travaux menés à cet égard se trouve attestée par le chiffre d'affaires des magasins de vente concernant les matériaux de construction ou les produits divers pour les particuliers.

Quant aux bailleurs sociaux, la rente immobilière est relativement faible ou nulle en raison de la localisation. Les travaux dépendent beaucoup des possibilités de financement (subventions de l'État et des collectivités locales, prêts ou subventions des comités interprofessionnels du logement, prêts de la Caisse des dépôts et consignations, fonds propres des maîtres d'ouvrage). Par ailleurs, l'élévation des loyers est rendue supportable pour les locataires grâce à l'aide personnalisée au logement.

Au total, on peut sans doute distinguer trois filières du point de vue des agents de la réhabilitation : une filière « commerciale » (marchands de biens, bailleurs appartenant aux classes moyennes), une filière « patrimoniale » (petits propriétaires bailleurs, propriétaires occupants), une filière « sociale » (organismes d'HLM). Par rapport à la construction neuve, on note la quasi-absence de la promotion privée et l'intervention beaucoup plus importante de l'ingénierie (bureaux d'études techniques, bureaux de contrôle, architectes, métreurs). Les grandes entreprises de bâtiment interviennent dans les opérations de réhabilitation importantes ; les petites entreprises servent le marché diffus, en particulier celui de la maison individuelle.

La commercialisation et la gestion du logement

Le logement étant construit ou réhabilité, il convient d'assurer la rotation du capital immobilier et d'effectuer toutes les opérations de gestion.

Transactions

Au sein de l'investissement en logement, l'importance du logement d'occasion est mise en évidence par la croissance de sa part relative, qui est passée de 32 % en 1984 à 46 % en 1995 selon le compte du logement. Parallèlement, la part des ménages qui accèdent à la propriété dans l'ancien a augmenté, ce qui s'explique par le prix moins élevé de l'ancien par rapport au neuf. En même temps, le secteur locatif occupe une place décisive dans les flux concernant l'habitat existant.

L'agent immobilier met en relation acheteur et vendeur pour les transactions concernant la vente, la location ou l'échange. Il intervient en outre pour la recherche de terrains à construire, ainsi que, le cas échéant, pour la vente de locaux neufs. Ce rôle d'intermédiaire dans les échanges peut être également tenu par le notaire. Il existe, par ailleurs, nombre de ménages qui procèdent aux transactions sans intermédiaire. Au total, selon l'enquête « Logement » de 1992, les ménages ont acquis leur logement d'occasion par l'intermédiaire d'un agent immobilier (48 %) ou d'un notaire (11 %) ou sans intermédiaire (41 %).

D'après l'enquête de l'INSEE dans les services en 1994, on dénombre 29 000 agences immobilières. Ce sont généralement de très petites unités : 27 300 n'ont pas plus de cinq salariés. Les agences immobilières sont le plus implantées dans les marchés urbains dynamiques (Île-de-France, Rhône-Alpes, Provence-Côte d'Azur). À l'inverse, les notaires interviennent relativement plus pour les transactions en milieu rural.

Gestion

Indépendamment des activités de transaction, les fonctions de gestion doivent être également assurées, qu'il s'agisse de la gestion locative ou de la gestion des copropriétés. On compte, en 1992, 4,3 millions de logements locatifs appartenant à des propriétaires personnes physiques. Dans un cas sur trois, la gestion est confiée à un professionnel (administrateur de biens, syndic, agent immobilier, etc.). Sont à prendre en compte aussi les logements mis en location par des personnes morales autres que des organismes d'HLM (1,1 million de logements). Quant aux logements en copropriété, ils représentent 5,7 millions d'unités, dont 4,5 occupés au titre d'une résidence principale (2,1 millions en propriété, 2,4 millions en location). Les fonctions de transaction et de gestion sont souvent assurées par le même agent. En 1992, sur 18 000 titulaires d'une carte professionnelle, c'est le cas de 35 % d'entre eux, tandis que 56 % ne s'occupent que des transactions et que 9 % n'ont qu'une fonction de gestion (syndic ou administrateur).

Au total, la filière logement fait appel à des acteurs très diversifiés. Les fonctions sont aujourd'hui bien spécifiées. Mais il ne faut pas imaginer de cloisons trop étanches entre les métiers. En haute conjoncture, des agents immobiliers sont devenus promoteurs. À l'inverse, en basse conjoncture, des promoteurs tendent à s'appuyer sur les métiers de la gestion plus indépendants du cycle économique et peuvent devenir agents immobiliers ou administrateurs d'immeubles.

D'un point de vue analytique, l'approfondissement de la filière logement impliquerait de prendre en compte les apports de l'économie industrielle. D'importantes notions, telles que la différenciation des produits et les barrières à l'entrée de concurrents, couramment utilisées en économie, n'ont pas encore été intégrées dans l'analyse du logement. C'est dire que la recherche doit être de nouveau largement sollicitée pour améliorer notre connaissance de la filière.

Bibliographie

ANAH (1990), *Le Tableau de bord de la réhabilitation.*

BELLET Michel, ROYON Michel et VINCENT Maurice (1989), *Réhabilitation et mutations de la filière construction. Une approche de deux marchés localisés, Grenoble et Saint-Étienne*, CREUSET, ANAH, Saint-Étienne.

COLOOS Bernard (1995), « La production et la gestion de l'habitat », *in* François ASCHER, *Le Logement en questions*, Éditions de l'Aube, La Tour-d'Aigues.

CARASSUS Jean (1987), *Économie de la filière construction*, Presses de l'École nationale des ponts et chaussées, Paris.

GRANELLE Jean-Jacques (1998), *Économie immobilière*, Économica, Paris.

LÉVY Jean-Paul et SAINT-RAYMOND Odile (1992), *Profession : propriétaire. Logiques patrimoniales et logement locatif en France*, Presses universitaires du Mirail, Toulouse.

MINISTÈRE DE L'ÉQUIPEMENT, DU LOGEMENT, DES TRANSPORTS ET DU TOURISME (1997), *Le Compte du logement. Rapport à la Commission des comptes du logement*, Économica, Paris.

TOPALOV Christian (1974), *Les Promoteurs immobiliers. Contribution à l'analyse de la production capitaliste du logement en France*, Mouton, La Haye-Paris.

VINCENT Maurice (1986), *La Formation du prix du logement*, Paris, Économica.

VINCENT Maurice (1988), « Les enseignements de l'application de la notion de filière à l'étude de la construction immobilière », *Revue d'économie industrielle*, n° 46.

21

Le financement du logement

*par Bernard Coloos**

La question du financement s'inscrit au cœur de l'immobilier pour au moins trois raisons :

— le coût des opérations, qui représente en moyenne trois années et demie de revenu pour un accédant ; seul le recours au crédit assure donc du développement du marché ;

— le prix de l'argent, qui pèse lourdement sur le bilan financier des opérations. Un écart de taux de quelques points, en plus ou en moins, solvabilise ou désolvabilise une part non négligeable de la clientèle. Pour un capital de 100 000 francs, sur quinze ans, un point de taux représente un écart de mensualité d'environ 6 % ;

— le prix des opérations, qui exclut du locatif et de l'accession une frange importante de la population. Pour pallier cette situation, l'État dispose d'une série de moyens, parmi lesquels les actions sur le taux ont joué un rôle essentiel dans le passé. Sur la période plus récente, l'État s'est également efforcé de réduire le risque associé pour les prêteurs à ces populations.

Il découle de ce constat une série de problèmes que les pouvoirs publics et le marché tentent de résoudre selon des modalités variables dans le temps. On se limitera ici à un exposé, dans un premier temps, des principes et des enjeux qui leur sont associés. Puis on s'efforcera de dégager les grandes orientations et tendances du moment.

En préambule, on rappellera toutefois que l'un des enjeux essentiels depuis 1945 fut le partage public-privé. Depuis 1945, le financement du logement a, de fait, reposé sur la coexistence de deux secteurs financiers d'importance très variable dans le temps. La faiblesse du secteur privé et l'importance des besoins ont conduit, dans un premier temps, au développement d'un secteur public

---

* Fédération nationale du bâtiment.

prédominant, tant en ce qui concerne les ressources que les produits distribués. Les principaux acteurs en furent le Crédit foncier de France (CFF) et la Caisse des dépôts et consignations (CDC), qui se virent accorder le monopole de distribution des produits aidés, lesquels ont, pendant une certaine période, représenté l'essentiel des crédits accordés. Ces crédits étaient destinés prioritairement à la construction neuve en raison des besoins mais aussi des préoccupations économiques du moment. À partir des années soixante, la banalisation progressive puis accélérée et, depuis le milieu des années quatre-vingt, la moindre pression des besoins, les contraintes budgétaires ont conduit à une suppression progressive des monopoles et à une réduction du volume des prêts aidés. Les derniers prêts encore existants n'ont pas été ouverts pour l'instant aux opérations dans l'ancien sans travaux.

Pour autant, il serait faux de parler de retrait de l'État dans le domaine du financement. Son action devient simplement plus modeste, correctrice du marché et non plus substitutive. Il s'agit donc de faire mieux en dépensant moins, conformément au principe de subsidiarité qui veut que l'État n'intervienne que là où le marché se révèle déficient. Le passage orchestré à la logique de marché ne sera toutefois couronné de succès que si certains problèmes sociaux liés au logement trouvent une réponse satisfaisante.

À la recherche d'un marché efficient

Le cadre législatif, les pratiques des acteurs et le mode d'organisation des marchés visent à concilier trois objectifs principaux : assurer une alimentation financière suffisante, tant en volume qu'en qualité ; sécuriser les prêteurs et surtout les emprunteurs, dans le cadre d'opérations dont la durée initiale moyenne est comprise entre douze et quinze ans, voire plus pour les prêts HLM qui dépassent trente ans ; faciliter l'accès du plus grand nombre au crédit, ce qui renvoie à la question de la solvabilisation.

Les crédits distribués représentent en moyenne quelque 300 milliards de francs par an, en production brute nouvelle, soit un volume considérable. La qualité des fonds disponibles influe néanmoins tout autant que le volume sur les comportements et le mode de fonctionnement des marchés. Cette dimension recouvre plusieurs aspects : coût de la ressource, marge d'intermédiation du prêteur qui achète et vend de l'argent ; enfin, durée de mise à disposition des fonds ou des prêts, sachant qu'en parfaite orthodoxie financière, pour minimiser le risque, il faudrait une parfaite congruence entre ressources et emplois.

La faiblesse de l'épargne longue a toutefois conduit les établissements à recourir massivement à la transformation, c'est-à-dire à financer des emplois longs par des ressources de court terme, donc à réemprunter autant de fois que nécessaire. Une telle opération de refinancement en cascade fait peser sur le banquier un risque de taux non négligeable si le prêt accordé est à taux fixe. Sur quinze ans, la volatilité des taux rend, en effet, plus que probable que, à un moment ou un autre, le coût de la ressource dépassera le taux du prêt, ce qui entraînera des pertes considérables. La question des coûts d'intermédiation, ou marge de la banque, s'avère enfin souvent source d'incompréhension. Le bénéfice au sens strict du banquier ne représente, comme pour toute activité de service, qu'une faible part, 10 à 15 centimes tout au plus (0,10 % ou 0,15 %). Les autres composantes de la marge brute sont : la rémunération du risque, les frais de gestion et de collecte des fonds, etc.

Le prêteur cherche à se garantir par une hypothèque, ou sûreté réelle sur le gage. Il pourra également demander, s'il juge l'opération trop risquée, des garanties complémentaires sur d'autres biens ou des sûretés personnelles de tiers. L'État, confronté à une hausse massive de la consommation à la fin des années soixante, a édicté une législation fournie qui fixe la forme et une grande partie du contenu du contrat de prêt ou offre de crédit. La réglementation fixe ainsi le délai minimal entre la présentation de l'offre et sa signature, l'indemnité légale de remboursement en cas de remboursement anticipé, les composantes et le mode de calcul du taux, etc. Le dispositif existant présente néanmoins des lacunes : la question de la sécurisation des accédants, voire des locataires et des investisseurs, avec la montée du chômage et la précarité de la cellule familiale, constitue assurément un grand chantier pour l'avenir.

Un grand marché privé du financement

Le grand mouvement de banalisation du financement du logement, entamé depuis vingt ans, trouve aujourd'hui son quasi-achèvement avec une aide à la pierre réduite, en grande partie banalisée, et un financement croissant sur ressources de marché.

De la crise des circuits privilégiés
à la fongibilité des ressources

Les bouleversements observés depuis dix ans résultent du mouvement de banalisation des marchés financiers dans le monde. La déréglementation des marchés de l'argent et les préoccupations d'ordre budgétaire ont affecté le secteur du logement, principalement en mettant à mal les canaux spécifiques existants. La mise en place de la monnaie unique ne pourra qu'accentuer et accélérer cette tendance.

Le circuit du financement du logement social, appuyé sur les dépôts liquides du livret A (livret d'épargne distribué par La Poste et les caisses d'épargne avec centralisation à la CDC), a connu en effet, à certaines périodes, des décollectes massives. La question de la hiérarchie entre taux réglementés et taux de marché explique pour partie ces évolutions, qui pèsent sur son avenir. La mobilisation de ces ressources à taux privilégié joue pourtant un rôle essentiel dans la modération des loyers en HLM, allégeant d'autant l'effort supporté par le budget.

Le même motif de banalisation, joint à des préoccupations budgétaires plus terre à terre, a conduit à une remise en cause progressive du circuit du 1 %, ou participation obligatoire des employeurs de plus de dix salariés, qui doivent verser une contribution assise sur la masse salariale. Complémentaires aux ressources du livret A, les fonds 1 %, avec quelque 10 à 15 milliards de francs de subventions et de prêts au taux moyen de 2 %, pallient l'absence de fonds propres des organismes et allègent la charge des accédants.

Enfin, beaucoup s'interrogent sur l'avenir de l'épargne logement, ne serait-ce qu'en raison de son coût pour le budget (en 1995, 7 milliards de francs). Ce circuit joue un rôle majeur par le volume des prêts (entre 60 et 70 milliards) et des ressources drainées (encours de plus de 800 milliards). L'ouverture d'un compte ou d'un plan s'apparente à un contrat avec une phase d'épargne, en théorie sous-rémunérée par rapport aux conditions de marché, qui ouvre droit dans une seconde phase à un prêt lui-même avantageux. Le prêt est donc la récompense de l'effort.

Pour le reste, les banques et établissements financent leur crédit immobilier sur ressources de marché ou, pour ceux qui ont un réseau, auprès de leur clientèle. Les crédits au logement ne se distinguent pas en cela des autres crédits, sauf par leur caractère peu risqué qui explique en partie la concurrence entre prêteurs. Cette concurrence est accentuée par le fait que l'offre est surdimensionnée et que les prêteurs se déterminent plus en fonction des qualités de la clientèle et des produits qu'ils espèrent pouvoir vendre, que du gage.

La banalisation des produits

Il est d'usage de distinguer trois familles de prêts : aidés, réglementés et libres. Les premiers incorporent sous une forme ou une autre une aide à la pierre. Leur octroi est lié à des conditions concernant les caractéristiques du logement et les ressources des emprunteurs. La part de ces prêts tend à se réduire, les prêts existants étant de plus banalisés au niveau de la distribution (par exemple, la création du prêt à taux zéro pour les accédants). La principale exception à cette tendance concerne les prêts de la CDC aux HLM qui restent un monopole de la CDC.

Les prêts réglementés sont de deux sortes : les prêts conventionnés (PC), sans aide de l'État, mais distribués par les organismes ayant signé une convention, et les prêts d'épargne logement. Mais avec le temps, les mots n'ont plus la même signification. L'ouverture du droit à l'aide personnalisée au logement (APL) et un régime particulier du point de vue de l'encadrement du crédit ont longtemps rendu attractif le PC pour les accédants et pour les prêteurs, malgré la réglementation restrictive en termes de cible. La création du prêt à l'accession sociale (PAS), qui appartient à la famille des PC, ouvert à toutes les opérations et octroyé sous condition de ressources, correspond à une tout autre logique : inciter les établissements prêteurs à développer une offre auprès des emprunteurs à ressources modestes, à conditions de marché équivalentes à celles offertes aux autres segments de la clientèle. En cas de défaillance, le prêteur bénéficie de la garantie du Fonds de garantie de l'accession sociale (FGAS), alimenté conjointement par l'État et les prêteurs. Il s'agit donc bien d'une réduction des risques pour le prêteur par un mécanisme d'assurance ou de garantie.

Enfin, les prêts libres, offerts par les banquiers et par les établissements spécialisés (établissements prêteurs qui ne reçoivent pas de dépôts), sont peu réglementés. Sur ce marché, la concurrence est vive. Leur part ne cesse de croître, et ce d'autant plus rapidement que le développement du secteur de l'occasion repose principalement sur ce type de crédit.

La question de l'arbitrage taux fixe/taux variable

Tout emprunt doit être remboursé. La multiplication des modes de calcul des remboursements fait qu'il existe aujourd'hui un *continuum* de l'offre qui va du taux complètement variable au taux complètement fixe. L'existence d'une telle gradation a une grande influence sur le coût des crédits et sur la solvabilité des clients. Rappelons que toute échéance de prêt comprend (sauf cas des emprunts remboursables *in fine*) une partie intérêt et une partie remboursement en capital. Dans les prêts à taux fixe et échéance constante, la part des intérêts décroît avec le temps. Lorsque le prêt est au contraire à échéance progressive, donc moindre au démarrage, le remboursement du capital sera par comparaison moins rapide et le volume global des intérêts payés, plus important. L'avantage initial en terme de solvabilité a donc un coût, qui pourra se révéler insupportable en cas de réduction des revenus ou de désinflation. C'est précisément ce qui s'est passé au cours des années quatre-vingt, et qui a entraîné la ruine de nombreux accédants modestes.

Avec des taux variables ou indexés sur la durée du prêt et à échéance constante, l'ajustement se fera par la durée du prêt. Dans le cas de prêt à taux et à échéance variables, l'ajustement se fera immédiatement et/ou en fin de crédit, avec des modalités techniques précises qui n'ont pour limites que l'imagination des financiers. Dans les deux cas, la variabilité a un coût et il faut donc, du point de vue du risque, être vigilant.

Les conditions de choix entre taux fixe et taux variable s'analysent en définitive comme un arbitrage entre amélioration à l'entrée de la solvabilité et risque de hausse des taux. L'idéal en la matière n'existe pas et les clients cherchaient jusqu'à une date récente à se prémunir contre les aléas en optant massivement pour les taux et échéances fixes — d'autant qu'en cas de baisse des taux, ils bénéficiaient du loisir de pouvoir renégocier leur prêt d'autant plus facilement que la concurrence entre les établissements était féroce et que la loi Scrivener plafonnait l'indemnité de remboursement anticipé à 3 %. Si, au contraire, les taux courts devaient rester durablement bas et inférieurs aux taux longs, en particulier du fait de la création de l'euro, le choix en faveur des taux variables, comme on l'observe depuis un an, devrait se confirmer, au grand soulagement des banquiers qui verraient ainsi se résoudre la question de l'adossement des prêts.

Au total, il semble qu'une logique d'assurance des risques tende petit à petit à se substituer à une logique de solvabilisation, ce qui explique le parallélisme étroit avec les réformes qui affectent les modalités de l'aide au logement.

Bibliographie

ACHOUR Dominique et COLOOS Bernard (1993), *L'Investissement immobilier*, Le Moniteur, Paris.

HEUGAS-DARRASPEN Henri (1994), *Le Financement du logement en France*, La Documentation française, Paris.

LEFEBVRE Bruno, MOUILLART Michel et OCCHIPINTI Sylvie (1992), *La Politique du logement : 50 ans pour un échec*, L'Harmattan, Paris.

MINISTÈRE DE L'ÉQUIPEMENT, DU LOGEMENT, DES TRANSPORTS ET DU TOURISME (1996), *Le Compte du logement. Rapport annuel à la Commission des comptes du logement*, Économica, Paris.

L'Observateur de l'immobilier, revue du CFF : la meilleure source sur le sujet.

22

L'économie du logement : le préalable foncier

*par Vincent Renard**

Chez les responsables de la politique du logement, il est une question récurrente : où et comment faire baisser les coûts de production des logements ? Périodiquement, les différents services du ministère chargé du secteur sont mobilisés pour identifier — avec des succès variés — les niches où se cacheraient les gains de productivité. Dernier effort en date, le programme de recherche sur « logement à coût et qualité maîtrisés » du Plan Construction et Architecture, qui place au premier rang de ses priorités l'identification des postes sur lesquels il serait possible de faire des économies.

Par ailleurs, il est un autre facteur, le terrain, dont la part ne cesse d'augmenter en longue période dans le coût global du logement, et vis-à-vis duquel les politiques successives qui ont été menées n'ont connu que des succès limités, et parfois des échecs patents. De quelques points au début du siècle (il est difficile d'être précis), la charge foncière (coût du terrain + aménagement + taxes liées à l'aménagement) s'est progressivement élevée jusqu'à un chiffre moyen compris entre 20 % et 30 % pour la France, plus de 50 % à Paris, près de 90 % dans les arrondissements de Tokyo ou à Hong Kong. Il y a donc là un gisement substantiel d'économies dans la production du logement qui justifie la demande répétée des responsables de la politique du logement à ceux qui sont en charge de la politique foncière et d'urbanisme : faites baisser le prix des terrains, et nous produirons des logements plus accessibles.

D'où vient donc la récurrence du problème, la résistance de la question foncière ? Y a-t-il une solution miracle ? Comment se pose le problème aujourd'hui et comment pourraient s'articuler

* CNRS.

dans l'avenir les principaux éléments d'une politique foncière « soutenable » ?

Avant d'entrer dans le vif du sujet, deux points méritent d'être soulignés sur le lien entre l'état des connaissances et les politiques publiques qui ont été menées.

• *La pauvreté des connaissances empiriques*

Si les marchés immobiliers — en particulier ceux du logement — commencent à être l'objet d'une observation statistique convenable, les marchés fonciers restent sur ce point dans un état très rudimentaire. Il n'existe au niveau national aucun indicateur fiable sur l'évolution des prix des terrains urbains et périurbains. Certes, les récentes avancées des notaires, notamment en région Île-de-France, laissent augurer un progrès en la matière, mais le retard reste considérable et l'outil d'observation très généralement défaillant. C'est le résultat du cumul d'un ensemble de facteurs enracinés dans le « vécu social » de la propriété foncière : confidentialité sur les patrimoines, évaluations fiscales déconnectées de la réalité du marché (la réévaluation fiscale de 1991 dort toujours dans les caves de Bercy), immobilisme tenace de la Direction des domaines et des Conservations des Hypothèques, volatilité des règles juridiques qui déterminent le prix du terrain… Bref, le prix du terrain est une composante importante de la formation du prix du logement, mais on le connaît très mal et à retardement.

• *L'absence d'un cadre conceptuel communément accepté*

Les choses seraient simples — et une « bonne » politique foncière, facile à définir en termes d'efficacité comme en termes d'équité — s'il existait un cadre conceptuel permettant de caractériser le mécanisme de formation de la rente foncière et, à partir de là, de définir les principes de base et l'outillage nécessaire. Il n'en est (encore) rien, et les virages successifs de plusieurs organisations internationales en la matière, par exemple la Banque Mondiale, témoignent de cette difficulté à définir une « bonne » politique sans référence théorique solide. On peut prendre l'exemple de la propriété foncière publique, tant louée dans les années soixante et soixante-dix, avec des réussites importantes, par exemple dans la région Île-de-France, puis presque unanimement décriée depuis une quinzaine d'années (alors que seule une continuité de long terme peut donner du sens à une politique foncière). Et que dire du cycle récent, sinon que les théories économiques du cycle n'y apportent guère d'éclairages sinon pour conclure à l'irrationalité économique des acteurs ?

Pour illustrer ces remarques, une brève mise en perspective de la question depuis la Seconde Guerre mondiale nous conduira à proposer quelques éléments de comparaison entre les principaux types de système foncier et de conclure par quelques lignes directrices sur ce que pourraient être les priorités et les nouveaux enjeux dans le cas français.

Du tout-État au (presque) tout-marché : une transition de cinquante ans

En matière d'urbanisme et d'aménagement de l'espace, l'immédiat après-guerre et la période de la reconstruction ont été marqués par le rôle central de l'État qui ordonne, planifie, exécute, exproprie, remembre... et finance.

Après le train des lois et des décrets publiés au *Journal officiel* du 31 décembre 1958, concernant en particulier la planification urbaine, la décennie des années soixante voit proposer et mettre en œuvre une gamme très étendue d'outils de politique foncière pour affronter le défi que représentait l'urbanisation du pays (rappelons, par exemple, que l'agglomération parisienne connaissait à cette époque un taux de croissance de 3 % par an). Des propositions fiscales de 1961 à la loi d'orientation foncière du 31 décembre 1967, les politiques menées ont emprunté deux voies, issues de philosophies politiques distinctes.

L'intervention directe

L'idée de rendre publique la propriété des sols est ancienne et correspond à plusieurs types de justifications : garantir la maîtrise du développement par la collectivité, lutter contre la spéculation, récupérer les plus-values d'urbanisation. Elle a joué un rôle actif au milieu des années soixante, sous la houlette de Paul Delouvrier dans la région parisienne par exemple, avec la mise en œuvre résolue de toute la chaîne des outils nécessaires : la volonté politique, les moyens juridiques (expropriation et préemption), les moyens financiers venant du budget de l'État, l'outil technique (l'Agence foncière de la Région parisienne). C'est ainsi, par exemple, que les villes nouvelles — quoi que l'on en pense par ailleurs — ont utilisé une matière première (terrain) qui leur a coûté en moyenne moins de 20 francs le mètre carré. Belle machine à récupérer les plus-values d'urbanisation au profit de la collectivité ! Ce mode d'intervention n'a duré pourtant qu'un temps. Si le thème de la « municipalisation des sols » a fait florès pendant quelques années, rencontrant d'ailleurs un écho intéressé auprès des promoteurs, qui préfèrent un approvisionnement régulier à prix contrôlé à d'imprévisibles et interminables négociations avec des propriétaires individuels si peu rationnels, la pratique en est restée étroitement limitée à quelques (bons) cas plusieurs fois recyclés dans tous les bons ouvrages.

La voie fiscale

On peut en principe faire beaucoup de choses avec les impôts : faire entrer de l'argent dans les caisses publiques, inciter à développer telle ou telle activité, redistribuer. Sur le sujet qui nous occupe, la France a beaucoup essayé, souvent échoué, et rendu bien complexe un système dont on a du mal aujourd'hui à dénouer les fils.

L'idée de base de la loi d'orientation foncière de 1967 était pourtant simple et claire : les terrains considérés comme « à bâtir » par le plan d'urbanisme valent cher. Un impôt foncier assis sur leur valeur vénale (« taxe d'urbanisation ») incitera donc les propriétaires à les mettre sur le marché. Mais sait-on bien ce qu'est un terrain à bâtir ? Par ailleurs, le ministère des Finances n'aime guère les impôts incitatifs qui « mangent leur assiette », c'est-à-dire qui cessent de rapporter de l'argent dès qu'ils ont atteint leur objectif. Donc, *exit* la taxe d'urbanisation dès 1971.

Quelques années plus tard, la loi du 31 décembre 1975 portant réforme de la politique foncière, à l'initiative du ministre Robert Galley, emprunte une autre voie, analogue à celle qu'avait empruntée en Grande-Bretagne le gouvernement travailliste avec le *Town and Country Planning Act* de 1947. Le raisonnement en est simple : ce sont les droits de construire qui donnent de la valeur au terrain. Le propriétaire du terrain n'y est pour rien ; les droits sont octroyés par la collectivité publique : il est donc légitime que l'écart de valeur entre le terrain inconstructible et le terrain à bâtir revienne à la collectivité. Une telle récupération des plus-values (« fetterment recoupment ») était l'objet de la « development charge » due par le promoteur en Angleterre après 1947, qui a vite succombé sous son excessive rigidité… et l'alternance politique. C'était, de façon plus limitée, l'objet du plafond légal de densité qui « socialisait » le droit de construire au-dessus d'un seuil de densité (initialement fixé à 1). Confusion des objectifs, instabilité du cadre juridique et décentralisation ont très largement dénaturé aujourd'hui cet outil devenu marginal.

En l'absence d'un outil fiscal de portée générale, et hormis l'exception que fut la forte politique initiée à la fin des années soixante, les bons exemples d'adéquation d'une politique foncière à la politique du logement sont ceux de villes ayant articulé étroitement, et dans le long terme, une planification urbaine globale et une intervention foncière régulatrice des prix. Mais globalement, le cadre juridico-économique de l'aménagement a continué à osciller entre une logique interventionniste de « production foncière » et une logique libérale de déréglementation.

Problématique ancienne, nouveaux enjeux

Un récent rapport du groupe de travail présidé par René Rossi, « Comment lutter contre la pénurie foncière pour produire plus de logement ? » (septembre 1994), tout en reprenant les grandes lignes de la problématique ancienne de l'offre foncière, indique en filigrane le contexte radicalement nouveau dans lequel se situera à l'avenir la relation entre le foncier et le logement, et suggère quelques pistes de réflexion.

Les marchés immobiliers sont cycliques. Chaque phase de hausse sur les marchés immobiliers (fin des années soixante, fin des années soixante-dix, milieu des années quatre-vingt) a suscité un ensemble de réponses dont la composante foncière était désignée sous le terme de « politique d'offre foncière ». Le raisonnement sous-jacent se trouve dans l'incontournable lecture au premier degré de tout manuel d'économie : à demande constante, une augmentation de l'offre fera baisser le prix. Tout ce qui pourra concourir à augmenter l'offre sera donc bienvenu pour modérer la part foncière du coût du logement. Ces « politiques d'offre foncière », généralement appuyées sur la déréglementation et l'offre publique, se sont souvent révélées décevantes, voire contre-productives. L'analyse des raisons de ces échecs conduit à proposer de substituer une logique de « production foncière » à celle de l'offre foncière. Un épisode caractéristique d'une telle politique d'offre foncière est dû à M. Chalandon qui, à la fin des années soixante, a prononcé, dans un excès de zèle soixante-huitard, une véritable interdiction d'interdire en limitant de façon drastique les restrictions que pouvait contenir un plan d'urbanisme. L'abondance (supposée) de l'offre allait-elle faire baisser les prix ? Ceux-ci ont au contraire connu une hausse accélérée jusqu'au milieu des années soixante-dix.

L'application de ce texte, abrogé quelques années plus tard, a certes eu un effet marqué sur les paysages, et aussi sur les coûts (publics) des raccordements aux réseaux, chichement provisionnés par la taxe locale d'équipement dès lors que la construction se trouvait à l'écart de ces derniers, mais elle n'a pas modéré la hausse des prix fonciers. Un enchaînement du même type s'est produit à la fin des années soixante-dix (le rapport Saglio de 1979 sur l'offre foncière a même été suivi de la création de « brigades de déblocage des permis de construire »...) et, plus nettement encore, au milieu des années quatre-vingt (décrets de 1985 et loi Méhaignerie de 1986), correspondant au début du gonflement de la « bulle » foncière et immobilière. Le postulat « déréglementation-augmentation de l'offre-baisse des prix » pèche par la confusion entretenue entre l'offre potentielle et l'offre réelle. Ce n'est pas parce qu'il est techniquement et juridiquement constructible qu'un terrain est effectivement mis sur le marché pour être construit. À l'inverse, l'effet d'annonce d'une telle politique peut restreindre encore davantage l'offre effective. C'est souvent parce que le propriétaire a besoin de vendre, parce qu'une entreprise est en faillite ou que des héritiers indivisaires ne parviennent pas à s'entendre sur l'usage d'un terrain que l'on se retrouve chez le notaire. La rétention abusive par un propriétaire foncier indélicat n'est pas (encore) un délit.

On peut souligner à l'inverse que la fiscalité foncière n'encourage guère à mobiliser les terrains en fonction des volontés collectives exprimées par les plans d'urbanisme : la taxe foncière reste souvent à un niveau dérisoire pour les « bons » terrains dès lors qu'ils n'ont pas été vendus sous le régime fiscal favorable des terrains à bâtir. La « rétention » est alors un comportement rationnel de celui qui estime que la valeur des terrains doit augmenter à long terme en valeur réelle.

De nouveaux enjeux : vers le recyclage

L'appareil de la politique foncière a été organisé autour de l'encadrement du développement urbain à travers la planification urbaine, et d'interventions financières et fiscales — au succès mitigé — ayant pour objet la récupération des plus-values d'urbanisation, dans un contexte de croissance forte et continue du développement urbain.

Si la question du logement reste aujourd'hui difficile, la question de l'approvisionnement foncier est, elle, en train de changer de nature. Il n'y a plus de pénurie foncière au sens des années soixante ou soixante-dix, mais au contraire surabondance de terrains équipés et désormais hors marché comme les friches industrielles, au coût de restructuration élevé et comportant éventuellement la nécessité d'une décontamination des sols. Seuls des investissements publics peuvent alors permettre de remettre ces terrains « dans » le marché. Il s'agit aussi de ces très nombreux terrains entrés dans le processus de production « normal » au cours de la bulle immobilière de la fin des années quatre-vingt à des prix qui ne permettent plus aujourd'hui de sortir l'opération en équilibre. Les zones d'aménagement concerté (ZAC) « plantées » de la région parisienne illustrent bien le phénomène. En 1996, pour plus de 40 % d'entre elles, pas un seul permis de construire n'a été délivré. Faut-il alors rogner sur les équipements publics ? Subventionner ? Brader l'opération ? Seule cette dernière solution semble envisageable si l'opération est financée sur emprunts, compte tenu des coûts de portage. On voit donc émerger une problématique nouvelle où, à la pénurie foncière génératrice de hausse, tend à succéder une paralysie des marchés liée au refus (compréhensible) d'expliciter les pertes. La priorité est alors à la mise en place des outils du recyclage urbain pour que devienne réalité un thème récurrent de séminaires académiques : « refaire la ville sur la ville ».

La France doit maintenant oublier le vieux mythe selon lequel la propriété de la terre est la meilleure protection contre l'inflation et, par là, le meilleur réservoir de valeur. Le mythe était fondé sur l'évolution de données de base — démographie, exode rural, décohabitation, carence de grandes infrastructures — qui lui donnait une solide justification. Une telle conjonction de facteurs ne se reproduira pas à échéance prévisible. Il importe donc maintenant d'affiner économiquement le système de production foncière pour le mettre au service d'une politique du logement, et cesser d'espérer que la valorisation foncière permettra de financer toute sorte d'équipements publics, y compris le logement pour les plus démunis.

Conclusion

On aimerait pouvoir concevoir les politiques publiques à partir de connaissances fermes sur les mécanismes socio-économiques correspondants. Force est de constater ici que les « savoirs » ne paraissent pas avoir fait d'avancées décisives, qu'il s'agisse d'expliquer comment se forme le prix du sol urbain ou comment s'articulent entre eux les différents marchés fonciers et immobiliers.

On doit constater l'assèchement presque total du gisement de la recherche sur ce sujet, qui avait été prolifique au cours des années soixante et soixante-dix, spécialement les travaux d'inspiration marxiste sur la formation de la rente et les mécanismes de la spéculation immobilière. Depuis une vingtaine d'années, malgré l'importance économique du secteur, très peu de travaux quantitatifs ont été produits sur le fonctionnement des marchés fonciers (à l'exception de monographies couvrant des aires géographiques limitées), et moins encore sur l'articulation entre les marchés fonciers et les différents marchés immobiliers, point crucial pour comprendre le sujet [Granelle, 1990].

On peut y voir plusieurs raisons apparentes : d'abord la diminution évidente des besoins quantitatifs, mais aussi la difficulté concrète de travailler sur les données quantitatives relatives à des marchés restés assez opaques.

Si cette diminution des besoins rend moins aiguë la demande de recherche sur le sujet, on doit aussi considérer l'importance du cycle des années quatre-vingt, dans lequel le foncier a joué à la fois un rôle d'accélérateur dans le développement de la « bulle » spéculative, (effet multiplicateur), de courroie de transmission entre les différents marchés immobiliers (schématiquement, la demande de bureaux haut de gamme donne la fièvre au marché foncier, suscite la déréglementation qui, contrairement à l'effet attendu, communique cette fièvre aux autres marchés, généralisant l'effet de bulle), et de cliquet qui freine le retour à l'équilibre en raison de l'attitude des propriétaires qui attendent un « retour à meilleure fortune ».

Sur ce point, on peut faire deux remarques : d'abord, le phénomène qui s'est produit est en contradiction avec les fondements mêmes du modèle économique dominant sur les rapports entre offre, demande et prix. La déréglementation, supposée augmenter l'offre foncière, a en fait conduit, notamment par effet d'annonce, à une hausse des prix qui à son tour a provoqué une augmentation de l'activité du marché. L'analyse de cet enchaînement reste à faire, même si des observations dans différents pays en attestent l'évidence. On peut en trouver une bonne analyse dans le cas de l'Angleterre [Bramley, Bartlett et Lambert, 1995].

Ensuite, ce cycle pose clairement le problème de la rationalité économique des acteurs sur ces marchés et celui de l'interprétation à donner au mot « bulle ». Si le travail de Natacha Aveline [1994] sur le Japon analyse de façon approfondie la genèse, le développement et les conséquences du cycle sur les marchés immobiliers, de tels travaux sont encore très lacunaires sur la France. On ne peut donc que souhaiter un rapprochement entre économie théorique et économie appliquée dans ce secteur.

De la même manière, la question foncière pourrait aussi conduire à rapprocher juristes, économistes et politologues. Le foncier est régi par le droit, et il n'est pas une parcelle du territoire qui ne soit soumise à un ensemble de règles de droit, de portée plus ou moins générale, en particulier les règles d'urbanisme et la fiscalité, qui en déterminent largement la valeur. Il importe donc d'avancer dans la voie de l'analyse économique du droit (économie et droit immobilier) pour mieux éclairer les politiques publiques en la matière. Comment éviter, par exemple, que certains modes de subventionnement de la construction de logements soient, dans les faits, capitalisés par le propriétaire initial du terrain ? Comment faire pour que la fiscalité sur les plus-values ne soit pas un facteur de gel du marché, réduisant *ipso facto* ses résultats en termes d'équité ?

Bibliographie

AVELINE Natacha (1994), *La Bulle foncière au Japon*, ADEF, Paris.

BRAMLEY Glen, BARTLETT Will et LAMBERT Christine (1995), *Planning, the Market and Private House Building*, London University College Press, Londres.

COMBY Joseph et RENARD Vincent (1996), *Les Politiques foncières*, PUF, « Que sais-je ? », Paris.

GRANELLE Jean-Jacques, dir. (1990), *La Rente foncière. Approches théoriques et empiriques*, ADEF, Paris.

ROSSI René, dir. (1995), *Aménagement foncier : les risques*, ADEF, Paris.

23

Les politiques d'encouragement à l'accession à la propriété

*par Bernard Vorms**

Le taux de propriétaires occupants est très inégal au sein des pays de l'Union européenne. Et il apparaît qu'aucun facteur — ni le revenu, ni l'âge de la population, ni le taux d'urbanisation, ni la proportion d'habitat collectif par rapport à l'individuel —, n'explique à lui seul ces différences. Cependant, ce taux a progressé presque partout depuis la Seconde Guerre mondiale. Ce phénomène, venu accompagner la hausse du pouvoir d'achat, répondait à l'attente des ménages.

La crise venue, les années quatre-vingt-dix ont connu un reflux relatif de l'accession. Les difficultés des accédants ont parfois conduit à une remise en cause d'une politique qui semblait condamnée par l'évolution des modes de vie, la montée du chômage, la maîtrise de l'inflation et le maintien de taux nominaux élevés. Cependant, aujourd'hui, l'accession semble devoir retrouver une place essentielle dans la politique du logement. Les citoyens le souhaitent, l'État y semble contraint. Partout, l'objectif est d'arriver à un équilibre, dont les termes ne sont d'ailleurs pas précisément définis, entre locatif social, locatif privé et propriété occupante. Si le modèle de parcours résidentiel mis en avant aujourd'hui est moins linéaire que par le passé, il continue cependant de présenter l'accession comme une étape logique pour des ménages dont les revenus progressent. En réalité, tous les pays industriels développés font aujourd'hui du développement de la propriété occupante un axe essentiel de leur politique du logement. Mais, au-delà d'une orientation générale commune, les motivations, l'ampleur et les outils de cette politique diffèrent très sensiblement.

* Agence nationale d'information sur le logement.

Tableau 1. — Statut d'occupation en Europe et aux États-Unis
(en %)

Pays [a]	*Propriétaires occupants*	*Locataires*		*Autres statuts* [b]
		Secteur social	*Secteur privé*	
Allemagne, ex-RFA (1987) [b]	38	15	43	4
Allemagne, ex-RDA (1980)	31	58	11	—
Belgique (1990)	59	7	31	3
Danemark (1990)	52	21	21	6
Espagne (1991)	78	1	14	7
France (1992)	54	17	21	8
Italie (1990)	66	8	23	3
Pays-Bas (1990)	45	38	17	—
Royaume-Uni (1990)	67	26	7	—
États-Unis (1996)	65,6	2,4	32,2	—

a. Entre parenthèses figure l'année de référence ; b. Suivant les pays, les autres statuts figurent dans le secteur social ou le secteur privé. Au Danemark et aux Pays-Bas, le secteur social intègre les appartements en coopératives.

Source : statistiques sur le logement dans la Communauté européenne.

Les objectifs de la politique d'aide à l'accession

Une aspiration des citoyens ?

Le souhait d'être propriétaire de son logement semble une aspiration commune à la plupart des ménages. En France, la consultation conduite par l'Association nationale et les associations départementales d'information sur le logement (ANIL et ADIL), en 1994, a bien montré que la propriété avait gardé la faveur des ménages et que le repli de l'accession reflétait avant tout les contraintes du moment. Bien que la propriété ne constitue plus une panacée, le souhait d'être propriétaire reste largement répandu. Le retour vers l'accession, grâce au ciblage très social du prêt à taux zéro (PTZ), des catégories sociales modestes qui en avaient été écartées depuis la fin des années quatre-vingt, en constitue l'illustration.

Les principales motivations de l'accession à la propriété sont, de fait, toujours aussi fortes. Elle reste pour les catégories modestes et moyennes le couronnement d'un parcours résidentiel réussi et un élément fort de promotion sociale. Expression du refus de payer un loyer considéré comme à fonds perdus, c'est aussi un instrument d'épargne forcée. En outre, elle permet, en France, d'accéder à l'habitat individuel et garantit le « maintien dans les lieux », recherché avant tout par les ménages.

Pourtant les ménages ont désormais une meilleure appréciation de leurs limites et des risques d'une opération qui exige, en raison du faible niveau de l'inflation, un effort financier plus durable : les cas d'accédants en difficulté ont d'autre part marqué les esprits. Par ailleurs, la motivation est désormais l'usage personnel plus que la valeur patrimoniale du logement et sa transmission aux enfants. La montée des préoccupations de mobilité professionnelle et des incertitudes sur l'emploi pèse également sur le choix d'accéder à la propriété. Enfin, les candidats sont beaucoup plus sceptiques quant à la réalisation d'une plus-value, voire, pour certains, quant à la solidité de la valeur marchande du logement et aux possibilités de revente. Cependant, la comparaison entre les avantages financiers actualisés de la location et ceux de l'accession, exercice obligé mais hypothétique des journalistes, n'intervient jamais dans la décision des particuliers.

Des enquêtes du même ordre sur les attentes des ménages sont réalisées dans la plupart des pays développés, et font apparaître des résultats très proches. La présentation qui en est faite par les politiques met en évidence les spécificités nationales qu'exprimerait cette commune aspiration pour la propriété : goût pour la pierre en France, recherche d'accomplissement au Japon ou matérialisation du rêve américain aux États-Unis. En fait, les motivations exprimées dans les sondages, dont la publication jalonne la tenue des différents congrès des professionnels de l'immobilier, sont d'une grande similitude. La différence ressort plus du jugement que les élites portent sur le bien-fondé et la légitimité de cette aspiration populaire partagée.

Il est vrai qu'à ce souci de répondre aux attentes des citoyens s'ajoutent, de la part des pouvoirs publics, d'autres préoccupations et objectifs.

Des motivations diverses de la part des pouvoirs publics

Au-delà de cette motivation première — répondre à l'aspiration des citoyens —, les politiques d'encouragement à la propriété répondent à des orientations idéologiques différentes selon les pays et les régimes, lesquelles induisent des modalités d'aide diversifiées.

Une société de propriétaires

La préférence des partis conservateurs pour une société où le plus grand nombre de citoyens est propriétaire s'explique aisément. Elle peut se renforcer, comme ce fut le cas en Grande-Bretagne, du souhait de réduire l'emprise des municipalités travaillistes qui étaient les principales pourvoyeuses de logements sociaux. La politique franquiste du « tout accession » a constitué le cas extrême d'un choix fait en faveur d'un statut d'occupation unique. La situation des autres pays d'Europe du Sud, comme la Grèce ou le Portugal, relève d'une logique différente ; la place, largement dominante, de la propriété occupante résulte plus du caractère traditionnel de ce statut d'occupation que d'une politique assortie d'aides publiques déterminantes dans la décision des particuliers. Cette opposition traditionnelle entre une gauche favorable au locatif et une droite attachée à la propriété s'est assez largement estompée devant le constat des attentes du public, mais aussi devant les contraintes budgétaires.

Intégration et équilibre social

D'un point de vue plus général, la propriété est considérée comme un élément de stabilisation des familles, comme le moyen d'une meilleure intégration des personnes dans la vie économique et d'une plus forte implication dans celle de la ville, du quartier ou, le cas échéant, de la communauté. C'est aussi pour les ménages modestes le premier outil de constitution d'un capital. Le cas des États-Unis est de ce point de vue éclairant : l'accroissement du nombre de propriétaires occupants constitue l'axe majeur de leur politique du logement. Ils sont passés de 43,6 % de propriétaires occupants en 1940 à 65,6 % aujourd'hui. Ce choix, fait aux dépens du locatif, réunit démocrates et républicains : c'est un droit fondamental du citoyen, considéré comme une composante du rêve américain. Il n'existe pas de voix discordante et les associations militantes, *activist non-profit organizations*, ont des conceptions identiques. Rien ni personne ne vient briser ce consensus en faveur de l'accession à la propriété. Dans la mesure où cette politique répond aussi à un souci de cohésion sociale et d'intégration communautaire, un effort spécifique est conduit à l'intention des minorités (alors que 71,7 % des Blancs sont propriétaires, seuls 44,5 % des Noirs et 43,5 % des Hispaniques le sont) et des quartiers défavorisés. L'augmentation du pourcentage de propriétaires est considérée comme un élément de requalification des quartiers en difficulté ; elle se traduit d'ailleurs par une hausse de l'ensemble des valeurs foncières de la zone. C'est aussi un élément important de la prévoyance sociale et des programmes spécifiques, définis par l'État fédéral, qui permettent aux personnes âgées, sans quitter leur logement, de désinvestir et de consommer l'*equity*, c'est-à-dire le capital accumulé dans leur logement pendant la phase active de leur existence.

Le soutien de l'activité du bâtiment

À cela, la France ajoute une autre préoccupation : l'État se repose sur les ménages modestes du soin de soutenir l'effort de construction de logements neufs et de lisser l'activité du secteur du bâtiment. Il les aide pour cela à consentir un effort particulièrement lourd pour acheter ou faire construire et, corrélativement, contribuer à la croissance du parc de logements. L'orientation de l'aide sur la construction neuve pèse directement sur la décision du particulier. Les effets pervers de cette concentration excessive de l'aide sur le neuf sont connus : orientation des primo-accédants les plus modestes vers des logements neufs trop coûteux pour eux, forte décote à la revente des logements construits avec une aide publique, absence de fluidité du marché. À l'inverse, le risque serait réel de voir l'aide publique, si elle était ouverte à l'ancien sans précaution, perdre toute efficacité et se faire absorber par la hausse du prix des logements qu'elle aura elle-même provoquée.

Maîtriser la dépense publique

Mais le motif le plus communément mis en avant tient à la maîtrise des dépenses publiques : dans les pays qui consacrent des budgets publics importants à la politique du logement, l'aide à l'accession semble moins coûteuse que celle destinée au locatif. En effet, pour devenir propriétaires, les ménages consentent des efforts financiers largement supérieurs à ceux que supportent les locataires ; ce moindre effort diminue d'autant l'aide exigée de la collectivité. En France, l'enquête nationale « Logement » de 1992 montre ainsi que le taux d'effort net des locataires HLM est de 10,7 %, alors que celui des accédants récents (quatre dernières années) est de 21,5 %.

Or, les contraintes budgétaires se resserrent à mesure que les économies s'ouvrent plus largement sur l'extérieur. Elles pèsent tout particulièrement sur le secteur du logement, comme sur tous les secteurs de l'économie que l'on juge moins soumis à la concurrence internationale. Cette tendance peut être observée dans nombre de pays membres de l'Union européenne ; l'objectif affirmé de la réforme du logement actuellement en cours aux Pays-Bas répond à la même logique : une hausse modulée des loyers doit avoir pour effet d'encourager les plus solvables des locataires à devenir propriétaires, permettant ainsi de réduire le montant des aides consacrées au parc locatif public. C'est en favorisant la sortie vers l'accession des locataires les plus aisés que l'on assurera la « respiration » du parc social et la fluidité de l'ensemble du parc.

Quels accédants ?

Si le statut de propriétaire occupant a vocation à devenir le modèle dominant, il reste à déterminer jusqu'à quel niveau de revenu il est souhaitable ou raisonnable d'encourager les ménages à entreprendre l'achat de leur logement. En Allemagne, comme dans la plupart des pays du nord de l'Europe, l'accession concerne principalement les catégories sociales aisées. Seuls trois grands pays industriels ont orienté leur politique d'accession vers des catégories sociales modestes : la France, la Grande-Bretagne et les États-Unis. Les contraintes qui en résultent sont spécifiques : dans tous les cas, il s'agit de ménages dont les capacités d'épargne sont faibles. Ils éprouveront donc des difficultés pour disposer rapidement d'un apport personnel important. L'aide publique peut avoir pour objectif de les aider à entreprendre leur opération de façon précoce. Par ailleurs, leurs capacités de remboursement sont limitées au regard du montant de l'endettement nécessaire à l'achat d'un logement. L'aide doit alléger leur charge réelle de remboursement, c'est-à-dire les solvabiliser. Enfin, leurs marges de manœuvre sont étroites et ils seront d'autant plus dépendants d'une aide publique que celle-ci sera importante. Le mécanisme doit être suffisamment souple pour amortir les aléas susceptibles de perturber le déroulement d'une opération qui se caractérise par sa durée. Une sortie honorable doit être prévue si le projet doit être interrompu : l'expérience de ces dernières années montre en effet qu'il n'est pas possible d'engager des ménages « sans filet » sur une aussi longue période. C'est une exigence que l'évolution de la société rend encore plus impérieuse : divorce, chômage et mobilité sont des événements dont la probabilité s'accroît.

Les dispositifs d'aide

Une aide indispensable ?

Une question préliminaire porte sur la légitimité des aides : les fonds publics sont-ils indispensables pour permettre à certaines catégories de ménages de devenir propriétaires ?

Si le seul objectif est de permettre au plus grand nombre de devenir propriétaire, tel n'est pas le cas : l'exemple des États-Unis l'atteste, qui traitent indifféremment logements neufs et logements anciens, et qui acceptent que les différences de revenus s'inscrivent sans nuance dans la configuration des différents quartiers. L'implication de l'État fédéral est très forte, mais elle ne repose pas, à proprement parler, sur une solvabilisation des acquéreurs : en effet, l'aide fiscale favorise l'endettement, mais présente la caractéristique d'être d'autant plus avantageuse que le revenu de l'emprunteur est élevé ; elle ne peut donc être considérée comme une aide au logement *stricto sensu*, quand bien même sa remise en cause bouleverserait-elle les valeurs immobilières. L'État fédéral intervient en assurant la liquidité du marché : il fait en sorte qu'il existe toujours, partout et pour tous, une offre de crédit d'un coût accessible. Mais ces dispositifs reposent sur une mutualisation des risques qui n'implique pas de fonds publics.

Quels objectifs ?

En revanche, d'autres orientations peuvent rendre indispensable l'attribution d'une aide publique pour l'achat d'un logement : le souhait de préserver l'équilibre social des divers quartiers, ou la volonté de peser sur le volume de la construction lorsque le parc de logements apparaît insuffisant.

Il peut d'abord s'agir d'un objectif d'urbanisme : l'aide publique vient maintenir une mixité sociale dans des quartiers, alors que le seul jeu de l'offre et de la demande aurait pour effet d'accélérer les phénomènes de ségrégation ; seule une aide personnelle, attribuée indifféremment aux logements qu'ils soient neufs ou anciens, permet à deux ménages disposant de revenus très différents de prétendre au même logement ou, à tout le moins, à deux logements voisins. En effet, si la mixité sociale des quartiers est un objectif social et une condition d'équilibre pour notre société, elle ne peut découler du seul libre choix des demandeurs de logement. Préoccupation collective des citoyens, la mixité ne traduit pas un souhait des candidats au logement : dès lors que la possibilité de choix existe, les ménages, qu'ils soient accédants ou locataires, sont demandeurs de différence.

D'autre part, s'il s'agit, comme en France, de favoriser l'extension du parc ou de lisser les à-coups de l'activité du secteur du bâtiment, l'intervention publique s'avère indispensable pour solvabiliser les accédants modestes et leur permettre de construire ou d'acheter un logement neuf.

Les formes de l'aide

C'est en fonction de la réponse à ces questions — quels accédants, quels logements et à quel endroit ? — que s'ordonnent les dispositifs d'aide à l'accession. Ceux-ci peuvent prendre des formes diverses : réduction de prix sur la vente de logements locatifs sociaux (Grande-Bretagne, Irlande), primes (Allemagne, Belgique, Luxembourg, Pays-Bas), système d'épargne logement (France, Allemagne, Grèce, Luxembourg, Pays-Bas, Portugal), prêts bonifiés (France, Allemagne, Belgique, Grèce, Espagne, Italie, Portugal), conditions d'accès privilégiées au crédit (France), garanties et assurances diverses (Belgique, Grande-Bretagne), garantie d'accès au crédit et mutualisation des risques (États-Unis, France), aides personnelles (France, Allemagne), aides fiscales dans la plupart des pays, qu'il s'agisse de déductions, de réductions ou d'exemptions.

Conclusion

Le choix fait en faveur de l'accession intervient donc alors que l'environnement économique devient plus imprévisible et que les particuliers ont toutes chances d'avoir des parcours familiaux et professionnels plus bousculés que par le passé. En outre, l'absence d'inflation maintient leurs charges à leur niveau initial pendant toute la durée d'amortissement du prêt ; on est loin de l'effort limité de trois à cinq ans qu'anticipaient les accédants de la génération précédente. Comment rendre les engagements qu'ils vont souscrire pour devenir propriétaires conciliables avec ce nouveau paysage ?

Les dispositifs d'accession sociale doivent donc s'apprécier dans leur capacité à s'adapter aux changements de situation ; et cette adaptation peut aller jusqu'à la remise en cause des projets. Plusieurs niveaux de sécurité doivent être envisagés :

— en cas de réduction partielle ou temporaire de leur capacité de remboursement, le processus d'accession doit être suffisamment souple : les profils de prêt peuvent le permettre, à la condition que l'emprunteur ait des marges de manœuvre suffisantes ; ce peut être l'objet d'un mécanisme d'aide personnelle ou encore d'un système d'assurance.

— les contraintes — perte de revenu, divorce, mobilité géographique — peuvent être telles que l'opération doit être interrompue : or la possibilité de revendre son logement sans que cette opération soit trop pénalisante reste le meilleur filet de sécurité pour l'accédant qui ne peut plus faire face à ses charges. L'accession ne constitue pas, par nature, un obstacle à la mobilité : les États-Unis en sont la preuve, qui comptent à la fois le plus fort taux de mobilité et le plus fort taux de propriétaires occupants ; il est possible de changer de logement sans changer de statut d'occupation si la mutation n'est pas taxée ou l'est très peu, si les frais liés à la transaction ne sont pas trop élevés et si le remboursement anticipé des prêts hypothécaires, à taux fixes dans leur majorité, ne s'assortit d'aucune indemnité. L'attachement au statut de propriétaire est alors dissocié de l'occupation d'un logement précis.

Tel n'est pas le cas en France où tout se combine pour faire de l'accession une opération sans retour : décote liée à la concentration de l'aide sur le logement neuf, coûts de transaction et droits de mutation élevés. Comme dans tous les pays où la mobilité n'est pas une tradition mais répond à une contrainte nouvelle et redoutée, l'impôt pèse sur ceux qui bougent. Une véritable antinomie prévaut entre le choix d'un encouragement à l'accession qui touche une très large frange de la population et celui de faire peser la fiscalité sur les mutations. La tendance qui consiste, en France, à rechercher des solutions dans des dispositifs spécifiques, complexes (assurance perte d'emploi, changement de statut d'occupation avec maintien dans les lieux), ne se révèle pas vraiment concluante.

Il reste que, quelles que soient les conditions dans lesquelles il est entrepris, l'achat d'un logement reste l'opération, pour la plupart des ménages modestes, la plus lourde de leur existence. Les pouvoirs publics qui les y encouragent doivent s'assurer que leur projet est étudié dans les meilleures conditions : le conseil préventif est à coup sûr le premier élément de maîtrise des risques. La Grande-Bretagne, qui n'a pris aucune précaution particulière dans ce domaine, a connu un nombre considérable de sinistres et de saisies liés au surendettement, à la suite de la politique dite du *right to buy*. Aux États-Unis, le conseil aux candidats à l'achat d'un logement, obligatoire pour les prêts les plus sociaux, est considéré comme un élément essentiel de sécurisation des créances. En France, des progrès restent à faire pour que le conseil devienne un élément normal du processus d'accession des primo-accédants. Une telle évolution est nécessaire pour que la politique d'accession sociale se poursuive dans les meilleures conditions de sécurité économique et sociale, en écartant le risque d'une nouvelle vague de sinistres analogue à celle que la France a connue dans les années quatre-vingt.

IV

Politiques publiques

24

Évolution des politiques du logement depuis 1950

*par Anne-Marie Fribourg**

Au lendemain de la guerre, la France est confrontée à une crise du logement dont les bombardements ne sont pas la seule cause : la politique antérieure, qui a ignoré l'exode rural massif, a créé une situation de pénurie qui a été aggravée par la politique de blocage des loyers, dont l'effet pervers fut de décourager l'investissement privé. Pourtant, dans le premier Plan de modernisation et d'équipement de 1946, la question du logement n'apparaît pas au rang des priorités. La volonté de traiter ce problème se traduit essentiellement par le vote de deux lois : celle du 3 septembre 1947 qui relance le secteur HLM (appelé HBM jusqu'en 1950) en lui assurant des financements nouveaux, et celle du 1er septembre 1948, dont l'ambition était d'assurer un rattrapage régulé des loyers, en autorisant une hausse régulière et raisonnable. Cette loi introduit, en compensation, l'allocation de logement familiale (ALF), premier système d'aide personnelle au logement. L'application de cette loi, limitée aux immeubles construits avant 1948, a de fait introduit un double marché locatif en ne permettant pas la réévaluation des loyers soumis à cette loi.

1953-1963 : genèse d'une politique

Il faut attendre 1953 pour que le logement devienne une priorité nationale du Plan et que l'engagement financier de l'État, à l'initiative de Pierre Courant, ministre de la Reconstruction, devienne significatif avec l'instauration des Logeco (1 million de logements en dix ans) et des primes et prêts du Crédit foncier. La même année, la

* Direction générale de l'urbanisme, de la construction et de l'habitat (ministère de l'Équipement, des Transports et du Logement).

création de la contribution obligatoire des entreprises à l'effort de construction (1 % des salaires pour les entreprises de plus de dix salariés) crée des ressources supplémentaires pour la réalisation de logements sociaux. La politique de construction est alors caractérisée par une forte aide à la pierre et des financements publics diversifiés, alimentés par les primes et prêts du Crédit foncier, qui permettent de drainer l'épargne privée.

Parallèlement, la politique du gouvernement va mettre l'accent sur la réorganisation de l'industrie du bâtiment. Cette restructuration nécessite une garantie de stabilité des carnets de commandes et des plans pluriannuels de constructions assurant la continuité des chantiers. Elle implique aussi des chantiers de grande taille, susceptibles de faciliter la production en série. C'est la naissance des « grands ensembles » : un concours expérimental de 800 logements est lancé à Strasbourg en 1951, suivis de 1 260 logements à Saint-Étienne en 1953 et de 2 607 logements à Bron-Parilly en 1954. Mais le problème foncier apparaît vite primordial. L'utilisation des grands terrains immédiatement disponibles se révèle insuffisante ; en 1953, une loi foncière est votée, autorisant l'expropriation et la rétrocession des terrains, même à des personnes de droit privé. Faute de texte d'application, cette loi reste sans effet.

En 1954, sous la pression résultant de la campagne de l'abbé Pierre, le gouvernement adopte un programme de 12 000 logements en cités d'urgence, destinés à accueillir les familles ou les personnes isolées qui sont à la rue. La Caisse des dépôts et consignations (CDC), par l'intermédiaire de ses filiales, va contrôler la quasi-totalité des projets. Ces filiales sont la SCET (Société centrale d'équipement du territoire) et la SCIC (Société centrale immobilière de la Caisse des dépôts). La SCIC, constructeur de Sarcelles, aura ainsi réalisé 100 000 logements locatifs en 1968.

Un deuxième essai de définition d'une politique globale du logement est tenté avec la loi-cadre du 7 août 1957 ; de cette loi découle la politique des ZUP (zones à urbaniser en priorité) et des agglomérations nouvelles (1958) ; pour la première fois, on s'efforce de lier création de logements et équipements publics nécessaires à ces logements. Un programme quinquennal de réalisation de logements HLM est mis en place. Il s'agit de réaliser 300 000 logements par an, en priorité dans le logement locatif. Les ZUP visent à réaliser, en banlieue, des opérations d'au moins 500 logements régies par un plan d'ensemble dessiné par un seul architecte, l'assainissement, la voirie, les équipements étant subventionnés par l'État. Principaux supports de la politique des grands ensembles, deux cents ZUP seront créées jusqu'en 1969. Le système de décision est centralisé, à Paris, et c'est le préfet qui arrête le programme des travaux.

Il apparaît nécessaire de réformer le mode de production du bâtiment ; on met alors au point une technique de préfabrication lourde qui consiste à couler en usine des panneaux de béton armé pour les façades et les murs de refend : il en résulte une architecture plate et linéaire. Le développement de l'habitat collectif s'oppose à l'urbanisation pavillonnaire de l'entre-deux-guerres qui, du fait de sa mauvaise réalisation, avait conduit au mouvement revendicatif des « mal lotis ». Il n'y eut pas de débat réel sur le choix entre habitat collectif et habitat individuel. Dans le même temps sont mis en place des mécanismes de rénovation urbaine destinés à adapter les centres-villes aux nouvelles conditions de vie et notamment à l'automobile.

En 1960, le système HLM est réformé pour en réduire le coût pour l'État. On unifie les catégories en créant les HLMO, même si deux autres catégories de logements locatifs subsistent : les PSR (programmes sociaux de relogement) pour les ménages venant d'habitats insalubres et les ILN (immeubles à loyer normal) pour les ménages les plus aisés. Cette période a été dominée par une réponse aux besoins quantitatifs : on passe de 70 000 logements achevés en 1948 à 320 000 en 1958 (voir graphique, p. 227). Mais, dès 1960, la critique des ZUP commence à se faire entendre, en même temps que celle des grands ensembles.

1963-1977 : du développement à la remise en cause

La politique s'accélère, on bouleverse les circuits de financement, on crée l'épargne logement en 1965, la part du logement non aidé ne cesse de croître (14 % des constructions en 1965, 22 % en 1970, 42 % en 1975). En 1966, on opère une débudgétisation partielle des aides au logement : les aides de la Direction du Trésor sont remplacées par les ressources bon marché de la CDC, distribuées par la Caisse des prêts HLM. Les aides de l'État se recentrent vers le plus social et les prêts spéciaux sont dorénavant soumis à plafond de ressources. En 1968, ce recentrage touche les HLM, alors que deux nouvelles catégories de financement sont créées : les PLR (programmes à loyer réduit) semblables aux PSR, et les ILM (immeubles à loyer moyen) intermédiaires entre les HLMO et les ILN. Plus le logement est social, plus la durée du prêt est longue et moins la qualité du logement est bonne.

Jusqu'en 1965, l'essentiel de la construction neuve aidée a été réalisé en logements collectifs, alors que les Français rêvent de maison individuelle. En 1966, le premier Villagexpo est inauguré. C'est le début de l'urbanisation en « nouveaux villages ». La montée des critiques à l'encontre des ZUP et des grands ensembles conduit au lancement de la politique des villes nouvelles. Lieux privilégiés de la politique d'innovation et d'expérimentation, elles seront le support d'un renouveau architectural encouragé à partir de 1971 par le Plan construction.

Le contexte économique ayant changé, les mécanismes mis en place dans les années soixante donnent des signes de faiblesse dans la période 1973-1974. En effet, au début des années soixante-dix, la situation s'est modifiée : la pénurie de logements a presque disparu et l'épargne potentielle s'élève. C'est le constat du rapport Consigny, préparant le VIe plan : les HLM logent les classes moyennes ; une fraction importante de la population est exclue des aides personnelles ; l'aide à la pierre est aveugle aux évolutions de revenus de la population logée en HLM. En 1975, l'Union des HLM publie un *Livre blanc* qui traduit l'état des réflexions des principaux animateurs des organismes HLM ; dans le même temps le gouvernement demande d'une part à Raymond Barre, d'autre part à Simon Nora de réfléchir à une réforme du financement du logement et à la mise en place d'une politique de l'habitat ancien. Ces réflexions débouchent, en 1977, sur une réforme du logement dont les objectifs sont de trois ordres : assurer une plus grande liberté de choix entre les différents statuts et les différentes catégories de logement ; réduire les inégalités devant le logement social et développer l'accession à la propriété ; améliorer la qualité des logements neufs et réhabiliter l'habitat ancien.

La réforme substitue pour une grande part l'aide à la personne à l'aide à la pierre. Les financements aidés sont réduits à deux : le PAP (prêt aidé à l'accession à la propriété) pour les propriétaires et le PLA (prêt locatif aidé) dans le secteur locatif remplacent les autres formes de financement de logements aidé. S'y ajoute la PALULOS (prime à l'amélioration des logements locatifs et à occupation sociale), subvention de l'État ouvrant droit à un prêt complémentaire pour la réhabilitation du parc social. Dans le secteur privé, les propriétaires bailleurs peuvent toujours bénéficier des subventions de l'ANAH (Agence nationale pour l'amélioration de l'habitat) financées par une taxe sur les loyers des logements anciens ; et les propriétaires occupants aux ressources modestes, de la prime à l'amélioration de l'habitat (PAH).

Dans son principe, l'aide à la personne n'est pas nouvelle : elle existe depuis 1948, mais l'aide personnalisée au logement (APL), contrairement à l'allocation logement, est ouverte à toutes les catégories de ménages, sous condition de ressources, si une convention a été conclue entre le propriétaire du logement et l'État. L'APL est versée en tiers payant, c'est-à-dire directement au propriétaire. L'ambition de cette réforme est d'offrir un logement de qualité à tous, l'aide à la personne assurant la solvabilisation des ménages les plus modestes.

À côté du secteur aidé, le financement du logement repose sur un secteur réglementé : le prêt conventionné (PC), accordé par les banques pour financer des logements en locatif comme en accession à la propriété, peut ouvrir droit à l'APL pour le locataire ou l'emprunteur.

Les lois de décentralisation de 1982 et 1983 n'ont pas modifié les compétences en matière de financement du logement. Cependant, la loi de 1983 reconnaît à chaque collectivité des compétences en matière d'habitat et met en place un conseil départemental de l'habitat qui remplace toutes les commissions existantes. Elle donne aux communes la possibilité de définir un programme local de l'habitat (PLH) qui fixe « les actions prioritaires et notamment les actions en faveur des personnes mal logées ou défavorisées ».

Évolution des mises en chantier de logements par types de construction

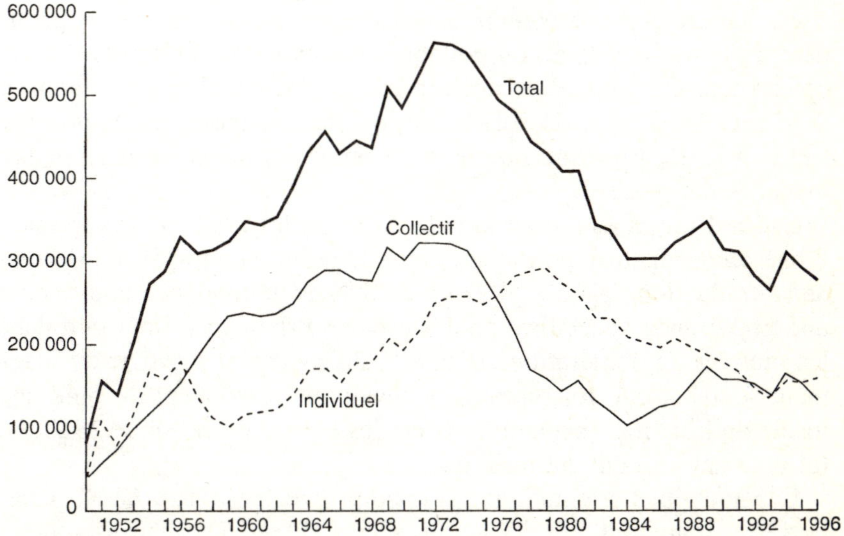

L'application de la réforme et les nouvelles tendances de la politique du logement

Les années quatre-vingt s'ouvrent sur un contexte très différent de celui que les pouvoirs publics avaient envisagé : le ralentissement de la croissance, la hausse des taux d'intérêt réels, la stagnation du pouvoir d'achat des ménages et une contrainte budgétaire plus forte sont des éléments qui n'avaient pas été pris en compte dans la conception de la réforme. Les dépenses d'aides personnelles augmentent et cette hausse sera accentuée par la décision d'unifier les conditions d'attribution de ces aides, généralisation rendue effective début 1993. Mais la croissance de ces prestations est aussi largement due à la situation économique.

L'émergence de la dimension sociale dans la politique du logement

Les années quatre-vingt-dix vont voir émerger de nouvelles politiques développées en application de la garantie des grands équilibres qui incombe à l'État. Deux lois viseront, en partie, à corriger les effets de la décentralisation.

La loi n° 90-449 du 31 mai 1990 visant à la mise en œuvre du droit au logement, dite « loi Besson », fixe comme principe dans son article premier que « garantir le droit au logement constitue un devoir de solidarité pour l'ensemble de la nation ». Elle rend obligatoire un plan départemental d'action pour le logement des plus défavorisés, élaboré et mis en œuvre conjointement par le préfet et le président du conseil général, en collaboration avec les différents acteurs concernés. Ce plan doit définir les modalités d'action dans ce domaine. Un Fonds de solidarité pour le logement, cofinancé par l'État et le département, permet d'accorder des aides financières aux ménages défavorisés.

La loi d'orientation pour la ville du 13 juillet 1991 est l'expression d'une préoccupation politique : celle de la lutte contre l'exclusion et de sa traduction spatiale. Il s'agit d'inverser la tendance constatée à une trop grande spécialisation des espaces urbains, en imposant dans les grandes agglomérations la mixité du logement privé et du logement social. Cette loi reprend et développe le concept de politique locale de l'habitat, instauré à travers les PLH dans la loi de 1983, en lui donnant un contenu juridique.

Ces nouvelles orientations ont conduit à recréer une nouvelle catégorie de logement : le PLA très social (PLATS), successivement appelé « logement adapté » et « logement d'insertion », qui, moyennant une subvention majorée de l'État, permet avec des loyers plus faibles de loger des ménages aux ressources inférieures de 40 % au plafond PLA. De nouveau, le parc social se segmente. Dans le même temps, le souci de faire fonctionner les règles de marché a conduit, en 1989, après des tâtonnements successifs, à une législation sur les loyers qui tend vers un juste équilibre entre les droits des propriétaires et ceux des locataires : la notion de « loyer de voisinage » et des modalités contrôlées de révision des loyers ont été introduites.

Dans le secteur de l'accession à la propriété, après une période d'euphorie qui a conduit certains ménages à des opérations hasardeuses, les ménages à ressources modestes ont souffert, ces dernières années, de la prudence des prêteurs dans le secteur concurrentiel. Pour faciliter leur accès au crédit immobilier, les pouvoirs publics ont mis en place en 1993 un nouvel instrument : le Fonds de garantie de l'accession sociale à la propriété (FGAS) ; alimenté par des ressources provenant à la fois de l'État et de l'établissement prêteur, il indemnise ce dernier pour les défauts de remboursement ou les remboursements tardifs des prêts à l'accession sociale (PAS) qu'il garantit. Cependant, la nécessité de réformer l'accession à la propriété aidée s'est confirmée et, en octobre 1995, une refonte totale du système est intervenue.

Les derniers développements

La réforme de l'accession à la propriété aidée a substitué aux dispositifs existants un prêt à taux zéro (PTZ). Les dispositifs supprimés sont les PAP et les avantages fiscaux qui leur étaient associés. En revanche, cette nouvelle aide est cumulable, pour les ménages modestes, avec les aides à la personne. Ce prêt est destiné aux ménages qui achètent, à titre de résidence principale, un logement neuf ou un logement ancien nécessitant un minimum de travaux et qui disposent d'un revenu inférieur à un plafond qui dépend de la taille de la famille et de la zone géographique. Les modalités de remboursement varient en fonction des ressources de l'emprunteur. Les PTZ sont distribués par les établissements de crédit ayant passé une convention avec l'État. Cette réforme substitue à un monopole de distribution des aides (Crédit foncier de France et sociétés anonymes de crédit immobilier) des circuits de financement banalisés. La Société de gestion du FGAS assure les relations financières entre l'État et les établissements de crédit. Contrairement aux PAP, il s'agit d'une aide non contingentée.

Pour les logements locatifs sociaux neufs PLA, la subvention budgétaire est remplacée, depuis le 1er octobre 1996, par l'application du taux de TVA réduit (5,5 %) aux travaux de construction de logements (le taux précédent était de 20,6 %). Parallèlement, des mesures renforçant l'application du droit au logement ont été prises : la mise en place d'un supplément de loyer de solidarité vise à fluidifier le parc HLM ; des incitations fiscales favorisent la mobilisation des logements vacants habitables ; la réquisition de logements vacants, propriétés d'organismes institutionnels, a été utilisée à plusieurs reprises. Ces mesures se sont inscrites dans le cadre d'un « plan d'urgence » visant à mettre en service vingt mille logements d'insertion en dix-huit mois et devraient être suivies d'une réforme des attributions des logements dans le parc locatif social.

La politique du logement en cinquante ans est passée d'une politique de production massive pour répondre aux besoins, à une politique qui tend à se limiter à la correction des tendances du marché, c'est le sens de la substitution progressive des aides à la pierre par les aides à la personne.

Bibliographie

ASCHER François, coord. (1995), *Le Logement en questions*, Éditions de l'Aube, La Tour-d'Aigues.

BARRE Raymond (1975), *Réforme du financement du logement*, La Documentation française, Paris.

CONSIGNY Pierre (1971), *Rapport du groupe des interventions publiques du VIe plan.*

GEINDRE François (1993), *Le Logement une priorité pour le XIe plan*, La Documentation française, Paris.

LEFEBVRE Bruno, MOUILLART Michel et OCCHIPINTI Sylvie (1991), *Politique du logement, 50 ans pour un échec*, L'Harmattan, Paris.

NORA Simon et EVENO Bertrand (1975), *L'Amélioration de l'habitat ancien*, La Documentation française, Paris.

25

Mixité de l'habitat, documents d'urbanisme et stratégies locales

*par Jocelyne Dubois-Maury**

Les effets sociaux d'une économie en panne de croissance entretiennent, depuis une quinzaine d'années, une fragmentation des sociétés urbaines. Il s'ensuit une remise en cause fondamentale des mécanismes qui avaient jusque-là permis, tant bien que mal, à chaque catégorie sociale de trouver un logement, la localisation de celui-ci restant tributaire des données du marché.

Le socle juridique de référence

Pour faire face à des situations devenues politiquement préoccupantes, le législateur a élaboré, à partir de 1990, une série de textes qui traduisent une continuité d'intentions, par-delà les alternances gouvernementales. Tous s'articulent sur la notion de « droit au logement » que proclame la loi Besson (loi n° 90-449 du 31 mai 1990 visant à la mise en œuvre du droit au logement). La loi d'orientation pour la ville (loi n° 91-662 du 13 juillet 1991), par-delà l'affirmation incantatoire d'un « droit à la ville », inscrit le droit au logement dans une approche urbaine plus globale. Mais, plus concrètement, cette loi contient les outils juridiques propres à harmoniser la maîtrise des sols avec les objectifs en matière d'habitat. Toutefois, ce dispositif n'ayant pas eu toute l'efficacité souhaitée, la loi relative à la diversité de l'habitat (loi n° 95-74 du 21 janvier 1995) a mis en place un double mécanisme d'incitations qui assouplit les conditions relatives à l'édification de l'habitat social. Par ailleurs, on observe que, si l'État assume toujours la compétence en matière de logement

* Laboratoire d'étude du développement et de l'aménagement local et régional, Institut d'urbanisme de Paris, université Paris-XII-Val-de-Marne.

social, à la différence de certains pays voisins, la loi de 1995 implique plus directement les collectivités locales dans ce domaine. La loi relative à la mise en œuvre du pacte de relance pour la ville (loi n° 96-187 du 14 novembre 1996), principalement orientée vers l'emploi, ne néglige nullement le volet habitat, notamment dans les zones urbaines sensibles (ZUS).

Le fondement de ce nouveau *corpus* juridique traduit un changement de stratégie dans le domaine du logement. Celui-ci, après avoir été fondé sur simples incitations ou des aides financières, devient un objectif majeur des politiques publiques urbaines en quête d'une plus grande mixité sociale. Toutefois, les textes demeurent très imprécis sur l'intégration des préoccupations de l'habitat social dans le processus de planification spatiale et dans ses traductions juridiques, les documents d'urbanisme.

La mise en œuvre de telles intentions entraîne, ce qui est nouveau, des interactions entre les organismes en charge de l'urbanisme ainsi que de l'action foncière et ceux qui ont mission de réaliser les logements sociaux. Ce rapprochement est d'autant plus délicat qu'il concerne deux dispositifs juridiques dont les logiques sont distinctes : celui du Code de l'urbanisme et celui du Code de la construction et de l'habitation. Cet effort de plus grande coordination est-il effectif ? Les documents d'urbanisme, et notamment les plans d'occupation des sols (POS), sont-ils à même d'afficher, puis de permettre la réalisation des objectifs maintes fois évoqués de mixité ?

La diversité de l'habitat dans les documents d'urbanisme

Quel que soit le document d'urbanisme considéré, le principe de hiérarchisation des normes les soumet tous aux objectifs de l'article L.110 du Code de l'urbanisme, qui impose notamment d'« assurer sans discrimination aux populations résidentes et futures des conditions d'habitat répondant à la diversité de ses besoins ». Par ailleurs, en application de la loi d'orientation pour la ville, au nom d'un principe général d'équilibre (art. L.121-10 du Code de l'urbanisme), les documents d'urbanisme doivent « prévoir suffisamment d'espaces constructibles pour la satisfaction des besoins présents et futurs en matière d'habitat ». On assiste donc à l'émergence dans le droit de l'urbanisme du principe de diversité de l'habitat. Il s'ensuit que le représentant de l'État dans le département aura pour mission de porter cette obligation à la connaissance des communes, lors de l'élaboration de leurs documents d'urbanisme, et d'en vérifier le respect par le contrôle de légalité.

L'intérêt de ces dispositions est d'établir des passerelles entre l'État, qui reste seul compétent en matière de logement, notamment par la programmation de crédits, et les collectivités locales, dont l'action foncière est un accompagnement indispensable pour accueillir des logements sociaux. On observera toutefois que la portée juridique de ces deux textes se limite à des objectifs généraux que les divers acteurs de l'urbanisme peuvent interpréter de manière minimaliste ou maximaliste. Le thème de l'habitat dans le processus d'aménagement urbain va se décliner diversement selon les différents documents d'urbanisme ; encore faut-il noter qu'aucune définition de l'habitat social ne figure dans le Code de l'urbanisme, droit objectif qui ne se réfère pas à des personnes.

Le schéma directeur

La loi d'orientation pour la ville a conduit à une réécriture de l'article L.122-1 du Code de l'urbanisme, par lequel le schéma directeur fixe les orientations fondamentales des territoires concernés. À cet égard, l'article s'enrichit de « prévisions en matière d'habitat » et d'« orientations générales relatives à l'urbanisation et à la restructuration des espaces urbanisés ». Ce texte de portée très générale s'accompagne toutefois d'une précision intéressante (art. R.122-27 du Code de l'urbanisme). Elle concerne la nécessité de rendre compatibles les dispositions du schéma directeur avec les projets d'acquisition foncière des collectivités et établissements publics.

Le plan d'occupation des sols

Mais c'est évidemment à travers les règles du plan d'occupation des sols (POS) que les objectifs de mixité peuvent être le mieux cernés. Lorsqu'il a été créé par la loi d'orientation foncière, en 1967, dans un contexte de forte croissance, le POS se bornait à déterminer des zones d'affectation des sols selon leur usage dominant. Aux règles initiales s'est ajoutée, avec la loi d'orientation pour la ville, la nécessité de prendre en considération un nouvel outil de programmation : le programme local de l'habitat (PLH).

Le POS, à travers ses zones et leurs réglementations, ne peut agir en matière d'habitat social que de manière indirecte. Éventuellement, il peut s'opposer à toute construction sociale par des règles contraignantes en prévoyant, par exemple, des densités résidentielles très faibles. Mais, à l'inverse, le règlement de zones d'un POS peut inciter à une plus grande mixité fonctionnelle ou sociale. L'élément déterminant sera généralement la possibilité d'abaisser la charge foncière par logement social bâti. Pour ce faire, la densité sera renforcée, en modifiant le coefficient d'occupation du sol (COS).

Allant dans ce sens, la loi de diversité de l'habitat de 1995 a prévu que les collectivités locales, par simple décision du conseil municipal, et sans recourir aux procédures lourdes de révision ou modification de POS, pourront favoriser la construction de logements locatifs sociaux. Ainsi, l'autorisation de construire en dépassement du COS prévu au POS pourra être délivrée et ces constructions en surdensité seront exonérées de la participation pour dépassement de COS, ainsi que du versement pour dépassement de plafond légal de densité (PLD), s'ils sont exigibles.

Les relations POS/PLH

Pour mettre en œuvre ses objectifs de solidarité urbaine, la loi d'orientation pour la ville a introduit un mécanisme nouveau en urbanisme. Un ensemble de communes est retenu par cette loi (ces communes sont définies par les articles L.302-5 et L.302-6 du Code de la construction et de l'habitation qui font obligation aux communes de 3 500 habitants et plus, appartenant à une agglomération de plus de 200 000 habitants, dont le nombre de logements sociaux est inférieur à 20 % des résidences principales et dont les bénéficiaires d'aides personnelles au logement sont inférieurs à 18 % de ces mêmes résidences) : elles doivent choisir entre deux options. Soit elles prendront les mesures propres à permettre l'acquisition des terrains ou de locaux nécessaires à la réalisation de logements sociaux à usage locatif ; soit elles devront s'acquitter d'une contribution égale à 1 % de la valeur locative des immeubles assujettis à la taxe foncière. Dans le cas le plus fréquent, en application de la première option, les collectivités locales concrétiseront leur volonté politique par l'établissement d'un PLH.

Toutefois, la relation entre le PLH et le POS soulève un certain nombre de questions de fond. En application de la loi, les POS doivent désormais prendre en considération les PLH. S'il y a avancée dans les intentions, une double ambiguïté demeure. La première réside dans la notion de « prise en considération », dont la force juridique, à défaut de jurisprudence, se révèle fort incertaine. Par ailleurs, le POS, qui est un document de nature normative sans limite de durée, est intrinsèquement différent du PLH, outil de programmation défini pour cinq ans, qui s'appuie sur un diagnostic concernant le parc de logements et les besoins des populations locales.

Si l'élaboration d'un PLH a un caractère facultatif dans la loi d'orientation pour la ville, la loi de 1996 relative au pacte de relance pour la ville en fait une obligation dans toutes les communes comprenant tout ou partie d'une « zone urbaine sensible ». Le PLH tendrait ainsi à devenir un outil plus systématique. Bien plus, à défaut d'une volonté locale, le préfet pourra imposer un PLH dans toute zone urbaine sensible (circulaire n° 97-08/HC/HA du 8 janvier 1997, « Mise en œuvre des dispositions du pacte de relance pour la ville relative à l'habitat »). Mais va-t-on s'appuyer sur un nouveau découpage territorial ? La France compte sept cents ZUS, groupant environ quatre millions d'habitants, qui ne coïncident pas, pour la plupart, avec des unités administratives existantes. D'où la nécessité d'envisager des modalités d'ajustement avec les POS.

Le foncier et ses contraintes

Les rédacteurs de la loi d'orientation pour la ville, conscients des réticences locales prévisibles à la mise en œuvre d'une politique de mixité sociale, en arguant notamment d'une pénurie foncière, avaient pensé surmonter ces difficultés en conférant au PLH une assiette intercommunale. À défaut de terrains disponibles dans certaines communes, d'autres, au sein de la même agglomération, pouvaient en dégager pour le logement social. À cette fin, le PLH a été doté d'un volet foncier permettant aux communes, ou à leurs groupements, de mettre en œuvre les moyens propres à libérer des terrains dans un objectif de diversité de l'habitat. En outre, la loi d'orientation pour la ville prévoyait la création d'établissements publics fonciers locaux à vocation unique pour la constitution de réserves foncières. L'application de ce dispositif a été très inégale : un nombre insignifiant d'établissements publics fonciers locaux a été créé et l'on peut y voir la réticence des communes, dont l'accord est nécessaire avant toute création d'établissement public de ce type par le représentant de l'État. De plus, la coopération intercommunale souhaitée par le législateur, amplement justifiée sur un plan technique, s'est heurtée à des spécificités locales, notamment dans la petite couronne parisienne, déjà densément urbanisée, où la recherche de la diversité de l'habitat commune par commune paraît pertinente [Carrez, 1994]. Dans cet effort, d'ailleurs, certaines communes préfèrent substituer au PLH des programmes d'habitat moins formalisés. On peut, enfin, estimer que les textes sont demeurés assez vagues en ce qui concerne l'aide en matière d'actions foncières (le rapport J.-P. Sueur, publié en février 1998 et destiné à réorienter la politique de la ville, dans sa proposition 34, affirme la nécessité de s'en tenir à des PLH intercommunaux...).

La loi de 1995 a limité le concours financier de l'État aux seuls établissements publics de coopération intercommunale ayant conclu une convention d'application d'un PLH. L'aide de l'État n'est alors engagée que dans « les limites des dotations ouvertes par les lois de finances ». Par voie de conséquence, pour nombre de communes visées par les textes, il s'agira de « prendre les mesures propres à permettre l'acquisition des terrains nécessaires à la réalisation des logements sociaux ».

Ces stratégies communales vont s'appliquer généralement par l'exercice des droits de préemption. La loi d'orientation pour la ville avait prévu que le préfet pouvait, dans les communes précitées, non couvertes par un PLH, exercer par substitution le droit de préemption urbain. En fait, cette disposition n'a jamais été mise en œuvre. Sans doute était-elle en contradiction trop forte avec les principes sous-jacents à la décentralisation, qui donne à la commune toutes les compétences en urbanisme dès l'instant qu'elle se dote d'un POS. La loi relative à la diversité de l'habitat a logiquement abrogé cette disposition.

Toutefois, si la loi d'orientation pour la ville a souligné l'importance d'un accompagnement foncier, deux stratégies restent à la disposition des collectivités locales. L'une, qui ne semble plus très pratique, est la constitution de réserves foncières. L'autre réside dans le choix de la dimension et de la localisation des terrains mobilisés pour y construire de l'habitat social locatif de façon à ne pas reproduire sous une autre forme le risque d'effet ségrégatif des anciennes ZUP [Piron, 1996]. Il convient donc de moduler les objectifs des PLH en y incluant, partout où cela est possible, la réhabilitation des logements relevant du parc privé ancien. Cette démarche relativiserait la maîtrise foncière.

Cette observation trouve actuellement un champ d'application dans la mesure où le ministère de la Défense met sur le marché divers biens dans le cadre de sa restructuration. De nombreuses villes ont ainsi la possibilité d'acquérir des terrains ou des immeubles destinés à l'habitat social, en particulier lorsqu'ils sont en situation péricentrale. Toutefois, ce type de reconversion risque d'être tributaire du montant de la transaction, le ministère de la Défense n'acceptant pas toujours de réviser à la baisse ses prétentions.

Vaincre la frilosité des collectivités locales

L'exploitation de l'*Annuaire des groupements des collectivités territoriales* [DGCL, 1996] montre que l'habitat et le foncier font l'objet de préoccupations très inégales selon les types de regroupements communaux. Plus étrange encore, on observe que très souvent les compétences en matière d'habitat ne sont pas associées aux compétences en matière foncière.

Ces deux domaines de compétences ne sont mentionnés explicitement que pour les communautés urbaines (art. L.5215-20 du Code des collectivités territoriales). En ce qui concerne les communautés de villes, si l'élaboration d'un PLH est une compétence obligatoire, les textes ne font pas mention du foncier, ni dans les compétences obligatoires ni dans les compétences optionnelles. En ce qui concerne les districts, ni l'habitat ni le foncier ne figurent parmi les compétences obligatoires exercées de plein droit en lieu et place des communes. Sur un total de 318 districts, 40 seulement ont inscrit la maîtrise foncière, en revanche 157 districts ont inscrit dans leurs attributions une politique du logement ou des PLH. On peut s'étonner du nombre de situations au niveau des districts où habitat et foncier ne sont pas délibérément associés. Selon les données de la DGCL pour 1996, cette double compétence ne se rencontre que dans 24 districts, qui correspondent presque toujours à une agglomération.

Enfin, en ce qui concerne les communautés de communes, le logement ne figure que dans le groupe des compétences optionnelles. Sur un total de 894 communautés de communes, 284 ont fait le choix d'une politique du logement. Là encore, on observe que seulement 27 communautés de communes font preuve d'une réelle cohérence en affichant la double compétence dans le domaine du foncier et dans celui du logement.

La mixité de l'habitat a de nombreuses acceptions, comme d'ailleurs la mixité sociale, puisque l'une et l'autre peuvent être définies et réalisées à différentes échelles allant d'une zone de POS jusqu'à l'îlot, voire au bâtiment. Mais, en la matière, les documents d'urbanisme n'ont qu'une capacité opératoire limitée. Ils peuvent largement interdire et plus modestement inciter. L'élément médiateur, sinon déterminant, dans l'affectation des terrains à bâtir reste le coût du foncier et le pourcentage qu'il représente dans la production d'une unité de logements.

L'apport positif des textes juridiques des années quatre-vingt-dix est toutefois d'atténuer cette contrainte dans la mesure où il rapproche les champs de l'urbanisme et ceux de l'habitat. Désormais, une évolution continue fait passer les documents d'urbanisme d'une approche à dominante spatiale à une appréhension plus complexe, sans doute non exempte de choix idéologiques. Mais la mise en œuvre de cette préoccupation de mixité sociale conserve des zones d'ambiguïté. En effet, les populations concernées par l'habitat social sont loin d'être homogènes et les dispositifs qui viennent d'être décrits restent imprécis pour les catégories les plus vulnérables concernées par la lutte contre l'exclusion.

Bibliographie

CARREZ Gérard (1994), *Loi d'orientation pour la ville – diversité de l'habitat. Bilan et propositions pour les grandes agglomérations* (rapport au ministre du Logement), Paris.

DGCL (1996), *Annuaire des groupements des collectivités territoriales.*

JACQUOT Henri (1993), « Développement social urbain et diversification de l'habitat », *Actualité juridique du droit administratif (AJDA).*

JEGOUZO Yves (1993), « Décentralisation et solidarité », *Études foncières*, n° 60.

MORAND-DEVILLER Jacqueline (1992), « L'apport de la loi d'orientation pour la ville », *AJDA*.

PIRON Olivier (1996), *L'Aménagement en question*, ADEF, Paris.

26

Le droit du logement

*par Daniel Tomasin**

Le logement, conçu comme un bien immobilier destiné à satisfaire le besoin d'habitation principale ou secondaire d'une personne ou d'une famille, peut être l'objet d'un droit de propriété ou d'un droit de jouissance.

Propriété du logement

La propriété du logement est un phénomène complexe et variable. On peut distinguer l'accession à la propriété du logement de l'objet de la propriété.

Accession à la propriété

En droit français, la propriété représente le plus complet des rapports de droit entre un bien (ici immobilier) et son titulaire, rapports qualifiés aussi de droits réels. Le Code civil précise que la propriété « est le droit de jouir et disposer des choses de la manière la plus absolue pourvu qu'on n'en fasse pas un usage prohibé par les lois et le règlement » (art. 544). En vertu de sa propriété, le propriétaire du logement, d'une part, peut exclure tous les autres individus de la maîtrise et de l'usage du logement (il a le droit de se protéger en édifiant des clôtures, art. 647 du Code civil) ; d'autre part, il bénéficie sur son logement des attributs les plus étendus. Il peut en user, l'habiter ou le laisser inoccupé (c'est l'*usus*), en percevoir les fruits (c'est le *fructus*) en le donnant, par exemple, à bail, en disposer enfin en l'aliénant (vente ou donation) ou en le démolissant (c'est

* Institut des études juridiques de l'urbanisme et de la construction, université de Toulouse-I.

l'*abusus*). La réunion de ces trois attributs sur une seule personne forme la propriété pleine et entière du logement.

Mais le droit français permet de dissocier ces attributs pour réaliser un démembrement de la propriété du logement. On peut ainsi conférer le droit d'usufruit du logement à une personne différente du propriétaire. L'usufruitier du logement est alors titulaire, jusqu'à sa mort, du droit d'en user *(usus)* et d'en jouir *(fructus)*. Le propriétaire ne garde que l'*abusus*, appelé encore nue-propriété. Au décès de l'usufruitier, le nu-propriétaire recouvre la propriété pleine et entière du logement. L'usufruit du logement peut être légal, soit pour le conjoint survivant (C. civ., art. 767) à la suite du décès de son mari ou de sa femme propriétaire, soit pour les père et mère d'un enfant mineur de seize ans (C. civ., art. 382 à 384). L'usufruit du logement peut être aussi volontaire et naître d'un acte à titre gratuit ou onéreux. On peut ainsi céder la nue-propriété d'un logement et s'en réserver l'usufruit avec paiement d'une rente viagère (vente moyennant rente viagère), ou se réserver sa nue-propriété en cédant l'usufruit, ou encore un droit d'usage *(usus)* ou un simple droit d'habitation (limité à la famille). On peut aussi faire donation de la nue-propriété et se réserver l'usufruit du logement (donation avec réserve d'usufruit).

La sécurité de l'acquisition de la propriété du logement résulte de l'intervention du notaire. Pour que le transfert de propriété du logement soit opposable à tous ceux qui ne sont pas parties aux actes opérant transfert de propriété, le droit français impose que les actes emportant mutation ou constitution de droits réels (notamment sur le logement) soient publiés dans un bureau des hypothèques. Il s'agit de la formalité de publicité foncière, qui a pour but d'assurer la sécurité du commerce juridique en matière immobilière. Cette formalité suppose que l'acte ait été passé sous la forme authentique, c'est-à-dire devant notaire.

Le souci de protection des accédants à la propriété d'un logement se manifeste dans une série, non homogène, de textes successifs.

Certains textes ont pour objet d'éviter les effets d'une précipitation excessive du candidat à l'accession à la propriété d'un logement. La loi sanctionne la publicité mensongère, réglemente le démarchage à domicile et la rétractation de l'acquéreur (art. L. 271-1 du Code de la construction et de l'habitation).

D'autres textes ont pour objet de développer la prévention et le traitement des engagements financiers de l'accédant. Une loi n° 79-596 du 13 juillet 1979, d'ordre public, codifiée aux articles L. 312-1 et suivants du Code de la consommation, impose des mesures de protection en faveur de l'emprunteur immobilier, notamment l'indication dans l'acte constatant l'opération immobilière que le prix est payé à l'aide d'un ou plusieurs prêts (C. consom., art. L. 312-15). La loi du 31 décembre 1989 modifiée (C. consom., art. L. 331-1) permet à ces emprunteurs de profiter du régime du surendettement caractérisé par « l'impossibilité manifeste, pour le débiteur de bonne foi, de faire face à l'ensemble des dettes non professionnelles exigibles à échoir ». Les obligations de l'emprunteur peuvent alors être modifiées par une commission de surendettement et/ou par le juge (Dalloz Construction, 1997, n° 2631 et suivants).

Enfin, des textes ont pour objet de protéger l'accédant contre les défauts du logement. La garantie des vices cachés d'une durée de dix ans après la réception de l'ouvrage a été étendue par la loi du 4 janvier 1978 non seulement à tous les concepteurs (architectes, bureaux d'études) et les entrepreneurs, mais aussi aux vendeurs. Cette loi a imposé un système d'assurances construction obligatoires (assurance dommages ouvrage et assurance responsabilité obligatoire) pour mieux garantir les risques de défaut du logement. Récemment, la loi n° 96-1107 du 18 décembre 1996 a imposé que figure la mention de la superficie de la partie privative du lot dans toute promesse ou tout acte de vente d'un lot de copropriété.

La propriété du logement donne aux créanciers de l'accédant des garanties ou sûretés contre le risque d'insolvabilité. Les sûretés réelles, qui contrairement aux sûretés personnelles portent sur un bien déterminé, vont permettre d'accorder aux créanciers des droits préférentiels sur le logement. Ces sûretés, privilèges, hypothèques, permettent ainsi de développer le crédit pour l'accession à la propriété du logement ou la protection d'intérêts jugés essentiels par la loi.

Le droit français connaît plusieurs modalités d'accession à la propriété d'un logement : les transferts à titre onéreux et les transferts à titre gratuit. Les transferts à titre onéreux supposent que le bénéficiaire donne un équivalent économique en contrepartie de la transmission de la propriété du logement. Ce sera parfois le cas à la suite de l'échange d'un bien immobilier contre un logement. Ce sera le plus souvent le cas à la suite d'une vente qui se caractérise par le paiement d'un prix en contrepartie de la transmission de la propriété. Ce prix pourra être payé sous forme d'une rente viagère jusqu'à la mort de la personne sur laquelle la rente est constituée.

On peut distinguer deux catégories de ventes de logements en droit français. La vente d'immeubles existants, qui est la forme la plus simple, porte sur un immeuble déjà construit et achevé. La vente obéit alors aux règles du droit commun de la vente (art. 1582 et suivants du Code civil). Le transfert de propriété du logement (ou d'un droit d'usufruit ou de nue-propriété sur ce logement) sera la conséquence de l'accord du vendeur et de l'acquéreur sur le logement vendu et sur son prix. L'accord des parties pourra être précédé d'une promesse unilatérale de vente du logement par laquelle le vendeur promet de vendre son logement à un bénéficiaire si ce dernier lève l'option qui lui est accordée dans un délai fixé. Ce vendeur demandera souvent une indemnité d'immobilisation en contrepartie de l'immobilisation de son bien.

La vente d'immeubles à construire a été introduite dans le droit français par la loi n° 67-3 du 3 janvier 1967. Elle est réglementée dans les articles L. 261-1 et suivants et R. 261-1 et suivants du Code de la construction et de l'habitation. Cette vente suppose que le logement vendu soit en cours de construction et ne soit pas achevé. Le vendeur s'oblige à édifier le logement. Le transfert de la propriété peut être alors retardé jusqu'à l'achèvement de l'immeuble dans la vente à terme (procédure surtout utilisée dans le secteur HLM). Il peut être aussi réalisé, au fur et à mesure de la construction du logement, dans la vente en l'état futur d'achèvement, qui est la forme la plus couramment choisie.

Le transfert de la propriété du logement peut être retardé du fait de l'aménagement par la loi d'une période de jouissance favorisant le financement ou la construction du logement. Dans la location-accession, l'accédant pourra devenir propriétaire de son logement après une période de jouissance pendant laquelle il versera une redevance et se constituera une épargne (apport personnel) destinée au financement de l'achat. L'accession pourra aussi résulter de l'acquisition de parts d'intérêt ou d'actions de sociétés constituées en vue de l'attribution d'immeubles aux associés par fractions divises. L'accédant aura la jouissance du logement pendant la durée de la société mais il en deviendra propriétaire au partage de l'actif social consécutif à la dissolution de la société. Certaines sociétés (sociétés coopératives de construction HLM) peuvent choisir entre cette technique et la vente. L'accession à la propriété d'un logement peut aussi être réalisée par la construction sur le terrain du propriétaire d'une maison individuelle. Une loi n° 90-1129 du 19 décembre 1990 a réformé le droit applicable aux contrats de construction de maison individuelle (Dalloz Construction, n° 1421 et suivants).

Les transferts à titre gratuit supposent que le bénéficiaire de la transmission de la propriété du logement ne donne aucune contrepartie économique. La donation du logement est un contrat à titre gratuit par lequel le ou les donateurs (par exemple, un père ou une mère, ou les deux) transmettent au donataire, qui l'accepte, la propriété du logement.

Mais la gratuité du transfert peut aussi se produire au décès de son propriétaire. Si cette personne décède sans avoir rédigé de testament, on est en présence d'une succession *ab intestat*. La loi règle alors la dévolution de ses biens et donc de son logement. L'article 832 du Code civil donne à tout héritier copropriétaire ou son conjoint survivant le droit de demander l'attribution préférentielle, avant le partage de la succession, de la propriété du local qui sert effectivement d'habitation, s'il y avait sa résidence à l'époque du décès.

Objet de la propriété

Le logement, objet de propriété, peut prendre aujourd'hui des formes et des natures juridiques différentes. Il peut se situer dans un immeuble individuel ou dans un immeuble collectif. Les droits et obligations de son propriétaire varient en conséquence.

Lorsque le logement est situé dans un immeuble individuel, son propriétaire bénéficie des pouvoirs de tout propriétaire sur son immeuble. Il est tenu des charges fiscales (impôts fonciers) et des obligations imposées par le droit de l'urbanisme et le droit civil (servitudes, relations de voisinage). Dans certains cas, la propriété du logement a pour origine une opération de lotissement par laquelle une propriété foncière d'un seul tenant a été divisée en plusieurs parcelles sur lesquelles ont été édifiées des constructions destinées notamment au logement. Cette opération, qui relève du Code de l'urbanisme, se caractérise par une limitation des droits des colotis résultant du règlement ou/et du cahier des charges du lotissement. Les juges ont un large pouvoir d'interprétation de ces documents (Dalloz Urbanisme, n° 5505 et suivants).

Lorsque le logement est situé dans un immeuble collectif, les pouvoirs du propriétaire s'en trouvent grandement réduits. On est alors en présence soit d'une copropriété ordinaire ou conventionnelle, généralement temporaire, qui ne peut se maintenir que par la volonté concordante de tous les copropriétaires (indivision héréditaire par exemple), et dans laquelle aucun d'eux ne peut se prévaloir d'un droit exclusif sur une partie de l'immeuble, soit d'une copropriété forcée, telle la copropriété des immeubles bâtis réglementée par la loi n° 65-557 du 10 juillet 1965. Cette dernière forme de propriété du logement a connu un grand développement. Elle représente environ 20 % des logements en France. Elle consiste à répartir la propriété de l'immeuble en lots de copropriété (affectés par exemple à l'habitation) comprenant chacun une partie privative sur laquelle le copropriétaire a un droit exclusif (l'appartement, par exemple), et une quote-part de parties communes. Une personne morale, le syndicat de copropriétaires, administre les parties communes, prend, en assemblée générale, les décisions concernant l'immeuble, qui sont exécutées par un syndic de copropriété.

Jouissance du logement

La jouissance d'un logement n'est pas nécessairement assurée par sa propriété. Cette jouissance est souvent le résultat d'une convention par laquelle un contractant va se voir attribuer pour un certain temps des droits sur le logement contre le paiement d'un prix. L'accès à cette jouissance peut être distingué de sa protection juridique.

Accès à la jouissance

L'accès à la jouissance d'un logement résulte le plus souvent d'un contrat de bail. Sa conclusion dépend essentiellement de la volonté des parties. La loi cependant protège cet accès par le délit de discrimination, puni de deux ans d'emprisonnement et 200 000 francs d'amende (art. 225-2, 1° du nouveau Code pénal).

Le bail d'un logement est un contrat à exécution successive par lequel le bailleur donne la jouissance d'un logement à un locataire (preneur) pour un certain temps et un certain prix, appelé loyer. Cependant, la jouissance d'un logement peut être obtenue à la suite de contrats proches du bail mais distincts. Ainsi, une jouissance précaire du logement peut être conférée au preneur contre une redevance modique (contrat d'occupation précaire). De même, la jouissance d'un logement à titre gratuit n'est pas un bail mais un prêt à usage ou commodat. La jouissance d'un logement en contrepartie de prestations en nature peut entraîner la qualification de contrat de travail. Le Code civil fixe le droit commun du bail (principes généraux régissant les droits et obligations des bailleurs et des locataires). Cependant, le désir de donner aux locataires une plus grande sécurité dans leur jouissance a conduit les législateurs contemporains à voter des textes successifs protecteurs des locataires : loi n° 48-1360 du 1er septembre 1948, loi n° 82-526 du 22 juin 1982, loi n° 86-1290 du 23 décembre 1986 et loi n° 89-462 du 6 juillet 1989 [Lafond, 1997].

La loi du 1er septembre 1948 ne s'applique qu'aux logements construits antérieurement à son entrée en vigueur. Elle avait pour but d'assurer un droit au maintien dans les lieux au locataire en fin de bail, et la fixation d'un loyer fondé sur la valeur locative. Mais ces baux (environ 700 000) s'éteignent progressivement (Dalloz Gestion, n° 1917), soit que les textes libèrent les communes visées par la loi, soit qu'ils libèrent les locaux qui y étaient soumis. Leur conclusion est devenue rare.

Aujourd'hui, les baux de logements seront donc, en général, soumis à la loi du 6 juillet 1989. Il s'agira des locations de locaux à usage d'habitation ou à usage mixte professionnel et d'habitation principale. L'article 40-1 de la loi régit le cas des logements loués par les organismes HLM en énumérant les dispositions qui ne leurs sont pas applicables. Tous les textes de la loi qui ne sont pas exclus sont donc applicables à ces baux. Les attributions des logements HLM seront réservées aux personnes physiques de nationalité française ou étrangère admises à séjourner régulièrement sur le territoire français dans des conditions de permanence, dont les ressources sont inférieures à un plafond fixé par décret. La procédure d'attribution débute par une demande qui est présentée auprès des organismes HLM ou de la commune d'implantation du logement. Les attributions sont prononcées par chaque organisme HLM. Des critères d'attribution spéciaux sont prévus en faveur de personnes prioritaires. La durée du bail des locations HLM n'est pas fixée par la loi et le montant du loyer dépend d'une détermination administrative du prix de base au mètre carré des différentes catégories de logement.

L'accès à la jouissance d'un logement peut aussi être réalisée par le biais de sociétés constituées en vue de l'attribution d'immeubles en jouissance en temps partagé (loi n° 86-18 du 6 janvier 1986). Ces sociétés organisent la division en jouissance d'un logement dans le temps par périodes, tout en évitant l'attribution en propriété. Les bénéficiaires des droits d'occupation doivent avoir la qualité d'associés de la société. Ils sont titulaires de parts ou d'actions de la société correspondant à la période et à l'appartement choisi.

Mais l'accès au logement peut parfois être le résultat de l'application de principes régissant les situations familiales. En matière de divorce, l'article 285-1 du Code civil prévoit le cas d'un local appartenant personnellement à un des époux et servant de logement à la famille. Faisant exception aux règles des régimes matrimoniaux, qui attribuent ce bien à l'époux divorcé propriétaire, la loi permet au juge de concéder à bail ce local au conjoint lorsque l'autorité parentale est exercée par ce dernier sur un ou plusieurs enfants, ou lorsqu'elle est exercée en commun par les deux parents et que les enfants ont leur résidence habituelle dans ce logement. Un autre cas est prévu quand le divorce a été prononcé pour rupture de la vie commune à la demande de l'époux propriétaire. Dans le cas où le droit au bail appartient aux deux époux, la juridiction saisie d'une demande en divorce ou en séparation de corps pourra l'attribuer à l'un des deux époux en considération des intérêts sociaux et familiaux en cause (C. civ., art. 1751, al. 2). Enfin le mécanisme de l'attribution préférentielle permet, à la suite d'une succession, à un héritier copropriétaire ou au conjoint survivant de demander l'attribution préférentielle du droit au bail du local qui lui sert effectivement de logement s'il y avait sa résidence à l'époque du décès.

Protection de la jouissance

La jouissance du logement est aujourd'hui l'objet d'une protection très vigilante de la part des pouvoirs publics. Indépendamment des règles relatives à la fixation du loyer, la protection de la jouissance du locataire passe par une recherche de sa stabilité dans le temps. Cette politique a conduit la loi du 6 juillet 1989 à imposer pour le contrat de location une durée minimale de trois ans pour les bailleurs personnes physiques et de six ans pour les personnes morales. Arrivé à son terme, le contrat se poursuit par tacite reconduction ou par renouvellement. Le bailleur ne peut donner congé que six mois avant le terme et pour des motifs légaux : motif sérieux et légitime, décision de reprendre le logement, vente du logement. Le locataire doit donner congé trois mois avant le terme mais il bénéficie d'un délai d'un mois en cas de mutation, de perte d'emploi, s'il s'agit d'un bénéficiaire du RMI, et si son état de santé justifie un changement de domicile s'il a plus de soixante ans.

Le désir d'assurer au locataire une jouissance continue du logement a conduit la loi à créer des droits de préemption en faveur du locataire dans certaines circonstances pour qu'il puisse acquérir le logement en primant les acquéreurs intéressés. Ainsi le locataire a-t-il un droit de préemption prévu par la loi n° 75-1351 du 31 décembre 1975 en cas de vente d'un ou plusieurs locaux à usage d'habitation ou à usage mixte d'habitation et professionnel consécutive à la division initiale ou à la subdivision de tout ou partie d'un l'immeuble par lots. La loi du 6 juillet 1989 a plus largement consacré un droit de préemption du locataire en cas de congé pour vente donné par le bailleur. Ce congé vaut offre de vente au profit du locataire.

Si le local doit servir au logement de la famille, le Code civil (art. 1751, al. 1) prévoit qu'il est censé appartenir à l'un et à l'autre des époux quel que soit le régime matrimonial et même s'il a été conclu par un seul d'entre eux avant le mariage. Cette cotitularité du bail imposera au bailleur de délivrer congé à chacun d'eux par deux lettres distinctes pour que son congé soit efficace, sauf si l'existence du conjoint n'a pas été préalablement portée à la connaissance du bailleur.

La loi du 9 juillet 1991 (et le décret du 31 juillet 1992) portant réforme des procédures civiles d'exécution a réglementé l'expulsion du locataire. Il est à craindre en effet que le locataire ou sa famille, insolvables, ne puissent trouver à se reloger rapidement et ne soient dans une situation désespérée. Aussi la loi prévoit-elle que, même après obtention d'une décision de justice exécutoire ordonnant l'expulsion, signification au locataire et commandement d'avoir à quitter les lieux, ce dernier bénéficie de droits très importants. D'abord, aux termes de l'article 613-3 du Code de la construction et de l'habitation, il doit être sursis à toute mesure d'expulsion du 1er novembre de chaque année au 15 mars de l'année suivante. Ces dispositions ne sont pas applicables lorsque les personnes sont entrées dans les lieux par voie de fait. Ensuite, des délais, qui ne peuvent excéder trois ans, peuvent être accordés aux personnes expulsées chaque fois que leur relogement ne pourra avoir lieu dans des conditions normales, et ce sans que lesdits occupants aient à justifier d'un titre à l'origine de l'occupation.

Bibliographie

BREGEL Jean-Louis (1983), *Les Ventes d'immeubles existants*, Litec, Paris.

BOUYSSOU F. et HUGOT J. (1996), *Code de l'urbanisme*, Litec, Paris.

CORNU Gérard (1987), *Vocabulaire juridique H. Capitant*, PUF, Paris.

DAGOT Michel (1993), *La Vente d'immeubles à construire*, Litec, Paris.

Dalloz Construction, 1997.

Dalloz Gestion, 1997.

Dalloz Urbanisme, 1997.

GIVORD François, GIVERDON Claude et CAPOULADE Pierre (1992), *La Copropriété*, Dalloz, Paris.

LAFOND J. et LAFOND F. (1997), *Les Baux d'habitation*, Litec, Paris.

27

Le droit au logement des personnes défavorisées, nouveau droit social ?

*par Françoise Zitouni**

À peine avait-il trouvé une formulation dans l'article premier de la loi Quilliot du 22 juin 1982 relative aux rapports locatifs, le droit à l'habitat (qui deviendra à partir de 1989 droit au logement) a dû, pour affirmer sa « juridicité » [Jeammaud, 1985], forcer la défiance des juristes à l'égard de la prolifération récente de ces « droits à » (au transport, à la communication audiovisuelle, à la ville...) issus d'une « propension à la législation proclamatoire » [Auby, 1988], comme, d'ailleurs, leur indifférence à l'égard de tout ce qui relève de la matérialité de l'habitat (le droit s'intéressant avant tout aux statuts d'occupation).

En quinze ans, cependant, du fait même de la possibilité de l'invoquer dans un prétoire, ce nouveau droit a révélé sa valeur normative, contribuant à la constitution d'un droit du logement encore embryonnaire, formé d'un ensemble de principes, d'instruments et de procédures juridiques encadrant les politiques publiques du logement et régissant leur mise en œuvre. Cependant, s'il est désormais acquis qu'existe en France un « droit au logement », sa consécration, législative d'abord, constitutionnelle ensuite, suscite de nombreuses interrogations portant en particulier sur la nature même de ce droit (s'agit-il d'une liberté fondamentale, d'un droit social ou d'un objectif des politiques publiques ?), sur la possibilité de le concilier avec des droits antinomiques tel le droit de propriété, sur le principe de dignité qui en est le fondement ou encore sur les obligations qu'il impose aux pouvoirs publics.

* Centre d'études juridiques d'urbanisme, faculté de droit et de sciences politiques d'Aix-Marseille-III.

Le droit au logement, liberté fondamentale, droit social ou objectif social ?

Une liberté fondamentale qui s'exerce dans le cadre des rapports locatifs

Dans les années quatre-vingt, l'affirmation d'un droit fondamental au logement s'inscrit dans la perspective de la construction d'une démocratie sociale prolongeant la démocratie politique. Le citoyen, appelé à participer à la vie de la cité par l'intermédiaire d'instances représentatives des propriétaires et des locataires (dont les prérogatives ont été renforcées par les lois du 22 juin 1982 et du 6 juillet 1989), doit avoir le choix de son mode et de son lieu d'habitation.

Ainsi conçu, le droit au logement reste circonscrit dans le cadre des rapports locatifs ; autrement dit, les personnes ou les familles qui n'ont pu accéder à un logement ou s'y maintenir sont exclues de son champ d'application. Or, au cours de la décennie 1980-1990, la crise économique a rejeté durablement du monde du travail et, par suite, privé de logement des populations de plus en plus nombreuses.

L'accès à un logement social est, de fait, fermé à certaines catégories sociales défavorisées, alors même que la privation du logement tend à rendre le processus d'exclusion irréversible.

Un droit (ou un objectif) social contre l'exclusion

Ayant finalement réalisé le rééquilibrage des rapports locatifs tenté par les trois réformes successives de 1982, 1986 et 1989, le législateur va désormais s'attacher à la mise en œuvre d'un droit social au logement. La loi du 31 mai 1990 reconnaît à « toute personne ou famille éprouvant des difficultés particulières [...] le droit à une aide de la collectivité pour accéder à un logement décent ou s'y maintenir ». Cet infléchissement sensible du droit au logement marque un recentrage de ce droit en direction des personnes défavorisées dépourvues de logement ou mal logées (occupant un habitat précaire ou insalubre). En effet, la perception de l'exclusion par les pouvoirs publics a profondément changé : celle-ci n'est plus considérée comme une marginalité « volontaire », mais comme le résultat d'un cumul de handicaps économiques, sociaux, familiaux et culturels. La loi de 1990 attribue les difficultés éprouvées par les personnes en situation de précarité « notamment » à « l'inadaptation de leurs ressources ou de leurs conditions d'existence ». Prolongeant la mise en œuvre du revenu minimum d'insertion (RMI, loi du 1er décembre 1988), le droit au logement s'intègre dans une politique globale de lutte contre la pauvreté et l'exclusion qualifiée de « politique de la ville ». Bien que la formulation de ce nouveau droit s'inspire directement des alinéas 10 et 11 du Préambule de la Constitution de 1946 — « La Nation assure à l'individu et à la famille les conditions nécessaires à leur développement et garantit notamment leur sécurité matérielle, etc. » —, les parlementaires n'ont pas entendu conférer à ses titulaires le pouvoir d'exiger de l'État, garant de la solidarité nationale, ou des collectivités décentralisées, une nouvelle prestation d'aide sociale.

En consacrant, dans sa décision nº 94-359 DC du 19 janvier 1995 (loi relative à la diversité de l'habitat), la possibilité (et non le droit) d'obtenir un logement comme un objectif de valeur constitutionnelle, le Conseil constitutionnel confirme cette orientation. Cette formulation restrictive marque sans doute sa réticence à faire émerger un nouveau droit social dont l'effectivité serait subordonnée, en l'absence de protection juridictionnelle adéquate, aux aléas d'une intervention des pouvoirs publics. En revanche, l'utilisation associée de deux techniques : celle des objectifs à valeur constitutionnelle et celle dite « de l'effet cliquet » permet au juge constitutionnel, tout en laissant au législateur le libre choix des moyens propres à atteindre l'objectif de logement décent, de lui interdire toute remise en cause de l'engagement auquel il a souscrit ainsi que des dispositions qui en garantissent, pour l'essentiel, l'accomplissement. Ce faisant, le juge place délibérément cet objectif constitutionnel en dehors du champ du droit de propriété et le rattache au principe de sauvegarde de la dignité humaine contre toute forme de dégradation.

Droit au logement, droit de propriété et principe de sauvegarde de la dignité humaine

Le droit au logement contre le droit de propriété ?

La législation en matière de louage a contribué à affaiblir les prérogatives attachées au droit de propriété en instituant un quasi-droit réel du preneur sur la chose louée.

Le droit au logement des personnes défavorisées se situe, quant à lui, sur un tout autre plan : s'il autorise la mise en œuvre de mécanismes visant à inciter les propriétaires privés à louer leur bien à des personnes démunies (bail glissant, bail à réhabilitation...), il n'a pas pour effet d'imposer de nouvelles obligations à la charge des bailleurs. C'est l'« aide de la collectivité » qui doit permettre aux personnes en difficulté d'accéder à un logement et de s'y maintenir : l'obligation de mise à disposition de logements repose exclusivement sur les collectivités publiques et leurs partenaires institutionnels chargés de sa mise en œuvre.

On ne saurait cependant nier que la reconnaissance d'un droit au logement a fait resurgir le vieux débat sur l'utilité sociale du droit de propriété, engagé dès 1792. L'évolution de la jurisprudence récente en témoigne : abandonnant la référence classique à l'« état de nécessité » (CA Paris, 17 septembre 1993), elle s'appuie sur le droit au logement pour accorder des délais supplémentaires aux familles en situation précaire expulsées de locaux illégalement occupés (tribunal de grande instance, TGI, Paris, 2 septembre 1996), à l'issue d'un exercice, familier au juge, de conciliation de droits antinomiques. La valeur constitutionnelle fraîchement acquise du droit à disposer d'un logement décent permet de le confronter directement au droit constitutionnel de propriété et même de le faire prévaloir, en fonction des circonstances de l'espèce, sur ce dernier (TGI, Saintes, 28 mars 1995).

Ces décisions ont fait craindre à une partie de la doctrine que la mise en valeur d'un droit d'usage dissocié de la propriété n'entraîne « la disparition progressive du droit de propriété au profit de ses démembrements » et n'annonce « la disparition définitive des droits fondamentaux des propriétaires », ceux-ci ne disposant plus, en période de crise du logement, de la possibilité de laisser leur bien vacant [Pauliat, 1995].

Certes, le droit au logement constitue le fondement de la nécessité sociale du droit de réquisition, organisé par une ordonnance du 21 octobre 1945 — qu'il est d'ailleurs question de réformer en limitant son champ d'application aux seuls propriétaires institutionnels. Mais l'utilisation de cette procédure reste exceptionnelle. Et le rattachement du droit à un logement décent au principe de dignité de la personne humaine, opéré par le Conseil constitutionnel, semble moins contribuer à marquer l'« antinomie irréductible » du droit au logement et du droit de propriété [Saint-James, 1997] qu'à délimiter un terrain où la conciliation entre ces droits soit possible.

La dignité de la personne humaine, fondement du droit au logement ?

Le droit à la sauvegarde de la dignité humaine exprimé dans certains textes internationaux, tels que la Déclaration universelle des droits de l'homme de 1948, ne figure expressément dans aucun texte constitutionnel français. C'est une décision du Conseil constitutionnel (nº 94-343/344 DC du 27 juillet 1994 – lois sur la bioéthique) qui a dégagé pour la première fois ce principe, en prenant appui sur la phrase préliminaire du Préambule de 1946, afin de condamner toutes les formes de dégradation contraires à la dignité humaine (manipulations génétiques, expérimentations médicales...). L'extension de ce principe à des situations dont la collectivité est responsable envers certains de ses membres (privation de logement, maintien en habitat insalubre...), réalisée par la décision du 19 janvier 1995, contribuerait à l'affaiblir. En effet, le principe de dignité occupe une place ambiguë dans la hiérarchie des droits : en tant que « droit matriciel », source de tous les droits de l'homme, il a un caractère absolu, « indérogeable » ; mais le rattachement à ce principe d'autres principes ou objectifs corollaires risque de le rabaisser « au niveau des autres droits sociaux avec lesquels il entre alors en concurrence » [Mathieu, 1996].

D'autres dispositions du Préambule de la Constitution de 1946 auraient certainement suffi à garantir le caractère constitutionnel de l'objectif d'accès à un logement décent, en faisant l'économie d'un recours au principe de dignité. Mais seul le recours à ce principe, précisément parce qu'il est « matriciel », peut contribuer à une réévaluation des droits (ou objectifs) sociaux dans la hiérarchie des droits de l'homme et à l'élaboration d'un « droit des pauvres » au sein duquel les droits économiques, sociaux et culturels, traditionnellement opposés aux droits civils et politiques, se retrouveraient indissociables de ceux-ci et même indispensables à leur exercice effectif [Imbert, 1989].

Le rattachement du droit au logement au principe de dignité conduit par ailleurs à une recomposition des politiques sociales de lutte contre la pauvreté et l'exclusion. Favoriser l'accès à un logement décent constitue un objectif fondamental de la politique du logement social, transcendant tous les autres, y compris le principe de diversité de l'habitat posé par la loi d'orientation pour la ville du 13 juillet 1991. En conséquence, les collectivités publiques et leurs partenaires vont devoir négocier leurs obligations respectives au regard de cet objectif ; ils seront également confrontés à la nécessité de redéfinir la prestation de logement en fonction de ce même objectif et, en particulier, de donner une consistance au concept de « logement conforme à la dignité humaine ».

Promouvoir un logement décent : une nouvelle mission pour les pouvoirs publics ?

L'État-animateur et la mobilisation des partenaires de la politique du logement

Dans une société où la pauvreté et l'exclusion sont devenues des phénomènes durables et où la décentralisation a contribué à affaiblir les compétences étatiques, les mécanismes classiques de redistribution des richesses sont fragilisés. Confronté à de nouvelles revendications sociales, l'État, garant de la solidarité nationale, fait évoluer ses missions vers une fonction de mobilisation des différents partenaires de la lutte contre l'exclusion : il devient un « État-animateur » [Donzelot et Estebe, 1994].

Pour faciliter l'accès au logement des populations défavorisées, les lois récentes renouvellent les formes traditionnelles d'action. Des dispositifs de partenariat et de contractualisation rassemblant collectivités publiques et organismes compétents (associations, caisses d'allocations familiales, organismes HLM...) sous l'égide du préfet sont mis en place afin de mobiliser les acteurs concernés et de rassembler les moyens nécessaires. Ainsi les plans départementaux d'action pour le logement des personnes défavorisées élaborés à l'échelle du département (articles 2 à 8, loi du 31 mai 1990), les plans pour l'hébergement d'urgence des personnes sans abri (article 21, loi du 21 juillet 1994) ou encore les conférences du logement pour l'attribution des logements sociaux (circulaire du 26 avril 1994 et article 31, loi du 14 novembre 1996) offrent-ils le cadre nécessaire à l'engagement des différents partenaires et à la négociation de leurs obligations en matière de logement ou de relogement des plus démunis. Cependant, l'existence de ces dispositifs, même lorsqu'ils sont assortis de contraintes, ne suffit pas à garantir l'égal degré d'engagement des différents acteurs : réticence de certaines collectivités à supporter des charges supplémentaires imposées par l'État (par exemple, l'obligation pour le département de financer, à parité avec l'État, le Fonds de solidarité logement), refus de certaines communes d'accueillir ces populations sur leur territoire, ou de certains organismes d'HLM de contribuer à la production d'une offre spécifique [Ballain et Benguigui, 1995]... Il n'en demeure pas moins que ces instruments présentent l'intérêt d'initier, au nom de la solidarité nationale, un processus de déverrouillage progressif de l'accès au logement des catégories de population considérées comme prioritaires, au besoin par la production d'une offre nouvelle de logements adaptés. Cette perspective conduit à redéfinir les caractéristiques de l'objet même de cette offre : le logement.

Vers un logement minimum garanti ?

En substituant la notion de logement décent à celle de logement social, le juge constitutionnel a lui-même suggéré une telle redéfinition.

Le concept de logement décent ne renvoie pas à des critères techniques précis mais répond à des exigences plus qualitatives que quantitatives. Un logement décent, c'est non seulement un logement qui correspond à des normes d'habitabilité et de confort jugées acceptables en un temps et dans une société donnés, mais ce doit être également un lieu de « développement » de la personne et de la famille, et non un lieu de relégation et d'exclusion. S'il existe une volonté commune de ne pas reconstituer les cités d'urgence ou de transit des années cinquante à soixante-dix, la définition d'un logement adapté ne semble pas encore faire l'objet d'un véritable consensus.

La doctrine administrative précise, par exemple, que les logements d'extrême urgence, destinés à l'accueil temporaire de personnes sans abri « ne correspondent ni à de nouveaux produits financiers ni à des produits physiques spécifiques » (circulaire du 28 juin 1995, « Logement »). Même s'il s'agit de solutions provisoires dans l'attente d'un relogement définitif, ces logements d'urgence ou d'extrême urgence ne sont pas conçus comme des logements précaires ; ils doivent préserver l'intimité de leurs occupants. Enfin, ils doivent être correctement intégrés dans l'environnement urbain (l'implantation diffuse, la réhabilitation de bâtiments existants sont privilégiés).

Mais la recherche de nouveaux modes d'habitat peut également déboucher sur des initiatives d'un tout autre ordre. L'exemple des « balises de survie », primées par le jury d'un concours d'architecture organisé par la fédération Butagaz en 1994, illustre parfaitement le danger de régression des acquis sociaux (en l'occurrence, les normes auxquelles est soumise la production des logements locatifs sociaux) en germe dans toute démarche visant à définir ce

« minimum incompressible », selon l'expression de J. Rivero, « dont toute personne doit pouvoir bénéficier afin de mener une vie conforme à la dignité humaine » [Imbert, 1989]. Ces refuges, destinés aux sans-abri, équipés de commodités minimales — accueil, consignes, sanitaires, domiciliation postale et même équipement informatique permettant l'accès aux offres d'emplois —, implantés sur des terrains délaissés au cœur des villes et présentés comme « un équipement durable, adapté aux temps nouveaux », ne sont-ils pas porteurs d'un certain renoncement à pouvoir satisfaire le besoin de logement de chaque personne ?

Bibliographie

ASSOCIATION HENRI CAPITANT (1982), *Le Droit au logement (Journées mexicaines)*, t. XXXIII, Économica, Paris.

AUBY Jean-Bernard (1988), « Prescription juridique et production juridique », *Revue du droit public*, n° 3.

BALLAIN René et BENGUIGUI Francine, dir. (1995), *Loger les personnes défavorisées ; une politique publique sous le regard des chercheurs*, ministère du Logement, Plan construction, La Documentation française, Paris.

DONZELOT Jacques et ESTÈBE Philippe (1994), *L'État-animateur, Essai sur la politique de la ville*, Éditions Esprit, Paris.

IMBERT Pierre-Henri (1989), « Droits des pauvres, pauvre(s) droit(s) ; Réflexions sur les droits économiques, sociaux et culturels », *Revue du droit public*, n° 3.

JEAMMAUD Antoine (1985), « Consécration de droits nouveaux et droit positif. Sens et objet d'une interrogation », *in Colloque du Centre de recherches critiques sur le droit*, université de Saint-Étienne.

JORION Benoît (1995), « Note sous Conseil constitutionnel, décision n° 94-359 DC du 19 janvier 1995, loi relative à la diversité de l'habitat », *Actualité juridique du droit administratif*, n° 6.

MATHIEU Bertrand (1995), « Pour une reconnaissance de "principes matriciels" en matière de protection constitutionnelle des droits de l'homme », *Recueil Dalloz*, « Chronique ».

MATHIEU Bertrand (1996), « La dignité de la personne humaine : quel droit ? quel titulaire ? », *Recueil Dalloz*, « Chronique ».

PAULIAT Hélène (1995), « L'objectif constitutionnel de droit à un logement décent : vers le constat de décès du droit de propriété ? », *Recueil Dalloz*, « Chronique ».

SAINT-JAMES Virginie (1997), « Réflexions sur la dignité de l'être humain en tant que concept juridique du droit français », *Recueil Dalloz*, « Chronique ».

ZITOUNI Françoise (1991), *Le Droit au logement*, thèse de doctorat en droit, université d'Aix-Marseille.

ZITOUNI Françoise (1996), « Le Conseil constitutionnel et le logement des plus démunis », *Les Petites Affiches*.

28

La mise en œuvre des politiques locales de l'habitat, entre régulation du marché et action sociale

par Marie-Christine Jaillet et René Ballain***

La notion de « politique locale de l'habitat » émerge véritablement avec les lois de décentralisation de 1982 et 1983 qui prévoient notamment l'élaboration de programmes locaux de l'habitat***. Elle n'est pas pour autant nouvelle : avant le début des années quatre-vingt, les collectivités locales jouaient un rôle actif dans le soutien à la construction et à l'organisation de la croissance urbaine. Les politiques de l'habitat conduites localement apparaissaient alors comme la projection, plus ou moins maîtrisée par les instances locales, d'orientations adoptées à l'échelle nationale, dont le financement était très largement assuré ou encadré par l'État. Ce qui pouvait les différencier, autorisant du même coup l'usage de la notion de « politique locale », tenait bien souvent au degré d'acceptation ou de refus par les communes de la construction de logements sociaux.

La période récente marque une franche rupture. Les orientations de la politique de l'habitat tendent en effet à déplacer vers le niveau local l'élaboration et la conduite des politiques de l'habitat et, d'une façon générale, la régulation des rapports entre offre et demande dans le domaine du logement. Évolution qui tient, d'une part, à la différenciation des problématiques territoriales sous l'effet de l'accentuation des disparités socio-économiques, et, d'autre part, à

* Centre interdisciplinaire d'études urbaines, CNRS, université de Toulouse-Le Mirail.

** Centre de recherche sur la politique, l'administration, la ville et le territoire, CNRS-université Pierre-Mendès-France, IEP Grenoble.

*** Ce texte s'inspire des réflexions développées dans le cadre d'une recherche en cours réalisée avec le concours du plan Construction et Architecture et de la Caisse des dépôts et consignations. Outre les auteurs du présent article, elle associe D. Béhar et S. Genest (ACADIE), J. Chevalier et J.-R. Bertand (Groupe de recherche en géographie sociale), M. Teule (CERFISE), N. Kerhuel (GERU).

l'affaiblissement de la capacité régulatrice de l'État en matière de production du logement, du fait de son désengagement financier. Tout se passe comme si, depuis la fin des années soixante-dix, l'État cherchait à instituer progressivement l'échelon local comme niveau de traitement de la question du logement.

C'est ainsi que les collectivités locales ont été invitées à construire, en relation avec les représentants locaux de l'État, préfectures et directions départementales de l'Équipement (DDE), un cadre approprié. Fixé dans ses grands traits par les lois de décentralisation, il devient plus contraignant avec la promulgation en 1992 de la loi d'orientation sur la ville (LOV), puis avec celle de janvier 1995, qui rendent obligatoire, du moins dans les villes et agglomérations d'une certaine taille, l'élaboration de programmes locaux de l'habitat (PLH).

Parallèlement à la définition de ce cadre, l'État a invité les partenaires locaux à se saisir progressivement de certains aspects de la politique du logement, à construire les conditions de leur mise en œuvre et à définir ainsi, de manière expérimentale, le contenu de l'action publique locale en matière d'habitat. Cette orientation est perceptible dès le milieu des années soixante-dix avec les mesures en faveur du financement du logement des immigrés. Elle se vérifie également dans le cadre de la réhabilitation de l'habitat, tant public (programmes Habitat et Vie sociale) que privé (opérations programmées d'amélioration de l'habitat), où des conventions associent l'État, les collectivités locales et les bailleurs dans la conduite de ces opérations. Elle devient le mode d'action dominant quand les politiques publiques vont chercher, à partir du début des années quatre-vingt, à mieux prendre en compte les phénomènes d'exclusion urbaine ou sociale. La « politique de la ville », comme celle qui est conduite en faveur du logement des personnes défavorisées, cherche à définir un échelon local d'élaboration et de conduite de ces politiques. La scène est communale ou intercommunale pour la première, départementale pour la seconde qui introduit dans la sphère des politiques de l'habitat un nouvel acteur, les conseils généraux, au titre de leur compétence en matière d'action sociale. Tous les dispositifs proposés associent les collectivités locales, mais également les bailleurs locaux, les caisses d'allocations familiales et les associations, à la définition des objectifs et des programmes d'action, quand ils ne leur en rétrocèdent pas tout simplement la pleine responsabilité.

Les mutations de la politique du logement

La question du logement se constitue comme enjeu des politiques locales au moment où la politique du logement connaît, à l'échelle nationale, des mutations importantes et où le système de production et de gestion de l'habitat se recompose sous la pression d'une « nouvelle question sociale », caractérisée par le développement du chômage et la précarisation d'une fraction croissante du salariat. Depuis le début des années cinquante et tout au long des « trente glorieuses », la politique du logement avait permis de réduire la pénurie de logements qui sévissait au lendemain de la Seconde Guerre mondiale, d'organiser les conditions de fonctionnement du marché et de structurer l'offre immobilière pour l'adapter à la demande d'une société que certains, pour faire image, ont qualifiée de « société de la montgolfière » [Lipietz, 1996] : la croissance économique y était supposée engendrer mécaniquement le progrès social, que l'on croyait capable d'aspirer progressivement l'ensemble de la société dans une sorte de spirale vertueuse de l'ascension sociale.

Ce fonctionnement social trouvait à s'appliquer dans le domaine du logement, autour d'un modèle résidentiel promotionnel faisant « système » par sa capacité à organiser une relative concordance entre le fonctionnement du marché et les politiques publiques. L'intervention publique assurait alors le libre déploiement et le fonctionnement du marché à partir de « la recherche d'un effet de chaîne » : le départ des ménages, inscrits dans une trajectoire ascendante vers l'accession à la propriété, libère des logements locatifs HLM dans lesquels peuvent alors entrer, par effet mécanique de substitution, des ménages installés jusque-là dans le parc ancien inconfortable… lesquels, dans un contexte général d'amélioration du niveau de vie, rejoignent à leur tour la cohorte des accédants, cédant ainsi leur place à d'autres, et ainsi de suite. Tout au long des « trente glorieuses », l'action publique, centrée sur la constitution d'une offre immobilière nouvelle, articule efficacité économique et efficacité sociale [Béhar, 1996].

Cette période est aujourd'hui révolue et l'apparition de discordances marque l'épuisement de ce système : moindre capacité du modèle promotionnel à absorber les ménages du fait de sa plus grande sélectivité, blocage de certaines populations dans le parc HLM, éviction accélérée des ménages modestes du parc ancien du fait de sa réhabilitation, ménages qui viennent grossir le flux des demandes d'entrée dans un parc public encombré. Bref, l'effet de chaîne ne fonctionne plus, même s'il reste une référence. Le système de production et de gestion du logement doit s'adapter au fonctionnement d'une société désormais « en sablier », caractérisée par une paupérisation grandissante et le risque de déclassement ressenti par une partie des couches moyennes, alors même que la capacité d'intervention de l'État sur la structuration de l'offre s'est affaiblie depuis la mise en œuvre de la réforme du financement du logement de 1977 [Coing et Topalov, 1995]. D'une part, l'État a abandonné au marché la production de la plus grande partie de l'offre immobilière, soutenant les investisseurs privés par le biais d'incitations fiscales ; d'autre part, il a concentré de plus en plus clairement sa propre contribution financière sur la création d'une offre de logement et d'hébergement pour les personnes « en difficulté » (accueil d'urgence, habitat temporaire, logement d'insertion).

Des acteurs publics désarmés

Les politiques locales de l'habitat se trouvent ainsi prises en tenaille entre deux logiques. Du côté de l'État, un resserrement de l'intervention publique sur les seuls laissés-pour-compte. Du côté des collectivités locales, une volonté d'accompagner, voire d'anticiper le développement de la construction neuve et les politiques de revalorisation du patrimoine, la qualité de l'offre d'habitat avec celle des équipements participant de l'attractivité des villes et de la valorisation des sites.

Les politiques de l'habitat se caractérisent d'abord aujourd'hui par leur fonction de régulation des « dysfonctionnements qualitatifs » entre demande et offre de logement, par rapport à une période antérieure où elles avaient pour fonction première de structurer une offre à hauteur des besoins. Le problème paradoxal auquel elles sont confrontées tient au déplacement vers le local de la nécessité de cette régulation, qui s'opère dans le même temps où l'État, ayant déjà lui-même abandonné l'ambition d'une régulation de l'offre, n'a pas pourvu les acteurs publics locaux d'une réelle capacité d'intervention. Il les prive par là même d'un pouvoir d'action effectif.

L'État a en quelque sorte « déshabillé » les protagonistes qu'il appelle à se mobiliser. Les aides à l'investissement, qui ont longtemps constitué un levier efficace pour conduire des politiques publiques, se rétractent progressivement. Les mesures adoptées dans la loi de finances pour 1997 marquent une accentuation des orientations, adoptées vingt ans plus tôt avec la réforme du financement du logement de 1977, qui prévoyaient une substitution progressive des aides à la construction par les aides à la personne. Outre la perte de capacité des acteurs publics à structurer, par la maîtrise du financement, une part non négligeable de l'offre immobilière, l'investissement public, qui favorisait alors la progression résidentielle des ménages, tend désormais à organiser la production de l'offre immobilière la plus sociale.

Ainsi, l'abandon de la maîtrise de la production immobilière, le recours grandissant à des mécanismes d'incitation fiscale pour soutenir l'offre et le développement des aides personnelles pour permettre l'obtention et l'occupation d'un logement ont désarmé les acteurs publics, qu'il s'agisse des représentants locaux de l'État ou des collectivités locales, et réduit leur capacité à assurer au niveau local une régulation des marchés immobiliers et des rapports offre-demande. Face à cet impératif de régulation qui leur a été explicitement dévolu, les collectivités locales, au premier rang desquelles les communes, ne disposent que d'un arsenal limité, le même au fond que celui en vigueur dans la période de pleine croissance, « de vieux outils » — le droit du sol et la planification dont elles assument désormais l'entière responsabilité — qui se révèlent inadaptés aux enjeux du moment.

Une intervention limitée sur le marché, un traitement séparé et minoré de la question sociale

Face à la nécessité de construire localement les conditions d'une régulation globale du fonctionnement du marché, les collectivités locales ne disposent pas de moyens d'intervention directs dans le domaine du logement, sauf à imaginer qu'elles puissent en subventionner très largement la production, ce que l'État semble parfois leur suggérer, mais que les finances de bien peu d'entre elles autorisent. La régulation du fonctionnement du marché leur échappe donc en grande partie, la construction neuve s'avérant un levier d'intervention trop limité, les dispositifs et les mécanismes de redistribution (aide personnalisée au logement ou allocations logement) étant unifiés et fonctionnant à l'échelle nationale. Dès lors, on peut comprendre qu'elles continuent à traiter la question de l'habitat en privilégiant la construction neuve, d'une part parce qu'elle s'articule le mieux à la compétence d'urbanisme qu'elles maîtrisent, d'autre part, parce qu'elle facilite la lisibilité de l'action municipale au moment des échéances électorales, et ce bien qu'elle joue un rôle plus limité que par le passé dans la structuration d'une offre qui émane désormais pour une grande part, voire pour l'essentiel, du parc existant.

Centrées sur des enjeux de développement et d'attraction, les politiques locales de l'habitat ignorent en grande partie les effets de la « nouvelle question sociale ». Bien qu'elle ne puisse être ignorée, celle-ci n'est pas au centre des politiques locales de l'habitat, qui voient souvent s'affronter, au moins dans les grandes agglomérations, autorités municipales et départementales. Ces dernières se sentent désormais légitimées par la loi Besson pour se « mêler » des questions touchant à l'habitat. Le traitement des effets en matière d'habitat de la montée de la précarité et du développement des phénomènes d'exclusion s'opère le plus souvent dans le cadre de dispositifs spécifiques liés à la « politique de la ville », au logement des personnes défavorisées ou relevant de l'action sociale (dans le cadre, par exemple, du RMI). Il est souvent délégué à un milieu technico-administratif qui agrège, sur des positions de forte conviction et d'implication personnelle, des agents relevant des services de l'État, des communes, du département, des organismes HLM et des associations… Il est également délégué pour partie aux services sociaux (conseils communaux d'action sociale ou services sociaux des départements). Il peut être renvoyé à d'autres communes, celles que l'histoire ou le hasard ont dotées d'un parc important d'HLM anciens qui concentre les populations en difficulté. Mais, surtout, la difficile intégration du traitement de la « nouvelle question sociale » dans les politiques locales de l'habitat tient pour partie au fait que les ressorts de l'action de l'État et de celle des collectivités locales diffèrent profondément.

Une divergence fondamentale des axes de légitimation de l'action de l'État et de celle des collectivités locales

La légitimité de l'action de l'État tient à la manière dont, au nom du principe de solidarité et du maintien de la « cohésion sociale » qu'il a pour devoir de garantir, il porte la question et les intérêts des « laissés-pour-compte » du droit au logement. Cela le conduit à se préoccuper directement de l'offre immobilière qui peut leur être adressée, tout en s'assurant de la mobilisation des collectivités locales. Autant, sur le premier axe, l'État a les moyens de se fixer des objectifs et d'évaluer l'efficience de son action (en stipulant, par exemple, quel nombre de logements ou de places offrir dans un délai donné), autant sur le second axe, malgré l'effort pédagogique qu'il déploie ou le recours à la contrainte qu'il agite parfois (bien timidement il est vrai), malgré la volonté de contractualiser son engagement à hauteur de celui de ses partenaires locaux, il se heurte à un autre registre de légitimité : celui des collectivités locales, qui s'impliquent en matière d'habitat ou de logement à proportion des retombées économiques ou sociales qu'elles en attendent.

Car les agglomérations urbaines, quelle que soit leur taille, sont désormais engagées dans une compétition farouche, à l'échelle régionale, nationale ou internationale. Dès lors, la longévité des élus qui les gouvernent tient à leur capacité à assurer pour leur ville la meilleure place possible dans ce système de concurrence. Or les politiques de l'habitat participent des stratégies de séduction qu'ils déploient pour créer un environnement attractif susceptible de favoriser l'implantation des entreprises convoitées. Faut-il alors s'étonner que les politiques municipales visent avant tout à requalifier socialement leur commune, tout en se protégeant d'une arrivée, jugée trop massive, de populations pauvres ou d'origine étrangère, dont la présence est supposée « coûteuse » et perturbatrice ? Pour autant, quelle que soit la portée de ces attitudes « protectionnistes », les élus ne peuvent ignorer la « nouvelle question sociale », même si elle se pose de manière différente selon les sites, de manière adjacente dans les villes compétitives, de manière plus obsédante et centrale dans les sites marqués par la défaveur ou dans ceux où les flux de l'économie tertiarisée n'ont pas encore réorganisé le système productif local. Certes, enclose dans une sphère technique, adossée à des modes de prise en charge sectoriels qui procèdent par redivision catégorielle des populations, la prise en charge des laissés-pour-compte se fait, mais sans mise en scène, sans médiatisation des actions réalisées, pour ne pas risquer de se voir reprocher « d'en faire trop ou de toujours faire pour les mêmes ».

Politiques locales de l'habitat et régulation globale

S'il est difficile d'imaginer une restauration de la capacité de l'État à intervenir dans la régulation de marchés locaux qui se sont diversifiés et présentent des configurations variées, ce n'est pas pour autant qu'émerge une telle possibilité au niveau local.

Bien que la question de l'habitat apparaisse localement comme un enjeu important, pour partie sous l'effet des injonctions répétées de l'État, son traitement se trouve le plus souvent segmenté par la spécialisation des dispositifs : la construction privée, qui participe à la valorisation des sites, est gérée dans le cadre des procédures d'urbanisme ; la production et la réhabilitation du logement social constituent l'élément central des PLH ; quant au tiers secteur d'hébergement et d'insertion, il est traité dans le cadre des dispositifs prévus par la loi Besson du 31 mai 1990. Autant d'objets ou d'enjeux à traiter, autant de scènes locales qui se construisent sans liens entre elles, ce qui éloigne la perspective d'une régulation globale associant la volonté d'élargir l'offre immobilière à celle de réhabiliter le patrimoine, soucieuse de penser la cohérence d'une offre émanant du parc existant comme de la construction neuve — une régulation susceptible de « déspécialiser », voire de « dépathologiser », la question du logement des personnes en difficulté, en l'intégrant dans une démarche plus large de constitution des conditions d'accessibilité au logement, articulant perspectives de développement urbain et exigences de solidarité auxquelles se doit répondre une politique de l'habitat digne de ce nom.

Bibliograhie

BEHAR Daniel (1996), « L'habitat, un enjeu de service public », *Études foncières*, n° 71, juin, p. 19-23

COING Henri et TOPALOV Christian (1995), « Crise, urgence et mémoire : où sont les vraies ruptures ? », *in* F. ASCHER, *Le Logement en questions*, Éditions de l'Aube, La Tour-d'Aigues, p. 261-289.

LIPIETZ Alain (1996), *La Société en sablier*, La Découverte, Paris.

29

Une compétence partagée, ou les stratégies d'acteurs entre déconcentration et décentralisation

*par Catherine Grémion**

L'approche des problèmes de l'habitat et du logement depuis les lois de décentralisation est rendue d'autant plus complexe que ces lois ont suivi de peu la réforme du financement du logement de 1977 et qu'elles ont coïncidé avec le début d'une crise économique majeure.

Le logement en France ne s'était pas inscrit jusqu'ici dans les droits positifs reconnus par les constitutions aux citoyens, même si traditionnellement existait, depuis le XVIIIe siècle, une prise en charge par l'État du logement des plus déshérités. Une répartition de fait, sinon de droit, s'était établie entre les collectivités locales, qui, avec la participation de tous les acteurs privés, veillaient au logement des citoyens ordinaires, ruraux et citadins, et les intendants du Roi, chargés de l'hébergement des sans-travail et des miséreux.

Le XIXe siècle se déroule avec comme toile de fond les débats sur les droits de l'homme, la notion américaine faisant prévaloir la vision libérale d'un État non interventionniste, tandis qu'en France les demandes se multiplient pour que soient inscrits dans les constitutions, en 1848 notamment, des droits positifs obligeant l'État à prendre en charge les besoins de ses membres au risque d'entraîner des entraves à la liberté tout à la fois des individus et des collectivités locales [Rosanvallon, 1990]. Ces dernières ne voient leur légitimité reconnue que peu à peu.

La décentralisation mise en place par Pierre Mauroy et Gaston Defferre ne s'est faite ni en un jour, ni en quelques mois [Rondin, 1985 ; Grémion, 1993] : le schéma actuel des répartitions de pouvoirs, d'attributions et de responsabilités dans le domaine de l'habitat et du logement découle par ailleurs autant des réformes peu

* Centre de sociologie des organisations (CNRS).

à peu introduites dans la loi de 1977 que de compétences explicitement définies par les lois et décrets portant sur les « droits et libertés » des collectivités locales. Il serait assurément illusoire de présenter d'une part les actions de l'État, producteur de normes tout autant qu'acteur direct dans le jeu local, et d'autre part les stratégies des acteurs de terrain que sont les élus locaux ou les populations concernés, comme des réalités distinctes et procédant de logiques et de rationalités indépendantes les unes des autres. Dans un domaine tel que celui de l'habitat et du logement, les interactions entre les différentes institutions publiques, privées, ou semi-publiques, sont d'une complexité qui défie les capacités d'analyse de l'observateur le plus averti. De même que les relations entre les responsables eux-mêmes, qui, une fois qu'ils ont acquis une véritable expertise, se voient confier des responsabilités tantôt au sein de structures étatiques, tantôt au sein du secteur privé ou associatif. Ainsi, les interactions entre les niveaux de réalité sont constantes, et la production politique est souvent faite de réactions à la perception locale de dysfonctionnements immédiats. Aussi la démarche adoptée dans cette présentation des évolutions qui ont suivi la décentralisation dans les secteurs de l'habitat et du logement sera-t-elle discursive, tentant de situer les influences des stratégies locales sur l'activité réglementaire du centre et vice versa.

La compétence subsidiaire des collectivités locales

Une première attribution majeure en ce domaine a été confiée aux maires par le législateur : le droit d'autoriser les permis de construire sans la caution des préfets, dès lors qu'un plan d'occupation des sols a été adopté sur leur commune. Cette disposition retirait l'ensemble de l'urbanisme local à la seule approbation de l'État pour le transférer aux élus. Elle a sans nul doute été à bien des égards déterminante pour les évolutions ultérieures, (dans le domaine de l'accueil de logements sociaux, par exemple), même si les services de l'Équipement sont restés largement les conseillers des communes, notamment dans le domaine de l'établissement des documents d'urbanisme.

Mais le logement ne faisait pas explicitement partie des attributions transférées, et demeurait de la compétence de l'État ; il n'apparaissait comme relevant de l'autorité des collectivités territoriales qu'à travers des catégories spécifiques : ainsi le logement des instituteurs, traditionnellement dévolu aux communes, ou l'hébergement des enfants relevant de l'aide sociale transférée au département, ou encore celui des personnes âgées dans la même situation. La décentralisation effectuait à ce sujet des distinctions nombreuses, qui consacraient le rôle de l'État dans la prise en charge des groupes les moins favorisés, socialement et politiquement : au département les personnes âgées, mais à l'État les vieillards médicalisés ; à la commune les attributions de logement, mais à l'État les sans-domicile fixe, ou sans-domicile de secours...

L'attribution de l'aide sociale au département a constitué, sans que cela fût conscient de la part des réformateurs, du fait même de l'importance de ce budget qui représentait parfois plus de la moitié de la dépense publique départementale, un élément qui a pesé pour faire de ce niveau contesté par certains une entité territoriale forte avec laquelle il faudrait désormais compter. Elle a eu un effet direct sur la structure de l'administration locale, transférant sous l'autorité du président du conseil général la plus grande partie de la DDASS, service des Affaires sociales jusque-là dépendant du préfet. Désormais la DDASS qui relève de l'État n'a plus environ qu'un dixième de ses effectifs, les autres fonctionnaires devenant territoriaux et départementaux. Mais le logement relève tout autant de la DDE que de la « DDASS-État », qui ne conserve que l'hébergement, et la gestion des centres d'hébergement et de réinsertion sociale (CHRS), ainsi que la responsabilité d'actions spécifiques telles que les opérations « pauvreté précarité ». La préfecture dispose, là où il existe, du fichier des mal-logés, et de celui des fonctionnaires (encore que des exceptions puissent se trouver). À la DDE reviennent la répartition des crédits à la construction et à la réhabilitation — prêts locatifs aidés (PLA) et primes à l'amélioration du logement locatif à occupation sociale (PALULOS) —, le contrôle de l'établissement des POS, quand ce n'est pas leur réalisation, et la gestion de la programmation spatiale de l'urbanisme et des transports.

Affranchis de la tutelle du préfet et devenus désormais exécutifs de l'assemblée élue, soumis au seul contrôle, *a posteriori*, de régularité et non plus d'opportunité comme l'était le contrôle préfectoral précédemment, les nouveaux maîtres des départements se sont efforcés dans un premier temps de réduire la part de l'aide sociale dans leurs dépenses : dans les trois premières années qui ont suivi les lois Defferre, la part de la dépense sociale dans ces budgets a diminué en moyenne de 10 % passant de 50 % à 40 % du total, soit près de 20 % de réduction par département. Réduction réalisée grâce à des mesures de rationalisation, mais aussi par des politiques de rigueur, touchant parfois des catégories fragiles telles que les malades psychiatriques ou les jeunes en difficulté à travers la suppression de structures d'hébergement. Cette rigueur (non prévue par les nombreux observateurs qui attendaient une stratégie plus clientéliste) a répondu au souci de nombreux conseils généraux de rechercher des zones de liberté d'action pour développer des politiques propres, et notamment des politiques d'équipement : transports, entretien des collèges, politiques culturelles ou sportives.

La réduction des dépenses sociales ne s'est pas poursuivie, car aux dépenses traditionnelles des départements est venue s'ajouter l'obligation de participer aux dépenses de l'État dans le secteur du RMI. En revanche, la rigueur a gagné les municipalités qui ont été peu à peu confrontées à la crise croissante de l'emploi et à ses répercussions à la fois sur la situation de leur habitants et sur leurs ressources propres lorsque les entreprises locales étaient touchées. Le logement, et le logement social en particulier, de ressource recherchée par certains a tendu à devenir de plus en plus une charge considérée comme coûteuse et difficile à assumer en termes d'éducation, de services, voire de sécurité. L'ouverture des années précédentes est devenue fermeture progressive à toute construction additionnelle destinée à l'accueil de populations fragilisées, et repli identitaire sur des frontières communales, pour préserver le bien-être des premiers occupants.

La globalisation des ressources — et leur attribution en fonction de critères de taille — a pu amener de nombreux maires à rechercher une croissance maîtrisée en terme de peuplement, sur des critères qualitatifs qui les ont amenés à ériger des barrières entre eux et leurs voisins moins bien dotés. Ainsi l'intercommunalité, très active dans le domaine de la gestion de biens de consommation courante tels que l'eau, les transports, ou l'énergie, est restée longtemps au point mort dans les secteurs de l'habitat et du peuplement magré les nombreux efforts des gouvernements successifs pour l'encourager [Grémion, 1989]. Cinq ans après les lois Defferre, un rapport sur l'urbanisme après la décentralisation soulignait la situation négative, et même la décroissance de l'approche intercommunale dans ce secteur [Comité central d'enquête pour le coût et rendement des services publics, 1987].

En revanche, chacun s'est efforcé de développer une image valorisante de son territoire en mettant en avant ses atouts touristiques, résidentiels ou productifs. L'image de la cité et du département passe par des investissements de prestige tels que opéras, golfs ou palais des congrès, et par la mise en valeur du patrimoine architectural et urbain. Les nouvelles possibilités ouvertes en matière de réhabilitation de l'ancien par la loi de 1977 ont été largement utilisées par les autorités décentralisées pour valoriser les centres-villes, avec moins de départs des occupants d'origine que dans l'ancien système. Il faut ajouter que des régulations fiscales, comme le remboursement par l'État de la TVA pour les dépenses d'équipement dans lesquelles n'entraient nullement les dépenses de construction de logement, fût-il d'urgence, ne les encourageaient pas à agir autrement.

L'État régulateur

Le rôle de l'État, à la suite de la réforme du financement du logement, s'est également réduit du fait du recul de l'aide à la pierre. Il s'est en revanche affirmé à travers les tentatives de régulation de ce qui est bientôt apparu comme un risque d'accroissement des écarts entre les extrêmes, tant du point de vue de la richesse que de celui de la répartition du peuplement. La globalisation des ressources à travers dotations budgétaires ou transferts de fiscalité risque de faire en effet disparaître les effets de péréquation des subventions spécifiques attribuées par l'État dans le système antérieur. L'État tutélaire est de plus en plus dépourvu de moyens pour influencer les responsables locaux, ayant perdu à la fois la possibilité de distribuer des allocations de ressources spécifiques et la tutelle d'opportunité qui permettait d'orienter les décisions politiques locales [Strobel, *in* Grémion et Fraisse, 1996]. Pour pallier les dérives issues du voisinage de localités riches, profitant de leur aisance de départ pour se développer, et de localités plus pauvres, supportant des charges de plus en plus lourdes, il s'est orienté vers des mesures réglementaires visant à renverser les déséquilibres naissants.

Ces mesures sont de trois types : incitations à la construction de logements sociaux dans les communes disposant d'un parc uniquement résidentiel (loi d'orientation sur la ville) ; mécanismes de péréquation entre villes « riches et pauvres » (dotation de solidarité urbaine, DSU) ; introduction des préfets dans la réflexion sur les modes de peuplement et possibilité pour eux d'intervenir en cas de non-respect des accords passés pour un meilleur accueil de ménages en difficulté (POPS dans la loi Besson). Ces mesures, qui constituent une intervention générale ou ciblée de l'État dans le secteur du logement et de l'habitat, ne modifient pas la répartition des compétences antérieure à la décentralisation, à l'exception toutefois de la dernière qui peut, dans des cas bien déterminés, transformer le droit de proposer des candidats en pouvoir de les imposer, et introduit une dimension régalienne dans un champ où règne le plus souvent la négociation.

D'autres mesures gouvernementales, initiées soit par le ministère de l'Équipement et du Logement, soit par d'autres instances, ont eu pour effet à la fois d'introduire plus de déconcentration et de modifier le champ de compétences des partenaires, en donnant à de nouveaux acteurs locaux des responsabilités explicites dans un domaine où ils étaient absents en droit, sinon toujours en fait. Ce sont essentiellement des mesures organisant la concertation autour de la prévention de la précarité ou du traitement de ses effets ; la première ne concerne pas le logement, mais est pionnière dans l'instauration d'une nouvelle relation entre le centre et la périphérie, qui relève à la fois de la décentralisation et de la déconcentration : c'est le RMI. Le traitement des dossiers d'allocation et des contrats d'insertion est en effet confié à des instances, les CDI et les CLI (commissions départementales et locales d'insertion), coprésidées par le représentant de l'État et par le président du conseil général. Le premier est présent au titre de l'allocation qui lui est confiée, le second au titre de l'insertion dont il est responsable.

Cette double légitimation ne sera pas nécessaire dans les autres dispositifs qui reprendront cette innovation, comme les PDLD (programmes départementaux pour le logement des défavorisés) ou le FSL (Fonds de solidarité logement) instaurés par la loi Besson sur le droit au logement. Il s'agit cette fois de mettre en place un système de responsabilité partagée sur un domaine traité en commun entre l'État et la collectivité départementale. Cette coresponsabilité n'a pas été sans poser de problèmes à ses promoteurs qui souhaitaient affirmer clairement la fonction d'un État garant et protecteur des démunis, ce qu'il tend à devenir de façon croissante dans le secteur de l'habitat. Cependant, leur crainte de voir les élus délaisser les nouveaux dispositifs si leur participation n'était pas fortement sollicitée a incité les auteurs de la loi à opter pour ce partenariat institutionnel [Benguigui, 1997]. Cette stratégie du législateur est-elle couronnée de succès ? On peut considérer que cette disposition marque l'entrée officielle des départements dans le cercle des acteurs du logement, ce que la Région n'est toujours pas, (sinon à travers les procédures des contrats de plan État-Région). En fait, les départements intervenaient auparavant dans le secteur du logement surtout par le biais des organismes qu'ils pouvaient contrôler, ODHLM ou OPAC. Cette nouvelle compétence, dont certains se sont en effet saisis, a permis, en outre, de trouver une issue au problème épineux des lignes budgétaires « insertion » liées au RMI, qui n'étaient pas toujours dépensées en les affectant à l'insertion par le logement.

Néanmoins, elle n'a pas permis de s'assurer une participation équivalente des maires, qui conservent dans ce domaine des attitudes allant du retrait à la défensive [Ballain, 1996], notamment dès qu'il s'agit du logement des « défavorisés ». Cette notion ambiguë et sujette à diverses interprétations suscite en effet des réactions de méfiance de la part des élus locaux, et le peu de succès des POPS, comme leur incapacité à atteindre la dimension intercommunale qui était visée par les textes au départ, est là pour en témoigner. Les maires tendent de plus en plus à limiter leur prise en charge à « leurs » ménages en difficulté [Paugam, 1995], négociant ou imposant des usages réservés des contingents préfectoraux comme de « leur » tranche de FSL. Le circuit du logement ordinaire, pris en charge conjointement par les mairies et par le secteur privé, se distingue de façon accusée du circuit du logement d'insertion et d'urgence, confié bien souvent au secteur caritatif et associatif, lui-même dépendant de crédits publics plus ou moins restreints en quantité comme en garanties temporelles. Les exceptions à l'annualité budgétaire demeurent rares, même si l'engagement requis pour la plupart des actions ainsi entreprises est naturellement inscrit dans le moyen ou le long terme.

En conclusion

La tentative pour jeter un regard sur une décennie et demie de prise en charge du logement et d'habitat par la France décentralisée tend à faire apparaître un décalage criant entre la montée de catégories en difficulté et une mobilisation relativement faible des nouveaux responsables locaux pour répondre à ce nouveau défi. Les comportements en ce domaine sont certes différenciés, mais, à l'exception de quelques municipalités en pointe dans le montage de dispositifs inventifs, la plupart pratiquent le rejet systématique des demandeurs à bas revenus vers l'extérieur, ou maintiennent une vacance voilée plutôt que d'accueillir jeunes ou moins jeunes fragilisés par la flexibilité et le sous-emploi [Grémion et Mouhanna, 1995 ; *Fondations*, n°s 2 et 3, 1996]. La capacité d'action de l'État est triplement limitée : ses possibilités financières sont réduites par la crise ; ses capacités d'intervention sont limitées par les transferts de responsabilité et par les jeux de renvois locaux. Ainsi, les expulsions, avec ou sans relogement, dépendent de l'enveloppe dont dispose le préfet pour en prévenir l'exécution, mais aussi du jeu des élus qui tentent de faire prendre en charge par l'État les ménages en situation d'impayés.

Les plans mis en œuvre par les ministres successifs du Logement (plan Charette de développement des hôtels sociaux ou plan Périssol de logements d'urgence) ont été très largement tributaires de l'acceptation par les maires de leur application, et de leur implantation. Le dernier plan a obtenu ses succès les plus remarquables là où des agents de l'État, armés de leur connaissance des demandeurs d'une commune grâce aux informations du fichier préfectoral, pouvaient démontrer aux maires que ces logements allaient bénéficier à leurs propres électeurs en difficulté ! Un tel type de partenariat nécessite des moyens en hommes dont tous les départements ne disposent pas. Le travail de dentellière requis par le logement d'insertion répond mal au caractère massif de la demande que la moins grande capacité solvabilisatrice des aides tend, par ailleurs, à développer.

Doit-on parler de désengagement de l'État et de renforcement correspondant de l'engagement des élus locaux, depuis la décentralisation intervenue en 1982 ? Le tableau est, on le voit, plus nuancé ; même si certains élus multiplient les initiatives et les partenariats avec le secteur associatif pour répondre aux besoins des ménages en difficulté (sans toujours en tirer de bénéfice électoral), ils demeurent très minoritaires. Et les jeux de renvois sont nombreux dans un contexte où la prise en charge des plus démunis signifie également assurer les risques de la violence, ou de la désespérance.

Le faible taux de renouvellement des candidatures des maires sortants lors des dernières élections municipales a été remarqué par tous les observateurs. Il constitue un symptôme de la difficulté croissante d'une fonction où l'on doit concilier la satisfaction des exigences de prospérité et de tranquillité de la majorité des électeurs, la gestion de la délinquance et l'accueil de démunis et de populations fragiles. C'est pourtant par une prise de conscience accrue, au niveau local, de l'urgence de solutions durables mises en œuvre dans un cadre de proximité que passe le remède à la dérive de ceux qui sont menacés de basculer dans une exclusion durable par l'accident momentané et la perte du logement. La coordination des dispositifs étatiques et des actions des collectivités qui avait été prévue par le projet de loi mort-né sur la « cohésion sociale » était une voie pour réduire les jeux de renvois entre centre et périphérie. Il faudrait qu'une volonté politique nouvelle s'affirme à ce sujet. Cependant, les parlementaires sont aussi pour la plupart des élus locaux, et c'est là aussi une des difficultés pour réformer les équilibres au sein des institutions depuis les lois de décentralisation.

Bibliographie

BALLAIN René et BENGUIGUI Francine, dir. (1995), *Loger les personnes défavorisées*, La Documentation française, Paris.

BENGUIGUI Francine, dir. (1997), *La Politique du logement à l'épreuve de la précarité, regards croisés*, Plan construction et architecture, *Fondations*, n° 3 et n° 4.

GRÉMION Catherine (1989), « La logique locale du logement social », *Projet*, n° 215.

GRÉMION Catherine (1993), *La Politique de réhabilitation en France, Les avatars d'une logique*, rapport CNRS, DHC, Paris.

GRÉMION Catherine et MOUHANNA, Christian (1995), *Le Sous-Préfet à la ville*, L'Harmattan, Paris.

GRÉMION Catherine et FRAISSE Robert, dir. (1996), *Le Service public en recherche*, La Documentation française, Paris.

PAUGAM Serge, dir. (1996), *L'Exclusion. L'état des savoirs*, La Découverte, Paris.

RONDIN Jacques (pseudo) (1985), *Le Sacre des notables, la France en décentralisation*, Fayard, Paris.

ROSANVALLON Pierre (1990), *L'État en France*, Seuil, Paris.

STROBEL Pierre et KAISERGRUBE Danièle (1996), « Service public, fin de siècle, contraintes européennes et défi de la pauvreté », *in* C. GRÉMION et R. FRAISSE, dir., *Le Service public en recherche*, *op. cit.*

30

Les vecteurs de l'aide publique au logement

*par Claude Taffin**

Les aides au logement constituent l'ensemble des moyens mis en œuvre par la collectivité pour que ses membres disposent d'un logement « convenable » : de fait, l'aide publique n'est accordée que si le logement respecte une norme de qualité. Le contour des aides pose quelques problèmes de frontières, que le compte du logement s'efforce de résoudre : en effet, si le destinataire final de l'aide est bien toujours le ménage occupant, le bénéficiaire immédiat peut être un tiers, épargnant ou investisseur. Les sources de financement et les canaux de distribution sont également multiples, car l'État a reporté sur d'autres acteurs, Sécurité sociale, collectivités territoriales et entreprises, une part importante de son financement (voir tableau, p. 278).

Les formes principales d'aide au logement sont au nombre de trois : l'aide à la pierre, dont l'objectif est de réduire le coût de l'investissement en logement neuf ou ancien et en travaux ; elle est définie une fois pour toutes au moment de l'opération : si son octroi dépend des ressources, elle ne prend jamais en compte leur évolution ultérieure. L'aide à la personne vise, au contraire, à adapter dans la durée la dépense courante du ménage à son revenu ; elle augmente lorsque le revenu diminue. L'aide fiscale, quant à elle, emprunte des caractéristiques aux deux autres : c'est une aide à l'investissement qui peut être étalée dans le temps et dépendre du revenu ; sa durée est alors fixée à l'avance, et si elle dépend du revenu, c'est par l'intermédiaire du barème de l'impôt ; elle est donc croissante, à l'inverse des aides personnelles. On citera pour mémoire une quatrième catégorie, proche des aides à la pierre, car elle comprend aussi, sous des formes diverses, des aides à l'investissement : la principale est la

* Observatoire foncier et immobilier (Crédit foncier de France).

participation des employeurs à l'effort de construction (PEEC), ou 1 % logement ; c'est une contribution assise sur la masse salariale des entreprises privées non agricoles de plus de neuf salariés et affectée à des financements complémentaires (prêts ou subventions à la location ou à l'accession sociale).

L'aide à la pierre

Son expression la plus simple consiste en une prime plafonnée, d'un montant proportionnel à la surface ou au coût de l'opération. Elle est utilisée lorsque le crédit est peu développé ou pour des opérations de faible montant. Le premier cas était celui des aides à l'accession dans les années cinquante ; le second est celui des aides de l'Agence nationale pour l'amélioration de l'habitat (ANAH). Malgré sa simplicité et sa clarté d'affichage, cette forme d'aide a été abandonnée en accession au profit de prêts bonifiés.

En locatif social, l'aide s'appuie largement sur le crédit, de façon exclusive ou associée à une subvention. La technique la plus simple, abandonnée en 1966, revêt la forme de prêts directs du Trésor à taux très bas et durée très longue. Une voie médiane consiste à recourir à des ressources hors marché (livret A) ; on parle alors d'aide de circuit. La troisième voie est celle de la bonification de ressources de marché, comme en accession à la propriété.

L'aide à la pierre est adaptée aux situations où la demande est forte mais rendue insolvable par insuffisance d'épargne ou difficulté d'accès au crédit. C'était le cas dans les années cinquante ; il a justifié le recours massif à l'aide à la pierre, avec des contraintes de revenu très faibles, voire inexistantes. Dans un passé plus récent, le développement de l'épargne et du crédit à long terme ont permis de concentrer l'aide à la pierre sur les ménages modestes qui, outre leur faible capacité d'épargne, voyaient leur accès au crédit limité par le niveau élevé des taux nominaux (début des années quatre-vingt) ou par les réticences des banques (début des années quatre-vingt-dix).

L'aide à la pierre a été utilisée comme instrument de relance de l'économie. Le logement, notamment individuel, présente de multiples avantages : réaction rapide, important contenu en main-d'œuvre, effet d'entraînement sur d'autres secteurs et implantation locale. Au plan budgétaire, il est plus facile de piloter des flux, maîtrisables à la fois en volume et en valeur, que des stocks (l'aide à la personne), sur lesquels on ne peut agir qu'à la marge.

Depuis que les contraintes budgétaires et la satisfaction des besoins du plus grand nombre justifient une sélectivité accrue, la relation entre l'aide et le revenu apparaît trop sommaire et fait l'objet de trois critiques principales : d'abord, l'aide ne varie pas avec le niveau du revenu ; à un franc près, elle est accordée ou refusée ; elle distingue parfois deux tranches (PLA et PLA très social), rarement plus (le PTZ en compte sept). Ensuite, le revenu est pris à une date fixe et peut donc être anormalement bas (agriculteurs après une année de sécheresse) ; de plus, cette date est vieille de deux ans, ce qui profite notamment aux étudiants en fin d'études. Enfin, l'évolution ultérieure des revenus n'est pas prise en compte ; ce serait techniquement possible, mais coûteux à gérer (il y a des exemples à l'étranger) ; l'introduction du surloyer vise à répondre à cette critique.

On reproche également aux aides à la pierre de conduire à la ségrégation, c'est-à-dire d'enfermer les ménages dans des catégories d'immeubles en fonction de leur revenu. Ce phénomène est aggravé par le dysfonctionnement des marchés, dont l'aide à la pierre est en partie responsable. En locatif social, la généralisation tardive du surloyer et le recul de l'accession aidée ont amené la mobilité à un niveau très faible. En parallèle, les contraintes de revenu se sont resserrées au fil des ans, si bien que des ménages de plus en plus modestes ont été regroupés dans des immeubles neufs, faute de trouver place dans le parc existant. En accession, l'aide à la pierre produit deux effets pervers inverses selon l'état des marchés : lorsque la demande est forte, les propriétaires encaissent des plus-values à la revente. Dans la situation inverse, les nouveaux acquéreurs à revenus modestes s'adressent prioritairement au seul marché aidé, et celui du neuf et de l'ancien ne trouve plus preneur. Cet effet a été accentué par le couplage avec l'aide personnelle.

L'aide à la personne

L'aide à la personne prend en charge une partie de la dépense courante de logement (loyer ou annuité) dans la limite d'un plafond. Les paramètres varient selon la nature de l'aide et évoluent dans le temps, mais la formule générale est restée peu ou prou la même depuis la création des aides personnelles en 1948. Seule la récente réforme, applicable seulement à l'APL locative, innove quelque peu.

La formule garantit une forte dégressivité de l'aide lorsque le revenu croît et assure donc un bon ciblage social. Le souci de s'adapter au mieux à la diversité des situations et au plus vite à la réalité de leurs évolutions a permis aux aides personnelles de jouer un rôle d'amortisseur de crise, avec en contrepartie divers inconvénients : des barèmes de plus en plus complexes, alors que la réforme visait justement à les rendre plus lisibles ; un poids peu maîtrisable sur le budget de l'État et des régimes sociaux en des temps où ils sont fortement sollicités ; une désincitation au travail par une neutralisation avantageuse de certains revenus de transfert. Pourtant, avec l'extension de la grande pauvreté, force a été de constater que les aides excluent une partie importante des plus démunis. Il a fallu créer, à leur intention, une nouvelle aide, les Fonds de solidarité pour le logement, destinés à aider à l'accès (garantie, caution) ou au maintien dans le logement (en cas d'impayés) et à financer des mesures d'accompagnement social.

Par rapport aux aides à la pierre, les risques de fraude et d'injustice sont réduits par l'étalement de la dépense dans le temps et le réexamen périodique des droits. Ils ne sont bien sûr pas totalement évacués. On dénonce ainsi l'attribution d'une aide aux étudiants sans prise en compte du revenu des parents. Plus généralement, les notions de ménage et de revenu n'ont plus la même netteté qu'autrefois, et cela réduit les effets du progrès technique qui facilitent le contrôle des ressources.

L'étalement de la dépense dans le temps peut aussi être un inconvénient majeur quand les pouvoirs publics privilégient le court terme. Cela vise surtout l'aide personnalisée au logement (APL), dont les effets pervers sont dus à sa conception particulière d'une aide à la personne associée à une aide à la pierre : on l'a qualifiée d'aide à la pierre personnalisée. Le bénéfice de l'APL a ainsi souvent guidé des choix d'investissement au détriment de critères économiques. Ce fut le cas du conventionnement avec travaux, qui faisait passer les occupants de l'allocation logement (AL) à l'APL : puisque les plus modestes y gagnaient, le revenu des locataires primait sur les besoins réels d'amélioration.

En construction neuve, l'APL permet de produire des logements sociaux dans des zones où le marché ne le justifie pas car les loyers du secteur privé sont inférieurs aux loyers PLA. La mauvaise allocation des ressources se double d'un phénomène de ségrégation créé de toutes pièces. La prolifération des résidences pour étudiants en est un autre exemple. Le caractère d'aide à l'investissement de l'APL se manifeste clairement en accession à la propriété : il accentue les effets ségrégatifs des aides à la pierre en orientant les plus modestes vers le marché du neuf.

Les aides fiscales

Les aides fiscales sont aussi diverses que la fiscalité. En effet, elles ne se limitent pas à des réductions d'impôt sur le revenu. Sont aussi concernés : l'impôt sur les sociétés (exonération des HLM), la TVA (bénéfice du taux réduit pour achat du terrain et construction ou amélioration de logements sociaux), la taxe foncière, les droits de mutation, la taxe locale d'équipement, etc. Une caractéristique importante de l'aide fiscale est qu'elle n'entraîne pas une dépense réelle mais un manque à gagner pour le bénéficiaire de la recette, État ou collectivité locale. Ce déficit s'évalue par rapport à une situation de référence.

Une part importante des aides fiscales revêt la forme de réductions d'impôt sur le revenu. Or, la moitié des ménages en sont exemptés et, pour les autres, l'impôt est fortement progressif. Il en résulte que l'aide croît avec le revenu. C'est pourquoi elle est surtout utilisée comme incitation conjoncturelle à l'investissement. Le souci de limiter la dépense et l'avantage procuré aux revenus élevés conduit à calibrer l'aide et donc l'investissement. La recherche de l'avantage maximal concentre alors la demande sur un produit déterminé. Le « Quilès-Méhaignerie », plafonné à 600 000 francs, a ainsi créé des logements d'autant plus petits que le prix au mètre carré était élevé. L'« amortissement Périssol » n'implique pas un tel plafonnement, mais conserve une contrainte de durée. La remise simultanée sur le marché fait courir un risque de moins-value.

Depuis la réforme du financement de 1977, les aides à la personne ont pris une importance croissante au détriment des aides à la pierre. Voulue par le législateur, cette évolution a toutefois été plus forte que prévue, d'abord parce qu'on a utilisé l'aide personnelle comme régulateur économique, ensuite à cause de la crise. Sa supériorité sociale est évidente : elle concentre ses effets sur les ménages modestes et joue un rôle essentiel de filet de sécurité en épousant l'évolution des ressources. Au plan économique, en dépit d'effets pervers dus à des excès, l'aide à la personne s'avère aussi plus efficace que l'aide à la pierre et, en outre, étale la dépense dans le temps.

Faut-il pour autant supprimer totalement l'aide à la pierre ? La collectivité serait sans doute imprudente de se priver d'une capacité à agir sur l'offre autrement que par le biais des incitations fiscales. Il n'est pas sûr, en effet, que le marché parvienne à produire les logements nécessaires en nombre, qualité et localisation pour loger l'ensemble de la population.

Principales dépenses de la collectivité en faveur du logement

Nature de l'aide	*Source de financement*
Aides à la pierre	
Locatif social : PLA (prêt locatif aidé), prime Palulos	État
Accession sociale : PTZ (prêt à 0 %)	État et employeurs
Propriétaires privés : primes de l'ANAH (Agence nationale pour l'amélioration de l'habitat), PAH (prime à l'amélioration de l'habitat)	État
Autres aides à l'investissement	
1 % logement (collecte nouvelle)	Employeurs
Primes d'épargne logement	État
Exonération de taxe foncière (part compensée par l'État)	État
Aides à la personne	
APL (aide personnalisée au logement)	État, régimes sociaux
ALF (allocation de logement familiale)	Régimes sociaux
ALS (allocation de logement sociale)	État, régimes sociaux, employeurs
FSL (fonds de solidarité pour le logement)	État, département, régimes sociaux
Aides fiscales	
En faveur des propriétaires occupants	État
En faveur des bailleurs privés	État
En faveur des HLM	État
Exonération de taxe foncière (part des collectivités locales)	Collectivités locales
Droit de mutation à titre onéreux	Collectivités locales

Bibliographie

COUR DES COMPTES (1994), « Les aides au logement dans le budget de l'État », *Journal officiel*, Paris.

MINISTÈRE DU LOGEMENT (annuel), *Le Compte du logement. Rapport à la Commission des comptes du logement*, Économica, Paris.

MOUILLART Michel (1995), « Les dépenses de la collectivité en faveur du logement », *L'Observateur de l'immobilier*, n° 31, Crédit foncier de France.

Rapport Barre (1975), *Rapport de la commission d'étude pour une réforme du financement du logement*, La Documentation française, Paris.

Rapport Bloch-Lainé (1989), *Rapport de la commission de réflexion sur les aides publiques au logement*, ministère de l'Équipement, du Logement, des Transports et de la Mer, Paris.

Rapport Geindre (1993), *Le Logement, une priorité pour le XIe plan. Rapport au Premier ministre*, La Documentation française, Paris.

Rapport Lair (1993), *L'Évaluation de l'efficacité économique et sociale des aides publiques au logement*, Conseil économique et social, Paris.

Rapport Lebègue (1991), *Rapport de la commission « financement du logement » du Commissariat général du Plan*, La Documentation française, Paris.

Crédit foncier de France (1995), « Les aides à la personne : un monde familier à découvrir », *L'Observateur de l'immobilier*, n° 32, Crédit foncier de France.

31

Le difficile arbitrage entre neuf et ancien dans les politiques publiques

*par Henri Coing**

Partons d'un contraste bien connu : la construction neuve représente chaque année à peine 1 % du stock des logements existants. Et les achats de logements neufs ne contribuent que pour un tiers à l'ensemble des achats annuels. Pourtant, les politiques publiques ont été longtemps principalement axées sur la construction neuve.

Des évolutions profondes se sont produites depuis la Seconde Guerre mondiale, qui ont modifié la place respective du logement neuf et de l'habitat existant dans ces politiques : en fait, c'est le rôle attribué à ce dernier qui a profondément changé, et le regard que les pouvoirs publics et la société jettent sur lui. Notre fil directeur sera justement ce changement de regard.

Le statut du logement ancien après la guerre et la révolution des années soixante-dix

La montée en puissance de l'intervention publique sur le logement, à partir des années cinquante, met fortement l'accent sur la construction neuve. La reconstruction d'abord, puis les besoins nés d'une urbanisation rapide et des fortes migrations, les besoins de rattrapage aussi, après le long assoupissement de l'entre-deux-guerres, contribuent à polariser l'attention sur un indicateur unique . le nombre de nouveaux logements produits chaque année. En revanche, le logement existant est vu comme l'héritage du passé, largement hors normes (et pour cause, les normes sont en cours d'élaboration et visent le logement neuf), donc techniquement obsolète. Il est aussi socialement obsolète, puisque l'accroissement du

* Institut d'urbanisme de Paris, université Paris-XII-Val-de-Marne.

niveau de vie et l'évolution des manières d'habiter trouvent mal à s'exprimer dans des logements trop petits et incapables d'accueillir les nouveaux instruments du confort domestique. C'est enfin un logement situé dans un espace urbain lui aussi obsolète, inadapté aux nouvelles formes de circulation et de distribution commerciale.

L'itinéraire des familles sera donc le passage du « taudis » au logement HLM, puis, plus tard l'accession à la propriété. Cela s'accompagnera nécessairement d'un accroissement de la part du revenu consacrée à se loger, puisque logement ancien est synonyme de taux d'effort très faible (et, de fait, la dépense logement, incluant chauffage et éclairage, passe de 10,4 % à 15,3 % entre 1960 et 1970). Le *Livre blanc* du mouvement HLM, publié en 1975, affiche l'objectif d'offrir à 80 % de la population un logement social moderne, de qualité, les 20 % restants s'adressant au marché privé.

Le logement ancien a vocation à disparaître, à mesure que la construction neuve fournira suffisamment de logements « modernes », dans un cadre urbain renouvelé. On ne saurait sous-estimer le poids de cette vision modernisatrice d'un « habitat réformé » dans une ville elle-même réformée. Le corollaire de la construction neuve, c'est donc la rénovation urbaine, qui va transformer l'espace de la vie quotidienne : ZUP et rénovation sont les deux faces d'une même monnaie (et contribueront à modifier massivement la répartition des classes sociales dans l'espace). Le rapport entre le neuf et l'ancien concerne autant la ville que le logement.

Quinze ans plus tard, le point de vue se modifie radicalement : dès le début des années soixante-dix, le modèle « grand ensemble » est mis en cause, de même que les grandes opérations de rénovation urbaine : « On regarde l'habitat ancien, tout émerveillé qu'il subsiste encore » (Plan construction 1979). Le changement est brutal : on brûle soudain ce qu'on avait adoré, mais avec la même conviction et le même unanimisme. Dans un document produit par le ministère de l'Équipement en 1975 — « Les aménageurs s'adressent aux chercheurs » — pour faire expliciter par les professionnels les besoins de recherche, il n'est question de rénovation que pour en dénoncer les échecs (dérives financières, mouvements de résistance des habitants) et pour constater l'inévitable abandon de cette approche. Un numéro spécial de la revue *Urbanisme* (n° 62-63) théorise et légitime ce changement avec le langage des urbanistes et des chercheurs. Les nombreuses recherches sur la « rénovation-déportation » et sur le « mal des grands ensembles » ont contribué, quelles qu'aient été leurs intentions, à ce retournement.

La lecture des documents de cette époque montre ainsi qu'en très peu de temps le large consensus établi autour des politiques précédentes est remplacé par un consensus non moins large : le parc existant est un patrimoine, il faut le sauvegarder, l'entretenir, le réhabiliter au sens fort du terme. Cela s'accompagnera d'ailleurs de la redécouverte des vertus des vieux HBM, des pavillons des années trente, des « maisons de ville », de l'immeuble haussmannien, etc. Alors qu'on pariait sur une courte durée de vie des immeubles même neufs, en se référant parfois à une obsolescence programmée, à la nécessité de démolitions massives au bout de trente ans, alors qu'on souhaitait accroître le « taux de renouvellement » du stock, comme pour le parc automobile, on fera dorénavant l'éloge de la durée : « La démolition n'est qu'une alternative regrettable à une gestion insuffisante ; elle ne doit pas être indispensable. Il est d'ailleurs satisfaisant que son rythme ne cesse de diminuer » [Lacaze, 1989].

Dès lors, les politiques viseront à créer un cercle vertueux d'entretien et de réinvestissement sur le parc ancien. La loi de 1948 visait déjà le même objectif : augmentation progressive des loyers, accompagnant la relance des travaux d'entretien et d'amélioration, mécanisme mutualiste pour financer les travaux (le Fonds national pour l'amélioration de l'habitat financé par un prélèvement de 5 % sur les loyers). Mais la mise en œuvre de la loi tourna le dos à ces objectifs. Dans la nouvelle conjoncture des années soixante-dix, on quadruple le montant des aides budgétaires à l'amélioration, on autorise l'acquisition et la réhabilitation de logements anciens par des organismes HLM, on privilégie les opérations groupées de restauration (dès 1971), puis les opérations programmées d'amélioration (OPAH, créées en 1977), qui rajoutent la dimension urbaine à l'action sur le bâti. L'Agence nationale pour l'amélioration de l'habitat (ANAH) comme financiers, les Pact-arim comme opérateurs deviennent des acteurs importants de la politique du logement. Dans le même temps, on crée un mécanisme de réhabilitation des logements sociaux (PALULOS), qui relève de la même logique de modernisation continue du parc. On peut symboliser ce tournant par le rapport Nora-Eveno [1975], qui compare explicitement les effets de l'investissement dans le neuf et dans l'ancien, et prône un rééquilibrage en faveur de ce dernier. On définit enfin des « normes minimales d'habitabilité » permettant l'amélioration, sans pour autant soumettre un bâti ancien aux normes du neuf, symboles jusqu'ici incontournables de la modernité.

La « neutralité » de l'intervention publique, toujours visée, jamais atteinte

Au tournant des années quatre-vingt, l'insistance sur le logement existant ne se limite pas à un « rééquilibrage » — tout relatif d'ailleurs — des politiques publiques au profit de l'ancien. Une autre préoccupation essentielle se fait jour : éliminer les distorsions qu'introduit l'action publique dans le fonctionnement des marchés. Il ne s'agit pas seulement de donner plus de moyens à ce parent pauvre qu'était l'habitat ancien : il faut repenser les rôles respectifs du neuf et de l'ancien, la manière dont leurs marchés s'articulent et l'effet des politiques publiques sur cette relation.

Le référent est bien dès lors le marché. On découvre que les politiques menées jusqu'alors avaient pour effet de cloisonner un marché que l'on voudrait réunifier et de créer des incitations qui modifiaient son fonctionnement de manière jugée désastreuse (on parlera de « distorsion de concurrence »). Les maîtres mots vont devenir : détruire les barrières entre les sous-marchés du logement pour le réunifier, rétablir la liberté de choix pour les ménages, augmenter la « fluidité » du marché. C'est le titre même du rapport Treppoz [1984] : *La Fluidité du logement neuf et du logement existant*. L'expression sera souvent reprise par la suite, et on la retrouvera dans tous les rapports successifs du ministère [rapports Geindre, Bloch-Lainé, Lebègue].

Et, de fait, le cumul des aides à la pierre, consacrées principalement à la construction neuve, des aides à la personne, alors réservées aux logements conventionnés principalement neufs, et des aides fiscales, privilégiant l'accession dans le neuf et pénalisant les mutations dans l'ancien, provoquaient un différentiel de prix considérable : parmi les effets jugés néfastes, on relevait alors que les ménages les plus pauvres étaient incités à aller dans le logement neuf, tandis que les cadres supérieurs s'adressaient davantage au marché de l'ancien ; que la décote provoquée par les aides faisait obstacle à la revente des logements les plus aidés, bloquant à son tour le marché du neuf. Enfin, au « cloisonnement des financements et à celui des statistiques » fait écho le « cloisonnement de la pensée des analystes et des décideurs ». Le rapport Treppoz, par exemple, souligne la carence considérable de statistiques sur le logement existant, sur les transactions, et surtout sur la manière dont s'articulent marché du neuf et marché de l'existant. Cette question des instruments d'observation et d'analyse des rapports entre le neuf et l'existant restera lancinante jusqu'à aujourd'hui.

Puisque le parc s'homogénéise peu à peu en termes de qualité, il faut aussi rendre homogènes les conditions de financement et de circulation de ses différentes composantes. Les années quatre-vingt ont été le théâtre de politiques explicites de désegmentation : décloisonnement des circuits de financement, généralisation du système d'aide à la personne, et basculement massif des aides à la pierre vers l'aide à la personne solvabilisant la demande envers n'importe quel produit. Ce qui devient premier, c'est moins l'aide à la construction que l'aide à l'accès au logement, quel qu'il soit. De nouveau, du moins sur le papier, objectifs économiques et objectifs sociaux se réconcilient.

La recherche, de son côté, explorant les cycles de vie et les itinéraires résidentiels des ménages, souligne l'étroite interdépendance entre les segments du parc. La question de la mobilité résidentielle, par exemple, ne sera plus traitée essentiellement comme un instrument de mesure des « besoins », mais comme un outil de compréhension du rôle des différents parcs pour chaque groupe social et chaque étape de la vie. L'analyse du fonctionnement des marchés, celle du cycle de vie des immeubles et de leurs modes de gestion contribuent à éclairer l'interaction entre le neuf et l'ancien et leurs rôles respectifs dans un marché unifié. En ce qui concerne les prix, la « décote » des logements anciens sera étudiée comme un indicateur des effets de distorsion produits par l'action publique, et de plus en plus comme un indicateur de marché.

Il ne faut pas pour autant céder aux illusions. Ces mêmes années voient, en effet, se multiplier des mesures ponctuelles qui produisent un effet diamétralement opposé : restrictions apportées à l'acquisition-amélioration dans l'ancien, relance de l'investissement locatif tournée exclusivement vers le neuf, blocage complet de la réforme fiscale visant à rétablir l'équilibre entre le neuf et l'ancien, relances de l'économie par le financement de la construction neuve, etc. Si, depuis 1977, est affiché avec constance l'objectif de neutralité et de fluidité du marché, il est non moins constamment remis en cause dans la pratique. Certes, l'argument macroéconomique en faveur de la construction neuve a perdu beaucoup de son poids : soulignant notamment le rôle de la construction dans la relance de l'activité, cet argument devrait concerner également le logement existant, puisque les travaux dans l'ancien pèsent aujourd'hui plus que le neuf dans le chiffre d'affaires de la branche. Cependant, la solide alliance entre les constructeurs et l'État, qui fut le soubassement des politiques des « trente glorieuses », est loin d'être défaite. La *policy community* du secteur de l'habitat tarde à se recomposer.

Années quatre-vingt-dix : un nouveau regard sur le « parc social de fait »

De nouveau, le regard porté sur le parc existant va basculer : la notion d'« habitat ancien », longtemps définie pratiquement par référence à la loi de 1948, a été remplacée par celle d'« habitat existant », traduisant cette homogénéisation du parc et le rêve d'unification du marché.

Cependant, cette unification a un coût. Comme l'ont montré de nombreuses recherches, réhabiliter le logement social (pour améliorer son niveau de confort et non pas seulement le maintenir) a le plus souvent signifié une augmentation des loyers jusqu'aux prix plafonds ; réhabiliter le parc privé par les OPAH, c'est le revaloriser, permettre la reconquête d'un parc ancien par les couches moyennes, provoquer un mouvement de « gentrification ». La loi de 1977 pensait éviter cet effet en créant le conventionnement : l'aide à la réhabilitation s'accompagnait d'une limitation des hausses de loyers et de l'aide à la personne pour les occupants peu solvables. Mais l'essentiel de la réhabilitation dans le secteur privé s'est fait hors conventionnement.

Tout le parc tend vers un niveau similaire de normes de confort et de prix. Dans l'hypothèse d'une croissance continue (et socialement homogène !) des revenus, ce n'était pas grave. Mais, lorsque les écarts de revenus s'accroissent et que la précarité se développe, les schémas de mobilité se modifient ou se grippent. Dès lors, de nouveau, le regard jeté sur le parc existant se modifie. On redécouvre une des vertus supposées des logements anciens, leur bas prix relatif. C'est le fameux « parc social de fait », et l'inquiétude monte face à sa disparition accélérée. Où va-t-on mettre « les plus défavorisés » (la loi Besson de 1989 officialise ce vocabulaire qui sera dès lors au centre du discours officiel), « les plus démunis », si les HLM sont trop peu nombreux et trop chers pour eux ? Il ne s'agit plus de banaliser le parc existant, mais au contraire de protéger un parc « très social » : bail à réhabilitation, avantages fiscaux pour les locations à bas prix, mobilisation des logements vacants vétustes, actions pour sauver les hôtels meublés de la disparition, sous-location *via* des associations et des baux glissants, agences immobilières à vocation sociale. De PLATS en programmes d'urgence, on s'acharne à recréer un parc protégé — éventuellement à normes réduites — contre ce marché unifié tant souhaité. Les objectifs sociaux divergent de plus en plus des objectifs économiques et s'inscrivent durablement dans le champ de la réparation et de la régulation sociale. La recherche, à son tour, se polarise sur le thème de l'exclusion.

Elle travaille moins, en revanche, sur le parc de logements, alors même que le discours ambiant tend à mythifier le fameux « parc social de fait » : on vilipende la disparition accélérée du parc locatif privé, on le dit volontiers bon marché, occupé essentiellement par les plus pauvres ; on pense qu'il existe un large réservoir de logements vacants facilement mobilisable pour reconstituer ce fameux stock. Point par point, les statistiques et les études démentent ces préjugés.

Mais voici qu'au même moment reviennent des mots que l'on croyait dépassés : logements dégradés, déqualifiés, dévalorisés. On croyait avoir résorbé à peu près l'habitat vétuste, qui était perçu comme un stock, et voici qu'on se retrouve avec un flux montant. Et qui n'a plus rien à voir avec l'âge des immeubles. On n'a plus d'un côté l'habitat ancien, obsolète, et, de l'autre, l'habitat neuf ou récent, moderne, mais des morceaux de parc qui, quel que soit leur âge, sont tout à coup fragilisés et entrent dans une spirale de dégradation accélérée, qu'il s'agisse de logement social ou privé, de locatif ou de copropriété. Car les frontières que l'on croyait claires entre locatif et accession tendent à se brouiller, et les immeubles en copropriété récents peuvent devenir aussi problématiques que les bâtisses des quartiers anciens. Des immeubles dont la construction fut aidée par l'État il y a peu voient soudain leur valeur chuter de moitié, de 80 % parfois ; et leur peuplement se modifier, au profit des exclus des autres segments du parc. Un nouveau « parc social de fait » se recrée sous nos yeux, se déplaçant dans la ville, au gré du jeu des chaises musicales que provoquent les politiques publiques. Les « politiques de peuplement », obsessionnelles, remplacent les politiques de construction.

Le rêve d'une substitution massive et définitive du logement vétuste par le logement neuf moderne a vécu. Celui d'une homogénéisation du parc et d'une unification du marché est plus proche de la réalité. Mais la crise économique et sociale le traverse : surgit alors le cauchemar d'un travail de Sisyphe ravaudant chaque jour ce que « le marché » et les politiques publiques défont chaque nuit.

Bibliographie

BOURDIN Alain (1984), *Le Patrimoine réinventé*, PUF, Paris.

CLANCHE François (1995), « Le confort des logements dessine aussi l'espace social », *Économie et Statistique*, n° 288-289, INSEE, Paris.

LACAZE Jean-Paul (1989), *Les Français et leur logement*, Presses de l'École nationale des ponts et chaussées, Paris.

LEFEBVRE Bruno et MOUILLART Michel (1983), « Logements anciens et logements neufs, quelques interrogations », *Cahiers du CEREVE*, n° 9, université Paris-X-Nanterre.

LÉVY Jean-Pierre (1992), « La mobilité résidentielle dans le contexte local de l'habitat : une approche comparative en France », *in* Eva LELIÈVRE et Claire LÉVY-VROELANT, éds (1992), *La Ville en mouvement : habitat et habitants*, L'Harmattan, Paris.

LÉVY Jean-Paul et SAINT-RAYMOND Odile (1992), *Profession propriétaire : logiques patrimoniales et logement locatif en France*, Presses universitaires du Mirail, Toulouse.

Rapport Bloch-Lainé (1989), *Rapport de la commission de réflexion sur les aides au logement*, ministère de l'Équipement, du Logement, des Transports et de la Mer, Paris.

Rapport Geindre (1993), *Le Logement, une priorité pour le XIe plan. Rapport au Premier ministre*, La Documentation française, Paris.

Rapport Lebègue (1991), *Rapport de la commission « financement du logement » du Commissariat général du Plan*, La Documentation française, Paris.

Rapport Nora-Eveno (1975), *L'Amélioration de l'habitat ancien*, La Documentation française, Paris.

Rapport Treppoz (1984), *La Fluidité du logement neuf et du logement existant*, La Documentation française, Paris.

V

Le logement dans la ville

32

Logement et architecture

*par Marion Segaud**

C'est surtout après la Seconde Guerre mondiale que s'établit et se théorise la relation entre le logement et l'architecture. La construction du logement de masse, à partir des urgences auxquelles la reconstruction tente de répondre, va prendre son essor et lier une catégorie de construction à des catégories de populations. À la fin des années soixante, le parc locatif HLM représente 26,2 % de l'ensemble des résidences principales. Entre 1962 et 1965 le tiers des réalisations (600 000 logements) sera construit en grands ensembles et logera près de trois millions de personnes.

Pendant un demi-siècle, la réflexion architecturale investit le logement. Celui-ci sera, pour certains architectes, un véritable terrain d'expérimentation, donnant lieu du côté de la technostructure à une débauche de rationalisation (règles, normes, codes, techniques, modes de financement, etc.) mais également à des politiques incitatives d'innovations architecturales surtout dirigées vers le logement social d'État, grande particularité française (Palmarès de l'habitat, programme « Architecture nouvelle »...).

Peut-être est-ce à cause de cette forte attention de l'architecture au domaine du logement que les sciences sociales se sont penchées sur les usages développés dans le logement, sur les modes de vie s'y déployant et sur les modes d'habiter. Recherches et études ont porté sur les aspects quantitatifs et qualitatifs de la vie quotidienne, comme celle de J. Dreyfus sur *La Société du confort* (1990). Cette attention pose directement la question de l'adaptation ou de l'inadaptation du logement et de son architecture ; un bilan issu de cette réflexion en France se trouve dans l'ouvrage de J.-M. Léger [1991].

---

* Institut des mers du Nord, université du Littoral, Côte d'Opale.

Questions sociales, solutions architecturales

L'évolution des modes de vie et ses conséquences sur les modes d'habiter des groupes sociaux mettent en cause l'architecture sur le plan quantitatif et sur le plan qualitatif, à propos de l'espace intérieur comme de l'espace extérieur. Le logement moderne, en distribuant les pièces, répond par un certain nombre de fonctions communes à tous. Après la guerre, la rencontre entre l'urgence sociale, le développement des techniques de construction, une certaine conception théorique et esthétique de l'architecture va aboutir à ce que Le Corbusier appelait la « machine à habiter ». Mais fonctions et usages ne se recouvrent pas systématiquement et les usages dépendent des conceptions que se font les individus de l'éducation des enfants (une chambre individuelle par sexe à partir d'un certain âge, par exemple), ou de la manière de s'approprier l'espace selon les rôles culturellement impartis aux membres de la famille.

La nécessaire liaison, sans cesse invoquée par Le Corbusier, entre logement et architecture sera évaluée *in situ* par Raymond Boudon (1969) à Pessac ; l'enquête qu'il mène, quarante ans après la construction du quartier, relève les transformations opérées sur les maisons. Celles-ci révèlent les conflits qui se règlent dans l'espace entre une certaine raison architecturale et une compétence que les habitants manifestent par des changements dans tout ce que l'architecte fait d'innovant. Au cours des années soixante-dix, l'Institut de Sociologie Urbaine propose le terme de « contraintes sociologiques » pour désigner la prise en compte des usages dans la conception du logement. Résultant d'enquêtes lourdes sur les pratiques et les représentations de l'espace domestique, ces recherches ont autorisé une certaine généralisation au cas français [Haumont et Raymond, 1966], mais aussi à l'étranger [Pinson, 1992]. À partir de ces préalables scientifiques, des recherches se sont plus particulièrement intéressées au goût des habitants en matière d'architecture du logement, montrant une grande stabilité du public dans les jugements esthétiques [Segaud, 1988]. Pour ce qui est de l'aspect extérieur du logement, les études ont insisté sur l'existence d'une relation, toujours présente dans la pensée des habitants, entre la façade et l'intérieur du logement. C'est la dimension urbaine du logement qui est en question ici. Mais c'est à H. Raymond [1984] que l'on doit l'élucidation de certaines notions (comme celles d'appropriation, de compétence…) et les réflexions théoriques les plus poussées sur le rapport entre l'architecture et le logement.

De son côté, la psychologie de l'environnement, qui se développe en France dans les années quatre-vingt, part du constat du malaise psychologique des habitants de certains ensembles de logement social et quartiers périphériques dont on cherche les causes dans la densité de l'habitat, la cohabitation multiethnique, l'éloignement des centres, le sous-équipement commercial et culturel, etc. Cette psychologie trouve son origine dans les années soixante en Grande-Bretagne, dans ce que l'on nommait alors *Architectural Psychology* [Canter, 1977]. Les études sur le rapport entre logement et environnement s'intéressaient à la manière dont on pouvait améliorer la conception des logements en vue d'une plus grande satisfaction des habitants ; elles supposaient que le projet de logement devait résulter d'une meilleure connaissance des effets supposés de facteurs extérieurs comme les couleurs, les formes, les lumières, le bruit, etc., sur les attitudes comportementales des individus. Un nombre important d'expériences de laboratoire (essentiellement sur des populations d'étudiants) vont s'effectuer dans les pays d'Europe du Nord, aux États-Unis puis en France, et se discuter ensuite au cours de congrès réguliers, réunissant architectes, psychologues, sociologues, anthropologues et philosophes.

Les ethnologues ont également contribué à mettre en évidence le poids des appartenances culturelles dans les pratiques du logement ; l'ouvrage de P. Bourdieu sur la « Maison kabyle » (1972), les travaux de C. Pétonnet sur les bidonvilles du Maroc et de la région parisienne, comme le travail de Turner sur l'autoconstruction en Amérique latine ont contribué à éclairer le choc constaté (qui se traduit par le terme mertonien de *dysfonctionnement*) entre les pratiques « traditionnelles » et les espaces « modernes » imposés.

De manière plus générale, les travaux de Claude Lévi-Strauss ou de R. Jaulin sur les populations amazoniennes comme les remarques de Bourdieu sur les regroupements de populations kabyles pour raison de pacification en Algérie, toutes ces études, très en vogue dans la culture des écoles d'architecture dans les années soixante-dix, ont mis en évidence le lien étroit entre l'organisation de l'espace, la permanence, la transformation ou la disparition des cultures. L'anthologie de textes présentée sous le titre d'*Anthropologie de l'espace* [Paul-Lévy et Segaud, 1983] proposait des éléments de comparaison sur les multiples dimensions de l'habiter et la variété des formes de l'espace humain. De ces approches « différencialistes » on est en droit de penser que les architectes ont déduit l'idée que le logement devait permettre l'expression des différences ou au moins ne pas y faire obstacle. Il s'est donc dégagé une sorte de division doctrinale dans la conception du projet architectural, les uns pensant que le projet devait respecter les modèles sociaux ou culturels dominants, les autres se mettant à la recherche d'une programmation susceptible de coller aux différences et ainsi d'innover (encouragés par le Bureau de la recherche architecturale et le Plan construction et architecture). De là, les méthodes « participatives » ou « génératives » qui tentaient d'associer à la conception du projet les futurs utilisateurs.

Les démographes, à travers les enquêtes nationales et périodiques sur le logement, ont introduit ces dernières années des questions nouvelles qui permettent d'évaluer les usages effectifs des pièces du logement des Français dans un temps donné ; ils tentent d'en proposer des figures générales et de comprendre les évolutions qui s'effectuent sous la pression des transformations de la famille, des cycles familiaux, des relations de parenté, des nouvelles données économiques, etc.

Toutes ces approches ne se contentent pas d'inventorier des pratiques et des usages ; elles mettent en évidence la compétence des habitants en établissant, en amont, les significations que leur attribuent les acteurs, et les représentations qui en découlent. Elles permettent de comprendre la relation entre l'habitat et le monde proche et/ou lointain, l'engagement de l'espace dans la construction identitaire des individus et des groupes. Elles autorisent l'élaboration de recommandations : aux constructeurs ensuite de les interpréter en termes d'orientation, d'implantation, de distribution...

À travers le logement, il arrive que l'architecture anticipe l'habitant futur

Parfois, les architectes tentent de précéder, d'anticiper la demande qu'ils croient saisir dans l'air du temps ou dans les études de marketing, en produisant du logement « innovant » ; ils subodorent alors que les configurations d'espaces proposées induiront certaines pratiques qu'ils considèrent « en progrès » par rapport aux pratiques existantes. Ce faisant, ils provoquent des réactions de la part des habitants qui, à leur tour, agissent sur l'espace proposé, en l'adaptant.

L'idée de nouvelles configurations d'espaces comme locomotives du progrès social est récurrente dans la doctrine architecturale et alimente le débat entre une architecture progressiste, scientifique et philanthropique et une architecture plus ancrée dans l'histoire, plus « humaniste ». Ce débat a été amorcé en 1920 par les constructivistes russes : comme les autres institutions, le logement, ancrage de la vie quotidienne, devait participer à la construction du nouvel homme soviétique.

La relation entre configurations spatiales et rapports sociaux a été mise à l'épreuve dans ce qu'on a appelé les « effets sociaux de l'architecture » ; les recherches sur ce thème tendaient à vérifier les hypothèses que faisaient (et que font toujours) les architectes sur l'usage du logement comme dispositif agissant sur les rapports familiaux (par exemple, la découverte du recentrage familial à travers l'espace de la télévision). Dans ce premier domaine, les conclusions de J.-M. Léger indiquent que l'effet social d'un dispositif spatial est rien moins que garanti quand on examine les usages. On doit néanmoins admettre que, dans une population qui choisit son logement, des groupes particuliers peuvent opter pour certaines innovations et s'en trouver satisfaits.

L'architecture monumentale des logements de l'Espagnol Bofill proclame que tout homme a droit à l'architecture : il combine donc un conformisme spatial urbain dans l'intérieur du logement avec une revendication de tradition culturelle nettement signifiée dans les façades et les plans de masse ; inversement, les exemples ne manquent pas d'applications avant-gardistes (modernistes) pour loger le peuple et faire de l'urbain en même temps (la rénovation du centre d'Ivry dans les années soixante-dix a constitué un exemple souvent visité).

Parallèlement, l'idée que l'architecture puisse susciter de la civilité et, par là, reconstituer le lien social là où il est censé avoir disparu, s'est institutionnalisée dans les années quatre-vingt à travers la mission Banlieue 89, décidée par le président Mitterrand et dirigée par des architectes rompus à l'*agit-prop*. Son objectif était de dynamiser les espaces périphériques par l'architecture et l'urbanisme. Les résultats n'ont pas été à la hauteur des espérances.

L'architecture du logement donne forme à la ville

Le développement de l'urbanisation prend des formes différentes, à des échelles différentes (lotissements, cités, quartiers, extensions urbaines, morceaux de ville, villes nouvelles). La fin du XIXe siècle et le début du XXe siècle ont vu se développer une multitude de réflexions et d'exemples de gestion raisonnée de ce rapport entre ville (quartier) et logement. On s'interroge alors sur la manière de faire de la ville avec du logement : certains, comme Loos, sont favorables à un effacement total de l'architecte dans l'architecture du logement ; d'autres, comme Berlage à Amsterdam, sont pour une composition savante entre logement et espaces publics. Cette question a resurgi, en particulier à travers le débat architectural des années soixante-dix venu d'Italie [Rossi, 1966], sur le rapport entre typologie et morphologie. L'ouvrage exemplaire des Versaillais Castex, Panerai et Depaule [1975] apparaît novateur, car la morphogenèse de l'urbain (l'architecture mineure) est lue à plusieurs voix, celle de l'architecte, celle de l'historien et celle du sociologue.

Les désastres de l'urbanisation, souvent qualifiée de démentielle, des années cinquante-soixante n'ont pas découragé les expérimentateurs. La centralisation française a favorisé un nouveau parc de réalisations dont l'objectif était et est encore de réparer les « erreurs » des grands ensembles. Il s'agit de produire des ensembles urbains dont la qualité architecturale contribue à l'identification de l'usager comme de la ville et, incidemment, à la mise en valeur médiatique des élites politiques commanditaires. L'équipe du projet se complexifie, de nouvelles compétences sont requises (la communication, par exemple).

De leur côté, les sociologues avaient étudié les relations des habitants à l'espace urbain. Le grand succès de l'ouvrage de l'Américain K. Lynch sur *L'Image de la cité* [Lynch, 1960] a incité les chercheurs français à étudier les modes de repérage et les pratiques citadines des habitants [Augoyard, 1979 ; Ledrut, 1973], l'espace sensible [Joseph, 1984] étant envisagé comme le produit de l'interaction entre les formes architecturales et leurs perceptions individuelles.

Reprenant l'idée de Loos selon laquelle le logement n'est pas affaire d'architecture, B. Huet [1986] dénonce le caractère hétérogène d'ensembles d'habitations innovants qui, selon lui, disloquent la vision de l'espace urbain aux dépens de l'identité nécessaire de la forme urbaine. Du côté des évaluations (toujours en cours), la parution d'un ouvrage de méthodologie, *Enseigner le projet d'architecture* [1993], a montré qu'aucune méthode de projection ne s'imposait et que le bon sens apparaissait comme le moindre mal. Par ailleurs, les résultats d'une méthode plus intégrative ont été critiqués du point de vue des résultats et de la faisabilité.

Dans le rapport entre logement et architecture, deux niveaux de réflexion s'affrontent : celui qui se lit à travers les enquêtes portant sur les usages concrets des habitants, et celui de l'innovation doctrinale, amplifiée aujourd'hui par la médiatisation et l'importance accordée à l'image. L'une des grandes nouveautés se trouve dans le fait que ce rapport fait désormais l'objet de réflexions de la part des sciences de l'homme, réflexions dans lesquelles l'usager reste encore trop peu visible.

Bibliographie

AUGOYARD Jean-François (1979), *Pas à pas*, Seuil, Paris.

BOURDIEU Pierre (1974), *Esquisse d'une théorie de la pratique*, Droz, Genève.

CANTER David (1977), *The Psychology of Place*, Architectural Press, Londres.

CASTEX Jean, PANERAI Philippe et DEPAULE Jean-Charles (1975), *De l'îlot à la barre, contribution à une définition de l'architecture urbaine*, CORDA, Paris.

Enseigner le projet d'architecture (1993), Actes du séminaire de Bordeaux-DAU.

HAUMONT Antoine, HAUMONT Nicole, RAYMOND Henri et RAYMOND Marie-Geneviève (1966), *Les Pavillonnaires*, CRU, Paris.

HUET Bernard (1986), « L'architecture contre la ville », *Architecture, Mouvement, Continuité*.

JOSEPH Isaac (1984), *Le Passant considérable*, Méridiens Klincksieck, Paris.

LEDRUT Raymond (1973), *Les Images de la ville*, Anthropos, Paris.

LÉGER Jean-Michel (1991), *Derniers domiciles connus*, Créaphis, Paris.

LYNCH Kevin (1969), *L'Image de la cité*, Dunod, Paris.

PAUL-LÉVY Françoise et SEGAUD Marion (1983), *Anthropologie de l'espace*, Centre Georges-Pompidou, Paris.

PINSON Daniel (1992), *Modèles d'habitat et contre-types domestiques au Maroc*, Urbama, Tours.

RAYMOND Henri (1984), *Les Aventures spatiales de la raison*, Centre Georges-Pompidou, Paris.

ROSSI Aldo (1966), *L'Architettura della città*, Laterza, Padoue.

SEGAUD Marion (1988), *Esquisse d'une sociologie du goût en architecture*, thèse de doctorat d'État, Paris-X-Nanterre.

33

Formes architecturales et urbaines de l'habitat

*par Daniel Pinson**

Si toute configuration d'habitat relève de près ou de loin d'une architecture, la part prise par les architectes dans sa conception est plutôt associée au logement collectif. L'habitat n'est cependant pas réductible au collectif, et la maison individuelle occupe, depuis le milieu des années soixante-dix, une place sans cesse croissante. L'activité des architectes dans ce dernier domaine est assez limitée, mais elle a quelquefois accompagné les promoteurs sociaux quand ils ont engagé, dans une mesure relativement modeste, des programmes de maisons individuelles. Reste une part importante de logements neufs et anciens, conçus, réalisés ou transformés selon des compétences qui se sont formées hors des métiers reconnus, au cœur d'une culture de l'habitat qui croise conventions transmises et pratiques de bricolage.

Pour faire le point des connaissances sur les programmes et les formes architecturales et urbaines de l'habitat, il faut prendre en compte l'ensemble du parc habité existant et son ancienneté variable, et s'extraire ainsi de la pression qu'exerce l'innovation comme témoin des avancées de la conception architecturale. Cela nécessite, d'une certaine manière, d'aller assez loin dans l'histoire architecturale du logement, pour y reconnaître les configurations anciennes encore présentes, leur transformation par la « réhabilitation », comme les réalisations récentes les plus innovantes.

* Institut d'aménagement Régions, université Aix-Marseille-III.

Le standard contre le pittoresque : déclin de la cité-jardin et annonce des grands ensembles

Dans l'entre-deux-guerres, les configurations du logement neuf ont été largement déterminées par la forme des extensions urbaines. Les lotissements pavillonnaires sont encouragés par une politique favorisant l'accession (loi Ribot en 1910, loi Loucheur en 1928). Le mouvement HLM naissant participe à la tentative de contenir l'expansion pavillonnaire par des cités-jardins inspirées de l'expérience anglaise. De son côté, le Mouvement moderne d'architecture prépare son appareil théorique. Ses différents congrès développent les orientations dégagées lors de la première réunion tenue à La Sarraz (Suisse) en 1928 : production du logement de masse, industrialisation de son mode de fabrication, approche de la question du logement en terme d'urbanisme.

L'état du débat sur la question du logement social est assez bien illustré, avant la Seconde Guerre mondiale, par deux opérations de la région parisienne : la cité-jardin de Suresnes, de l'architecte Henri Maistrasse, toujours habitée, et la cité de la Muette, des architectes Eugène Beaudouin et Marcel Lods, à Drancy, démontée dans les années soixante-dix. La première est en quelque sorte la version française de la cité-jardin, associant logement collectif et logement individuel. L'autre inscrit des logements aux surfaces minimales dans des tours et des barres à ossature métallique, conformément aux principes du Mouvement moderne.

Le logement d'urgence industrialisé des grands ensembles : une caricature de la Charte d'Athènes

La reconstruction qui suit la Seconde Guerre mondiale occupe la vieille garde de l'architecture. La crise du logement appelle rapidement une autre politique de la part de l'État. À côté des mesures structurelles adoptées à cet effet, il faut mobiliser les différents acteurs de la production du logement et valoriser des procédures expérimentales [Vayssière, 1993]. C'est notamment le but du concours lancé par le ministre de la Reconstruction Eugène Claudius-Petit, en 1950, pour la construction de la cité Rotterdam à Strasbourg. Ses attendus comme son montage résument les orientations que l'État est désormais décidé à impulser, en même temps qu'il traduit le basculement des choix architecturaux de l'administration vers les thèses du Mouvement moderne (malgré l'échec de Le

Corbusier, classé 4e). La taille de l'opération est importante pour une ville de province : 800 logements ; les équipes admises à concourir doivent être composées d'un architecte et d'une entreprise de bâtiment ; les critères de jugement comprennent, en plus de la qualité architecturale du projet, des performances de coût et de délais.

L'ère des grands ensembles est engagée, comme l'augmentation progressive de leur taille (4 000 en moyenne, comme celui de La Courneuve, dans les années soixante), condition invoquée pour le passage à l'industrialisation. Cette échelle de projet conduit à la recherche de réserves foncières toujours plus éloignées des zones déjà construites. On voit ainsi surgir, à la limite des communes, quelquefois à cheval sur leur frontière, voire sur celles de deux départements, d'immenses formations en total contraste avec le pavillonnaire environnant, n'ayant comme programme que « le logis et ses prolongements » (Le Corbusier). S'il s'inspire de ses orientations les plus radicales, le grand ensemble est aussi une caricature de la Charte d'Athènes, adoptée par le Mouvement moderne en 1933. Cette charte, dont la version la plus connue est celle rédigée par Le Corbusier en 1941, préconise un urbanisme en hauteur dont la Cité radieuse, bientôt construite et inaugurée à Marseille (1949-1953), est le type idéal. Mais la hauteur permet, selon la Charte d'Athènes, de « libérer le sol en faveur de larges surfaces vertes » (point 29), et d'y créer « les jardins d'enfants, les écoles, les centres de jeunesse ou tous bâtiments d'usage communautaire, rattachés intimement à l'habitation » (point 37).

Le logement, dupliqué à l'infini dans les ZUP, tend vers une standardisation-normalisation qu'encouragent à la fois les normes d'habitabilité et de distribution « fonctionnelle » du Centre scientifique et technique du bâtiment (CSTB) [Dreyfus, 1990] et les rationalisations (rigidifications) techniques développées par les entreprises (apparition de la préfabrication lourde et du « coffrage-tunnel ») [Moley, 1991]. L'expérience a prouvé par la suite que la rapidité et l'obsession de l'économie avaient conduit à sacrifier la qualité des grands ensembles, et facilité, avec l'absence d'entretien, leur rapide dégradation. C'est pourquoi l'on peut considérer le logement social des HLM de cette période comme un logement d'urgence en béton, à faible valeur d'usage et à faible valeur technique.

Si cette production massive a eu raison de la crise du logement, la désaffection du collectif au profit de l'individuel, qui traduit une évolution sociale importante (accès des femmes à l'emploi, généralisation de l'automobile, élargissement de la « consommation »), va marquer la fin des grands ensembles. Elle survient en même temps que s'annonce la crise économique ouverte par les années soixante-dix.

La maison individuelle et la maîtrise de sa dispersion

La réception du collectif HLM par son habitant s'est d'abord traduite par un mouvement de satisfaction, lié principalement à l'accès au confort [Chombart de Lauwe, 1959]. Mais, si la conception de la « cellule » HLM répond à des normes fonctionnelles élémentaires, elle se révèle à l'usage très réductrice vis-à-vis des pratiques concrètes de l'habiter. L'intérêt pour le pavillon, stigmatisé par le Mouvement moderne [Le Corbusier, 1946], mais vérifié par les enquêtes et exprimé en logiques socioculturelles [Raymond *et al.*, 1966], ne se dément pas. La production de maisons individuelles reste d'ailleurs importante et tend à se développer en diffus ou en lotissement, sur des terrains à bâtir qui sont encore d'un prix accessible [Pinson, 1988].

La puissance publique prend en compte cette évolution, dès 1967, avec l'organisation, dans les grandes métropoles régionales, de Villagexpos. Ces opérations expérimentales permettent de réaliser un habitat individuel groupé, reprenant des modèles industrialisés sélectionnés lors d'un concours. Les initiatives du ministre Chalandon confirment cette politique dans les années 1968-1969, en l'ouvrant aux grands groupes de constructeurs et de promoteurs privés. Cette production sera pourtant disqualifiée par la médiocrité qualitative de ses résultats.

Pour sa part, le mouvement HLM tente d'y apporter sa contribution, dans la perspective d'une recherche de qualité architecturale et urbaine, en relançant, lors d'un concours ouvert en 1975, la formule de l'habitat individuel groupé. Dans les villes nouvelles, en particulier à Cergy-Pontoise, l'aménageur va dans le même sens, en organisant un concours de « maisons de ville » suivi de réalisations. Ces initiatives, limitées, traduisent la volonté d'apporter une réponse maîtrisée à une importante demande individuelle, qui, ne cessant de croître, provoque un éparpillement (le « mitage ») dommageable pour les espaces agricoles et naturels. Elles ne sont pas sans faire appel au modèle quelque peu oublié, voire dénigré, de la cité-jardin [Bauer, 1979].

Les expérimentations publiques : retour à la ville et « rénovation inverse »

La création du Plan construction en 1971 illustre, en même temps que se font jour des préoccupations d'environnement, la volonté du ministère de l'Équipement de trouver des solutions alternatives à la forme urbaine du grand ensemble. Les premières expérimentations issues des concours PAN (programme « Architecture nouvelle ») oscillent entre les tentatives de requalification par la technique modulaire (module de base reproduit à l'infini) et celles qui proposent une solution « intermédiaire » entre le collectif et l'individuel.

La session 7 de ce concours, en 1975, traduit une certaine rupture : les projets lauréats de C. de Portzamparc (« Architecturer la ville ») et du groupe Arcane (« Rénovation inverse ») dessinent deux directions qui vont désormais occuper une place essentielle dans l'approche du logement collectif : le retour vers les qualités d'urbanité de la ville d'avant la Charte d'Athènes et la nécessité de réhabiliter les grands ensembles. Plus tard, le PAN 14 (1987) s'efforcera d'introduire une réflexion sur l'intérieur du logement, dans le prolongement d'un certain nombre d'opérations expérimentales réalisées dans le cadre du programme « Conception et usage de l'habitat » (1984).

Au final, tant en ce qui concerne les concours [Éleb *et al.*, 1988] que les expérimentations [Léger, 1990], cette politique d'incitation et d'innovation a eu un certain impact sur la conception et la maîtrise d'ouvrage du logement. Le « Palmarès de l'habitat », institué en 1982 par le ministère de l'Équipement, en témoigne et distingue, pour ce qui le concerne, indépendamment des procédures de concours, des réalisations françaises expertisées sous les angles de l'insertion, de la satisfaction des habitants, de la qualité des finitions, du rapport coût/qualité. Il corrige partiellement quelques travers des concours d'architecture PAN. Ceux-ci restent en effet, d'un certain point de vue, sous la coupe de jurys où les architectes en vue ont une influence déterminante, émettant un jugement sur la qualité dominé par le critère plastique.

La « réhabilitation », recyclage de l'architecture et rencontre avec l'habitant

De plus en plus, la hiérarchie établie entre le neuf et l'ancien, au profit du premier, tend à s'estomper dans la conception et la production architecturales du logement. L'habitat est en effet pris aujourd'hui dans une approche de l'architecture et de la ville qui n'accepte plus l'indifférence, voire le mépris qu'inspirait au Mouvement moderne la ville ancienne, comme obstacle à l'avènement de la « société machiniste » [Le Corbusier, 1946].

De la destruction des quartiers anciens, qui menaçait la ville dans les années cinquante-soixante, on est passé à l'idée de leur réparation. Cette démarche n'exclut ni les partisans d'une architecture à fortes références historiques, ni les tenants d'une modernité plus mesurée que l'utopie des avant-gardes. Elle associe l'intégration urbaine d'immeubles neufs sur des parcelles vides entre mitoyens, l'insertion d'îlots « ouverts » ou « libres » sur des friches industrielles libérées, et la « réhabilitation » de l'habitat dans les quartiers centraux anciens ou les quartiers d'habitat social des années soixante.

Le concept bizarre de « réhabilitation » apparaît dans la pratique architecturale pour distinguer cette démarche de celles qui semblent s'y apparenter. La réhabilitation se différencie en effet radicalement de la « rénovation » des années soixante, irruption brutale des thèses et des formes du Mouvement moderne dans le cœur des villes, comme de la « restauration », quelques années plus tard, négation du contenu populaire de nombreux quartiers anciens des centres-villes. Au fil des réalisations, la réhabilitation est devenue un véritable recyclage architectural et urbain, plus ou moins intense, par lequel le logement initial est transformé en une configuration répondant aux attentes actuelles des habitants et le quartier est restructuré de manière à retrouver les qualités attendues d'un espace urbain. Le préjugé sur l'intérêt architectural mineur de ce travail reste encore fort, mais un certain nombre d'architectes ont pu cependant faire reconnaître, notamment lors de la réhabilitation d'anciennes usines, le haut degré de compétence architecturale mobilisé dans la reconversion en logements de bâtiments initialement destinés à un autre type d'occupation.

Une autre difficulté de ce type de démarche, notamment dans la réhabilitation du logement ancien, réside dans le fait qu'il faut souvent intervenir dans des sites habités. Le face-à-face avec l'habitant exige de l'architecte une plus grande attention à ses pratiques, mais aussi aux inquiétudes et aux attachements quelquefois irrationnels, que les perturbations dues au chantier et aux transformations du logement font naître chez lui. De nouvelles formes de la maîtrise d'œuvre sont là, en émergence et en expérimentation [Kroll, 1996].

En fait, l'évolution sociale et spatiale n'a pas entériné l'idée du standard portée par le concept de la « machine à habiter », chère à Le Corbusier. Les configurations de l'habitat semblent s'être au contraire diversifiées, tant au niveau de la ville que de l'immeuble et du logement. Pourtant, cette diversification, qui se veut appropriée à la multiplicité des styles de vie et à la recherche d'une qualité, autant que faire se peut, non discriminante, est sans cesse menacée par les alertes à l'urgence et à la précarité. Ainsi, en marge d'une production d'habitat social neuf, relativement ralentie, et des opérations de réhabilitation, qui deviennent dominantes, une série de réalisations et de programmes nouveaux traduisent aujourd'hui, dans des formes d'habitat spécifiques qui pourraient vite devenir du sous-habitat, les incertitudes de la conjoncture économique et la dégradation de la condition de certains habitants. L'habitat dit « individuel », reste, quant à lui, une réalité insuffisamment connue sur le plan des formes architecturales et urbaines et de leurs effets sur l'éparpillement urbain.

Bibliographie

BAUER Gérard (1979), *Un Urbanisme pour les maisons*, UGE-10/18, Paris.

CHOMBART DE LAUWE Paul-Henry (1959), *Famille et habitation*, CNRS, Paris.

DREYFUS Jacques (1990), *La Société du confort*, L'Harmattan, Paris.

ÉLEB Monique *et al.* (1988), *Penser l'habiter, le logement en questions*, Pierre Mardaga, Liège.

LE CORBUSIER (1946), *Manière de penser l'urbanisme*, Gonthier, Paris.

KROLL Lucien (1996), *Enfin chez soi, la réhabilitation de préfabriqués*, L'Harmattan et WoGeHe, Paris-Berlin.

LÉGER Jean-Michel (1990), *Derniers domiciles connus*, Créaphis, Paris.

MOLEY Christian (1991), *L'Immeuble en formation*, Pierre Mardaga, Liège.

PINSON Daniel (1988), *Du logement pour tous aux maisons en tous genres*, Recherches, MEL, Paris.

RAYMOND Henri *et al.* (1966), *L'Habitat pavillonnaire*, CRU, Paris.

VAYSSIÈRE Bruno-Henri (1993), *Reconstruction, Déconstruction*, Picard, Paris.

34

Doctrines architecturales et politiques du logement

*par Christian Moley**

Le logement constitue, pour bien des architectes, un champ qui porte la marque prédéterminante de l'État. Mais il a aussi fait l'objet, de leur part, de prises de position et de projets en anticipation sur le discours et les procédures étatiques. Ainsi, la politique de production massive, rapide et économique du logement collectif est considérée, après la Seconde Guerre mondiale, en avoir fortement conditionné la conception architecturale. En fait, déjà amorcée dans l'entre-deux-guerres, cette politique fait écho, pour partie, à des doctrines d'architectes, en l'occurrence celles du Mouvement moderne. Sa fondation, qui affirme, dans la lignée de Le Corbusier (système Dom-no, 1914, et maison Citrohan, 1920) et de Gropius, la place centrale du logement et de sa standardisation industrielle, précède de peu la loi Loucheur de 1928, premier cadre national à grande échelle pour 260 000 logements sur cinq ans.

La crise économique freine ce programme. Elle sert l'idée d'une rationalisation des équipements et des surfaces, vers un habitat minimal (thème du IIe Congrès international d'architecture moderne, Francfort, 1929) légitimé par le fonctionnalisme et le taylorisme qui vise désormais, après les méthodes de chantier, l'organisation ménagère.

Le primat de la cellule (1930-1975)

Dans la conception de l'habitat, c'est le logement qui prime au cours de cette période, tant dans la pensée architecturale que dans la politique de l'État. Celui-ci définit et régule l'éventail des catégories

* École d'architecture de Paris-La Villette.

de logements, leur assure confort et sécurité de base par des règlements de construction (1955, 1969), met en place les mesures d'une répétition industrielle censée en abaisser les coûts. Ce couplage du logement et de son industrialisation mobilise constamment une politique plus technique que tournée vers un réel cadrage de l'habiter.

Les doctrines architecturales fonctionnalistes et leur focalisation sur la « cellule-logement », conforme au mythe de la machine, n'impliquent pas de dogme sur les systèmes constructifs, encore très variés comme le montre un panorama dans le premier numéro de *L'Architecture d'aujourd'hui* (1930) : on y voit des ossatures en béton, ou parfois en acier, autant que des structures à murs porteurs, sans mise en évidence particulière du coffrage-tunnel de l'architecte allemand Luckhardt, système qui règnera en France trente ans plus tard. Cette variété se confirme dans les concours et les Chantiers d'expérience que l'État met en œuvre sur une décennie à partir de 1943, avec en corollaire, d'après le concours qu'il organise cette année-là, sa volonté de standardiser les éléments plutôt que le tout : les « bloc-escalier », « bloc-porte », « bloc-croisée » et « bloc-eau » traduisent son réalisme par rapport à la situation de l'appareil de production et son souci de ne pas figer la conception des logements.

Le bloc-eau a une importance particulière pour celle-ci, puisqu'il s'y joue à la fois l'amélioration de l'hygiène, idéologie constante de l'administration, et une rationalisation technico-économique par regroupement des canalisations des WC, salle de bains et cuisine. Son encouragement, compatible avec l'ensemble formé traditionnellement par les trois « pièces humides » en façade arrière, intervient cependant à un moment où ce principe de plan évolue. D'abord, la logique de ratio appelant à diminuer le linéaire plus onéreux des façades par retrait des sanitaires vers le cœur de l'immeuble alors épaissi finit par voir satisfaites les deux conditions techniques de sa réalisation : l'État autorise progressivement, de 1955 à 1960, l'aération par gaine des pièces humides en position centrale ; les grandes entreprises du bâtiment adoptent le système constructif par refends, dont le nouveau sens de portée permet l'immeuble épais, mais aussi plus de productivité avec une mise en œuvre par coffrage-tunnel et chemin de grue.

L'autre raison d'évolution architecturale du logement est d'ordre social. Avant la guerre déjà, le logement tendait à avoir sa partie de vie commune placée près de l'entrée, à l'opposé de l'intimité familiale des chambres repoussées vers le fond. Cette bipartition latente du plan trouve, avec les nouvelles données techniques, l'occasion d'être affirmée : la trame porteuse partage le logement en deux travées nettes qui peuvent correspondre, l'une au séjour et à la cuisine, l'autre aux chambres enserrant une salle d'eau centrale disjointe de celles-ci, contrairement à l'idée de « bloc », finalement peu réalisée. Ainsi instrumentalisé et favorisé dans sa généralisation par la politique des grands ensembles qu'instaure et encadre le plan Courant et Lemaire (1953), ce principe de plan encore actuel et largement consensuel a suscité en outre, à partir d'écrits d'architectes puis de différents organismes, la formulation technocratique de « division jour/nuit ».

Des conceptions autres, prémices de l'innovation promue

Si la majorité des conceptions architecturales s'inscrit dans un effet de norme associé à la politique de l'État, mais dû davantage aux techniques dominant le bâtiment et aux habitudes des acteurs, des tendances à s'en affranchir se manifestent aussi. Face aux contraintes des murs porteurs transversaux formant carcan pour la distribution du logement, l'ossature est prônée comme moyen d'assurer ce que Le Corbusier avait déjà appelé en 1927 le « plan libre », principe qui avait trouvé l'occasion d'être expérimenté à la Reconstruction dans les immeubles collectifs regroupant les dédommagements de guerre des sinistrés : les poteaux sur trame permettent de répartir plus facilement différents types de logement dans un même système et de proposer des plans à l'espace plus ouvert (Le Havre, atelier d'Auguste Perret, à partir de 1947). Dans les années soixante, les ossatures ainsi pensées sont présentes, en béton plutôt dans les copropriétés de luxe, et en acier dans quelques réalisations amorçant en logement social son adaptabilité par cloisons mobiles (Rouen, ensemble de la Grand-Mare, Marcel Lods, 1962-1969). Elles restent surtout le fait de projets théoriques qui les couplent souvent, pour mieux décloisonner et libérer l'espace, à un noyau technique rassemblant tous les fluides au centre du logement selon le principe du bloc poussé à son terme et inspiré de Jean Prouvé.

La métaphore du noyau renvoie plus globalement à une doctrine cherchant alors à faire évoluer vers l'« organicisme » le fonctionnalisme architectural et urbain, avec la fragmentation spatiale qu'il implique. Pour le Team X, mouvement que dix architectes constituent au Xe Congrès international d'architecture moderne (Dubrovnik, 1956), les cellules sont à penser en articulation graduelle avec leurs prolongements extérieurs privatifs et collectifs, jusqu'au quartier, selon un tissu continu et croissant qui intégrerait habitat, équipements, commerces, espaces verts et infrastructures. Les réalisations de Georges Candilis, comme Toulouse-Le Mirail à partir de 1961, ou la ville neuve de Grenoble-Échirolles (AUA, G. Loiseau et J. Tribel, à partir de 1966) en représentent des applications plus ou moins abouties.

Les études d'assemblage tissulaire visent aussi à dépasser le clivage entre immeuble collectif et maison individuelle, et incitent aux recherches typologiques d'« habitat intermédiaire », à un moment où les enquêtes confirment l'aspiration forte des Français pour le pavillon. Dans la transposition de ses qualités au logement, la grande terrasse, ersatz de jardin, est la plus mise en avant, à la suite des réflexions et réalisations des architectes J. Bardet (projet de 1963 construit au Val-d'Yerres), M. Andrault et P. Parat (études de 1965 puis contrat-programme avec le ministère du Logement pour mettre au point leurs maisons superposées en gradins), puis J. Renaudie à Ivry.

L'Architecture d'aujourd'hui récapitule en 1967, dans un programme déclaré de lutte contre les carences des grands ensembles, les différentes tendances en germe : conception moins limitative du logement par flexibilité, polyvalence et ouverture sur des extérieurs, formes de cellules permettant des assemblages variés et opposés à la notion de plan-masse fractionné en tours et barres. Ces thèmes sont officialisés par la reconnaissance dont ils bénéficient dans les réalisations expérimentales et les premières sessions du PAN (programme « Architecture nouvelle ») qu'organise le Plan construction à partir de 1971, ainsi que dans les Modèles innovation agréés en parallèle.

Le plan du logement : une question effacée par celle de la ville

Les conceptions novatrices ainsi promues sont rapidement mises en cause : marquées essentiellement par la réorientation de la politique technique, de la préfabrication lourde à l'« industrialisation ouverte » par « composants » compatibles, elles en constituent le plus souvent un simulacre formel et dérivent vers un systématisme combinatoire pris pour une réponse au besoin de variété. Ce genre d'architecture proliférant sur trame supposait une échelle qu'offraient alors les villes nouvelles, où il se réalise le plus. Il décline avec leur ralentissement, qui s'inscrit plus largement dans une évolution tendant à inverser les priorités entre le logement et la ville.

Les « années de crise » qu'annonce le premier choc pétrolier entraînent des opérations plus réduites dans le cadre du tissu urbain existant des centres ou des périphéries. Dans ce contexte, l'idée de « modèles », délocalisés et escomptés réadaptables, est abandonnée tant par la politique du même nom, arrêtée en 1975, que par les architectes, qui se tournent vers de nouvelles références théoriques, en fait issues de l'école des Annales, mais réimportées en France par des travaux italiens de Rossi. Cette approche, véritable doctrine pour toute une génération d'architectes dans la mouvance de B. Huet, met en avant la relation entre les morphologies urbaines et les typologies d'habitat. La création arbitraire d'architecture objet ou de systèmes abstraits ainsi que l'innovation formelle ou technique pour elle-même sont rejetées par cette tendance au profit de la réinterprétation des types qui apparaissent consacrés de longue date et toujours consensuels. Mais en général, dans la pratique courante des architectes, l'impression qui se dégage reste plutôt celle d'une reproduction des plans habituels, qu'elle procède peu ou prou d'une position consciente ou intellectualisée.

Les études fonctionnalistes en quête de la cellule idéale, relayées par le CSTB, avaient révélé leur risque normatif. Les tentatives des années soixante-dix pour y remédier par d'autres formes d'attention aux usages de l'habitant (flexibilité, participation, plan du logement plus savamment référé à la sociologie), développées à la faveur de la politique d'innovation, se révèlent également décevantes : les dispositifs purement techniques à cloisons amovibles, sous-utilisés, répondent mal aux besoins de différenciation et d'évolution du logement ; la participation des habitants à la conception a suscité quelques expériences illusoires ou trop lourdes pour être reprises ; les conceptions renvoyant explicitement à des modèles culturels de l'habiter sont restées dans une prédétermination du plan et n'ont pas permis de démêler ce qui, dans la conformité qu'elles lui reconnaissent, relève de la demande sociale ou d'une simple convergence des acteurs sur une solution moyenne. La perception accrue de la difficulté à mettre en relation l'architecture et l'usage dans une conception ni déterministe, ni démissionnaire face aux dilemmes du plan (adapté/adaptable, spécifique/généraliste), expliquerait que les architectes se soient désengagés de la réflexion théorique sur l'intérieur du logement, au moment où prime la question de la ville.

Eux-mêmes mettent ce renoncement surtout au compte de contraintes pesantes : impératifs techniques des entreprises, cahiers des charges des maîtres d'ouvrage, règlements. Dans ce domaine, l'État a pourtant manifesté la volonté de corriger ses propres erreurs :

en préalable à sa politique d'incitation au renouvellement des conceptions, il avait décrété en 1969 un règlement de construction « exigentiel », destiné à supprimer les effets normatifs du précédent, aux prescriptions très détaillées pièce par pièce. S'inscrit aussi dans cette logique l'instauration en 1977 de l'« aide à la personne » au lieu de l'« aide à la pierre », qui avait des effets ségrégatifs en impliquant une identité architecturale et par delà, une stigmatisation des catégories du logement social. Ses plans, qui diffèrent d'ailleurs peu de la promotion privée, sinon par un peu moins de conformisme, ne changèrent par pour autant et la libération réglementaire n'eut pas de résultats tangibles, comme si les acteurs voulaient en majorité perpétuer les plans les plus éprouvés.

La conjoncture actuelle : quelle incidence pour l'architecture ?

La conjoncture des années quatre-vingt-dix pourrait ramener la réflexion architecturale vers le logement et l'immeuble. D'abord, l'importance accrue de la gestion dans le coût global incite à repenser les parties communes, les architectes manifestant notamment une propension naturelle à les extraire de l'immeuble pour simplifier la construction et l'entretien dans le cas de coursives, mais aussi pour qualifier la desserte lorsque des seuils individuels sont créés. Ensuite, les conceptions fondées il y a peu sur une vision idyllique de l'urbanité sont remises en question par l'exigence sécuritaire qui porte à séparer les espaces publics des espaces résidentiels, sans toutefois interrompre leur continuité visuelle. Enfin, l'État semble réouvrir l'éventail des catégories de logement, puisque, après avoir créé pour les plus solvables les Programmes Locatifs Intermédiaires, il recherche, avec les Programmes Locatifs Aidés Très Sociaux, d'autres formules pour loger les plus démunis. Les recherches typologiques suscitées auprès des architectes auront alors à éviter des écueils déjà apparus à d'autres périodes appelant au logement minimal, avec en outre un paramètre nouveau : celui de l'esthétique industrielle du « loft », permettant de valoriser l'espace ouvert de logements en fait dépouillés d'attributs élémentaires.

La tendance actuelle à privilégier l'image correspond à la fin des certitudes que s'était données, en accord avec les politiques successives de l'habitat, la conception architecturale, d'abord avec le fonctionnalisme, puis avec l'idée de la ville unie. Le déclin de ces deux doctrines pourrait aussi être propice à des approches plus pragmatiques et plus globales du logement et de la ville, compris dans leurs relations.

Bibliographie

CROIZE Jean-Claude, FREY Jean-Pierre et PINON Pierre, dir. (1991), *Recherche sur la typologie et les types architecturaux*, L'Harmattan, Paris.

EPRON Jean-Pierre (1992), *Architecture, une anthologie*, t. I, II et III, Pierre Mardaga, Liège.

GUIDOT Raymond, commissaire de l'exposition (1983), *Architecture et industrie, passé et avenir d'un mariage de raison*, catalogue CCI-Centre Georges-Pompidou, Paris.

HAMBURGER Bernard *et al.* (1978), *La Commande publique d'architecture*, ENSBA-CERA, Paris.

HUET Bernard (1981), *Anachroniques d'architecture*, Archives d'Architecture moderne, Bruxelles.

LODS Marcel (1976), *Le Métier d'architecte*, entretiens avec Hervé Leboterf, France-Empire, Paris.

MOLEY Christian (1997), *L'Architecture du logement, culture et logiques d'une norme héritée*, Anthropos, Paris.

POUILLON Fernand (1968), *Mémoires d'architecte*, Seuil, Paris.

PRÉTECEILLE Edmond (1973), *La Production des grands ensembles*, Mouton, Paris.

ROSSI Aldo (1966), *L'Architecture de la ville*, L'Équerre, pour l'édition française, Paris.

STINCO Antoine, dir. (1980), *La Ville à livre ouvert, regard sur cinquante ans d'habitat*, La Documentation française, Paris.

35

Logement, mobilités et trajectoires résidentielles

par Catherine Bonvalet et Jacques Brun***

La mobilité a toujours été au cœur des problèmes que pose l'étude de la ville et de l'habitat. Son analyse porte à la fois sur les mouvements du parc de logements et sur les mouvements des hommes. L'étude de la mobilité à l'intérieur du parc de logement permet de suivre les processus de peuplement des villes et les phénomènes de valorisation ou dévalorisation des différents segments du parc. L'étude de la mobilité des hommes permet d'appréhender les multiples facettes, spatiale et temporelle, familiale et professionnelle des liens entre la population et leur espace résidentiel. En effet, en étudiant les changements de résidence (localisation, statut d'occupation, type d'habitat) ainsi que les raisons des déménagements, il est possible de rendre compte des transformations des comportements des ménages et de leurs aspirations.

Ce n'est donc pas un hasard si, depuis le début des années cinquante, les études sur la mobilité se sont multipliées dans différentes disciplines : démographie, économie, géographie, sociologie, etc. La mobilité a d'abord été étudiée sous l'angle des migrations internationales et interrégionales, saisonnières ou définitives. Les recherches portaient sur la mesure des flux, les raisons de migrer, les modalités de déplacement et les processus d'intégration des migrants dans les milieux d'accueil. Depuis, d'autres types d'analyses sont venus compléter ces premières approches en introduisant les navettes, les séjours touristiques et le phénomène des résidences secondaires. Du concept de migration, qui évoque des mouvements dans l'espace géographique saisis le plus souvent dans leur globalité (les « grandes migrations », les migrations

* INED.
** Institut de géographie, université Paris-I.

internationales), on est peu à peu passé au concept de mobilité. Celui-ci se rapporte davantage à l'individu, considéré dans sa capacité à se déplacer dans l'espace géographique, social ou professionnel. Dans cette perspective, le migrant apparaît comme un acteur qui, sous certaines contraintes, peut effectuer des choix résidentiels. Ce déplacement de problématique est en partie lié au progrès des méthodes quantitatives, fondées à l'origine sur le principe de rationalité des comportements migratoires. C'est aussi grâce au développement de nouveaux concepts et outils statistiques que l'analyse de la mobilité s'est complexifiée en intégrant l'histoire des familles et de leurs membres.

De l'étude de la migration à celle de la mobilité résidentielle

Après la Seconde Guerre mondiale, le parc immobilier est en si mauvais état qu'il est urgent de mettre en œuvre une politique de logement. À cette époque, les connaissances sur le sujet sont très peu développées. Aussi les premiers travaux sont-ils centrés sur la demande de logement évaluée à partir d'enquêtes sur les désirs des Français en matière d'habitation et sur les besoins en logement [Henry, 1950 ; Chombart de Lauwe, 1959] liés à l'exode rural et aux grandes mutations de l'espace économique français. Dès les années soixante, les problèmes de logement se posent différemment avec la construction des grands ensembles destinés à accueillir les migrants français, puis étrangers. Les recherches sur le peuplement des villes se développent : la question de la migration y est abordée sous l'angle des déplacements de population et de leurs conséquences démographiques, économiques et urbaines. Les rapports migration-emploi occupent une place essentielle : les migrants français et étrangers constituent un réservoir de main-d'œuvre dont l'économie, et en particulier le secteur du bâtiment, a besoin.

Au fil des années, avec la fin de l'exode rural, émerge un autre regard sur la mobilité : les connaissances sur le logement s'améliorent, en particulier avec les enquêtes « Logement » de l'INSEE, les enquêtes de l'INED sur le peuplement ou sur les grands ensembles, ou encore les enquêtes sur les pavillonnaires (Raymond et Haumont, 1966). L'accent commence à être mis sur les parcours et sur les filières d'accès au logement [Chamboredon et Lemaire, 1971].

Enfin, depuis le début des années quatre-vingt, la recherche s'oriente vers une analyse fine de la mobilité en relation avec l'évolution des modes de vie et de l'habitat. De nombreux travaux ont insisté sur l'importance du passage du statut de locataire à celui de propriétaire : importance économique en raison de la part des revenus consacrée aux remboursements des prêts ; importance quantitative puisque la proportion de propriétaires est passée de 35 % en 1954 à près de 54 % en 1992 ; importance qualitative aussi, comme l'ont montré les recherches de P. Cuturello et F. Godard [1982]. Le passage au statut de propriétaire devient ainsi un objet de recherche à part entière chez les économistes, qui étudient les avantages et inconvénients de la propriété par rapport à ceux de la location ; chez les sociologues, qui analysent les investissements affectifs et psychologiques des accédants à la propriété ; chez les géographes et urbanistes, qui observent les conséquences de l'essor de la propriété sur l'organisation de l'espace avec la périurbanisation [Berger, 1990] ; chez les démographes, enfin, qui constatent que la probabilité de migrer diminue avec l'accès au statut de propriétaire [Courgeau, 1985].

Des questions de migration étudiées en termes de flux et de stocks, on passe donc progressivement aux questions de mobilité saisies au niveau individuel [Brun, 1993]. On savait depuis longtemps que la mobilité résidentielle est très liée aux étapes de la vie familiale et professionnelle [Courgeau, 1976 ; Murphy, 1984 ; Taffin, 1983]. Les enquêtes de l'INSEE ont confirmé que la mobilité lointaine avait surtout des raisons professionnelles tandis que la mobilité de proximité relevait davantage d'une logique de déroulement du cycle de vie familial. Celui-ci a connu de profonds bouleversements avec la baisse de la natalité, le recul du mariage, la montée des ruptures conjugales et l'augmentation de l'espérance de vie. De nombreuses recherches ont montré l'impact de ces transformations sur la mobilité résidentielle. Sous l'effet du divorce et de la cohabitation hors mariage, une nouvelle demande de logement est apparue, centrée sur le locatif ancien des centres-villes. En effet, contrairement aux couples mariés avec enfants, qui se dirigent majoritairement vers l'accession à la propriété en périurbain, les cohabitants et les personnes seules, avec ou sans enfants, restent locataires dans des logements proches du centre-ville [Arbonville et Bonvalet, 1992]. Au début des années quatre-vingt, la décohabitation connaît un retournement de tendance, avec un départ de chez les parents plus tardif. Le phénomène, de plus en plus complexe, s'inscrit dans un contexte de baisse de la mobilité, et révèle à la fois les tensions sur les marchés du logement et les difficultés d'insertion dans le monde du travail.

Pour mieux comprendre l'impact des transformations sociodémographiques et économiques sur la mobilité résidentielle, il a été nécessaire de compléter ces travaux par des analyses prenant en compte le passé résidentiel des individus. Grâce aux enquêtes biographiques, il est désormais possible de reconstituer le parcours résidentiel des ménages en fonction de leur vie familiale et professionnelle (Bonvalet et Lelièvre, 1990). Pour les générations nées entre 1926 et 1935, le nombre moyen de logements qu'un individu âgé de 45 ans a occupés plus d'un an s'élève à trois, et près d'une trajectoire sur cinq comporte un passage dans la région Île-de-France. La trajectoire résidentielle est très liée à l'histoire matrimoniale : les personnes divorcées et remariées ont occupé, en moyenne, un plus grand nombre de logements.

Les premiers travaux sur les itinéraires, réalisés à partir d'enquêtes transversales, faisaient apparaître un parcours dominant constitué d'une étape initiale dans le secteur locatif suivie d'une accession à la propriété. L'analyse longitudinale détaillée montre au contraire la diversité des histoires résidentielles et surtout leur complexité.

De la notion de mobilité à celle de trajectoire résidentielle

Depuis une vingtaine d'années s'est développé en France un intérêt croissant pour l'étude des processus, complétant ainsi celle des positions résidentielles saisies à un moment donné. Des historiens et des sociologues ont analysé, à partir de monographies locales, les pratiques sociales et urbaines des habitants, mettant en évidence la diversité des parcours individuels et soulignant le rôle de l'histoire du groupe familial dans les mécanismes de mobilité [Pinol, 1991 ; Grafmeyer, 1991]. De leur côté, les démographes, en réalisant de grandes enquêtes biographiques, ont pu reconstituer la chaîne des séquences résidentielles. Ces travaux mettent en lumière les processus par lesquels les ménages prennent des décisions qui orientent leur trajectoire résidentielle, définie comme la succession de statuts d'occupation, de lieux de résidence et de types d'habitat au cours du cycle de vie.

À l'intérieur d'un système de contraintes économiques, si lourdes soient-elles, on peut émettre en effet l'hypothèse que la majorité des ménages ont disposé, au cours de leur vie, d'une certaine marge de manœuvre. C'est cette marge, même minime, qui donne son sens au terme de « choix » résidentiel [Brun et Fagnani, 1991]. De la notion de trajectoire résidentielle, qui ne préjuge pas du « degré de maîtrise que les personnes exercent sur leur propre mobilité », on glisse ainsi vers la notion de « stratégie résidentielle ». Cette dernière, « sans attribuer au ménage un contrôle absolu de sa destinée en fonction d'objectifs fixés au départ » [Grafmeyer, 1994], lui reconnaît cependant une part de liberté, dans un « horizon des possibles » plus ou moins étendu.

L'émergence de cette notion de stratégie va de pair avec les transformations de la société : dans un monde qui change de plus en plus vite, les ménages doivent s'adapter en développant de nouvelles stratégies. C'est particulièrement vrai dans les rapports au travail, marqués par le chômage et la montée de l'activité féminine. La biactivité des couples, qui est devenue un phénomène majeur dans les grandes régions urbaines, n'est pas sans conséquence sur les comportements résidentiels. Des travaux montrent ainsi que le choix de localisation dépend prioritairement du lieu de travail de la femme. Quand le nombre d'enfants augmente, les femmes, plus que les hommes, essaient de réduire les navettes. L'augmentation des différentes formes de précarité (chômage, divorce...) conforte les femmes dans leur désir d'autonomie économique. Dans le même temps, la précarité entraîne une modification des comportements vis-à-vis des emplois futurs des enfants : c'est ainsi que la localisation du logement devient un enjeu dans les stratégies scolaires. Il s'ensuit une diversification du champ des possibles qui laisse aux ménages une relative liberté dans les modes d'agencement entre vie professionnelle et vie familiale.

En effet, si le parcours professionnel joue un rôle important, d'autres variables interviennent. L'origine des individus, l'implantation de leur famille, le lieu où ils ont passé leur enfance apparaissent également comme des éléments qui peuvent structurer fortement leur trajectoire résidentielle. Des études montrent que le périmètre dans lequel les ménages recherchent un logement est, en général, très étroit et lié aux habitudes urbaines des habitants, confirmant ainsi le rôle des relations qui ont pu se nouer entre les individus et les lieux, qu'il s'agisse de quartiers ouvriers ou bourgeois. À l'intérieur des grandes agglomérations, la place du travail semble devenir moins décisive dans les stratégies de localisation, les ménages faisant davantage intervenir leurs préférences en matière de mode de vie ou encore de situation stratégique (accessibilité potentielle aux zones d'emploi, mais aussi aux équipements, notamment aux équipements scolaires et aux espaces récréatifs).

Ces trajectoires résidentielles ne prennent souvent sens que resituées dans un cadre plus large, celui de l'entourage. Si le logement est un élément essentiel de la position sociale, la position résidentielle (rôle de l'adresse, importance attachée au quartier, au statut de propriétaire...) se trouve souvent « constituée en enjeu dans les familles » [Bonvalet et Gotman, 1993]. En effet, dans les arbitrages que les ménages effectuent tout au long du cycle de vie, en matière de statut d'occupation, de localisation, la famille est partie prenante, de façon directe par le biais des aides, des cautions, de l'héritage, ou de façon indirecte par la transmission de modèles résidentiels. De véritables stratégies familiales sont ainsi mises en œuvre comme l'ont décrit des travaux d'historiens [Pinol, 1991 ; Gribaudi, 1987] et de sociologues [Gotman, 1989 ; Maison, 1993]. En effet, l'entourage contribue à définir le champ des possibles en construisant, avec ses ressources, ses valeurs, ses *habitus*, un univers résidentiel auquel l'individu pourra se référer ou avec lequel, au contraire, il pourra prendre ses distances.

L'analyse des trajectoires a donc permis de porter un autre regard sur le logement. D'une part, elle a montré la nécessité de prendre du recul à l'égard d'une certaine vision classique et réductrice des hiérarchies résidentielles : il existe des propriétaires pauvres comme il existe des locataires aisés. Le statut de locataire peut être un choix et l'accession à la propriété peut résulter d'une contrainte. Les étapes ne s'enchaînent pas nécessairement selon un modèle ascendant, au terme duquel la propriété serait le couronnement de toute carrière résidentielle [Cuturello, 1993]. D'autre part, cette analyse a contribué à montrer que les itinéraires résidentiels ne peuvent se comprendre à partir de la seule notion de résidence principale [Bonnin et Villanova, 1998]. L'existence d'une « résidence secondaire » et, plus généralement, les liens que l'individu a tissés avec différents espaces géographiques peuvent orienter ses choix en matière de localisation et de statut d'occupation.

Si l'articulation entre le mouvement des hommes et celui des logements a pu être analysée à l'échelle du quartier [Pinol, 1991 ; Grafmeyer, 1991], les liaisons plus globales entre les trajectoires résidentielles et l'offre de logement (les chaînes de vacance de logement et les marchés locaux de l'habitat) demeurent un champ de recherche très ouvert. De même, il reste à approfondir les relations entre biographies individuelles et représentations et pratiques de l'espace. Ainsi pourra-t-on mieux cerner les mécanismes de mobilité et d'immobilité à l'œuvre dans la société urbaine.

Bibliographie

ARBONVILLE Denise et BONVALET Catherine (1992), « Conditions de logement et types de ménages : résultats de l'enquête logement 1988 », *Population*, n° 5, INED, Paris.

BEAUCIRE Francis, BERGER Martine et SAINT-GÉRAND Thierry (1997), « Mobilité résidentielle et navettes domicile-travail en Ile-de-France », *in* Alain OBADIA, éd., *Entreprendre la ville*, Éditions de l'Aube, La Tour-d'Aigues.

BERGER Martine (1990), « Les périurbains d'Île-de-France, stratégies de localisation », *in* C. BONVALET et A.-M. FRIBOURG, éds, *Stratégies résidentielles*, Plan construction-INED, coll. « Congrès et colloques », n° 2, Paris,

BONVALET Catherine, éd. (1994), « Logement, mobilités et populations urbaines », *Cahier du PIR-Villes*, Éditions du CNRS, Paris.

BONVALET Catherine et FRIBOURG Anne-Marie, éds (1990), *Stratégies résidentielles*, INED, Paris.

BONVALET Catherine et GOTMAN Anne, éds (1993) *Le Logement : une affaire de famille*, L'Harmattan, Paris.

BONNIN Philippe et VILLANOVA, Roselyne DE (1998), *D'une maison à l'autre*, Créaphis, Paris.

BRUN Jacques (1993), « La mobilité dans les sciences sociales. Transferts de concepts et questions de méthodes », *Annales de la recherche urbaine*, n° 59-60.

BRUN Jacques et FAGNANI Jeanne (1991), « Paris ou la banlieue, le choix d'un mode de vie ? », *Annales de la recherche urbaine*, n° 50.

CHAMBOREDON Jean-Claude et LEMAIRE Monique (1971), « Proximité spatiale et distance sociale. Les grands ensembles et leur peuplement », *Revue française de sociologie*, XI.

CHOMBART DE LAUWE Paul-Henry (1959), *Famille et habitation*, CNRS, Paris.

COURGEAU Daniel (1976), « Mobilité géographique, nuptialité et fécondité, *Population*, n° 4-5, INED, Paris.

CUTURELLO Paul, éd. (1992), *Regards sur le logement : une étrange marchandise*, L'Harmattan, Paris.

CUTURELLO Paul et GODARD Francis (1983), *Familles mobilisées*, Plan construction, Paris.

GOTMAN Anne (1989), « Familles, générations, patrimoine, une question urbaine ? », *Annales de la recherche urbaine*, n° 41.

GRAFMEYER Yves (1991), *Habiter Lyon, milieux et quartiers du centre-ville*, Éditions du CNRS Lyon-Presses universitaires de Lyon.

GRAFMEYER Yves (1994), *Sociologie urbaine*, Nathan, Paris.

GRIBAUDI Maurizio (1987), « Itinéraires personnels et stratégies familiales : les ouvriers dans l'entre-deux-guerres », *Population*, n° 6, INED, Paris.

HENRY Louis (1950), « Perspectives relatives aux besoins de logements », *Population*, n° 3, INED, Paris.

MAISON Dominique (1993), « Effet d'alliance et transmission différée dans le rapport à la propriété », *in* C. BONVALET et A. GOTMAN, *Le Logement, une affaire de famille*, L'Harmattan, Paris.

MURPHY Mike (1984), « The influence of fertility, early housing-career and socio-economics factors on tenure determination in contemporary Britain », *Environment and Planning A*, vol. 16, n° 10.

PINOL Jean-Luc (1991), *Les Mobilités dans la grande ville. Lyon fin XIXe-début XXe*, Presses de la Fondation des sciences politiques, Paris.

TAFFIN Claude (1983), « Mobilité résidentielle de 1973 à 1978 », *Archives et Documents*, n° 95, INSEE, Paris.

Logement et division sociale de l'espace

par Jacques Brun et Catherine Bonvalet***

Parmi les raisons qui font du logement un bien différent des autres figurent, au premier chef, ses relations spécifiques avec l'espace. La production de ce bien — « immobilier », par définition non transportable — « mobilise », on le sait, un lieu unique pour chaque unité mise sur le marché. Le secteur du bâtiment est, de ce fait, un domaine original au sein du système économique. L'étroitesse des relations avec l'espace a d'autres implications : la valeur économique du logement et le prestige de son adresse sont interdépendants, et l'attachement que lui vouent ses occupants, la place qu'il tient dans la construction et dans l'évolution de leur identité psychique et sociale sont difficiles à comprendre si l'on ne tient pas compte de sa localisation et de son environnement. La dispersion ou le regroupement résidentiel des membres d'un groupe social dans la ville sont des éléments essentiels des rapports que ce groupe entretient avec les autres et avec la société tout entière.

Depuis la Seconde Guerre mondiale, les liens entre le logement et l'espace ont beaucoup changé. L'habitat rural, au sens traditionnel du terme, n'a pas disparu, mais sa place dans la géographie sociale s'est totalement transformée. Les villes ont connu une extension sans précédent et de véritables bouleversements morphologiques. Les distances entre le logement et les autres lieux de la vie urbaine se sont démesurément étirées, et les questions de transports sont devenues un des enjeux les plus importants de l'habitat.

* Institut de géographie, université Paris-I.
** INED.

Émergence de nouvelles formes d'habitat

Ces mutations, rapides dès la fin de la reconstruction, succèdent à une longue phase d'évolution relativement lente dans les traductions spatiales et urbanistiques du marché du logement. Le paysage urbain porte encore de nombreuses marques de la crise du logement : des bidonvilles se sont même multipliés à la périphérie de certaines villes. L'habitat ancien est médiocrement entretenu depuis la Première Guerre mondiale. Il subsiste de vastes quartiers insalubres, dont l'implantation est approximativement la même depuis les débuts du siècle. Les aspects de l'habitat ont peu évolué dans les vieilles banlieues ouvrières.

La majeure partie de la recherche s'inscrit dans la lignée des publications du XIXe siècle sur le logement des pauvres et sur l'insalubrité. Cependant, la gravité de la crise conduit divers acteurs et observateurs à introduire des éléments nouveaux dans la manière de penser l'espace urbain, et suscite un consensus sur la nécessité d'une intervention de l'État dans la production du logement. Des travaux sont consacrés, notamment à l'INED, aux besoins et aux aspirations de la population, et des enquêtes de « morphologie sociale », inspirées de M. Halbwachs, sont menées dans l'équipe de P.-H. Chombart de Lauwe.

Une série de ruptures survient avec la construction des grands ensembles : dans le mode de production (rôle de l'État, amorce d'industrialisation, naissance de la promotion immobilière), dans la morphologie urbaine (localisation, organisation du bâti, zonage, éloignement des lieux d'emploi) et dans le peuplement (sélection selon des critères, arrivée massive d'habitants aux caractéristiques démographiques et sociales relativement proches). L'impact intellectuel est également considérable. En effet, l'émergence de cette nouvelle forme d'urbanisation correspond à la diffusion de l'idéologie qui, déjà, inspirait la Charte d'Athènes, selon laquelle cet habitat nouveau devait contribuer à la naissance d'un « homme nouveau ».

Cette idéologie est à replacer dans un contexte d'économie planifiée. Le fonctionnalisme est peu contesté, car il répond à des « besoins » : besoins d'une population à la frange du prolétariat et des « nouvelles couches moyennes », mais aussi besoins de l'aménagement du territoire dans une France qui renoue avec la croissance industrielle et la mobilité. Au début, les commentaires mettent en avant la satisfaction des habitants, dont la plupart accèdent pour la première fois au confort urbain. La médiocrité de l'environnement urbanistique (faiblesse des équipements publics et privés, mauvais isolement, etc.) sera dénoncée un peu plus tard, et les projets de « villes nouvelles » viseront à y remédier. Dans la recherche, s'ouvre alors un débat sur les rapports entre ce nouvel habitat et les structures sociales du peuplement : certains auteurs, comme Paul Clerc, en nient la spécificité, d'autres, tels Chombart de Lauwe ou Lefebvre, en admettent l'originalité, allant, selon M. Amiot, jusqu'à y « reconnaître la gestation d'une société nouvelle exempte de ségrégation ». D'autres encore évoquent les dangers à venir, du fait de la structure sociale et démographique [George, 1963 ; Lacoste, 1963]. Surtout, la diversité des trajectoires résidentielles et le caractère illusoire des liens entre proximité spatiale et proximité sociale seront bientôt mis en évidence [Chamboredon et Lemaire, 1970].

À la fin de la période, la pénurie de logements tend à diminuer et une nouvelle demande se développe, plus sensible à la qualité de l'habitat et aux problèmes d'environnement et de localisation.

Diversification des types d'habitat et analyse théorique des nouvelles formes de l'espace urbain

Parallèlement à la politique qui, depuis le milieu des années soixante, s'appuie sur l'effort des ménages pour financer la construction, les aspirations à l'habitat individuel vont se concrétiser. Les mesures favorisant l'épargne-logement et les nouvelles filières de construction vont entraîner une démocratisation de la propriété urbaine avec une montée des classes moyennes parmi les accédants — soulignée dans les premiers travaux sur la « rurbanisation » [Bauer et Roux, 1976] — mais aussi une arrivée des ouvriers sur ce nouveau marché. On assiste au développement des villages de promoteurs et autres formes d'habitat individuel. La maison, qui correspond au modèle dominant de la famille nucléaire, fait l'objet de nombreuses recherches, notamment sur la mobilisation des ressources familiales, l'appropriation de l'espace et l'essor de nouveaux rapports à la vie locale en milieu périurbain [Haumont et Raymond, 1966].

Un « modèle » de parcours résidentiel se met en place : un passage dans le locatif social ou privé, suivi d'une accession à la propriété. De ce fait, le peuplement des grands ensembles se transforme : les anciens locataires du parc HLM sont progressivement remplacés par des ménages plus défavorisés, notamment par des immigrés [Guillon, 1990]. Le glissement d'une partie de ces populations du « logement social de fait » que constituaient les vieux quartiers dégradés vers le parc HLM périphérique constitue une des grandes mutations géographiques et sociales de la période. Et ce d'autant plus que les remaniements de l'habitat ancien dans les parties centrales des villes s'accélèrent : si le but initial de la rénovation était d'éradiquer les taudis, son objectif est, de plus en plus, d'adapter les villes aux nouvelles fonctions tertiaires, provoquant par là un embourgeoisement des quartiers centraux.

Ces mouvements dans l'espace résidentiel ont pu être étudiés grâce au développement de l'appareil statistique et informatique [Tabard, 1987 ; *Atlas démographique et social de l'Ile-de-France*, 1989]. Un thème occupe désormais une place essentielle dans la recherche urbaine : la ségrégation. La notion désigne toute forme accusée de différenciation de l'espace en fonction du contenu social et démographique de l'habitat. Contraire aux aspirations égalitaires, la ségrégation est perçue comme un trait de pathologie urbaine qui ajoute des « effets propres » aux différences sociales, en aggravant les disparités d'accès au travail, aux équipements et à la culture. L'influence de l'habitat et de son mode de répartition sur les comportements et les mentalités est cependant un objet de débats. Des termes comme quartiers « ouvriers » et « bourgeois », ou « banlieue rouge » évoquent les interactions entre la cohésion d'un groupe social et son habitat. Mais la question de la mesure des incidences écologiques du groupement ou de la dispersion sur les pratiques culturelles (en matière religieuse, électorale, scolaire), formulées dès les années soixante [Boudon, 1963], restera posée jusqu'à nos jours.

À partir de la fin des années soixante, un courant de pensée, d'inspiration marxiste, développe une théorie selon laquelle l'espace urbain est « l'enjeu des contradictions du capital et du travail dans le domaine de la reproduction de la force de travail » [Amiot, 1986]. De nombreuses études démontent les mécanismes qui tendent à renforcer les inégalités entre les classes par le jeu de la localisation de leurs aires respectives d'habitat. La ségrégation n'apparaît pas seulement comme un phénomène de coïncidence entre distance sociale et distance spatiale, mais comme le produit de processus inscrits dans la logique des rapports sociaux [Castells et Godard, 1974]. Parmi ces processus, l'éloignement du domicile et du travail, et l'inégal accès aux transports et aux équipements, ont fait l'objet d'analyses approfondies [Pinçon-Charlot, Préteceille et Rendu, 1986].

Un autre courant de recherche met l'accent sur le rôle des acteurs individuels dans la différenciation sociale de l'espace : l'addition de leurs choix en matière de localisation résidentielle suffirait à provoquer une ségrégation. Celle-ci peut être considérée comme un résultat non expressément voulu, voire un « effet pervers » de comportements exempts de volonté discriminatoire. Le désir de « s'agréger » à des pairs et de marquer sa position sociale — mais aussi de la conforter — par son lieu de résidence pèserait autant que le désir de s'écarter de groupes « menaçants ».

Tandis que se diffusent les travaux de l'école de Chicago [Grafmeyer et Joseph, 1979], les recherches sur l'espace habité se diversifient, prenant davantage en compte la dimension historique des faits [Roncayolo, 1985], la multiplicité des pratiques du logement et de l'espace, et l'importance des individus, de leur histoire [Bonvalet et Fribourg, 1996] et de leurs représentations. Il apparaît de plus en plus difficile de rendre compte des phénomènes de différenciation de l'espace à l'aide de schémas théoriques simples [Brun, 1983].

Crise de l'habitat, crise de la ville

La crise économique, par sa durée et son ampleur, fait resurgir la question du logement. Les représentations de la division sociale de l'espace sont, de nos jours, marquées par deux thèmes : l'habitat des immigrés et l'exclusion. De nombreux articles et ouvrages reprennent le thème d'une « crise de la ville », assimilée parfois à la crise de la société.

Si la place des migrants dans la ville était depuis longtemps un objet d'études important en France, le thème de la ségrégation raciale n'apparaissait pas en tant que tel, à la différence de ce qui s'observait aux États-Unis. On parlait de « ségrégation », mais surtout à propos des disparités dans la structure sociale des quartiers : la formation de « ghettos », enclaves freinant le fonctionnement du « creuset » urbain, n'était pas considérée comme un problème essentiel de la société française. La signification du terme s'est toutefois rapprochée de l'acception anglo-saxonne, sous l'effet de plusieurs facteurs. Le poids, numérique, politique et symbolique de la classe ouvrière dans la société diminue depuis plusieurs décennies. La stigmatisation dont elle a fait l'objet depuis le XIXe siècle se reporte largement sur une fraction du prolétariat issue de l'immigration. Ces nouvelles « classes dangereuses » accèdent, on l'a vu, aux quartiers périphériques d'habitat social, mais, dans les quartiers anciens, malgré un embourgeoisement global, subsistent des « poches » locales de pauvreté [Guillon, 1988, 1990].

La notion d'exclusion superpose, schématiquement, une représentation plus dichotomique à une représentation classique, plus stratifiée, de la hiérarchie sociale [Paugam, 1996]. Elle met l'accent sur un processus tendant à rejeter une part importante de la population en marge de la société, sur le plan du travail, mais aussi sur celui des modes de vie et de la culture. Cette vision duale est confortée par l'explosion de problèmes sociaux — chômage, délinquance, drogue — d'autant plus « lisibles » qu'ils caractérisent des lieux bien circonscrits et habités notamment par des immigrés : îlots anciens dégradés et, surtout, cités HLM en banlieue [Dubet et Lapeyronnie, 1992].

La dimension « ethnique » de la ségrégation semble prendre le pas, dans les représentations, sur sa dimension socio-économique. Mais l'utilisation du concept d'ethnicité, chargé d'enjeux idéologiques, est un objet de débats. Il en va de même, malgré sa banalisation, de la notion de « ghetto ». Il est difficile d'estimer l'ampleur de ce que l'on appelle la « ghettoïsation ». En effet, les principes de classement des « zones sensibles » d'habitat varient selon les politiques, tandis que les catégories statistiques et les modes de calcul sont d'un emploi parfois ambigu, bien que l'INSEE ait établi des typologies de quartiers [Tabart, 1987 ; Mansuy et Marpsat, 1994]. Selon les échelles et les critères d'observation, on met l'accent sur de grandes oppositions de type centre-périphérie, Ouest-Est, etc., ou sur des coupures micro-géographiques. La « mesure » de la ségrégation et la notion même font problème [Brun et Rhein, 1994 ; Grafmeyer, 1994].

Cependant, chez certains professionnels, politiques et chercheurs, prédomine l'idée que les écarts se creusent et que, pour les plus défavorisés, la marginalisation spatiale redouble les effets de l'exclusion sociale. Cette idée a été confortée par la théorie selon laquelle la division internationale du travail entraîne, dans les grandes métropoles, une polarisation aux extrêmes de la hiérarchie sociale, se traduisant par une polarisation dans l'habitat. Objet de controverses, tant sur les mécanismes que sur leurs conséquences spatiales [Préteceille, 1995], ce modèle a l'intérêt d'établir un lien, fût-il formel, entre l'économie saisie à l'échelle « globale » et la structure locale du logement. Mais, quel que soit son degré de pertinence, il ne rend que partiellement compte de l'évolution des formes de différenciation sociale de l'habitat dans les autres agglomérations, notamment moyennes et petites.

Le sentiment prégnant d'une aggravation des clivages ne repose pas que sur les images des quartiers les plus « difficiles », de leur « enfermement » et des fractures internes qui les cloisonnent.

L'évolution de l'habitat périurbain accrédite également l'idée d'une ségrégation croissante. L'allongement des distances, malgré les progrès des transports, renforce l'attractivité des centres, des zones d'emploi et de loisirs ainsi que des nœuds de communication. Le seuil paraît ainsi s'élever entre les ménages qui ont le choix de leur lieu de résidence et les autres. Jusque dans les classes moyennes, le champ des possibles semble se restreindre.

Que la localisation soit choisie ou subie, la nature des liens entre les citadins et leur environnement fait l'objet de controverses. Pour certains auteurs, la notion de quartier se vide de sa substance, ce dernier étant de moins en moins un élément constitutif de l'identité des individus et des groupes ; et c'est le logement qui tend à devenir sinon l'unique, du moins le principal point d'ancrage autour duquel s'organise la sociabilité [Ascher, 1995]. D'autres auteurs observent que la mobilité résidentielle tend à se réduire à des déménagements sur de courtes distances. D'autres encore notent une propension croissante à s'investir dans la vie locale. Le thème du « village dans la ville », de même que le renouveau de la vie associative traduisent une aspiration (durable ?) à l'enracinement dans un espace de proximité.

Ces observations ne sont pas contradictoires. Des frontières matérielles, économiques et mentales fragmentent l'espace habité, mais, dans le même temps, on peut de moins en moins penser celui-ci selon une grille de représentation qui le découperait en aires continues, bien délimitées, et à contenu social déterminé [Roncayolo, 1990]. Nombre de citadins fréquentent des lieux éloignés les uns des autres, à des échelles spatiales et temporelles variables (doubles résidences, navettes, etc.) ; d'autres sont en fait « assignés à résidence ». La ségrégation, si le mot a un sens, ne résiderait-elle pas surtout dans l'inégale capacité des individus et des groupes à se mouvoir dans une ville éclatée sous l'effet de la multiplication des lieux d'activité et des réseaux sociaux ainsi que de la complexité des sytèmes d'échanges et de communications ?

Bibliographie

AMIOT Michel (1986), *Contre l'État, les sociologues. Éléments pour une histoire de la sociologie urbaine en France (1900-1980)*, Éditions de l'EHESS, Paris.

ASCHER François, éd. (1995), *Métapolis, ou l'avenir des villes*, Odile Jacob, Paris.

BONVALET Catherine et FRIBOURG Anne-Marie, *Stratégies résidentielles*, INED, Plan construction, Paris.

BOUDON Raymond (1963), « Propriétés individuelles et propriétés collectives : un problème d'analyse écologique », *Revue française de sociologie*, vol. IV.

BRUN Jacques (avec la collab. d'Yvan Chauviré) (1983), « La ségrégation sociale, questions de terminologie et de méthode », *Espace Populations Sociétés*, vol. I, nº 1.

BRUN Jacques et RHEIN Catherine, éd. (1994), *La Ségrégation dans la ville. Concepts et mesures*, L'Harmattan, Paris.

CASTELLS Manuel et GODARD Francis (1974), *Monopolville. L'entreprise, l'État, l'urbain*, Mouton, Paris-La Haye.

CHAMBOREDON Jean-Claude et LEMAIRE Madeleine (1970), « Proximité spatiale et distance sociale, les grands ensembles et leur peuplement », *Revue française de sociologie*, vol. XI, nº 1.

CHOMBART DE LAUWE Paul-Henry (1952), *Paris et l'agglomération parisienne*, PUF, 2 vol., Paris.

DUBET François et LAPEYRONNIE Didier (1992), *Les Quartiers d'exil*, Seuil, Paris.

GEORGE Pierre (1963), « Présent et avenir des grands ensembles. Un appel à l'étude », *Cahiers internationaux de sociologie*, vol. XXXV.

GRAFMEYER Yves et JOSEPH Isaac (textes traduits et présentés par) (1979), *L'École de Chicago. Naissance de l'écologie urbaine*, Éditions du Champ urbain, Paris.

GRAFMEYER Yves (1995), *Sociologie urbaine*, Nathan, Paris.

GUILLON Michelle (1988), « Banlieue et concentration des étrangers : l'exemple de l'Ile-de-France », *in* Nadir BOUMAZA, éd., *Banlieue, immigration, gestion urbaine*, Grenoble.

GUILLON Michelle (1990), « Français et étrangers en Île-de-France : des dynamiques de localisation différentes », *in* Catherine BONVALET et Anne-Marie FRIBOURG, éds, *Stratégies résidentielles*, INED-Plan construction, Paris.

HAUMONT Antoine, HAUMONT Nicole, RAYMOND Henri et RAYMOND Marie-Geneviève (1966), *Les Pavillonnaires*, CRU, Paris.

LACOSTE Yves (1963), « Un débat : les grands ensembles », *Bulletin de l'Association de géographes français*, réédité dans *Villes et civilisation urbaine*, sous la dir. de Marcel RONCAYOLO et de Thierry PAQUOT, Larousse, Paris, 1992.

MANSUY Michèle et MARPSAT Maryse (1994), « La division sociale de l'espace dans les grandes villes françaises, hors Île-de-France », *in La Ségrégation dans la ville*, L'Harmattan, Paris.

PAUGAM Serge, dir. (1996), *L'Exclusion, l'état des savoirs*, La Découverte, Paris.

PINÇON Michel et PINÇON-CHARLOT Monique (1989), *Dans les beaux quartiers*, Seuil, Paris.

PINÇON-CHARLOT Monique, PRÉTECEILLE Edmond et RENDU Paul (1986), *Ségrégation urbaine. Classes sociales et équipements collectifs en région parisienne*, Anthropos, Paris.

PRÉTECEILLE Edmond (1995), « Division sociale et globalisation », *Sociétés contemporaines*, nº 22-23.

RONCAYOLO Marcel, dir. (1985), *La France aujourd'hui*, t. V, Seuil, coll. « Histoire de la France urbaine » (sous la dir. de Georges DUBY), Paris.

RONCAYOLO Marcel (1990), *La Ville et ses territoires*, Gallimard, coll. « Folio Essais », Paris.

TABARD Nicole (1987), « Espace et classes sociales », *Données sociales*, INSEE, Paris.

VIEILLARD-BARON Hervé (1996), *Les Banlieues*, Flammarion, Paris.

37

Le logement et l'intégration des immigrés

*par Patrick Simon**

L'habitat constitue un domaine privilégié pour apprécier les conditions d'intégration des immigrés, dans la mesure où l'obtention d'un logement stable, adapté à la taille du ménage et disposant des éléments minimaux de confort marque une étape importante dans le processus d'installation. Par ailleurs, la localisation de l'habitat, résumée par la thématique de la ségrégation, revêt une signification de plus en plus déterminante dans la construction et la perception des positions sociales. La « relégation » des immigrés dans des quartiers périphériques, mal desservis et accumulant les défauts aussi bien du point de vue de l'urbanisme que celui de l'environnement socio-économique, symbolise leur inégalité de condition. Dans le même temps, l'ampleur de la ségrégation accroît la visibilité non seulement des phénomènes de discrimination, mais aussi des immigrés en tant que population. De ce point de vue, la sensibilisation de l'opinion aux problèmes attribués à la concentration des immigrés dans les quartiers dits « sensibles » opère sur un double registre. Elle rend visible l'inacceptable situation rencontrée par les immigrés dans le logement (victimisation), mais attise la crainte des regroupements, considérés comme autant de ghettos et ferments potentiels de replis communautaires (stigmatisation).

Les théories classiques de l'assimilation ont clairement associé mobilité résidentielle et intégration, considérant que l'installation dans des quartiers distants des zones d'arrivée des migrants témoignait de l'avancement du processus. La mobilité résidentielle fonctionne dans ces théories comme une métaphore du parcours social, chaque nouvelle étape conduisant à un espace toujours plus « ethniquement » indifférencié. La dispersion coïncide alors avec l'absence

* INED.

de visibilité culturelle et renforce les vecteurs d'assimilation par une sorte d'effet de milieu. Cette représentation schématique qui lie territorialisation et structuration communautaire figure également au cœur du fameux « modèle français d'intégration ». Mais là où les analyses de la sociologie américaine des migrations attribuaient une fonction importante à la concentration transitoire des immigrés dans des « quartiers ethniques », la conception « républicaine » considère qu'elle retarde considérablement leur intégration. Cette appréciation négative du rôle joué par les regroupements résidentiels des immigrés justifie le développement de politiques de peuplement visant à assurer la « mixité sociale », et le plus souvent ethnique, en « cassant » les secteurs de concentration par la redistribution de leur population.

Trajectoires résidentielles, conditions d'habitat et localisation des immigrés

La reprise des flux d'immigration dès le début des années cinquante va se traduire par une progression continue du nombre d'immigrés (de 2 millions en 1946 à 3,4 millions en 1968) et par le renouvellement de leurs origines géographiques. Les pouvoirs publics se sont montrés, dès le début des migrations de masse, incapables de répondre aux besoins urgents en matière d'hébergement. Les nouveaux flux vont se porter vers les secteurs délaissés, parce qu'insalubres, du parc d'habitation des grandes villes, tandis que se constituent des bidonvilles à la périphérie de celles-ci, qui accueilleront les exclus du « marché de l'insalubre » [Bachmann et Leguennec, 1996]. Les logements précaires marquent l'expérience de la plupart des courants migratoires venus après les années cinquante. Plus de 35 % des originaires d'Algérie, du Maroc ou d'Afrique noire ont occupé une chambre en foyer ou en meublé ou une habitation de fortune lors de leur arrivée, cette situation concernant plus de 55 % des immigrés venus sans leur famille.

Les pouvoirs publics décident alors de mettre en place des structures spécifiques d'hébergement pour les « travailleurs étrangers » et de résorber les poches d'insalubrité. La Sonacotra, créée en 1956, est ainsi chargée d'administrer un parc de foyers appelés à assurer le logement des travailleurs algériens dans un premier temps, puis des étrangers en général à partir de 1963. En 1974, 680 foyers hébergeaient 170 000 étrangers. Aujourd'hui, on y recense environ 100 000 étrangers, dont une grosse majorité de Maghrébins (63 %)

et d'originaires d'Afrique subsaharienne (22 %) [Bernardot, 1995]. Un groupement interministériel supervise de son côté l'éradication des bidonvilles et îlots insalubres en centre-ville. De nombreuses familles migrantes vivant en bidonvilles ont ainsi été relogées en « cités de transit » dans le cadre des programmes de lutte contre le logement insalubre. Ces cités sont conçues comme des « sas d'adaptation », destinés à recevoir les familles venant des taudis ou les familles primo-migrantes avant leur accession au logement social conventionnel. Dans la pratique, les durées de séjour dans les cités de transit se sont considérablement allongées et ce parc, en théorie provisoire, s'est maintenu et continue à jouer un rôle important dans l'hébergement des immigrés. Enfin, on décide, en 1975, l'affectation d'une partie de la taxe parafiscale du « 1 % logement » au logement des étrangers : de 20 % au départ, cette part va tomber à 6,4 % en 1981. Les sommes ainsi dégagées ne seront cependant pas consacrées spécifiquement à la construction et à la réservation de logements sociaux destinés aux étrangers [Weil, 1991].

De 1975 à 1990, la proportion de ménages étrangers résidant dans un logement précaire passe de 10 % à 4 %. Pour les Algériens, la sortie des meublés apparaît spectaculaire : en quinze ans, plus de 70 % des ménages ont accédé à d'autres types d'habitat, notamment le parc social. Cette redistribution s'observe également pour les autres populations maghrébines. Dans le même temps, les logements inconfortables ne représentaient plus que 15 % de ceux occupés par les étrangers, au lieu de 48 % en 1975. Cependant, la poursuite de l'équipement des logements ne traduit pas systématiquement une amélioration des conditions d'habitat, largement grevées par une suroccupation des locaux. Le surpeuplement caractérise en moyenne 18 % des logements en France. Il touche plus de 40 % des logements occupés par des Maghrébins, Africains et Turcs. En combinant les caractéristiques d'équipement et d'occupation des logements, on obtient un indice synthétique évaluant la qualité de « l'habitabilité ». Dans cette classification, les ménages « très mal logés » sont quatre fois plus nombreux chez les originaires d'Algérie, de Turquie, d'Afrique noire et du Maroc (entre 45 % et 50 %) que pour la moyenne nationale (11 %). Cette situation reste limitée pour les immigrés qui viennent d'Espagne ou du Portugal (respectivement 11 % et 18 %), et moyenne pour les migrants d'Asie du Sud-Est (27 %). Bien entendu, ces résultats reflètent les variations importantes de taille des ménages et de statuts d'occupation.

La relative amélioration et stabilisation des conditions d'habitat des immigrés s'appuie sur un double mouvement de mobilité résidentielle « ascendante » et de résorption de l'habitat insalubre dans les quartiers anciens, plus communément appelé « parc social de fait ». Le parc de chambres en meublés a été démoli à 85 % depuis les années soixante, tandis que le parc urbain construit avant 1949 diminuait de 70 % entre 1975 et 1990. L'évolution structurelle du parc a donc accompagné, sinon amplifié, les trajectoires résidentielles des immigrés. Le mouvement de diffusion des immigrés dans l'habitat ordinaire suit un modèle de succession des populations. Une première phase, que l'on peut schématiquement situer de la seconde moitié des années cinquante à 1975, voit les ménages français des classes populaires quitter les taudis des anciens faubourgs pour accéder au « confort HLM » récemment construit. Conjointement, les immigrés en voie d'installation occupent les espaces délaissés dans les quartiers anciens. Chevauchant cette première phase, une dynamique soutenue d'accession à la propriété dans les nouvelles zones pavillonnaires s'enclenche et draine une partie des ménages ayant transité en HLM. Les départs hors du parc social concernent alors principalement les ménages français des classes moyennes et les fractions les mieux insérées des classes populaires. Ils laissent vacants de nombreux logements, en particulier ceux construits dans les années soixante, qui ont mal vieilli. Les logements disponibles accueilleront les familles rejetées des centres-villes en rénovation urbaine. Les immigrés bénéficient alors du revirement de la politique de peuplement des HLM et de son ouverture aux ménages les plus démunis.

Cependant, les différents groupes d'immigrés ne se dirigent pas tous vers le parc social. Si près de 50 % des Maghrébins et des Turcs résident en HLM, ce n'est le cas que pour un quart des Portugais et 18 % des Espagnols. Les différents parcours résidentiels suivis par les immigrés après leur installation en France font apparaître deux « modèles » distincts [Simon, 1996]. Le premier, que l'on qualifiera de « modèle entrepreneurial », s'appuie sur une stratégie d'accession à la propriété très dynamique. Cette démarche permet aux groupes concernés de s'extraire des circuits d'attribution dépendant soit de l'État ou d'organismes gestionnaires du logement social, soit de bailleurs privés. Elle souligne une recherche de l'autonomie de la décision. Les migrants espagnols, portugais ou asiatiques s'inscrivent clairement dans ce modèle. Cette dynamique coïncide avec le développement d'un secteur économique contrôlé par des membres du groupe, que ce soit dans le commerce ou dans un réseau de petites entreprises sous-traitantes dans le secteur du bâtiment ou de l'électronique. Dans le second modèle, l'amélioration de l'habitat ne passe plus par l'accession à la propriété, mais par l'obtention d'un logement social. Reproduisant la trajectoire suivie par les ménages populaires français, les originaires d'Algérie vivent ainsi le passage du taudis au logement HLM comme une promotion et l'achèvement d'une trajectoire réussie. Marocains et Turcs s'inscrivent également, sous des formes différentes, dans ce modèle. Lorsqu'ils désirent déménager pour améliorer leurs conditions de logement, 70 % des Algériens, Marocains, Turcs ou Africains déposent une demande de logement social, alors que cette démarche n'est accomplie que par 14 % de l'ensemble des ménages. Ce modèle résidentiel est associé à une activité essentiellement orientée vers le salariat dans l'industrie, avec une forte exposition aux effets de restructuration de la production. Les taux de chômage de ces groupes se situent entre 26 % et 29 % pour les hommes et 36 % et 44 % pour les femmes, alors que la moyenne en France s'établit respectivement à 19 % et 22 %. Leur vulnérabilité économique rencontre et renforce leur dépendance aux dispositifs sociaux et aux politiques d'attribution des logements conventionnés.

L'intégration à la ville et les « quartiers ethniques »

On pense souvent que la fracture socio-spatiale entre les populations est liée aux développements de la crise des vingt dernières années. De même, on considère que l'apparition de concentrations d'immigrés est une caractéristique de la France des années quatre-vingt et qu'elle contraste nettement avec la diffusion, supposée, des vagues précédentes. Ces deux représentations de la ségrégation apparaissent en décalage avec les acquis de l'histoire urbaine et de l'immigration. La ségrégation est constitutive du fait urbain, l'organisation des villes reposant sur une division sociale, ethnique et fonctionnelle de l'espace. Le fonctionnement des filières migratoires amène les immigrés à se regrouper dans des quartiers qu'ils aménageront progressivement selon leurs propres usages. Dans l'entre-deux-guerres déjà, de nombreux quartiers, voire des villages entiers, reçoivent des proportions élevées de Polonais, d'Italiens, de Belges ou d'Espagnols. Leur diffusion n'interviendra qu'après de nombreuses années. Le processus se répétera dans les années cinquante et soixante. Algériens, Portugais, Marocains, Tunisiens, Turcs, etc. se retrouvent dans les mêmes secteurs, reconstituant des univers familiers où ils peuvent renouer des contacts, parler leur langue et pratiquer une sociabilité qui emprunte à celle du pays d'origine. La concentration résidentielle des populations immigrées favorise une appropriation de l'espace urbain, le processus de territorialisation débouchant sur la formation de véritables « quartiers ethniques » [Battegay, 1992]. Conformément aux modèles théorisés par l'école de Chicago, la territorialisation marque une étape dans le long et inexorable processus d'assimilation des immigrés à la société d'installation. Les quartiers d'immigration sont conçus comme des « sas », ou plutôt, pour reprendre la terminologie d'Ernest W. Burgess, des « ports de première entrée » qui permettent d'atténuer la rupture vécue à la suite de la migration, et de faciliter ainsi une adaptation progressive à la société d'installation [Burgess, 1925]. Cette fonction explique le développement de structures évoquant le milieu d'origine : infrastructure commerciale « ethnique » permettant la continuité des pratiques de consommation, d'approvisionnement et d'alimentation, développement d'un réseau associatif prenant en charge les problèmes administratifs et la formation des immigrants, lieux de culte et de rencontres autorisant le maintien de pratiques culturelles et religieuses. Toutes ces structures tendent à gérer l'adaptation des immigrants tout en maintenant un équilibre entre leur passé et leur devenir.

« Quartiers fondateurs » [Remy, 1990] ou « quartiers d'intégration » [Simon, 1992], la constitution d'espaces familiers, structurés par et pour la communauté, rend possible la formation de racines en pays d'émigration. Ces quartiers jouent également un rôle prépondérant dans la structuration communautaire. Le recoupement entre organisation sociale et assise territoriale n'est pas sans évoquer la figure répulsive du ghetto, même si la grande diversité des origines représentées, ainsi que le caractère relatif de l'assignation à résidence invitent à concevoir différemment le fonctionnement de ces quartiers.

Les monographies récentes de « quartiers ethniques » réalisées en France mettent en évidence une dissociation entre la localisation résidentielle des groupes ethniques et les espaces d'animation. Les « quartiers ethniques » sont maintenant décrits comme des espaces de « centralité immigrée » [Toubon et Messamah, 1991]. La fonction de centralité ne repose plus sur l'existence d'une concentration significative d'un groupe particulier, mais sur l'émergence d'une spécialisation économique, culturelle et sociale du territoire, de telle sorte qu'il représente un centre d'attraction communautaire pour la consommation. Elle se traduit par une fréquentation assidue du lieu de centralité par des membres de la communauté qui, sans résider sur place, viennent s'approvisionner ou entretenir des relations sociales. Cette mutation a été clairement identifiée par A. Raulin à propos de la « petite Asie de Paris » [Raulin, 1988], mais le constat peut être dressé pour d'autres espaces de centralité. Cette nouvelle fonction n'est pas contradictoire avec celle de « sas », même si elle se situe clairement à une autre phase de l'installation des immigrés. Elle en représente le prolongement et, implicitement, est destinée à disparaître avec la poursuite du processus d'acculturation, au terme duquel la fonction même de « centralité » perdra son contenu.

Contrastant avec ces espaces emblématiques, la grande majorité des quartiers à forte concentration d'immigrés, notamment en banlieue, ne connaissent pas le développement de structures communautaires. Il n'existe pas d'appropriation collective de l'espace commun qui puisse servir de médiation entre les différents groupes d'habitants. L'indigence des équipements commerciaux interdit le développement d'une sociabilité à fondement communautaire autour de l'approvisionnement, tandis que le tissu associatif ne parvient pas à animer des espaces publics trop souvent mornes et délaissés. Seuls les jeunes occupent l'univers anomique des « cités », dans un désœuvrement perçu comme menaçant par les habitants. Sans ordre social collectif, sans histoire ni mémoire, sinon en germe, les cités sont traversées de tensions nouées autour des problèmes de la petite délinquance quotidienne, de la toxicomanie et du *deal* de drogue, des dégradations du cadre de vie, et, recouvrant le tout, du chômage qui progresse constamment et enfonce les habitants dans l'inactivité et la misère. L'élaboration d'une identité locale, susceptible d'atténuer les effets d'une destructuration des vecteurs habituels de l'intégration sociale, passe éventuellement par le développement d'un réseau associatif à base ethnique. Jusqu'à présent, l'émergence de structures communautaires locales a été maîtrisée par une gestion sélective des subventions, notamment dans le cadre du « développement social des quartiers » (DSQ).

Le dilemme de la mixité

Dans le contexte de renforcement de la polarisation socio-économique du territoire, les opportunités résidentielles des immigrés butent sur des contraintes spécifiques. En résulte une « surconcentration » des immigrés lorsqu'on contrôle leur position professionnelle : la concentration des Algériens, Marocains, Tunisiens et Africains dans les quartiers « ouvriers pauvres » apparaît, à qualification égale, beaucoup plus accusée que celle des Français, position critique à laquelle échappent les Portugais, Espagnols et Italiens [Desplanques et Tabard, 1991]. Si la situation n'est pas à proprement parler nouvelle dans l'histoire, elle résulte de mécanismes relativement différents.

L'accès au logement social consacre en effet une rupture dans la logique des regroupements. La répartition des ménages dans le parc est tributaire, jusqu'à un certain point, des procédures d'attribution. Celles-ci s'inscrivent, depuis la loi du 31 mai 1990, dans le cadre des protocoles d'occupation du parc social (POPS), qui fixent des objectifs d'accueil des « personnes défavorisées » tout en cherchant à favoriser un meilleur équilibre « sociologique » au sein du parc social. La contradiction qui caractérise ces deux objectifs traverse l'ensemble du vaste dispositif de lutte contre la ségrégation initié par la loi d'orientation pour la ville (LOV) de 1991. Dans son titre premier, la LOV subordonne la mise en œuvre du droit à la ville à la double exigence de favoriser la « cohésion sociale » et de « faire disparaître les phénomènes de ségrégation ». En renforçant l'injonction de mixité, la lutte contre la ségrégation pèse de plus en plus fortement sur les trajectoires des immigrés [Boumaza, 1996]. Responsables, bien malgré eux, de la visibilité accrue de la ségrégation, leur dispersion devient un enjeu des politiques d'habitat. Dans le même temps, les sites à forte concentration d'immigrés restent peu attractifs et continuent à recevoir principalement les populations disqualifiées.

Le rééquilibrage social s'est traduit par un contrôle plus étroit de l'attribution des logements sociaux aux immigrés à « mauvaise réputation » : Maghrébins, Turcs et Africains. Cette gestion se manifeste en premier lieu par une généralisation du « droit de suite », c'est-à-dire l'attribution d'un logement libéré par un ménage immigré à un autre ménage immigré (le « 1 pour 1 »). Symétriquement, l'accès des immigrés aux logements nouvellement construits ou vacants à la suite du départ de « Français » est strictement encadré par des quotas implicites figurant, en creux, dans les POPS. Réinterprétés avec l'intention d'« endiguer » les entrées d'immigrés dans le parc social, les objectifs d'accueil du POPS sont devenus des seuils maximaux, justifiant dès lors une gestion « ethnique » des publics.

Or, la pression sur le parc social s'intensifie. Le nombre de demandeurs de logements sociaux a augmenté de 37 % entre 1988 et 1992, pour atteindre 915 000 ménages. Parmi les demandeurs prioritaires figurent en bonne place les ménages immigrés. L'amélioration des conditions d'habitat des immigrés conduit nécessairement à augmenter leur représentation dans des secteurs où ils apparaissent déjà concentrés. Le dilemme des politiques publiques devient inextricable. La volonté de « casser le ghetto » introduit une forme insidieuse de discrimination qui s'oppose au « droit à la ville » des groupes immigrés les plus stigmatisés et, à terme, contrarie le déroulement du processus d'intégration. La situation rencontrée par les immigrés sur le marché du logement prend ici une dimension exemplaire. Elle révèle et accuse les mécanismes ségrégatifs qui, sous des formes nouvelles, continuent à modeler la ville. L'impasse dans laquelle sont maintenus les groupes immigrés « indésirables » met en lumière la contradiction profonde entre les différentes logiques qui animent les politiques de l'habitat. Pris entre les impératifs gestionnaires et les objectifs de mixité, les immigrés ne font que réfléchir, en les amplifiant, les limites de la réforme sociale par l'intervention urbaine.

Bibliographie

BACHMANN Christian et LEGUENNEC Nicole (1996), *Violences urbaines. Ascension et chute des classes moyennes à travers 50 ans de politique de la ville*, Albin Michel, Paris.

BATTEGAY Alain (1992), « L'actualité de l'immigration dans les villes françaises : la question des territoires ethniques », *Revue européenne des migrations internationales*, n° 8-2.

BERNARDOT Marc (1995), « Le mode de vie des résidents en foyers pour isolés à la Sonacotra », *Horizon*, hors série « Sonacotra », n° 2.

BOUMAZA, Nadir (1996), « Territorialisation des Maghrébins : regroupement contraint et désir de dispersion », *in* N. HAUMONT, *La Ville : agrégation et ségrégation sociales*, L'Harmattan, Paris.

BURGESS Ernest W. (1925), « The growth of the city : an introduction to a research project », *in* R.E. PARK, E.W. BURGESS et R.D. MCKENZIE, *The City*, University of Chicago Press (4e éd., 1967), Chicago.

DESPLANQUES Guy et TABARD Nicole (1991), « La localisation de la population étrangère », *Économie et Statistique*, n° 242, INSEE, Paris.

RAULIN Anne (1988), « Espaces marchands et concentrations urbaines minoritaires. La petite Asie de Paris », *Cahiers internationaux de sociologie*, vol. 85.

REMY Jean (1990), « La ville cosmopolite et la coexistence interethnique », *in* A. BASTENIER et F. DASSETTO, éds, *Immigrations et nouveaux pluralismes*, De Boeck, Bruxelles.

SIMON Patrick (1996), « Les immigrés et le logement : une singularité qui s'atténue », *Données sociales*, INSEE, Paris.

SIMON Patrick (1992), « Belleville, quartier d'intégration », *Migrations et société*, n° 4-19.

TOUBON Jean-Claude et MESSAMAH Kalifah (1991), *Centralité immigrée. Le quartier de la Goutte d'Or*, L'Harmattan/CIEMI, Paris.

WEIL Patrick (1991), *La France et ses étrangers*, Calmann-Lévy et FNSP, Paris.

38

Dynamique du parc immobilier et mobilité résidentielle

*par Jean-Pierre Lévy**

Jusqu'au début des années quatre-vingt, les politiques du logement en France considéraient la construction neuve comme le principal facteur de création d'offre sur le marché immobilier. Pourtant, si entre 1990 et 1995 le parc immobilier français a compté 224 000 résidences principales supplémentaires par an [Bessy, 1997], près de 2 500 000 ménages sont entrés dans un logement en 1994 [Filippi, 1996]. Ces données montrent qu'en fait la plupart des ménages mobiles s'installent dans le parc existant, dans des logements libérés par des ménages qui se sont dirigés vers d'autres logements du parc. Il en résulte que la mobilité résidentielle produit l'essentiel de l'offre de logements, loin devant la construction neuve.

Le même processus aboutit également à une redistribution des ménages dans les différentes fractions du parc. La mobilité résidentielle intervient donc dans les évolutions du peuplement des quartiers et des immeubles et, à ce titre, elle participe activement à la valorisation ou à la dévalorisation socio-économique des parcs immobiliers locaux.

Offre et peuplement dans l'habitat français : un changement de contexte

On sait que les ménages adaptent leur logement aux événements survenant dans leur cycle de vie, ne serait-ce que pour ajuster la taille du logement à celle de la famille. Les naissances, le départ des enfants sont autant de moments privilégiés pour réaliser cette adaptation [Lelièvre, 1992]. Mais la mobilité résidentielle s'inscrit

* Centre de recherche sur l'habitat (LOUEST, CNRS).

également dans des ajustements socio-économiques, et les ménages cherchent à faire correspondre leur situation résidentielle à leur position sociale. D'où l'idée d'un modèle résidentiel promotionnel. Dans ce modèle, les conditions de logement s'améliorent tout au long du cycle de vie du ménage dans un itinéraire qui débute dans de petits logements en location (les moins valorisants), pour se terminer dans des grands logements en accession à la propriété (les plus valorisants).

C'est sur cette logique que, par exemple, ont reposé les interventions qui ont permis de résorber la crise du logement de la France d'après guerre. Chaque année, des milliers de logements sociaux ont été construits afin de résoudre les problèmes des bidonvilles et de l'habitat ancien inconfortable. Ces logements sociaux devaient être transitoires dans le parcours résidentiel des ménages. Ainsi, la première génération d'occupants devait les libérer pour permettre aux ménages, nouvellement créés ou subissant une crise financière passagère, d'entrer ou de se maintenir dans le parc immobilier. Parallèlement, dans les années soixante-dix, le développement de l'accession à la propriété aidée par l'État a accompagné cette politique, en permettant à des ménages en théorie peu aisés de devenir propriétaires et ainsi de libérer des logements sociaux.

Cette gestion des flux par la construction a cependant rapidement montré ses limites, car les rythmes et les capacités de mobilité des ménages sont très variables. Tandis que les occupants les plus aisés de la première génération ont quitté le parc social pour réaliser un parcours résidentiel promotionnel, les moins aisés s'y sont stabilisés. Cette mobilité différentielle a produit ses effets au fur et à mesure des entrées et des sorties. À tel point qu'aujourd'hui les plus pauvres sont majoritaires dans certains quartiers d'habitat social : ils marquent socialement ces espaces et les couches moyennes refusent de s'y installer, car ces quartiers ne sont plus conformes à leur statut social.

Diverses approches permettent d'étudier ce type de processus. La première optique consiste à étudier la distribution des entrées des ménages dans le parc immobilier durant une période donnée [Rhein, 1990]. La deuxième optique s'intéresse plus particulièrement à la façon dont les ménages se sont mobilisés pour réaliser leurs parcours résidentiels [Bonvalet, 1998]. Il existe cependant une troisième façon d'aborder ces questions en centrant l'observation sur les relations entre la transformation du parc immobilier (comme les constructions et les destructions) et la mobilité résidentielle, en d'autres termes en abordant les dynamiques du parc et des ménages comme les composantes d'un seul et même processus. C'est dans cette troisième optique que prend place la méthode des chaînes de vacance des logements.

Les chaînes de vacance des logements

Le nombre de ménages logés par la construction des logements ne se réduit pas à celui des entrants dans les ensembles neufs. En effet, les logements créés vont attirer des ménages qui, pour la plupart, occupaient déjà des logements. Ces derniers, en se libérant, vont à leur tour attirer d'autres ménages qui occupaient d'autres logements et ainsi de suite. C'est l'ensemble de ce mouvement de libérations que l'on appelle la *chaîne de vacance des logements*

Le schéma montre que ce sont les déménagements qui permettent à la vacance des logements de se propager. En fait, les chaînes de mobilité des ménages et les chaînes de vacance des logements sont interdépendantes, mais elles évoluent toutes deux dans une direction opposée.

La méthode de la chaîne de vacance des logements consiste à repérer des logements générateurs de chaîne (généralement des constructions neuves, mais il peut aussi s'agir de logements dont l'occupant est décédé) dans un site et à un niveau géographique donnés, puis à suivre le mouvement de transfert de la vacance des logements par des enquêtes auprès des nouveaux emménagés. Cette chaîne s'arrête lorsque les nouveaux entrants ne libèrent pas de logement (comme, par exemple, lors d'une décohabitation parentale ou d'un divorce), ou lorsqu'ils proviennent d'une zone située en dehors de l'aire d'étude ; la chaîne s'arrête aussi lorsque le logement libéré est détruit, affecté à un autre usage (reconversion en bureau par exemple) ou, bien sûr, lorsqu'il ne trouve pas de nouveau preneur.

La méthode est séduisante car, en théorie, elle permet d'étudier un double processus. En premier lieu, elle rend possible l'observation d'une séquence de l'histoire de l'occupation des logements : par la comparaison entre l'ancien et le nouvel occupant, on mesure les effets sociaux et économiques de la succession des ménages dans un même logement. En second lieu, la méthode offre la possibilité de repérer une séquence du parcours résidentiel du ménage : par la comparaison entre son ancien logement et le nouveau, on articule la logique résidentielle du ménage à l'état du marché immobilier local.

L'étude des chaînes de vacance n'est pas nouvelle. On en trouve l'origine dans les travaux de l'école de Chicago, et notamment dans le modèle de Homer Hoyt qui prolonge le modèle concentrique de tri

Un exemple de chaîne de vacance des logements

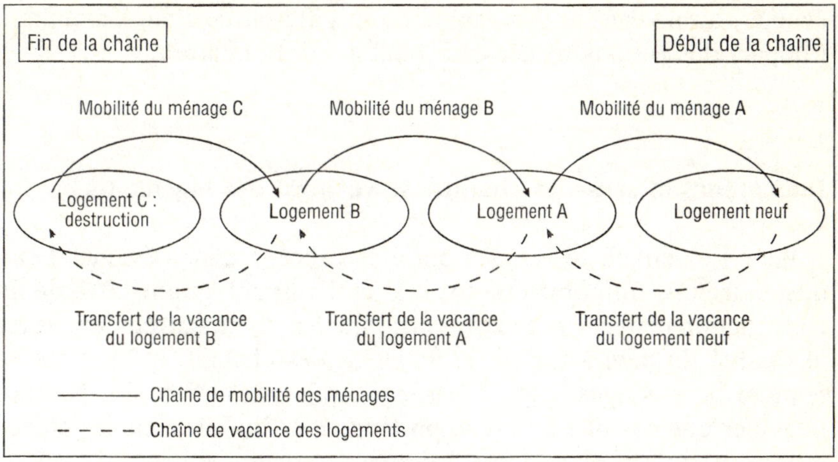

urbain élaboré par Ernest W. Burgess en 1925. En 1939, Hoyt proposait une vision un peu différente de celle de Burgess, car plus économique. Mais il introduisait surtout le rôle de la construction de logements dans le processus de différenciation sociale de l'espace en Amérique du Nord. Pour lui, la construction de logements en périphérie permet à l'ensemble des ménages d'améliorer leurs conditions d'habitation et, en bout de course, de délaisser les immeubles anciens et vétustes des centres-villes au profit des familles les moins aisées. Les logements fournissent ainsi un support physique aux mécanismes de filtrage et de mobilités différentielles identifiés par les sociologues de Chicago.

Depuis les années cinquante, cette méthode a été utilisée à de nombreuses reprises aux États-Unis, au Canada et en Grande-Bretagne. Elle ne fut cependant introduite en France qu'au début des années quatre-vingt, par une étude réalisée dans le Valenciennois à la demande du ministère du Logement [Ruiz, 1981]. L'intérêt relativement récent pour la méthode en France vient surtout des changements intervenus dans le contexte économique et dans la politique nationale du logement. Face au développement de la pauvreté et à l'augmentation du nombre de mal-logés dans la société française, l'État ne peut plus agir par la construction de masse. Dans ce cadre, les effets de chaîne sont importants à connaître si l'on désire optimiser les effets quantitatifs de la production immobilière (le nombre de ménages logés à la suite d'une construction, par exemple). Mais les effets de chaîne peuvent être aussi d'ordre social : par l'observation de la mobilité des ménages dans l'espace urbain, l'étude des chaînes de vacance constitue un outil précieux pour évaluer, au niveau de l'ensemble de la ville ou de l'agglomération, l'impact des actions menées sur l'habitat d'un quartier.

Indicateurs et sens des chaînes de vacance des logements

Pour l'essentiel, les études ont été réalisées afin d'évaluer l'état des marchés immobiliers locaux et l'impact quantitatif de la construction neuve. En d'autres termes, elles visent surtout à mesurer la fluidité du parc à travers la longueur des chaînes, qui indique le nombre de ménages logés à partir d'une construction. On pourrait imaginer que ces libérations se prolongent à l'infini, mais les études montrent qu'en France ces longueurs varient entre 1,33 (pour 100 logements créés, on observe 133 déménagements) et 1,95 (pour 100 logements construits, on observe 195 déménagements). Ces longueurs, au demeurant inférieures à celles que l'on a observées à l'étranger, sont expliquées par différents facteurs.

En premier lieu, le contexte urbain joue un rôle important dans la plus ou moins grande fluidité du parc, et les causes d'arrêt des chaînes fournissent un bon indicateur des tensions sur le marché immobilier local. Ainsi, on a pu identifier deux facteurs contradictoires à l'origine des chaînes courtes : un taux de vacance élevé et d'importantes destructions dans le parc immobilier local, qui traduisent une forte répulsion pour le site, ou, inversement, un nombre important d'entrées de nouveaux ménages dans le contexte local, qui traduisent quant à elles une forte attraction pour le site. Cela montre que la longueur des chaînes est peu sensible à la dimension de l'aire d'observation et qu'elle dépend davantage des contextes socio-économiques locaux. Par ailleurs, dans tous les cas de figure les décohabitations représentent une cause importante de ces arrêts (entre un sur quatre et un sur deux dans les expérimentations françaises).

En second lieu, quels que soient les sites et les périodes d'observation, les enquêtes montrent que la construction de logements en accession à la propriété produit des chaînes plus longues que la construction de logements en location. Dans ces derniers, les enquêtes françaises récentes (à Lyon et Paris notamment) indiquent que le parc locatif social est à l'origine de chaînes moins longues que le parc locatif privé. Par ailleurs, la taille des logements intervient également : plus les logements sont grands, plus les longueurs de chaîne sont importantes.

Au vu de ces résultats, on aurait tort de considérer que la structure du parc immobilier suffit à déterminer mécaniquement la longueur des chaînes. Si les tailles des logements et les statuts d'occupation interviennent, c'est aussi parce que, comme on l'a noté, il existe tout au long du parcours résidentiel une adaptation des caractéristiques des logements aux caractéristiques des ménages. Ainsi, le parc locatif et les logements de petite taille produisent des chaînes courtes, car ils se situent dans les premières étapes du parcours résidentiel et les « remontées » parviennent très rapidement aux décohabitants, qui ne libèrent pas de logement. À l'opposé, les grands logements et les logements en accession à la propriété produisent des chaînes longues, car, en règle générale, ils se situent en fin de parcours résidentiel. Ils permettent ainsi de libérer des logements qui vont accueillir des ménages se situant en milieu de parcours, qui eux-mêmes vont libérer des logements de début de parcours. On voit ainsi que les longueurs de chaîne donnent des informations sur les logiques résidentielles.

Segmentations du parc immobilier et filières de mobilité résidentielle

En dehors de ces mesures, les enquêtes de chaînes de vacance fournissent des résultats plus qualitatifs. En effet, l'une des raisons pour lesquelles la connaissance des effets de chaîne est importante tient à ce que les emménagements dans les logements vides d'un secteur immobilier ou d'un quartier peuvent se répercuter, par le transfert de la vacance, sur d'autres secteurs immobiliers ou d'autres quartiers. Les chaînes de vacance nous renseignent donc sur le degré de perméabilité des grands segments du parc immobilier. C'est probablement sur ce point que l'application de la méthode et ses prolongements récents, tant empiriques que conceptuels, sont les plus prometteurs.

Dans la vision de Homer Hoyt, le fait que les constructions périphériques pour les couches aisées profitaient en dernier ressort aux couches les plus pauvres indiquait qu'une politique sociale du logement pouvait s'appuyer sur la construction des secteurs supérieurs du marché immobilier [Kuklick, 1995]. En d'autres mots, il devenait possible de justifier une politique du logement en faveur des seules couches aisées. Les enquêtes de chaînes ont cependant invalidé ces hypothèses. Déjà, en réalisant la première synthèse sur ces travaux au milieu des années soixante-dix, C. A. Scharpe constatait que la construction de logements de haut de gamme ne profitait pas aux ménages à faible revenu. Les études françaises confirment ce constat en montrant la faiblesse des échanges entre les secteurs libres et les secteurs aidés du parc immobilier [Soulignac *et al.*, 1995]. Une enquête récente réalisée dans le sud-est de l'Angleterre va plus loin, en soulignant la forte similitude sociale des ménages impliqués dans une même chaîne [Forrest et Murie, 1994].

Pour comprendre ce mécanisme, il est nécessaire d'aborder le processus dans sa globalité. Car tout emménagement s'inscrit dans une chaîne de vacance, aussi courte soit-elle. Mais les impacts des entrées des ménages dans les logements d'une seule opération immobilière ne rendent compte que d'une partie des effets de chaîne en œuvre sur le site étudié et durant une période donnée. Or, les cloisonnements, les perméabilités et les interrelations ne sont saisissables que si l'on a une vision de l'ensemble des effets de chaîne se produisant sur le site. L'observation de ces processus complexes ne peut donc être que globale et dynamique.

On a ainsi tenté de modéliser la totalité des effets de chaîne qui se produisent sur un site. Des modèles de simulation (dits « markoviens ») ont fait l'objet de nombreuses investigations ces dernières années [Filippi, 1997]. Sur la base de l'observation d'une partie des libérations et des réoccupations, ces modèles permettent de calculer les probabilités de mouvements des ménages entre les segments du parc immobilier. Mais, bien que prometteuse, la démarche demeure encore incertaine, car les calculs intègrent difficilement les caractéristiques des ménages mobiles et leur parcours résidentiel [Lévy, 1997].

Mais des approches empiriques ont tout de même permis de saisir plus précisément le fonctionnement global des chaînes de vacance. L'observation de l'ensemble des mobilités réalisées de 1978 à 1988 entre les fractions du parc immobilier français conforte la vision d'un marché immobilier très cloisonné, et montre l'existence de véritables filières de mobilités résidentielles [Lévy, 1998]. C'est la « panne » du modèle de promotion résidentielle qui explique à la fois l'existence des filières et leur imperméabilité. Aujourd'hui, les ménages ajustent surtout les logements aux étapes de leur histoire démographique, et ils progressent de moins en moins dans leur position résidentielle.

Du fait des mouvements endogènes et de la faiblesse de la construction, le mécanisme s'exerce en faveur des ménages déjà présents dans un logement et rend difficile l'entrée dans le parc. En d'autres termes, il agit au détriment des décohabitants potentiels et de ceux qui ont été exclus du marché immobilier. Mais il en résulte aussi que la construction de logements joue à la marge dans la redistribution des ménages au sein du parc immobilier : les opportunités résidentielles sont fournies par les déménagements des uns qui permettent l'emménagement des autres.

Hoyt voyait dans les rapports entre la mobilité résidentielle et la croissance du parc immobilier un outil de connaissance de l'expansion urbaine, de ses effets sociaux et économiques. Mais, aujourd'hui, la construction ne peut plus être utilisée comme la principale méthode de gestion des zones urbaines denses, et elle agit de façon marginale sur les évolutions sociales urbaines. La problématique de la ville n'est plus dans l'expansion de l'espace urbain, mais dans celle du changement social qui se produit à l'intérieur d'aires bien délimitées.

Ce changement peut provenir de l'apport de populations nouvelles, du départ de la population existante, mais aussi et surtout de la redistribution des habitants dans l'espace. Dans ce cadre, ce n'est pas tant la construction de logements qui est importante, que les changements de fonction de l'habitat dans la dynamique sociale de la ville. L'enjeu n'est donc plus dans la production de l'habitat mais dans la gestion du parc existant qui impose de suivre non pas tant les quantités de logements, sur lesquelles se construisent pourtant la plupart des statistiques nationales, que les flux des ménages dans leur dimension spatiale, démographique et socio-économique. Il impose également une vision globale des transformations du peuplement et de leurs liens avec les évolutions du parc immobilier.

Bibliographie

BESSY Pascale (1997), « La demande potentielle de logements neufs à moyen terme », *INSEE Première*, n° 518, INSEE, Paris.

BONVALET Catherine, dir. (1994), « Logement, mobilité et populations urbaines », *Cahier du PIR-Villes*, Éditions du CNRS, Paris.

BONVALET Catherine (1998), « Accession à la propriété et trajectoires individuelles », *in* Yves GRAFMEYER et Francine DANSEREAU, éds, *Trajectoires familiales et espaces de vie en milieu urbain*, PUL, Lyon.

FILIPPI Benoît (1996), *Le Marché du logement en 1994, premiers résultats de l'enquête mobilité en 1995*, OLAP, Paris.

FILIPPI Benoît (1997), « Mobilité résidentielle, chaînes de vacance et approches systémiques des marchés locaux de l'habitat », *in* Bernard COLOOS, éd., *Comprendre les marchés du logement*, L'Harmattan, coll. « Villes et entreprises », Paris.

FORREST Ray et MURIE Allan (1994), « The Dynamics of the Owner-Occupied Housing Market in Southern England in the late 1980s : a Study of New Building and Vacancy Chains », *Regional Studies*, vol. 28-3.

HOYT Homer (1939), *The Structure and Growth of Residential Neighbourhoods in American Cities*, FHA, Washington.

KUKLICK Harika (1995), « L'école de Chicago et la planification urbaine », *in* Yves GRAFMEYER et Isaac JOSEPH, *L'École de Chicago, Naissance de l'écologie urbaine*, 4e éd., Aubier, Paris.

LELIÈVRE Eva (1992), « Mobilité résidentielle en France : observation et analyse, le point de vue du démographe », *in* Eva LELIÈVRE et Claire LÉVY-VROELANT, éds, *La Ville en mouvement : habitat et habitants*, L'Harmattan, Paris.

LÉVY Jean-Pierre (1997), « Offre de logements et mobilité résidentielle : un point de vue socio-économique », *in* Bernard COLOOS, éd., *Comprendre les marchés du logement*, L'Harmattan, coll. « Villes et entreprises », Paris.

LÉVY Jean-Pierre (1998), « Habitat et habitants : position et mobilité dans l'espace résidentiel », *in* Yves GRAFMEYER et Francine DANSEREAU, éds, *Trajectoires familiales et espaces de vie en milieu urbain*, PUL, Lyon.

RHEIN Catherine (1990), « Mobilité, couches sociales et dynamiques locales du parc de logements », *Revue belge de géographie*, n° 3.

RUIZ Henri-Noël (1981), *Les Chaînes de logement dans le Valenciennois*, CERPEAU, Villeneuve-d'Ascq.

SCHARPE C. A. (1978), « New Constructions and Housing Turnover Vacancy Chains in Toronto », *The Canadian Geographer*, vol. 22, n° 2.

SOULIGNAC Françoise *et al.* (1995), *Construction neuve et déménagements en chaîne*, IAURIF, Paris.

VI

Habiter le logement

39

Logement, quartier, sociabilité

*par Yves Grafmeyer**

Quelle est la place occupée par le logement et son environnement dans les sociabilités, c'est-à-dire dans l'ensemble des relations qu'une personne entretient avec son entourage ? Le logement est le lieu par excellence de l'intimité domestique. Mais, le plus souvent, il s'ouvre aussi à des personnes qui ne font pas partie du foyer. Il constitue dès lors un nœud de relations sociales, au-delà des liens unissant au quotidien ceux qui cohabitent régulièrement sous le même toit. Les personnes reçues au domicile peuvent elles-mêmes résider à proximité, ou bien se distribuer sur des aires géographiques beaucoup plus larges. Par ailleurs, les interactions et les relations qui s'instaurent dans le cadre du voisinage ou du quartier ne se limitent pas à un jeu croisé d'invitations et de réceptions. Elles peuvent aussi prendre place dans divers espaces publics ou semi-publics : parties communes des immeubles ou des ensembles résidentiels, équipements collectifs, commerces, locaux associatifs, rues, places, etc.

À tous ces titres, le lieu de résidence constitue donc l'un des pôles autour desquels s'organisent les sociabilités. C'est un pôle que l'on peut dire « interne » en un double sens, spatial et symbolique, dans la mesure où le domicile et son environnement proche représentent à la fois un lieu d'ancrage territorial de certaines relations et le support d'un ensemble de valeurs et de normes liées au foyer [Forsé, 1993].

Le seuil du logement marque toutefois une césure forte, qui n'est pas seulement matérielle, entre l'espace du « chez-soi » proprement dit et celui du voisinage ou du quartier. En deçà de ce seuil, l'accès aux habitants dépend pour l'essentiel de leur bon vouloir : ces derniers sont en mesure, sinon de programmer, du moins de filtrer et de contrôler leurs contacts avec autrui, quel que soit par ailleurs leur

* Groupement de recherche sur la socialisation, Lyon-II.

degré de proximité spatiale ou affective avec les personnes qu'ils font entrer chez eux. Il en va autrement à l'extérieur du domicile : aux liens affinitaires qui se sont noués ou confortés sur fond de proximité résidentielle se surimposent des contacts plus éphémères, des rencontres aléatoires, des coexistences parfois souhaitées, mais parfois aussi inattendues, indifférentes, voire indésirables. La part des sociabilités qui s'inscrit dans le logement peut être en relative continuité aussi bien qu'en nette rupture avec ce qui se joue ainsi dans le milieu environnant. En effet, un fort ancrage dans la vie de quartier peut fort bien s'accompagner d'une clôture du logement sur un petit cercle d'intimes. À l'inverse, le domicile peut être ouvert à des réseaux amples et diversifiés, mais néanmoins situés tout à fait en dehors de l'espace local. Si les sociabilités s'articulent au lieu de résidence, c'est donc selon des composantes distinctes, qui se combinent très diversement selon les types de populations et les contextes d'habitat.

Le logement : un espace de sociabilité

Bien que l'on parle parfois de « sociabilité domestique », on retiendra ici la définition la plus courante de la sociabilité, qui ne concerne que les relations avec des personnes extérieures au foyer. Dans quelle mesure le logement intervient-il dans l'entretien de ces liens interpersonnels ? Comment est-il mobilisé par ses occupants à titre de point d'appui et de ressource dans la gestion de leur vie relationnelle ?

D'une façon générale, les Français reçoivent de plus en plus. La fréquence des réceptions au domicile varie cependant en fonction du statut social. Elle atteint son niveau le plus élevé dans les groupes sociaux les mieux dotés en ressources culturelles. Il en va de même pour les pratiques d'hébergement. Seule une minorité de Français (environ 20 %) déclare ne jamais héberger personne. Mais cette proportion n'excède guère 10 % chez les cadres moyens ou supérieurs, alors qu'elle dépasse 25 % chez les agriculteurs, les ouvriers, les artisans et les commerçants [Bernard, 1992].

Dans les milieux qui occupent les positions les plus favorables sur l'échelle des statuts sociaux, les réceptions sont non seulement plus fréquentes, mais aussi plus diversifiées : le logement y est davantage ouvert, au-delà du cercle des proches, sur un large éventail de relations où figurent notamment les collègues de travail. Ces constats rejoignent ceux qui ont été établis pour l'ensemble des pratiques de sociabilité : on sait, en effet, que l'ampleur des réseaux, la diversité des liens et la fréquence des contacts sont assez bien corrélés avec le statut social et, plus nettement encore, avec le niveau d'instruction [Héran, 1988]. En milieu populaire, les sociabilités sont à la fois moins développées et plus limitées aux intimes. Ajoutons que la part occupée par le logement dans cette vie relationnelle y est aussi plus restreinte : non seulement la sociabilité des ouvriers est en moyenne moins riche que celle des cadres, mais, de surcroît, elle accorde une place comparativement plus importante aux sorties en commun, aux échanges entretenus à l'extérieur des domiciles [Choquet, 1988].

La sociabilité varie aussi au cours de la vie. Avec l'arrivée des enfants et l'avancée en âge, elle tend généralement à se recentrer sur le foyer domestique. Celui-ci joue un rôle grandissant dans les contacts interpersonnels, à plus forte raison lorsque prend fin la vie active et que la mobilité se réduit. Cela ne signifie pas pour autant que l'on reçoive plus de monde chez soi puisque, dans le même temps, la vie relationnelle perd au total de son ampleur. Si les échanges familiaux se maintiennent, en revanche les fréquentations amicales s'espacent. Dès 35-40 ans, les réceptions entre amis commencent à se faire plus rares. Le fait de vivre seul dans son logement renforce encore ces disparités liées à l'âge : en moyenne, les personnes seules ayant moins de 40 ans reçoivent des amis beaucoup plus souvent que ne le font les couples ; c'est l'inverse pour les solitaires âgés de plus de 40 ans, dont les deux tiers déclarent ne jamais inviter d'amis pour un repas [Haumont et Wintersdorff, 1990].

Les groupes sociaux qui reçoivent le plus et qui accueillent volontiers chez eux de larges cercles de « relations » sont aussi les moins enclins à préserver du regard de leurs invités les parties du logement qui sont plus spécialement dévolues à l'intimité familiale. Inversement, les milieux populaires — et aussi les personnes âgées — se caractérisent par un souci plus marqué de protéger cette intimité [Bernard, 1992]. Mais, quel que soit leur âge ou leur milieu socioprofessionnel, les habitants sont moins nombreux à ouvrir toutes les pièces de leur logement à leurs amis qu'aux membres de leur famille. Même lorsqu'il se veut très « ouvert », le logement demeure toujours un lieu avant tout privé, où l'accueil des visiteurs varie en fonction de leur statut, de leur degré de proximité affective avec les occupants. Les conceptions architecturales autorisent d'ordinaire ce traitement différencié des personnes extérieures au foyer : la taille, la distribution et la désignation des pièces proposent des usages plus ou moins spécifiques, des possibilités de séparation entre les espaces consacrés à l'accueil et ceux qui échappent au regard d'autrui.

Dans toutes les couches de la population, l'opposition entre le public et le privé, le montré et le caché, garde une certaine force, quand bien même elle s'assouplit et se redéfinit. Cette relative permanence des attitudes marque la limite des perspectives innovantes adoptées par certains concepteurs, ou prêtées à certaines fractions des classes moyennes ou supérieures. Ainsi, les choix fonctionnalistes des années soixante qui avaient conduit à supprimer les entrées, notamment dans le secteur locatif social, n'ont pas été ratifiés par les occupants : la plupart d'entre eux se sont efforcés de réintroduire grâce à divers dispositifs un espace de filtrage des visiteurs. De même, les logements peu cloisonnés, conçus autour d'un espace commun largement ouvert sur les autres pièces, font l'objet d'évaluations mitigées de la part des catégories d'habitants que l'on pensait les mieux à même d'en apprécier la nouveauté. Ces derniers réaménagent souvent leur domicile dans un sens plus conforme aux conceptions classiques. [Haumont et Wintersdorff, 1990].

Les relations entre voisins

Les relations de voisinage suivent à peu près les hiérarchies culturelles observées pour l'ensemble des sociabilités. Parmi les salariés, ce sont en effet les cadres qui ont les liens les plus développés avec leurs voisins, qui les reçoivent le plus souvent chez eux, et qui participent le plus à la vie associative liée au logement. Toujours plus féminines que masculines en dehors du monde agricole, ces relations sont favorisées par la présence d'enfants dans le foyer.

Elles atteignent leur niveau le plus élevé à l'âge mûr, dans la tranche des 45-55 ans. Mais ce sont les ménages les plus jeunes qui ont les contacts les plus réduits avec leurs voisins, et non pas les personnes âgées. Si ces dernières connaissent bien, en moyenne, un certain déclin de leur sociabilité de voisinage, l'effet du vieillissement est en fait très contrasté selon les milieux sociaux. Il est brutal pour les agriculteurs, pour les artisans ou commerçants, un peu moins marqué pour les ouvriers non qualifiés. En revanche, l'évolution est de sens inverse pour les autres groupes : les cadres, les professions intermédiaires, les employés et aussi, dans une moindre mesure, les ouvriers qualifiés ont plutôt tendance à renforcer leurs liens de voisinage quand ils ont cessé leur activité professionnelle [Héran, 1987].

À ces variables sociodémographiques s'ajoute l'effet propre de la densité du peuplement. D'une façon générale, les relations de voisinage sont d'autant plus développées que l'habitat est plus dispersé. Elles sont moins importantes dans les immeubles urbains que dans les zones d'habitat en maison individuelle, et plus réduites encore dans les cités et les grands ensembles. Toutefois, les catégories sociales sont inégalement sensibles à cet effet de contexte. Les employés logés en habitat collectif « voisinent » beaucoup moins que ceux qui habitent en secteur pavillonnaire. En revanche, les différences sont moins marquées chez les cadres : de tous les salariés, ce sont eux qui ont au total le plus de contacts avec leurs voisins, malgré leur forte présence dans les grandes villes et dans des immeubles collectifs.

La notion même de voisin recouvre d'ailleurs des réalités variables selon le type d'habitat. L'aire géographique perçue comme délimitant le voisinage varie beaucoup d'un enquêté à l'autre ; mais, globalement, elle tend à être d'autant plus restreinte que l'environnement résidentiel est plus urbain et plus collectif. « Dans les sites les plus denses, l'immeuble est de loin la principale unité de référence : près de 80 % des ménages parisiens y confinent leurs “voisins”. À l'inverse, les résidents en habitat dispersé élargissent l'aire de voisinage au point d'y inclure plus d'une fois sur quatre le village tout entier. Plus surprenant encore [...], c'est à la campagne et non en ville qu'il est fait le plus souvent appel à la notion de quartier » [Héran, 1987, p. 45].

Les rapports avec les voisins d'immeuble et avec la population du quartier ne sont pas faits uniquement d'interactions ponctuelles ou d'échanges plus approfondis, mais encore d'évitements, de tensions, voire de conflits ouverts. Le simple fait de la coprésence au sein d'un même espace résidentiel est porteur d'enjeux qui peuvent se cristalliser autour de problèmes tels que les nuisances sonores, la définition du propre et du sale, les pratiques éducatives, les manières de se comporter dans les espaces publics... Autant de sources de clivages et de conflits, mais aussi de connivences, d'alliances et de compromis.

Modèles de sociabilité et contextes d'habitat

Les habitants s'impliquent très diversement dans ces interactions de voisinage, selon le rapport qu'ils entretiennent avec leur lieu de vie, selon les proximités ou les distances qu'ils souhaitent instaurer avec l'environnement local. D'une façon générale, le processus d'urbanisation tend plutôt à restreindre le poids des proximités géographiques dans l'organisation de la vie relationnelle. Certes, ces proximités demeurent. Au sein de la famille étendue, elles restent même fortement présentes, en particulier dans les milieux populaires, dans les professions indépendantes, et aussi dans l'entourage des ménages monoparentaux [Maison et Ortalda, 1998]. Néanmoins, la société contemporaine, notamment en milieu urbain, est placée sous le signe de la mobilité : migrations, changements de domicile, déplacements quotidiens imposés par la spécialisation spatiale des activités. Ces diverses formes de mobilité ont pour effet de déstabiliser, en tout cas de diversifier, les appartenances et les cercles de relations. Mais elles sont, en même temps, des moyens et des signes d'adaptations plus ou moins réussies aux exigences de la condition citadine. « Cette autonomisation par rapport à des espaces concrets, matérialisant des identités collectives, ne signifie pas la disparition de celles-ci mais bien le développement d'intérieurs et d'extérieurs abstraits, c'est-à-dire indépendants d'une insertion spatiale concrète particulière et ayant ses critères propres de reconnaissance et de connivence » [Remy et Voyé, 1992, p. 85].

Pour les habitants qui sont les plus engagés dans ces systèmes relationnels déterritorialisés, les sociabilités sont peu tributaires du tissu social entourant le domicile : la proximité spatiale peut certes favoriser l'entrée en relation, mais elle ne l'impose pas. Les rapports de voisinage ne sont pas valorisés en tant que tels : ce sont au contraire les attitudes de réserve et de mise à distance qui prévalent. Cela n'exclut pas que s'établissent avec certains voisins des contacts plus étroits, venant s'imbriquer aux autres composantes du réseau personnel. Les sociabilités sont marquées, on l'a vu, par une logique de cumul, si bien que ceux qui ont les plus larges réseaux amicaux et professionnels sont aussi, en moyenne, les plus enclins à nouer des relations avec leurs voisins. Mais ces relations électives seront alors gérées de préférence dans les domiciles (invitations, réceptions...) plutôt que dans les espaces extérieurs. C'est donc à travers le filtre du logement que les liens interpersonnels de ces habitants s'articulent le cas échéant à l'environnement résidentiel. Quant à la « vie de quartier » — réelle ou supposée — que certains se plaisent à évoquer, elle ne représente guère pour eux qu'une sorte de toile de fond, un spectacle auquel ils ne prennent guère de part et, souvent, une façon de célébrer les vertus d'un environnement familier qui ne leur impose pour autant aucun excès de familiarité avec les autres habitants [Grafmeyer, 1991].

Ce modèle de sociabilité tend à devenir aujourd'hui dominant, en un double sens. D'abord parce qu'il est davantage attesté dans les couches supérieures ou moyennes, dont les réseaux relationnels sont à la fois plus diversifiés et moins dépendants de la proximité spatiale qu'en milieu populaire. Ensuite, parce que le jeu des mobilités individuelles et la transformation des espaces urbains tendent à destructurer les modes de vie traditionnels organisés sur la base de territoires de proximité regroupant l'essentiel de la vie sociale de leurs habitants.

C'est ainsi que la rénovation des quartiers anciens à dominante populaire a le plus souvent pour conséquence de désarticuler les liens d'interconnaissance entrecroisant le voisinage, la parenté, l'amitié et les relations de travail. Ceux des anciens habitants qui sont restés sur place doivent partager leur espace de vie avec de nouvelles populations qui apportent avec elles d'autres manières d'habiter et de cohabiter, d'autres modèles de consommation, d'autres modes de définition du public et du privé. Même lorsque les anciennes solidarités n'ont pas disparu, elles s'expriment désormais davantage dans les espaces privés, traditionnellement peu ouverts au-delà du cercle des intimes dans les milieux populaires. La recomposition sociale du quartier fournit ainsi à certains des habitants l'occasion d'adopter de nouveaux modèles de sociabilité, mais elle en conduit d'autres à se replier sur le logement et la vie familiale.

De même, les mobilités résidentielles sont porteuses de ruptures plus ou moins fortes dans la vie relationnelle des citadins, puisque ces derniers sont très inégalement en mesure de s'accommoder de la dispersion géographique de leurs anciennes relations, aussi bien que de nouer des contacts dans leur nouveau voisinage. En dépit des effets bénéfiques que l'on prête volontiers aux situations de mixité sociale, il reste que l'hétérogénéité des origines, des trajectoires et des attentes engendre des tensions dans le partage au quotidien d'un même espace de vie [Chamboredon et Lemaire, 1970]. Au fil du temps, des réseaux d'interconnaissance et de solidarité peuvent se reconstituer. Mais, pour les populations les plus fragiles, la dissolution des anciens liens de proximité est surtout une source d'isolement social, en particulier lorsque l'image négative du nouveau lieu de vie nourrit une attitude de défiance généralisée vis-à-vis du voisinage.

Bibliographie

AUTHIER Jean-Yves et GRAFMEYER Yves (1997), *Les Relations sociales autour du logement. État des savoirs et perspectives de recherche*, Plan construction et architecture, Paris.

BERNARD Yvonne (1992), *La France au logis : étude sociologique des pratiques domestiques*, Pierre Mardaga, Liège.

BIDART Claire (1988), « Sociabilités : quelques variables », *Revue française de sociologie*, vol. XXIX.

CHAMBOREDON Jean-Claude et LEMAIRE Madeleine (1970), « Proximité spatiale et distance sociale : les grands ensembles et leur peuplement », *Revue française de sociologie*, vol. XI-1.

CHOQUET Olivier (1988), « Les sorties : une occasion de contacts », *Économie et Statistique*, n° 214, INSEE, Paris.

FORSÉ Michel (1993), « La fréquence des relations de sociabilité : typologie et évolutions », *L'Année sociologique*, vol. 43.

GRAFMEYER Yves (1991), *Habiter Lyon. Milieux et quartiers du centre-ville*, Éditions du CNRS-Presses universitaires de Lyon//PPSH, Paris.

HAUMONT Nicole et WINTERSDORFF F. (1990), *Les Pratiques de l'habitat français. 1960-1990*, CRH-ministère de l'Équipement et du Logement, Paris.

HÉRAN François (1987), « Comment les Français voisinent », *Économie et Statistique*, n° 195, INSEE, Paris.

HÉRAN François (1988), « La sociabilité, une pratique culturelle », *Économie et Statistique*, n° 216, Paris.

MAISON Dominique et ORTALDA Laurent (1998), « Morphologie spatiale de la parenté : proximités géographiques au sein de la famille étendue selon l'enquête *Proches et parents* », *in* Yves GRAFMEYER et Francine DANSEREAU, dir., *Trajectoires familiales et espaces de vie en milieu urbain*, Presses universitaires de Lyon.

REMY Jean et VOYÉ Liliane (1992), *La Ville : vers une nouvelle définition ?*, L'Harmattan, Paris.

VERVAECKE Monique (1987), « L'habiter, les réseaux sociaux et les interactions sociales dans les quartiers anciens », *Espaces et sociétés*, n° 51.

40

Logement et transmission

par Anne Gotman et Anne Laferrère***

Dans de nombreux pays européens, la propriété d'occupation devient le mode de tenure dominant — ce qu'elle est déjà aux États-Unis, au Canada, en Nouvelle-Zélande, en Australie et au Japon —, faisant du logement le bien le plus important détenu par une majorité de ménages. Or, le logement présente la particularité d'être à la fois un bien de consommation durable (surtout en France où l'on construit en pierre, béton ou brique plutôt qu'en bois) et un bien d'investissement (puisque sa durée de vie est supérieure à la plupart des autres biens de consommation et que sa valeur subit des aléas). Par ailleurs, en tant que bien fixe et cadre de la vie familiale, il est lié à un environnement affectif, social, économique et géographique précis qui conditionne sa transmission. L'héritage du logement n'est cependant que la phase ultime d'échanges de services et d'aides consentis au sein des familles, entre générations, tout au long du cycle de vie : aides à la décohabitation, à l'accession, hébergements temporaires ou durables. Il conclut également transferts non matériels, savoir-faire, goûts, préférences qui contribuent à définir l'univers des possibles résidentiels et commandent pour une large part les dispositions des habitants face à l'offre. Outre l'analyse de la circulation du logement au sein de la famille, c'est donc la dimension intergénérationnelle du rapport au logement qu'il faut considérer.

* CNRS, Institut parisien de recherche : architecture, urbanistique, société (IPRAUS).
** INSEE.

Après l'accession, la transmission...

La propriété du logement est au cœur du patrimoine des ménages : deux tiers des ménages français possèdent aujourd'hui au moins un logement (dont 54 % celui qu'ils habitent, mais 68 % en Grande-Bretagne), 10 % possèdent une résidence secondaire et 13 % du logement de rapport. Deux Français sur trois sont également susceptibles d'hériter d'un logement. Il ne s'agit pourtant pas des mêmes populations car on hérite aujourd'hui d'une génération encore relativement peu propriétaire. Et si six successions sur dix comprennent une habitation — l'actif le plus important de la valeur moyenne des successions —, cette proportion n'est que l'effet retard d'une vague d'accession à la propriété qui devrait produire à terme un nombre d'héritiers de logements plus important : la succession des générations ayant le plus fortement accumulé de 1960 à 1990 est encore à venir. À l'heure actuelle, le logement représente la moitié de la fortune des ménages et la moitié des transferts intergénérationnels effectués par héritage et donation, soit 200 000 à 250 000 logements transmis chaque année. Si sa valeur est inégale d'une catégorie sociale à l'autre — celle des logements légués par les cadres est en moyenne trois fois supérieure à celle des logements légués par les employés —, sa part relative dans le patrimoine culmine dans les patrimoines moyens.

... à quelques liquidations près

La liaison entre taux de propriété et probabilité d'hériter n'a toutefois rien de mécanique. Tout d'abord en raison de la non-pérennité de la propriété elle-même : les accidents de l'accession, certes liés à des phénomènes conjoncturels précis, sont là pour montrer que si l'on entre de plus en plus nombreux et de plus en plus jeune sur le marché de la propriété résidentielle, on en sort également de gré, mais plus souvent de force. Autre facteur plus structurel, la croissance de la longévité va obliger les ménages à compléter leur retraite par une épargne supplémentaire, et surcharger les dépenses de santé. L'émergence d'un quatrième âge gourmand en soins et en soutien est-elle compatible avec le maintien du patrimoine immobilier, *a fortiori* avec sa transmission ? Et qu'adviendra-t-il, dans ce nouveau cadre, des rapports intergénérationnels ?

Un certain nombre d'indices montrent l'indépendance croissante des générations : les enfants adultes nés après la guerre affirment préférer se passer d'héritage plutôt que de voir leurs parents se priver pour eux (et du même coup les « obliger ») ; le déclin régulier de la cohabitation avec les parents âgés va dans le même sens. Toutefois, rien n'interdit de penser qu'une génération qui prolonge la cohabitation au domicile parental sera davantage disposée à héberger des parents âgés que ceux-ci ne l'étaient envers leurs propres parents ; 27 % s'y déclarent prêts en cas de nécessité, et 18 % s'il s'agit des beaux-parents.

L'apparition de formules extra-familiales de logement (maisons de retraite plus ou moins médicalisées), de formes de tenure permettant de dégager de la propriété des liquidités et laissant aux héritiers le soin d'acquitter les frais médicaux (toutes solutions qui consistent à convertir partiellement le patrimoine résidentiel en un système privé de sécurité) laisse augurer un recul des transmissions dans les pays où la protection sociale est essentiellement privée. En Nouvelle-Zélande, la longévité exceptionnelle jointe à un désengagement de l'État entraîne des ventes accrues de patrimoine. En Grande-Bretagne, les produits financiers proposés aux personnes âgées n'ont pas eu le succès escompté, mais des incitations fiscales *ad hoc* pourraient entamer la valeur sécuritaire de la propriété résidentielle.

Le scénario intra-familial, dans lequel le logement parental (ou celui des enfants) reversé au pot commun permet aux personnes âgées et à leurs enfants de régler ensemble les problèmes de dépendance, a la faveur des habitants de villes où le prix du foncier contraint à des achats joints, comme à Hong Kong et au Japon où la maison industrialisée bigénérationnelle connaît, pour ces raisons, un succès croissant. En France, où une écrasante majorité de la population âgée vit hors institution (98 % des personnes de plus de 60 ans et 68 % des personnes de plus de 80 ans) tout en étant propriétaire d'un logement souvent coûteux à entretenir, le viager, « consentement tacite et mutuel au chacun pour soi », reste insignifiant. Par ailleurs, le recours à l'aide sociale pour les personnes en institution, avec obligation alimentaire et récupération sur succession, est évité par les familles. L'instrumentalisation du patrimoine paraît donc peu probable. En Italie, où le faible développement du crédit immobilier pousse la génération parente à contribuer à l'accession des plus jeunes et renforce les liens entre parents et enfants, le patrimoine familial devrait constituer une ressource importante pour affronter le vieillissement de la population. Modèles culturels familiaux et législations sociales sont ici déterminants. Mais qu'elle se liquide ou se partage, la propriété du logement sera plus que jamais une sécurité pour les vieux jours. L'État pourrait y trouver motif à désengagement ou à négociation avec les familles, sachant que celles-ci, lorsqu'elles sont mises à contribution, cherchent à s'y soustraire en vendant la maison aux enfants avant terme, comme par exemple aux Pays-Bas.

Enfin, dans le cas où la vie en institution ne consomme pas la totalité du patrimoine, on pourrait constater une modification du comportement. Une enquête réalisée dans la banlieue new-yorkaise montre en effet que le séjour dans les centres gériatriques sans contacts familiaux tend à déplacer les legs au profit d'« outsiders » de la famille ; signe d'une liberté testamentaire certes traditionnelle, mais jusque-là ineffective, et d'une rupture consommée entre générations.

De la transmission à l'accession

Lorsque la propriété du logement se transmet, les transferts intergénérationnels servent à leur tour de porte d'accès au marché du logement. Ainsi le nombre de propriétaires « par » héritage ou donation est de 13 % en moyenne en 1996 — 18 % dans les communes rurales et seulement 7 % dans l'agglomération parisienne —, les ouvriers étant plus concernés que les cadres (respectivement 12 % et 8 %). Néanmoins, l'importance relative de l'héritage dans la diffusion de la propriété diminue : en dix ans, de 1978 à 1988, le pourcentage de propriétaires occupants ayant hérité de leur logement est passé de 20 % à 14 %. À l'inverse, lorsque le marché du foncier est tendu comme au Japon, ce taux, qui est de 32 %, est encore appelé à croître.

Là où la propriété se diffuse grâce au crédit, l'héritage qui va, de fait, majoritairement à des ménages déjà propriétaires participe cependant moins à la diffusion de la propriété qu'à son renforcement. Si l'on considère uniquement les enfants (57 % des héritiers), âgés de 45 ans en moyenne, ils appartiennent à une classe d'âge qui est en effet propriétaire à 62 %. Si la propriété va à la propriété, cet effet de polarisation devrait néanmoins s'accompagner d'une diffusion du patrimoine, car le poids de la transmission patrimoniale dans la reproduction des inégalités doit en effet s'apprécier par générations. Ainsi, en période de croissance — comme celle dont ont bénéficié les générations adultes de 1945 à 1975 —, l'effet conjugué de l'inflation, des politiques incitatives, de l'élévation du niveau de vie et des retraites a-t-il conféré aux transmissions intergénérationnelles un poids relatif et un effet inégalitaire moindres que lors de la période suivante, où l'écart creusé entre les jeunes et les retraités, bien dotés en patrimoine et en revenus, accuse le poids des héritages reçus et espérés.

Destin des logements hérités et usages de l'héritage en direction du logement

L'effet des transferts patrimoniaux sur l'accession à la propriété ne se limite pas aux seuls 13 % de propriétaires par héritage. Il faut prendre en compte, d'une part, les transferts immobiliers et mobiliers qui alimentent tout *ou partie* des stratégies patrimoniales des bénéficiaires et, d'autre part, les modes de partage et d'appropriation des biens transmis. Plusieurs facteurs interviennent alors : nature et composition de l'héritage, qualité, nombre et situation des héritiers, relation entre transmetteurs et héritiers, modalités de la transmission...

Les successions entre conjoints comportent de plus en plus souvent une donation au conjoint survivant — 43 % en 1992 —, qui généralement garantit à ce dernier l'usufuit de l'héritage et donc, si logement commun il y a, le maintien dans les lieux. Aux Pays-Bas, cette garantie s'obtient au moyen du testament, auquel, là aussi, un nombre croissant de propriétaires ont recours pour les mêmes raisons. Lorsque le logement venant à héritage est occupé par un membre de la famille autre que le conjoint, fils ou fille le plus souvent, on observe de façon parallèle une sorte de prime au cohabitant, le logement qui, là aussi, a pu faire l'objet d'une donation antérieure, revenant en général à celui qui s'est occupé sur place des parents âgés.

Si les trois quarts des résidences principales conservées étaient déjà habitées par le futur héritier, le logement hérité résiste moins bien au « choc successoral » lorsque les héritiers ont leur propre logement. En France, sur 60 % des ménages ayant perdu au moins un des quatre parents et beaux-parents qui déclarent que ceux-ci possédaient un logement, une moitié (30 %) dit l'avoir reçu — il y a eu vente immédiate ou attribution au conjoint survivant ou à un cohéritier pour l'autre moitié — et, l'ayant reçu, l'a conservé dans sept cas sur dix. Une étude sur les successions immobilières parisiennes montre que le mauvais état du patrimoine et la pluralité des héritiers seraient responsables de l'important taux de vente des logements hérités : 60 % quand il y a moins d'un logement par héritier, contre 45 % en moyenne. D'après une enquête menée en Grande-Bretagne auprès de trois cents ménages ayant hérité au moins d'un logement, la vente intervient dans deux tiers des cas, les héritiers uniques étant eux aussi les plus nombreux à conserver leur héritage.

L'appropriation du logement hérité dépend donc des conditions résidentielles, financières et familiales des héritiers, mais également de leur position par rapport à l'héritage familial, en particulier du désir de « garder » ou de « vendre ». En tant que lieu d'ancrage symbolique de l'identité, le destin du logement est lié au passé, éventuellement au passif, familial. La combinaison de deux logiques — « culte familial » et « profit personnel » — permet alors de définir des situations types : celles qui parviennent à marier valeur culte et valeur d'usage par la conservation d'un logement à la fois attachant et pratique, ou par la vente d'un logement encombrant sur le plan affectif et financier ; et les situations au contraire conflictuelles qui obligent à vendre un bien chargé de souvenirs ou à garder une maison pourtant coûteuse en raison de pressions familiales. Entre ces pôles, une série de compromis et d'ajustements sont possibles grâce à l'indivision, la mise en location, ou la retransmission à un tiers familial, un enfant le plus souvent.

En cas de vente, les fonds peuvent également être réinvestis dans le logement. En France, c'est le cas de la moitié des héritiers ayant vendu le logement reçu dans leur part d'héritage. De même l'argent hérité peut-il servir à réduire ou contracter des emprunts, à entretenir le patrimoine immobilier, à aider l'accession des plus jeunes, modalité qui permet à l'héritage de sauter une génération. De façon nette, lorsque ceux-ci, encore célibataires, sont eux-mêmes les héritiers directs, l'argent hérité sert à devenir propriétaire.

La modicité relative de l'héritage par rapport à la situation des bénéficiaires explique qu'au total celui-ci ne révolutionne pas leur position résidentielle. Il sert en revanche à la conforter, à en accélérer le cours, à assurer la sécurité familiale. Issu d'une vague récente d'accession à la propriété, il y arrime ses rejetons les plus jeunes et les plus modestes. Et si les héritiers déjà propriétaires profitent rarement de l'héritage pour vendre et acheter mieux, c'est que la priorité donnée aux besoins des enfants l'emporte sur ceux de la consommation personnelle. Réservée à la famille, l'économie de l'héritage relève, de ce point de vue, plus d'une logique patrimoniale que d'une logique de consommation.

Le logement, une affaire de famille

L'héritage n'est que la conclusion d'une suite d'échanges entre générations et nombre de ces transferts sont liés au logement ou conditionnés par lui, à commencer par le départ du foyer parental que les parents facilitent de différentes manières, en aidant à trouver un logement, en en prêtant un, en payant tout ou partie du loyer, en louant eux-mêmes. Plus tard, ils contribuent à la constitution de l'apport personnel en cédant les droits à emprunts de leur plan d'épargne logement ou en effectuant au besoin un prêt de soudure. Pendant ce temps, ils peuvent recevoir leurs enfants pour les vacances, héberger ou garder des petits-enfants s'ils habitent à proximité ; ou encore participer à la construction, donner du terrain à bâtir, avant d'être à leur tour hébergés dans leur veuvage.

Si les donations de logement ne concernent que 10 % des ménages (dont la moitié en pleine propriété), les aides, elles, sont plus fréquentes. En 1992, 21 % des ménages déclaraient avoir reçu de leur famille une aide pour le logement à un moment ou à un autre de leur vie (aide à payer le loyer ou mise à disposition d'un logement : 12 % ; argent : 5 % ; prêt : 3 % ; caution et droits d'emprunt : 4 %). Toujours au niveau national, 8 % des acheteurs âgés de moins de 30 ans ont bénéficié de dons représentant en moyenne plus du quart du prix total du logement. Selon une enquête menée auprès d'acquéreurs de logements parisiens, les héritages et donations inclus dans l'achat *et* dans la constitution de l'épargne dite « personnelle » portent à 23 % le pourcentage des ménages ayant bénéficié d'une aide à l'achat. Toutefois, là encore, l'importance des aides varie selon les générations. Ainsi, d'après une enquête réalisée pour la CNAV, les propriétaires nés entre 1910 et 1920 et ceux nés entre 1963 et 1973 ont été davantage aidés — 80 % et 76 % respectivement — que la génération « pivot » dont la revendication d'indépendance a d'ailleurs fortement imprégné les représentations de la famille moderne : 50 % d'entre eux ont acheté en ayant uniquement recours à l'épargne personnelle. Des aides mêmes modestes, dont une partie seulement est comptabilisée, peuvent jouer un rôle décisif à la marge dans l'accession à la propriété du logement. Ainsi, l'aide en nature apportée par les familles les plus modestes peut être cruciale dans l'autoconstruction. En France, un ouvrier sur trois et la même proportion de commerçants et d'artisans déclarent en avoir bénéficié. En Grande-Bretagne, pour l'entretien de la maison, l'amitié a pris le pas sur la parenté, l'aide fournie par des amis étant presque deux fois supérieure à celle fournie par la famille.

Les transferts intergénérationnels ne concernent pas seulement la mobilisation patrimoniale vers l'accession à la propriété. L'accès au parc locatif se fait lui aussi grâce aux ressources informationnelles et financières de la génération parente, qui sollicite, recommande et garantit auprès des bailleurs la fidélité et la solvabilité des candidats à la location. Si l'on a pu parler de candidatures familiales dans les cités HLM, certains marchés locatifs privés sont eux aussi fortement médiatisés par la famille. Deux tiers des dossiers de candidature dans les régies d'immeubles lyonnaises comportent la caution d'un parent proche, 70 % des dossiers refusés n'en mentionnant aucune. À Paris, 27 % des ménages âgés de 50 à 60 ans ont trouvé leur premier logement grâce à l'aide de leur famille, et 40 % si l'on prend l'ensemble des logements habités durant le cycle de vie. À quoi il faut ajouter la mise à disposition gratuite de logement par la famille (2 % des ménages en 1996) et les différentes formes d'hébergement multipliées par l'allongement sans précédent de la vie, la coexistence accrue entre générations et des liens d'interdépendance plus importants.

L'intensité des flux patrimoniaux et matériels n'est elle-même que la traduction de flux de socialisation. Outre les aides de toutes sortes, la famille offre des modèles de stratégies résidentielles qui, retravaillés par chacun, participent à la construction du lien familial. Ainsi les « familles de propriétaires » sont-elles à la fois l'indice de mécanismes inégalitaires de reproduction sociale et celui de modes de différenciations familiales des conduites résidentielles. Ces modes de différenciation permettent de rendre compte de continuités observables d'une génération à l'autre en matière de type de logement — influence d'autant plus opératoire que les conjoints partagent la même expérience — ou de statut d'occupation : ici, le seul fait d'avoir un père propriétaire suffit à faire pencher le jeune couple vers le même statut. Ils permettent aussi de rendre compte de l'hétérogénéité de populations faussement homogènes. Pas plus ici que pour l'héritage matériel, cependant, la transmission n'opère mécaniquement et la réappropriation de ces références par chacun, sous différentes modalités — reproduction, rejet ou compromis —, est le véritable déterminant des stratégies résidentielles.

Le logement est une affaire de famille au sens où il dépasse l'individu et ses choix, faisant du ménage, longtemps défini par le logement, une unité inadaptée à son étude. Il convient en effet d'y faire entrer la famille élargie et, corrélativement, le facteur temps, les choix résidentiels s'effectuant sur la vie entière, un choix en entraînant un autre. Et là où l'économiste parlera d'utilité des uns influençant les autres, d'imperfection du marché, de coûts fixes et d'indivisibilité, d'investissements des parents dans les enfants, le sociologue dira que ce n'est pas seulement le logement qui se transmet dans la famille, mais la famille qui se transmet par le logement.

La transmission, but de l'accession ?

Si le logement s'acquiert en partie grâce aux générations ascendantes, s'acquiert-il aussi dans le but de transmettre aux générations descendantes ? Qu'en est-il de ce désir de perpétuation domestique enraciné dans une maison capable de transcender le groupe domestique, lui-même si fortement enraciné dans la culture française (beaucoup moins en Grande-Bretagne) ? Qu'en est-il de ce besoin de transmettre dont Durkheim, le théoricien de la famille conjugale, reconnaissait l'impossible deuil, quand bien même se desserrent les contraintes économiques avec lesquelles ce besoin a fini par être confondu ?

Une partie des logements hérités sont vendus (un tiers, en France) et nombreux sont les propriétaires qui savent les maigres chances pour que leur maison reste dans la famille, ne serait-ce que parce que leurs enfants ont (trop bien) réussi à le devenir eux-mêmes. « Avoir quelque chose à laisser aux enfants » est pourtant la raison d'acheter la plus souvent citée après la liberté d'appropriation, par les propriétaires répondant à l'évaluation du *Housing and Urban Development* aux États-Unis. Par ailleurs, l'« investissement financier », qui vient en tête des réponses des acheteurs nord-américains et britanniques lorsqu'on ne leur laisse le choix que d'une réponse, n'inclut-il pas ce motif de transmission ? Plus qu'un but immédiat, la transmission constituerait donc l'horizon d'une accession à la propriété par ailleurs fortement associée aux actes de fondation de la famille — mise en couple et naissances.

Les résidences secondaires (que les Français sont en Europe les plus nombreux à posséder) propices aux échanges intergénérationnels entre « vifs » peuvent constituer également une alternative à la transmission *stricto sensu*. Achetées au village, elles peuvent réunir le temps des vacances et des fins de semaine ascendants et descendants, formule très appréciée des ménages suédois récemment urbanisés ; ou, comme en Catalogne, participer à la recréation de la tradition bourgeoise de la « famille-maison » tout en étant divisée en appartements. Si, sous des reformulations inédites, l'association nom-maison resurgit çà et là, le logement, en tant que création personnelle, peut à l'inverse être antinomique de l'idée même de transmission. Que la transmission du logement se prête au jeu des inclinations personnelles ou familiales n'est-il pas précisément la forme moderne de la transmission du logement ? Et si le logement se transmet peu, l'essentiel de la transmission ne passe-t-il pas de plus en plus par lui ?

Bibliographie

ACCARDO Jérôme (1997), « Successions et donations en 1994 », *INSEE première*, n° 521, INSEE, Paris.

ACCARDO Jérôme, LAFERRÈRE Anne et VERGER Daniel (1996), « Héritages et donations », *Données sociales*, INSEE, Paris.

ATTIAS-DONFUT Claudine, dir. (1995), *Les Solidarités entre générations. Vieillesse, Familles, État*, Nathan, Paris.

BONVALET Catherine (1991), « La famille et le marché du logement : une logique cachée », *in* Martine SEGALEN, coord., *Jeux de familles*, Presses du CNRS, Paris.

BONVALET Catherine et GOTMAN Anne, éds (1993), *Le Logement, une affaire de famille*, L'Harmattan, Paris.

DROSSO Ferial (1993), « Le viager, essai de définition », *Revue française de sociologie*, XXXIV.

FINCH Janet et HAYES Lynn (1994), « Inheritance, Death and the Concept of the Home », *Sociology*, vol. 28, n° 2.

FORREST Ray et MURIE Alan, éds (1995), *Housing and Family Wealth. Comparative International Perspectives*, Routledge, Londres et New York.

GOTMAN Anne (1988), *Hériter*, PUF, Paris.

GOTMAN Anne (1992), « Transferts patrimoniaux et grande vieillesse : quels arbitrages ? », *in Habitat et villes : l'avenir en jeu*, textes réunis par Jean-Claude DRIANT, L'Harmattan, Paris.

GOTMAN Anne et LAFERRÈRE Anne (1991), « L'héritage », *in* François DE SINGLY, *La famille. L'état des savoirs*, La Découverte, Paris.

GRAFMEYER Yves (1990), « Solidarités intergénérationnelles dans l'accession au parc locatif privé lyonnais », *in* Catherine BONVALET et Anne-Marie FRIBOURG, *Stratégies résidentielles*, Plan construction et architecture-MELTM, INED, coll. « Congrès et Colloques », n° 2, Paris.

GULLESTAD Marianne et SEGALEN Martine, dir. (1995), *La Famille en Europe. Parenté et perpétuation familiale*, La Découverte, Paris.

HAMNETT Chris, HARMER Michael et WILLIAMS Peter (1991), *Safe as Houses – Housing Inheritance in Britain*, Paul Chapman Publishing Ltd, Londres.

LAFERRÈRE Anne (à paraître), « Housing Inheritance : an Empirical Analysis on French Data », *in* Andrew MASON et Georges TAPINOS, éds, *Intergenerational Transfers*, Oxford University Press, Oxford.

MASSON André et GOTMAN Anne (1991), « L'un transmet, l'autre hérite... », *Économie et Prévision*, n° 100-101, 4-5.

MASSOT André (1994), « Fiscalité successorale et patrimoine locatif, étude pour le ministère du Logement », IAURIF.

ROSENFELD Jeffrey P. (1979), *The Legacy of Aging : Inheritance and Disinheritance in Social Perspective*, Arbalex, Norwood, N.J.

WILLMOTT Peter (1987), *Friendship Networks and Social Support*, Policy Studies Institute, Londres.

41

Habiter le logement, habiter la ville

*par Jean-Michel Léger**

Mode, genre, manière, style (de vie, d'habiter)

Le sociologue Paul-Henry Chombart de Lauwe disait avoir appris du pilotage le goût de regarder du ciel l'activité des hommes sur la terre. La suite de sa carrière démontra que, le moment venu, il sut s'en approcher. L'observation des modes de vie pourra ainsi être considérée comme une question de résolution, au sens optique du terme, c'est-à-dire de pouvoir séparateur, quitte à se demander, comme Georges Perec, s'il faut penser avant de classer ou classer avant de penser. Mais, d'abord, on doit se souvenir que la notion de mode de vie ne va pas de soi. Bien que Maurice Halbwachs eût montré dès le début du siècle le déterminisme réciproque entre vie de travail et vie hors travail, la pensée marxiste, longtemps dominante en sociologie, niait la spécificité du mode de vie comme champ d'action. Henri Lefebvre, pourtant marxiste lui aussi, affirmait au contraire que la vie quotidienne n'est pas le simple reflet des positions sociales, qu'elle est le fondement de la pratique sociale et que les acteurs y forgent des outils pour récuser les « aliénations historiques ». C'est à sa suite que l'habiter et l'appropriation sont devenus les maîtres mots que l'on connaît pour qualifier la dimension temporelle des actions mises en œuvre par les habitants pour donner un sens aux espaces de leur vie quotidienne, du logement à la ville. La notion de mode d'habiter se réduit ainsi le plus souvent à la spatialisation des modes de vie, laquelle doit beaucoup également aux engagements intellectuels et politiques des années soixante-dix. On se souvient du slogan « changer la ville, changer la vie », qui indiquait, par sa proposition réversible, que les modes d'habiter

* CNRS, Institut parisien de recherche : architecture, urbanistique, société (IPRAUS).

pouvaient être non seulement le révélateur, mais aussi le moteur du changement social, dans des laboratoires tels que les villes nouvelles ou la ville neuve de Grenoble.

Henri Lefebvre s'était bien gardé de donner des indications méthodologiques aux futurs observateurs de la vie quotidienne, qui ont tous tenté des classements, sans que souvent l'on sache de quoi ils rendent compte : pratiques ou usages, modes ou manières, genres ou styles de vie (ou d'habiter). À partir de combien de régularités dans la disposition de l'activité sociale parle-t-on d'usage, se demandait Max Weber ? Quelle condition logique de régularités d'usage forme un mode de vie, questionne aujourd'hui Salvador Juan, qui, pour « fonder l'explication compréhensive de la vie quotidienne », a réalisé une œuvre de clarification théorique sans équivalent [1991, 1995, entre autres]. En trois mots :

1. Il faut s'assurer de l'unité d'observation : tous les gestes de la vie quotidienne ne sont pas des *usages*, ils doivent être signifiants.

2. Les *pratiques* ne doivent recouvrir que les gestes individuels, sans contenu normatif, alors que les *usages* sont des « coproduits de l'action et des institutions. »

3. Le *mode de vie* représente un ensemble de normes de groupe, alors que le *style de vie*, selon Pierre Bourdieu [1979], est une orientation individuelle de l'action — à noter qu'ici le style de vie, système de pratiques classées et classantes, de goûts et de choix, ne doit pas être confondu avec son homologue, dit aussi *sociostyle*, inventé par des professionnels du marketing. S. Juan propose de réserver le *genre de vie* à la mesure de l'écart à la norme ; ainsi, pour des usages formant un mode de vie, le style de vie sera ce qui particularise l'individu, le genre de vie étant la variation de ces usages dans une population homogène.

Le chemin de la rigueur conceptuelle tracé par S. Juan est-il la seule voie possible ? Nul doute qu'un meilleur usage des mots aiderait à préciser les notions de stabilité et de changement, ce qui relève de l'individu et ce qui est induit par le groupe ; mais force est de reconnaître que l'inégale qualité du ciment conceptuel de nombreuses enquêtes ne les empêche pas de tenir debout et d'être admises au panthéon des savoirs. La tradition des disciplines et, surtout, l'orientation de la commande font que les savoirs sociologiques sont plutôt centrés sur les populations ou plutôt sur les espaces. La démarche multiple de l'ethnologie et de l'anthropologie y rend cette distinction non pertinente, bien que l'ethnologie urbaine, comme le rappelle Isaac Joseph [1983] en introduction de l'ouvrage d'Ulf Hannerz, lui-même présentant l'anthropologie urbaine américaine, se veuille ethnologie des citadins et non ethnologie de la ville.

L'habiter des populations

Les grandes enquêtes sociographiques sont nécessaires pour la vue panoramique, donc éloignée, qu'elles offrent de la société, surtout quand elles sont analysées à la lumière d'une problématique, ainsi qu'Yvonne Bernard a procédé en 1988 avec l'enquête « Logement » de l'INSEE. En se demandant si les pratiques de l'habiter subissaient une homogénéisation massive ou au contraire conservaient des différences sensibles, Y. Bernard [1992] a constaté qu'une transformation majeure, le développement du travail féminin, modifiait la préparation des repas (plus légers) et le lieu de la consommation (la cuisine, de préférence) sans remettre en cause la place du repas du soir dans la vie familiale. Pour les autres enquêtes, la division du travail dans les sciences sociales oriente vers une population, un groupe. Dans les années cinquante et soixante, selon la tradition sociologique, la classe ouvrière fut l'objet d'étude par excellence. La solidarité politique resserrait l'intérêt pour une classe « idéale » par sa forte identité — vécue de l'intérieur et perçue de l'extérieur —, ses traditions morales et éducatives, son mode de vie et ses formes d'habitat typiques. Paul-Henry Chombart de Lauwe [1956], Henri Coing [1966], Michel Verret [1979], puis, à leur suite, Daniel Pinson [1988], Olivier Schwartz [1990] ont chacun réalisé des enquêtes de référence sur « le monde privé des ouvriers. » Ce titre à double sens d'Olivier Schwartz indique bien que son investigation est sans doute la dernière du genre, ce qui reste de la population ouvrière ne se reconnaissant plus comme classe et se confondant avec celle des petits et moyens salariés. La culture ouvrière (qui déborde les effectifs des ouvriers proprement dits) se caractérise par ses réponses à la précarité et sa fidélité à un modèle classique de famille conjugale : l'espace ouvrier symbolise l'unité de la famille contre le monde du travail. Le « chez soi » est un « à soi » et un « entre soi », dit O. Schwartz. Le rapport à la famille donne la mesure de la place du logement dans l'éthique de vie ouvrière, ajoute D. Pinson, qui identifie, à côté de la figure ouvrière dominante pour laquelle la maison symbolise l'autonomie dans le mode de vie, une frange ne souhaitant pas voir le logement compromettre d'autres engagements (les vacances, par exemple).

La bourgeoisie est encore loin d'avoir été l'objet d'investigations et d'inspirations équivalentes, tant il est vrai que l'on sait presque tout sur les classes qui ne possèdent presque rien, et réciproquement. On doit à Monique Éleb la première histoire de l'architecture domestique et des mentalités. Les classes privilégiées le sont également dans sa restitution, du fait que les traces de leurs modes d'habiter (plans des habitations, traités d'architecture, manuels de savoir-vivre, etc.) sont plus nombreuses. L'évolution de la distribution des pièces indique l'émergence du « moi », la naissance de la chambre conjugale, la montée de la vie quotidienne en famille, l'anoblissement de la salle à manger. C'est par économie qu'au lendemain de la Grande Guerre le logement bourgeois s'est modernisé en se rétrécissant [Éleb, 1995]. Depuis, les restrictions apportées à la vie quotidienne de la grande bourgeoisie et de l'aristocratie par rapport aux fastes passés n'empêchent pas la « classe de loisir » de redoubler les distances sociales par des distances spatiales : la ségrégation reste vive tant dans les beaux quartiers que dans les lieux de villégiature, grâce à un protectionnisme urbain efficace [Pinçon, 1996].

Les cadres supérieurs se distinguent des autres salariés par leur mode de vie en évolution [Bernard, 1992] ; mais peuvent-ils pour autant être définis par leurs modes de vie ? Parce qu'ils ne sont « que » des salariés, à la différence du modèle de référence bourgeois, ils entendent séparer formellement le monde du travail et le monde hors travail, ce qu'assurent les beaux quartiers en tant qu'espace social, paysager et lieu optimal de la reproduction sociale [Raymond *et al.*, 1980]. Il en va tout autrement des classes moyennes nouvelles, prétendus inventeurs de nouveaux modes d'habiter (par exemple, l'ouverture des espaces du logement et des règles de réception) et redécouvreurs de quartiers anciens réputés authentiques et animés [Bidou, 1984], à la différence des beaux quartiers dont leurs résidents n'attendent qu'une seule chose : qu'il ne s'y passe rien [Grafmeyer, 1991].

L'insuffisance du classement socioprofessionnel à rendre compte des modes de vie, conjuguée à la croissance des ménages solitaires, monoparentaux ou recomposés, a fait émerger d'autres déterminants [Bonvalet et Merlin, 1988]. La précarisation des emplois et l'éclatement des familles complexifient les usages des logements, quand les loyers sont en hausse mais les revenus en baisse, ou quand les enfants habitent (vivent, en tout cas) alternativement chez leur mère et chez leur père. Ces usages singuliers forment-ils pour autant d'autres modes d'habiter ? La question se pose aussi pour la mesure de la singularité des migrants, dont les pratiques culinaires, les modes de réception ou d'aménagement du logement résultent d'ajustements entre l'expérience vécue et les références locales. Emprunts, transferts, redoublements caractérisent par exemple la conception et l'usage des maisons des Portugais en France et au Portugal [Villanova, 1994], selon un mouvement qui n'est pas foncièrement différent de celui de certains Auvergnats ou Bretons de Paris, eux aussi fiers de leurs différences et hantés par la maison de retour.

L'habiter des lieux

Avant que le « mal des grands ensembles » devienne un « problème de société », des sociologues (Chombart de Lauwe, Paul Clerc) se sont préoccupés, au tournant des années cinquante-soixante, des quartiers collectifs périphériques. Contrairement à ce que l'on a pu dire, passée la satisfaction, dans les premiers mois, de populations ayant connu les pires conditions de surpeuplement et d'inconfort, les germes de la crise future apparaissaient déjà à travers les réponses relatives à l'insonorisation des logements, à l'enclavement des nouveaux quartiers ou à leur sous-équipement.

C'est dans ce contexte de développement massif des grands ensembles qu'en 1966 ont paru *Les Pavillonnaires*. Henri Raymond et Nicole Haumont y montrent comment le système pratique et symbolique du pavillon offre « une vision ordonnée du monde et de la famille. » Cette œuvre charnière annonçait l'extension du pavillonnaire dix ans plus tard, notamment sous la forme de nouveaux villages périurbains, où les classes moyennes et supérieures abaissent leurs clôtures pour élever leurs différences. Et pourtant, S. Juan [1991] estime que les « effets purs » de l'habitat sur la vie quotidienne sont dérisoires : les distinctions constatées dans les usages de la maison individuelle et du logement collectif renvoient essentiellement aux origines sociales et aux trajectoires résidentielles.

Mais ce sont les usages du logement collectif qui demeurent les plus connus, surtout son secteur expérimental, véritable théâtre subventionné mettant en scène des architectures censées répondre à de nouvelles aspirations. L'observation de ces logements singuliers, commandée par le Plan construction et architecture, renseigne d'autant plus sur le sens commun de l'habiter que celui-ci est contrarié, par défaut d'intimité ou de sécurité, par excès de sévérité démonstrative ou de pauvreté constructive [Léger, 1990 ; Raymond, 1996]. On aurait tort toutefois d'opposer la tradition de l'habitant à la modernité de l'architecte, car l'invention typologique n'est pas avare, parfois, de générosité en volumes intérieurs, lumière, duplex, ou terrasses sans équivalent dans le logement standard, ancien ou moderne. Toutefois, cette modernité feint toujours d'ignorer l'arrière de la vie domestique et ses pratiques banales (les soins du linge, le rangement, le bricolage). Les tâches ménagères, admises maintenant comme production domestique, au même titre que l'autoconstruction et le bricolage, sont davantage qu'une entrée de service pour la compréhension des différences hommes/femmes dans le logement observées par Daniel Welzer-Lang et Jean-Paul Filiod [1991]. C'est toutefois Jean-Claude Kaufmann qui les aura hissées au rang d'objet d'une sociologie du quotidien. Après avoir énoncé que le « repli domestique » pouvait être aussi un redéploiement de la personnalité et même exprimer une vertu démocratique, J.-C. Kaufmann ne vise pas tant dans les gestes du ménage l'appropriation du logement que la fondation d'une théorie de l'action ménagère [Kaufmann, 1997]. À la différence de la banalité du travail ménager, celle du décor et des objets familiers ne frappe pas ceux-ci du même discrédit ; au contraire, et avant d'intéresser Jean Baudrillard en 1968, l'étude de leur système appartient à la tradition ethnologique et à ses terrains exotiques ou ruraux. Structuration du monde, langage, les objets sont aussi, pour Martine Segalen [1993], des « créations familiales » qui reflètent les stratégies professionnelles, résidentielles et familiales.

Habite-t-on la ville ?

Passer du logement à la ville suppose un changement d'échelle et d'objet, si l'on admet que la ville, ce sont les citadins. Limitées, dans le logement, au groupe domestique et au voisinage, les formes de la sociabilité s'élargissent alors aux cercles éphémères ou stables des rencontres et, surtout, de la parenté, dont Michael Young et Peter Willmott avaient remarquablement décrit dans les années cinquante le rôle structurant dans les manières d'habiter un « village » (le quartier de Bethnal Green) dans une ville (Londres) [Young et Willmott, 1957]. En France aussi, les ouvriers et les minorités pauvres ou immigrées ont, outre Chombart de Lauwe, Coing et Schwartz, mobilisé les ethnologues : Colette Pétonnet sur l'espace et le corps, le travail et l'argent dans le sous-prolétariat [1985], Gérard Althabe [1984] sur les transformations sociales induites par les rénovations urbaines et industrielles, Pierre Mayol sur les manières de se tenir dans un quartier populaire à forte identité, la Croix-Rousse à Lyon [Giard et Mayol, 1980], etc. À Lyon également, Yves Grafmeyer [1991] renouvelle l'étude des sociabilités urbaines par des approches contextuelles combinant les méthodes de la sociologie et de l'ethnologie. En considérant que le logement et l'immeuble sont un des points d'appui des sociabilités dont le quartier et la ville forment le contexte, Y. Grafmeyer observe les « situations de coprésence » (avec les voisins, les commerces, les espaces publics, les écoles, etc.) en relation avec les trajectoires des habitants et les statuts des immeubles.

C'est par opposition au fonctionnalisme des fonctionnaires et des opérateurs urbains que des sociologues avaient voulu montrer la nécessité de l'appropriation dans l'accomplissement de l'habiter, si bien que la plupart des études sur les modes d'habiter le logement sont toujours attachées, d'une corde plus ou moins longue, au concept d'appropriation. Or I. Joseph, « passeur », avec Y. Grafmeyer, de l'école de Chicago en France, estime que la métaphore de l'appropriation demeure encore pour plus d'un sociologue français un obstacle épistémologique à l'étude de la ville ; l'expérience urbaine est une rencontre, chacun accédant à un rôle en fonction de situations. L'étendue du champ urbain, entre socio-ethnologie de l'appropriation et sociologie hors-sol interactionniste, risque ainsi de se voir caricaturée en sociologies du repli domestique et sociologies de l'ouverture, suivant le fameux mot de Robert Park, fondateur de l'école de Chicago (« l'air de la ville rend libre »).

Demain la *domus*, l'espace et le temps

De même que la face cachée de la maison demeure inconnue tant que l'on n'en a pas fait le tour, la « découverte » du changement ne dit pas toujours si le changement est celui du regard ou celui de l'objet. Aujourd'hui, tout un faisceau de recherches change d'optique en élargissant l'espace et le temps de l'habitation. La prise en compte de l'histoire des ménages, des rapports entre les générations [Bonvalet et Gotman, 1993], des relations avec les résidences secondaires et les maisons de famille, des mobilités entre ces résidences et avec les lieux du travail, redéfinit l'espace et le temps résidentiels pour lesquels sont réactivés des concepts, tel celui de la *domus*, qui rend compte de l'implication croisée et durable des espaces, des acteurs et des investissements socio-économiques dans l'habitat [Bonnin, 1990].

Mais la discussion sur les instruments d'observation ne doit pas détourner des transformations dans les pratiques. La frontière entre temps de travail et temps domestique devient indécise ; de nouvelles formes de travail intellectuel après le travail se développent, quand il ne s'agit pas du télétravail. Gardons l'œil sur ce dernier croisement, discutable, entre la privatisation du travail et la « publicisation » du logement : pour leur double journée les femmes sont désormais à demeure.

Bibliographie

ALTHABE Gérard, LÉGÉ Bernard et SÉLIM Monique (1984), *Urbanisme et réhabilitation symbolique*, Anthropos, Paris.

BERNARD Yvonne (1992), *La France au logis. Étude sociologique des pratiques domestiques*, Pierre Mardaga, Liège.

BIDOU Catherine (1984), *Les Aventuriers du quotidien. Essai sur les nouvelles classes moyennes*, PUF, Paris.

BONNIN Philippe (1990), « Produire la *domus* : une affaire de famille. Niveaux et formes d'investissement des familles dans l'espace domestique », *Sociétés contemporaines*, n° 5, L'Harmattan, Paris.

BONVALET Catherine et MERLIN Pierre, éds (1988), *Transformation de la famille et habitat*, « Travaux et documents », cahier n° 120, PUF-INED, Paris.

BONVALET Catherine et GOTMAN Anne, éds (1993), *Le Logement, une affaire de famille*, L'Harmattan, Paris.

BOURDIEU Pierre (1979), *La Distinction. Critique sociale du jugement*, Minuit, Paris.

CHOMBART DE LAUWE Paul-Henry (1956), *La Vie quotidienne des familles ouvrières*, Éditions du CNRS, Paris.

COING Henri (1966), *Rénovation urbaine et changement social*, Éditions ouvrières, Paris.

ÉLEB Monique, avec Anne DEBARRE (1995), *L'Invention de l'habitation moderne. Paris 1880-1914*, Hazan et Archives d'architecture moderne, Paris-Bruxelles.

GIARD Luce et MAYOL Pierre (1980), *L'Invention du quotidien*, t. II, *Habiter, cuisiner*, UGE, coll. « 10/18 », Paris.

GRAFMEYER Yves (1991), *Habiter Lyon. Milieux et quartiers du centre-ville*, Éditions du CNRS-Presses universitaires de Lyon, Lyon.

JOSEPH Isaac (1983), Présentation de Ulf HANNERZ, *Explorer la ville. Éléments d'anthropologie urbaine*, Minuit, Paris.

JUAN Salvador (1991), *Sociologie des genres de vie. Morphologie culturelle et dynamique des positions sociales*, PUF, Paris.

JUAN Salvador (1995), *Les Formes élémentaires de la vie quotidienne*, PUF, Paris.

KAUFMANN Jean-Claude (1997), *Le Cœur à l'ouvrage. Théorie de l'action ménagère*, Nathan, Paris.

LÉGER Jean-Michel (1990), *Derniers domiciles connus. Enquête sur les nouveaux logements 1970-1990*, Créaphis, Paris.

PÉTONNET Colette (1985), *On est tous dans le brouillard. Ethnologie des banlieues*, Galilée, Paris.

PINÇON Michel et PINÇON-CHARLOT Monique (1996), *Grandes Fortunes. Dynasties familiales et formes de richesse en France*, Payot et Rivages, Paris.

PINSON Daniel (1988), *Du logement pour tous aux maisons en tous genres*, Plan construction et architecture, coll. « Recherches », Paris.

RAYMOND Henri (1996), « L'usage du logement. Traduire ou trahir », *Cahiers de la recherche architecturale*, n° 37, Parenthèses, Marseille.

RAYMOND Henri *et al.* (1980), *Les Cadres supérieurs de l'industrie : mode de vie et habitat*, Institut de sociologie urbaine, Paris.

SCHWARTZ Olivier (1990), *Le Monde privé des ouvriers. Hommes et femmes du Nord*, PUF, Paris.

SEGALEN Martine et LE WITA Béatrix, éds (1993), « Éditorial », *Chez-soi. Objets et décors : des créations familiales ?*, Autrement, série « Mutations », n° 137.

VERRET Michel (1979), *L'Espace ouvrier*, Armand Colin, coll. « U », Paris ; rééd. 1995, L'Harmattan, Paris.

VILLANOVA Roselyne DE, LEITE Carolina et RAPOSO Isabel (1994), *Maisons de rêve au Portugal*, Créaphis, Paris.

WELZER-LANG Daniel et FILIOD Jean-Paul (1991), *Les Hommes à la conquête de l'espace... domestique. Du propre et du rangé*, VLB éditeur, Montréal.

YOUNG Michael et WILLMOTT Peter (1957), *Family and Kinship in East London*, Routledge and Kegan Paul, Londres ; trad. fr. par A. GOTMAN (1983), *Le Village dans la ville*, Centre Georges-Pompidou, Paris.

42

Du logement au chez-soi

*par Yvonne Bernard**

Le terme « chez » vient d'un mot français ancien « chiese » ou « chese » qui vient du latin *casa* qui signifie maison. En allemand, le terme *Umwelt* fait référence à un lieu qui revêt aux yeux de celui qui l'occupe une signification particulière. En anglais, le terme *home* se distingue du substantif *house* lorsqu'il s'agit d'un lieu qui a acquis des significations propres à l'habitant. En italien et dans d'autres langues latines on signifie la relation entre la maison et celui qui l'habite par un pronom possessif : *casa mia*. Parfois celui-ci devient redondant et l'on dit simplement *a casa* pour signifier je suis ou je serai « à la maison », expression également utilisée en français.

Le chez-soi signifie, au sens strict de l'expression, une relation entre un lieu et une identité. Le terme « soi » exprime l'unicité de la personne mais le terme « chez » ne limite pas la multiplicité des lieux dans lesquels la relation peut s'actualiser. Le sentiment de lien ne se réduit pas en effet au logement et peut s'étendre à la sphère d'un quartier, d'une ville et même d'un pays. Être chez soi, c'est s'approprier un espace, le transformer en son bien. Certains lieux trés éloignés les uns des autres, mais qui possèdent des caractères ayant une signification particulière pour un individu peuvent provoquer un sentiment de reconnaissance.

Le « chez-soi », le *home*, thème privilégié de la psychologie de l'environnement, a suscité de nombreuses recherches que l'on peut regrouper en fonction de l'approche théorique qu'elles privilégient. C'est ainsi que l'on peut distinguer : éthologiste, psychologique, psychosociologique et, enfin, dans des écrits plus récents, phénoménologique.

* CNRS, Paris.

Approche éthologiste

Pour les éthologistes, « être chez soi » désigne d'abord la situation dans laquelle l'homme exerce un contrôle sur un espace. Le comportement territorial, terme issu des travaux d'éthologie animale, s'inscrit dans un mécanisme de régulation des relations avec autrui. Il ne s'agit pas d'un comportement d'appropriation statique, mais d'un comportement qui peut varier dans le temps et en fonction des circonstances. Certains le considèrent comme ayant une origine biologique instinctive, mais il est évident que chez l'homme, il s'agit avant tout d'une attitude sociale acquise qui peut varier considérablement en fonction de la culture à laquelle appartient le sujet. Si l'on adopte la terminologie éthologiste, le logement est le meilleur exemple de l'espace primaire, celui dont les frontières sont clairement définies et marquent l'appartenance à un sujet ou un groupe de sujets. De nombreux travaux ont montré que la possibilité d'exercer un contrôle sur un espace privatif est un facteur critique pour l'équilibre et le bien-être. Le concept de *privacy*, traduit de manière imparfaite en français par le terme intimité, se réfère à la fois à un besoin — la nécessité de disposer d'un espace privé — et à une conduite — la mise en œuvre des moyens permettant à l'individu d'établir une séparation physique ou psychologique du monde existant. Cette séparation correspond à un besoin fondamental de l'homme, qui éprouve temporairement, et de manière plus ou moins forte selon les individus, la nécessité de prendre des distances, de rompre avec l'environnement physique et social. Il s'agit en réalité d'un équilibre complexe entre le besoin de communiquer avec les autres et le besoin de se protéger des autres. Ce processus peut varier en fonction de caractéristiques sociologiques comme le sexe et l'âge, mais également en fonction des circonstances de l'interaction. Un voisin peut être perçu comme complaisant ou, au contraire, envahissant. L'élément déterminant dans le sentiment de posséder un espace privé est le contrôle : contrôle des stimulations, contrôle des accès, contrôle des choix. La *privacy* augmente avec la liberté de choix. Le maximum est atteint lorsque l'individu peut faire ce qu'il veut, quand il veut, où il veut.

Le contrôle des accès est la condition minimum qui permet de gérer les relations avec l'extérieur. Certains éléments physiques jouent un rôle déterminant dans la gestion du contrôle : les murs coupent la communication, les fenêtres et les portes permettent de la rétablir. Les fenêtres jouent un rôle important car, dans de nombreuses cultures, le sentiment du chez-soi est fondé sur les conditions qui mettent l'individu à l'abri des regards tout en lui ménageant un accès visuel sur l'extérieur. Il faut cependant signaler que dans certaines sociétés d'origine puritaine, la fenêtre doit également permettre à l'étranger d'avoir un accès visuel à l'intérieur, car il est entendu que l'on ne doit rien avoir à cacher. Le bruit des voisins est un des facteurs le plus souvent évoqués pour décrire la violation de l'intimité, violation perçue à la fois par celui qui est entendu, mais aussi par celui qui entend. La perte de la possibilité de filtrer des informations sur sa vie personnelle, mais aussi le dévoilement de l'intimité des autres détruisent les limites de l'espace privé. Certaines caractéristiques architecturales facilitent ou interdisent le contrôle de l'intimité et il est très important pour les architectes d'évaluer l'impact social de ces dispositifs. On a pu constater, par exemple, que dans certains immeubles de logements sociaux, les petites terrasses ou jardins privatifs conçus comme lieu de détente ou de réunions familiales n'étaient pas utilisés car ils n'étaient pas protégés des regards d'autrui ; ce qui, pour les habitants de ce type d'immeuble, avait une grande importance, alors que, dans d'autres milieux dont l'identité sociale est mieux établie, l'ouverture de l'espace privé au regard des autres ne semble pas constituer un obstacle véritable [Bernard, 1993].

Approche psychologique

Pour certains psychologues, le logement est considéré comme une extension subconsciente du *self* [Cooper, 1974]. D'autres, plus récemment, ont développé l'idée que le *home* favorise l'intégration de différentes facettes de la personnalité et permet une régulation psychique entre les divers niveaux du *self*, en particulier entre le moi et le surmoi. Avoir un chez-soi, c'est s'accepter comme quelqu'un, c'est maintenir ou renforcer son identité. Généralement on considère que la relation identitaire s'actualise à travers une personnalisation qui signifie que le lieu appartient à un individu ou à un groupe. On parle alors d'appropriation, définie généralement comme un ensemble de pratiques qui permettent à un sujet ou à un groupe de structurer ou de maîtriser un espace en lui donnant un sens personnel. S'approprier un lieu, ce n'est pas nécessairement en avoir la propriété, mais en faire sa chose, y mettre son empreinte. C'est aussi avoir le droit d'y agir comme bon vous semble, sans contrainte. Le sentiment d'appropriation ne peut pas se développer au sein d'un logement dans lequel vous ne vous sentez pas vous-même.

La relation affective étroite entre le logement et la personne se manifeste de manière évidente dans le processus qui accompagne le choix d'un logement. Celui-ci se fait assez souvent à travers ce que les gens désignent eux-même parfois comme un « coup de foudre », c'est-à-dire le sentiment d'une rencontre avec un espace prédestiné, avec lequel il existe une correspondance personnelle. Pour la plupart des gens le *self* est une entité fragile et vulnérable que l'on souhaite protéger dans un espace familier perçu comme solide et inviolable. De nombreuses études [Korosec-Serfaty, 1985] ont montré que le cambriolage, la violation du chez-soi, peut être vécu comme une véritable agression à la personne. On peut penser, par ailleurs, que les grands ensembles, collection de « selfs » anonymes, sont souvent rejetés parce qu'ils sont perçus inconsciemment comme une menace pour l'image de soi en tant que personnalité séparée et unique.

Approche psychosociale

Le choix des dispositions et des objets qui personnalisent le chez-soi se fait le plus souvent par référence à des modèles culturels. La personnalisation devient alors un instrument de la communication socialc, l'espace domestique étant une vitrine de l'identité sociale. Appleyard [1979] a décrit la démarche subtile par laquelle le sujet envoie des messages à lui-même et aux autres : « Les plus importants messages dans les relations homme/maison sont ceux que nous nous envoyons à nous-mêmes. Ils traduisent des interactions que nous provoquons et qui nous reviennent. Leur réalisation est une accumulation jamais terminée d'actions, de perceptions, qui confirment, modifient, enrichissent, transforment et affectent à leur manière le sentiment de notre identité sociale. » Plusieurs chercheurs anglo-saxons, Gofmann [Veblen ; Duncan ; Lauman et House], ont montré que beaucoup de gens choisissent et décorent leur maison pour renforcer leur image à la fois comme individu, mais aussi comme personne ayant un certain statut social. On a remarqué, par exemple, que les *businessmen* américains qui souvent sont des *self-made men* choisissent des maisons fastueuses de type colonial, tandis que ceux qui, à travers leur profession, recherchent la satisfaction personnelle plus que le succès financier ont des styles de maisons moins voyants. Duncan, dans une recherche très intéressante, a montré que la structure des réseaux sociaux est une des clés pour comprendre la manière dont l'habitat peut être utilisé dans le cadre d'une présentation de soi. En comparant deux groupes socialement très différents — une caste en Inde et un groupe d'ouvriers immigrés italiens —, mais qui avaient en commun une forte imperméabilité du réseau social d'appartenance, Duncan a mis en évidence des similarités dans leur comportement vis-à-vis de la décoration de la maison. Lorsqu'un statut socio-économique est parfaitement connu à travers la totalité d'un réseau, il n'est pas nécéssaire de dépenser beaucoup d'argent pour décorer la maison ; au contraire, lorsque le réseau est perméable et que l'on est continuellement en contact avec des membres nouveaux qui doivent être informés de l'appartenance d'un individu à une catégorie sociale, la maison fait l'objet d'un soin particulier. Pour Veblen [1970] il existe des modèles culturels qui se diffusent en suivant la stratification hiérarchique des classes sociales, les individus tendant à adopter les choix de la couche sociale immédiatement supérieure à la leur. De ce fait, les personnes dont le statut social est le plus élevé sont les arbitres du goût et déterminent les normes de consommation de la société. Dans une large étude reposant sur 897 entretiens assortis d'une observation du *living room* notée sur 53 items, Lauman et House [1970] ont tenté de vérifier cette hypothèse. Les résultats ont montré que le système était plus complexe que celui imaginé par Veblen. Les nouveaux riches américains, généralement d'origine européenne ou sud-américaine, avaient un grand besoin de valider leur statut ; mais comme ils n'étaient pas facilement acceptés par les classes sociales supérieures traditionnelles composées de Blancs anglo-saxons protestants, ils se référaient au goût de *taste makers* professionnels qui s'expriment dans les journaux et les médias. Au moment où l'étude a été faite, ceux-ci préconisaient le moderne et les nouveaux riches se rattachaient à cette tendance pour établir leur statut, ce qui leur permettait en outre de manifester leur dédain des traditions. À partir de photos et d'entretiens, Bernard et Jambu [1978] ont, à leur tour, tenté de rechercher la présence de modèles socioculturels susceptibles de guider l'aménagement et la décoration en France. Les résultats d'une analyse distributionnelle mettent en évidence l'existence de ces modèles caractérisés à la fois par la nature des éléments décoratifs (style du mobilier, des papiers peints, des tapis, des objets) et par des propriétés de type formel (disposition spatiale, homogénéité, accumulation, ordre, etc.). Cette recherche a été ensuite poursuivie au niveau international (France, Suède, Italie, Angleterre) et a confirmé l'effet prioritaire de l'appartenance sociale et culturelle sur les comportements d'aménagement de l'espace domestique, cet effet s'exerçant de manière transculturelle sur l'ensemble des pays observés.

Approche phénoménologique

La phénoménologie a pour objectif d'expliciter la relation sensible entretenue par les êtres avec leur environnement social et matériel. Le précurseur de l'approche phénoménologique du « chez soi » est sans conteste Bachelard [1957], pour qui l'image poétique de l'espace ne peut être saisie qu'à travers la phénoménologie, définie comme une attitude intuitive contemplative et relationnelle. La topoanalyse est une psychologie des lieux de notre vie intime qui met en relation certains espaces et certaines zones du moi. Ainsi, la cave manifesterait la partie obscure de l'individu, celle qui participe du collectif inconscient, tandis que le grenier correspondrait plutôt au monde du conscient et du rationnel. Bachelard suggère que la maison et l'extérieur étant les divisions de base de l'espace géographique, le *self* et le *non-self* constituent les divisions de base de l'espace psychique. La maison est donc bien le reflet de l'homme avec un intérieur intime, où le soi se révèle seulement aux proches, et un extérieur, un masque déterminé par le *self* que nous choisissons de montrer aux autres. Faire de la phénoménologie est généralement considéré comme une aventure personnelle, expérimentée par le phénoménologiste lui-même, mais il arrive assez souvent que le chercheur utilise des textes littéraires ou des entretiens pour faire émerger la variété des états affectifs associés aux différents espaces. Les espaces cachés de la maison, les greniers, les caves, les placards ont constitué la base d'une approche phénoménologique de P. Korosec-Serfaty [1984] sur le thème du secret. Elle a montré comment les différents espaces d'une maison constituent une expérience totale, ce qui signifie qu'il y a un dynamisme dialectique qui s'exerce selon différentes modalités sans qu'aucun des espaces soit plus signifiant ou important qu'un autre. Une des hypothèses qui guident la réflexion dialectique est que le monde et les activités humaines impliquent une tension entre des pôles opposés, le processus d'opposition fonctionnant comme un système unifié. Dans le cas du logement, on peut dire qu'il suppose des tensions entre des pôles situés à des niveaux spatiaux, par exemple le haut et le bas, l'avant et l'arrière, la droite et la gauche, mais que l'on retrouve également des tensions au niveau des usages (le propre et le sale, l'ordre et le désordre) et au niveau social (privé et public). Ce sont les dialectiques des usages et des représentations qui déterminent les significations successives des lieux et convertissent un contexte anonyme en un lieu personnalisé qui prend la valeur d'un chez-soi.

L'analyse phénoménologique, en se référant notamment à des descriptions littéraires de pièces habitées, permet de tirer parti de l'expression de la subjectivité individuelle pour illustrer les liens établis avec le cadre habité. À travers l'analyse des liens affectifs que l'habitant établit avec sa chambre personnelle, Barbey [1993] tente de saisir le processus de conversion d'un simple espace physique, la chambre, en un univers mental, le chez-soi. La spatialité propre de la chambre instaure une conscience différente du temps aux yeux de l'habitant. Bachelard écrit que l'espace « tient le temps comprimé ». L'espace est donc récipient du temps et, par conséquent, refuge pour les souvenirs du passé. L'analyse permet d'identifier des indices de permanence et de cohérence par opposition aux facteurs de renouvellement. Pour Barbey, le chez-soi est un espace totalisant, le seul qui parvienne à articuler simultanément les lieux et les épisodes de la vie. L'investissement domiciliaire est par essence cosmogonique, par conséquent apte à concilier le proche et l'infini, l'instantané et l'éternel. La relation intime au chez-soi demande cependant à être continuellement réaffirmée, les images de prédilection du chez-soi étant d'ailleurs souvent des métaphores destinées à conjurer l'éphémère et à instaurer un sentiment d'éternité.

Bibliographie

APPLEYARD Donald (1979), « The Environment as a Social Symbol », *Journal of the American Planning Association.*

BACHELARD Gaston (1957), *La Poétique de l'espace*, PUF, Paris.

BARBEY Gilles (1993), « Spatial Archetypes and the Experience of Time Identifying the Dimensions of Homes », *in* ARIAS, éd., *The Meaning and Use of Housing*, Ethnoscapes, Avebury Aldershot.

BERNARD Yvonne et JAMBU Michel (1978), « Espace habité et modèles culturels », *Ethnologie française*, n° 8.

BERNARD Yvonne (1992), *La France au logis*, Pierre Mardaga, Liège.

BERNARD Yvonne, BONNES Mirilia et GIULIANI Victoria (1993), « The Interior Use of Home Behavior Principles across and within European Cultures », *in* ARIAS, éd., *The Meaning and Use of Housing*, Ethnoscapes, Avebury Aldershot.

COOPER Clare (1974), « The House as Symbol of the Self », *in* LANG *et al.*, *Designing for Human Behavior in Architectural and Behavioral Sciences*, Hutchinson and Ross.

DUNCAN James (1981), « The Impact of Social Structure on the Meaning of the House », *in Housing and Identity Cross Cultural Perspectives*, Croon Helm, London.

KOROSEC-SERFATY Perla (1984), « The Home from Attic to Cellar », *Journal of environmental Psychology*, n° 4.

LAUMAN Edward et HOUSE James (1970), « Living-room Styles and Social Attributes », *in* LAUMAN, SIEGEL et HODGES, éds, *The Logic of Social Hierarchies*, Markham, Chicago.
VEBLEN Theodor (1970), *Théorie de la classe de loisir*, Gallimard, Paris.

43

Habitat, écologie, santé et bien-être

*par Roderick J. Lawrence**

L'effet des composants de l'environnement sur la santé des habitants est un sujet d'étude très ancien puisqu'il est déjà abordé dans l'Antiquité et au Moyen Âge. Il y a près de 2 600 ans, Hippocrate, médecin grec qui enseignait dans une école de médecine sur l'île de Cos, soutenait que santé et bien-être étaient liés à un état souhaitable d'équilibre entre l'organisme humain et son environnement. Il illustrait son point de vue en décrivant les conditions de vie de certaines populations d'Asie et d'Europe. Afin de mieux comprendre la liaison entre santé et modes de vie de ces populations, Hippocrate rejetait les croyances traditionnelles sur la Providence et proposait, en contrepartie, une approche éco-anthropologique fondée sur l'étude des facteurs microclimatiques, des composantes biologiques et non biologiques dans leur relation avec la santé et le bien-être. Il tentait également d'expliquer les écarts de santé parfois importants entre les différentes populations du monde par l'existence de certaines coutumes sociales et culturelles, surtout dans le domaine de l'alimentation, de l'habitat, du travail et des loisirs. Dans le même ordre d'idée, Vitruve montre l'influence du climat sur l'implantation des bâtiments en étudiant la configuration de cinq types de cours intérieures qu'il met en relation avec les besoins des occupants.

Ces rappels nous indiquent que les Grecs et les Romains connaissaient déjà les relations entre la planification urbaine, la construction résidentielle et le bien-être des citadins. Ils veillaient également à l'approvisionnement en eau potable et à la disposition ordonnée des bâtiments afin de contrôler les maladies contagieuses. Ces interprétations sont pertinentes encore aujourd'hui pour comprendre les

* Centre universitaire d'écologie humaine et des sciences de l'environnement, université de Genève.

interactions entre l'habitat, la santé et le bien-être. En effet, la santé ne devrait pas être définie seulement en termes d'absence de maladies, d'infections, d'infirmités ou de dépressions psychiques, mais aussi comme le résultat de la conjonction d'une multiplicité de facteurs environnementaux et humains.

La population et l'état de l'environnement dans les villes du monde traversent actuellement une phase de profondes mutations d'ordres démographique, économique, social et écologique. Il convient désormais d'étudier la relation habitat-santé à la lumière de ces mutations. Aujourd'hui, il est admis que les conditions dans lesquelles se déroule la vie domestique influencent la santé et le bien-être des habitants. Et pourtant, on ne trouve pas de consensus entre les chercheurs et les praticiens en sciences sociales, les architectes et les spécialistes de la santé publique, sur la nature et le poids de ces interactions [Price et Tsouros, 1996].

Afin d'étudier celles-ci de façon systématique et systémique, une méthodologie élargie devrait prendre en compte la complexité de la problématique en associant explicitement l'environnement éco-biochimique et social de l'habitat avec les caractéristiques personnelles de l'habitant. On peut ici souligner la nature non déterministe de ces interactions en appliquant la distinction établie par Gans [1962] entre environnement « potentiel » et environnement « effectif ». Cette interprétation avance que l'environnement construit de l'habitat constitue seulement un cadre de potentialités pour le comportement humain, tandis que l'environnement vécu est la résultante des interrelations entre l'ensemble des composants de l'habitat et de la vie des habitants. Cette résultante variera en fonction de la culture, de la société et des facteurs personnels qui évoluent au cours du temps [Foller et Hansson, 1996].

Qu'est-ce que l'écologie ?

Au sens étymologique, l'écologie est la science de l'habitat. Ce terme a été utilisé, pour la première fois, dans les sciences naturelles en 1866 par le biologiste allemand Ernst Haeckel pour désigner « l'étude du rapport entre les êtres vivants et le milieu naturel qui les entoure ». Au cours du XXe siècle, l'écologie comme science s'est affirmée par un projet de caractère synthétique qui a pour but d'étudier simultanément les composants vivants et non vivants d'une société en un milieu donné. La démarche repose sur trois logiques essentielles, « biologique, écologique, anthropologique » [Raffestin, 1980].

L'écologie humaine se défend de toute analogie biologique et insiste sur les spécificités de l'homme. À court terme, elle concerne nos conditions de vie immédiates, notre santé et notre environnement. À long terme, elle étudie l'effet des interventions des sociétés humaines sur le bien-être, ainsi que les conditions et l'état de l'environnement aux différentes échelles locale, régionale et globale (celles-ci étant bien sûr liées entre elles). L'écologie humaine étudie également les effets de l'environnement sur les générations à venir. Quand on se place dans le long terme, on s'intéresse non seulement aux conditions de l'environnement présent, mais également à tous les mécanismes de régulation que les sociétés mettent en place pour survivre. Parmi ces systèmes et ces moyens de régulation se trouvent les mécanismes démographiques, économiques, juridiques, administratifs et, bien entendu, l'aménagement du territoire et l'organisation de l'habitat. Dès 1848, en Angleterre (et plus tard en France), la législation sur l'habitat manifeste la volonté des législateurs et des réformateurs de mettre sur pied une série de lois (*Public Health Laws*) destinées à réglementer les conditions de vie et à garantir la santé de tous.

Comment faut-il étudier la qualité de l'habitat ?

La qualité de l'habitat est un sujet courant, qui nous concerne tous, mais il est de nature très complexe. L'interdépendance entre la santé des populations, ou des ménages, et leur environnement biochimique, matériel et social doit plus que jamais être prise en compte dans l'aménagement du territoire et la planification de l'habitat. Toutefois, l'existence de logements de qualité insuffisante ne constitue pas un problème d'ordre uniquement architectural ou technique. On peut y voir également l'expression de disparités et de difficultés économiques et politiques liées à la répartition inéquitable des richesses. Malgré les enjeux, il faut bien constater que, de nos jours, les relations entre la politique de l'aménagement du territoire, la qualité de l'habitat et la santé de la population sont trop souvent absentes des débats publics, professionnels et scientifiques.

Selon l'Organisation mondiale de la santé [1990] la définition et la promotion de la santé sont à envisager dans leur sens le plus large. La santé dépend de notre capacité à comprendre et à gérer les interactions entre les activités de l'homme et son environnement biophysique et social. Il s'agit d'un problème transversal lié à la qualité du milieu de vie, mais aussi au niveau et au style de vie. On doit donc prendre en compte la qualité des cycles et des écosystèmes dont dépendent toutes les formes de la vie, une alimentation adaptée et saine, un approvisionnement suffisant en eau potable, l'enlèvement des déchets, un logement sain, mais aussi l'accès à l'éducation, au travail et aux soins de santé. Une telle approche implique de prendre en considération sept éléments de l'environnement construit du logement qui influent, de manière directe ou indirecte, sur la santé physique et mentale des occupants :

— le site, notamment la manière dont il permet d'ériger des constructions sûres, protégées des catastrophes « naturelles » et de la contamination des maladies. Dans des villes comme Amsterdam, Kobé, Tchernobyl et Seveso, des événements tragiques ont illustré la diversité et l'ampleur des risques qui pèsent sur la sécurité et le bien-être des habitants. Actuellement, les accidents figurent parmi les principales causes de décès et de traumatismes en milieu urbain [OMS, 1995]. Par exemple, au Royaume-Uni, les blessures accidentelles, les noyades et les intoxications constituent la principale cause de décès chez les enfants de 4 à 14 ans. Il faudrait tenir compte, par ailleurs, des besoins spécifiques de certaines catégories de population (enfants, personnes âgées, handicapés) ;

— l'utilisation des lieux situés à proximité des immeubles résidentiels pour l'emploi et le stockage de produits chimiques toxiques ou dangereux. À cet égard, notons que dans les trois quarts environ des villes européennes de plus de 500 000 habitants, la pollution atmosphérique dépasse au moins une fois par an le niveau maximal acceptable fixé par les directives de l'Organisation mondiale de la santé applicables à la qualité de l'air [OMS, 1995] ;

— les composants matériels du logement, notamment le niveau de protection qu'il garantit contre la chaleur ou le froid extrêmes, le bruit, la poussière, la pluie, les insectes et les rongeurs. Notons que l'exposition à l'amiante, au formaldéhyde, au plomb et à des composés organiques volatils pose des problèmes encore aujourd'hui dans le parc de logements en Europe [OMS, 1995] ;

— l'élimination et ensuite la gestion efficace des *excreta* et des déchets liquides et solides, y compris le drainage du site ;

— le taux d'occupation du logement, les conséquences d'un surpeuplement étant notamment à l'origine des accidents domestiques, des infections transmises par l'air, des maladies respiratoires, de la pneumonie et de la tuberculose. L'étude approfondie de données des quartiers défavorisés en France (et en Europe) montre que les familles y sont relativement nombreuses, ce qui amplifie le taux d'occupation [OCDE, 1996] ;

— la pollution de l'air à l'intérieur du logement, associée généralement à la pollution de l'air extérieur mais également favorisée par l'utilisation de certains combustibles pour la cuisson et le chauffage. Notons que l'humidité du logement, l'usage de certains revêtements de sol (moquette), la présence d'animaux domestiques et le tabagisme passif augmentent les risques allergiques et la fréquence de maladies respiratoires. On observe aujourd'hui une augmentation du syndrome du bâtiment malsain (*sick building syndrome*), des maladies respiratoires et des problèmes d'allergies [OMS, 1995] ;

— l'approvisionnement en eau, qui doit être approprié en quantité et en qualité, mais aussi l'équilibre alimentaire, associé à l'utilisation d'équipements permettant de conserver les aliments dans des normes d'hygiène satisfaisantes. Les cas de saturnisme observés en Europe chez des enfants ne sont pas seulement dus à l'exposition à des peintures au plomb, mais surtout à la qualité de l'air et à la présence de plomb dans les conduites d'eau [OMS, 1995].

Par ailleurs, le coût du logement par rapport au budget des ménages peut avoir d'importantes conséquences sur la santé des habitants en limitant l'accès au parc résidentiel. Le statut d'occupation peut également avoir une influence, et cela pour deux raisons : tout d'abord, un statut d'occupation précaire est une cause de stress, les occupants — locataires ou occupants illicites — vivant généralement dans la crainte constante de l'expulsion ; ensuite, la précarité de l'occupation, qu'elle soit licite ou illicite, n'encourage pas les occupants à investir dans l'amélioration de l'habitat. La pauvreté, associée au chômage, aux bas revenus, aux mauvaises conditions du logement et à une aide sociale insuffisante est un indicateur de malêtre, de morbidité et de mortalité [Watt et Cobb, 1992].

Les facteurs sociaux jouent aussi sur le sentiment de sécurité et de bien-être des occupants. Ceux-ci pourront être victimes de troubles mentaux ou avoir des problèmes psychosociaux s'ils sont mécontents de leur logement, soit en raison de sa qualité propre, soit en raison de la qualité et de la sécurité du voisinage, soit enfin parce qu'il ne leur permet pas l'accès aux services sociaux, y compris aux soins de santé. Les études montrent une corrélation forte entre la répartition géographique du dénuement et de la pauvreté et les degrés de délinquance, de vandalisme et d'infractions [Organisation de coopération et de développement économiques, 1996].

Vers une perspective écologique

Aujourd'hui, les études démontrent clairement qu'une grande partie des logements construits depuis 1945 en Europe comportent de graves défauts [Prak et Priemus, 1985]. Ainsi, on a découvert que certains matériaux, comme l'amiante par exemple, pouvaient être toxiques. On a constaté également que l'isolation thermique de certains murs extérieurs était déficiente et rendait les pièces habitées difficiles à chauffer. La condensation ou l'humidité favorisent les moisissures et il est souvent difficile d'améliorer la qualité de l'air ambiant par ventilation. Il arrive aussi que l'isolation sonore interne et externe ne soit pas suffisante. Faut-il s'étonner, dès lors, que les maladies respiratoires et les allergies soient devenues les premières causes de la morbidité et de la mortalité dans certains pays européens ? [OMS, 1995.] En outre, de nouvelles maladies, comme la maladie du légionnaire, ont fait leur apparition : on a découvert que les humidificateurs, les aérateurs, les dispositifs de refroidissement ainsi que les canalisations d'eau peuvent entretenir la *Legionella pneumophilia*, l'agent infectieux responsable de la légionellose, celle-ci pouvant se propager aussi bien à l'intérieur qu'au voisinage immédiat des immeubles.

L'écologie humaine soulève aujourd'hui un certain nombre de questions fondamentales. Nous pourrions, par exemple, nous demander pourquoi l'alimentation en eau est propice à la formation de bactéries, ou bien s'il est nécessaire d'installer un système de ventilation mécanique ou d'air climatisé alors qu'il serait tellement plus simple d'éviter de construire des pièces fermées, privées de lumière et d'aération naturelle. N'existe-t-il pas d'autres principes et des pratiques différentes en matière de conception et de construction de l'habitat ? Non seulement l'approche écologique soulève de telles questions, mais elle nous permet également d'envisager et d'appliquer d'autres mesures [Price et Tsouros, 1996]. Les aspects quantitatifs et qualificatifs devraient être pris en compte simultanément et analysés en relation avec le vécu des habitants et dans le cadre de l'ensemble logement-immeuble résidentiel-quartier-ville.

Une étude menée pour l'OCDE [1996] depuis le début des années quatre-vingt relève trois tendances courantes concernant les relations entre l'habitat, la santé et le bien-être de la population urbaine en Europe et ailleurs :

— la croissance de la population urbaine, aux dépens des zones rurales, et ses conséquences sur la disponibilité de logements à un prix abordable et sur l'accessibilité aux services collectifs. Cette situation, fréquente en Europe, entraîne un surpeuplement et de mauvaises conditions d'hygiène. Plusieurs villes européennes sont ainsi confrontées à une recrudescence de la tuberculose [OMS, 1995] ;

— la réduction du pouvoir d'achat des groupes les plus défavorisés de la population, en particulier les personnes âgées vivant seules, les immigrés et les familles monoparentales [OCDE, 1996]. En France, par exemple, certains quartiers construits entre 1945 et 1970 ont un taux de chômage deux fois supérieur à la moyenne nationale [INSEE, 1992]. Les disparités tenant à la situation professionnelle, au revenu du ménage et au logement aggravent encore les inégalités face à la santé [OMS, 1995]. Les études indiquent que la perte d'emploi s'accompagne d'un doublement du risque de mortalité par cancer ou par maladie cardiovasculaire chez les hommes de moins de 60 ans [Morris, Cooke et Shaper, 1994] ;

— la réduction des dépenses sociales des pouvoirs publics, en particulier en ce qui concerne les services collectifs [OCDE, 1996]. Selon ce programme de recherche, la diminution du volume des ressources des services publics tend à réduire les crédits alloués au logement social aidé et à l'amélioration du cadre de vie urbain. C'est pourquoi il devient indispensable d'associer systématiquement des mesures préventives et des mesures correctives [Price et Tsouros, 1996].

Des mesures efficaces contre ces tendances pourraient contribuer de manière non négligeable à la qualité de l'habitat, à la santé comme au bien-être des habitants. Force est pourtant de constater que l'habitat et la santé ne sont pas des préoccupations prioritaires pour les gouvernements et les partis politiques. Les acteurs politiques et les professionnels devraient considérer la détérioration actuelle de la situation des villes et de certains de leurs quartiers comme un défi, parce que l'habitat et la santé sont à la fois des concepts anthropologiques et des droits fondamentaux de l'homme.

Bibliographie

BURRIDGE Roger et ORMANDY David (1993), *Unhealthy Housing : Research, Remedies and Reform*, E & FN Spon, Londres.

FOLLER Maj-Lis et HANSSON Lars (1996), *Human Ecology and Health : Adaptation to a Changing World*, Chalmers Repro, Göteborg.

GANS Herbert (1962), *The Urban Villagers : Group and Class in the Life of Italian Americans*, The Free Press, New York.

INSEE, (1992), « Les quartiers prioritaires de la politique de la ville », *INSEE Première*, n° 234, Paris.

MORRIS J., COOK D. et SHAPER A. (1994), « Loss of Employment and Mortality », *British Medical Journal*, vol. 308.

OCDE (1996), *Stratégies pour le logement et l'intégration sociale dans les villes*, Paris.

OMS (1990), *Indoor Environment : Health Aspects of Air Quality, Thermal Environment, Light and Noise*, OMS, Genève.

OMS (1995), *Concern for Europe's Tomorrow : Health and the Environment in the WHO European Region*, Wissenschaftliche Verlagsgesellschaft mbH, Stuttgart.

PRAK N. et PRIEMUS H., éds (1985), *Post-War Housing in Trouble*, Delft University Press, Delft.

PRICE C. et TSOUROS A., éds (1996), *Our Cities, our Future : Policies and Action Plans for Health and Sustainable Development*, OMS, Copenhague.

RAFFESTIN Claude (1980), « Plaidoyer pour une écologie humaine », *Archives suisses d'anthropologie générale*, vol. 44.

WATT G. et ECOB R. (1992), « Mortality in Glasgow and Edinburgh : a Paradigm of Community Health », *Journal of Epidemiology and Community Health*, vol. 6.

44

Habiter et vie quotidienne

*par Henri Raymond**

Nous nous intéresserons seulement, dans ce petit écrit, à cet ensemble de savoirs qui postule, à des titres divers, une certaine identité entre vie quotidienne et habiter. Nous éviterons donc tout ce qui peut faire penser que la vie quotidienne est un contenant où prendrait place l'habiter, ou un ensemble de « formes élémentaires » [Juan, 1995], et nous rechercherons dans des savoirs dispersés ce qui a contribué, ces dernières décennies, à des connaissances du « chez soi » en tant que tel. Il existe de nombreuses recherches d'ordre analytique sur la vie quotidienne, dont on trouvera un ample compte rendu dans l'ouvrage cité de S. Juan.

Il y a autre chose dans l'habiter, et c'est de cela que nous voudrions traiter ici. *Dichterlich wohnt der Mensch*, « l'homme habite en poète » : cette formule de Hölderlin résume un courant de pensée et de recherches dont nous trouvons les premières traces dans l'immédiat après-guerre. C'est en 1947, au moment où la France s'élance vers son avenir radieux, que les réflexions d'Henri Lefebvre sur la « vie quotidienne » esquissent la problématique qui va conduire vers l'habiter. Henri Lefebvre ne s'intéresse pas spécialement à l'habitat : il le perçoit à travers le sens de la vie quotidienne. Ce sens, il le voit changer du tout au tout dans le passage de la société traditionnelle à la société moderne. Ce qu'il annonce, c'est que la vie quotidienne n'est pas faite de ces grandes inventions qui bouleversent un siècle : elle est ce que les gens en font, en bien et en mal, en désastreux et en prodigieux. Henri Lefebvre a l'intuition que le domaine de la vie quotidienne est philosophiquement porté par le problème du sens, non par la réflexion des philosophes sur le sens, mais par des actions au niveau le plus modeste : mettre des fleurs sur

* Professeur émérite.

son balcon n'est pas une parole philosophique ; c'est un « acte philosophique ». Le tout est de le déchiffrer et d'expliquer ce qu'il veut dire.

C'est ce à quoi s'essaient, une dizaine d'années plus tard, toujours sous la direction d'Henri Lefebvre, les auteurs des *Pavillonnaires*. On doit à la vérité de dire que les auteurs ne se proposaient, initialement, que d'explorer la « conscience petite-bourgeoise » de l'habitant, ce qui était dans l'air du temps et ce que l'on attendait d'eux. Mais l'enquête montra tout autre chose : la présence d'une pensée structurée, indépendante d'une conscience de classe au sens de Lukàcs ; elle montrait que l'habiter pavillonnaire ne s'expliquait pas par un ensemble de modèles caractéristiques d'une culture, mais qu'il s'appliquait, au-delà de la forme pavillonnaire, à l'habitat collectif, et concernait l'ensemble de la société française. Ainsi s'expliquait le paradoxe mis au jour par Paul Clerc [1963] dans son livre sur les grands ensembles : le logement collectif « social » montrait un indice de satisfaction globalement positif, mais 80 % des personnes interrogées déclaraient préférer la maison individuelle.

C'est l'un des acquis de ces ouvrages que d'avoir mis en évidence l'importance de cette pensée « spontanée », mais qui, si l'on y réfléchit, ne l'est nullement puisqu'il s'agit d'un système élaboré et interactif. Le « chez soi » apparaissait ainsi, aux auteurs des *Pavillonnaires*, comme une véritable philosophie de l'habiter.

Les sociologues ne prêtèrent guère attention à ce nouveau savoir sur l'habitat. En revanche, les architectes, toujours en mal de vocables nouveaux, s'emparèrent des dénominations des sociologues et les firent passer dans le vocabulaire de l'architecture en France. On les entendit évoquer les espaces de transition, le rapport privé-public, etc. En fait, la recherche sur les « pavillonnaires » valait surtout parce qu'elle montrait que l'habitant pavillonnaire traduit dans l'espace domestique des manières de faire et de dire, constituant ainsi une culture de l'habitat français. Elle ouvrait la voie à d'autres recherches centrées sur la poétique, c'est-à-dire sur la création de l'habitat par l'habitant lui-même : l'habiter.

L'habiter « poétique » des années soixante-dix

Par un phénomène de vogue et d'imitation, la formule *Dichterlich wohnt der Mensch* connaît, auprès des spécialistes de l'habitat des années soixante-dix, une certaine popularité. Elle est le signe de l'intérêt qu'éprouvent les experts pour le mystère de la vie quotidienne. Cet intérêt est orienté par l'*Esquisse d'une théorie de la pratique* de Pierre Bourdieu [1970] qui, reprenant et transposant une formule de Noam Chomsky, définit le processus d'engendrement des pratiques. La formule de Chomsky explique la capacité linguistique de l'homme (en général) par l'existence du couple compétence-performance et fait comprendre la production de sentences nouvelles à partir d'une compétence toujours identique, d'un « modèle » en quelque sorte. Transposer cela à l'habiter signifie que celui-ci apparaît comme une compétence acquise culturellement : l'habitant crée des arrangements dans son habitat à partir de modèles que les auteurs des *Pavillonnaires* nomment « modèles culturels ». Tout cela, il est vrai, n'est pas très « poétique » mais établit simplement la possibilité pour l'habitant d'œuvrer de manière créative.

C'est à cette possibilité que s'adresse en 1975 le travail de Philippe Dard et Anne Gotman, *Les Habitants paysagistes*, qui inventorie le trésor des aménagements originaux réalisés par des gens quelconques, sans éducation artistique. On se souviendra à ce propos que ce thème avait été soulevé par les surréalistes qui avaient fait de l'un de ces *ouvriers de l'inutile* un de leurs Grands Inspirés. Revisité par Jean-Charles Depaule [1979], le Facteur Cheval retrouvait, vers ces années soixante-dix, une dimension humaine et, pour tout dire, habitante au sens où son palais pouvait être considéré comme le luxe de sa maison, son tombeau « ajouté », selon sa propre expression.

Le malheur a voulu que, se faisant peu à peu conservateur de ce singulier « Musée de l'Imaginaire habitant », B. Lassus ait créé une catégorie supplémentaire d'artistes. On en voyait fleurir partout, particulièrement aux États-Unis, et pour des raisons voisines ; on cherchait à découvrir de nouveaux « artistes » là où l'on s'y attendait le moins. Ce faisant, de Lassus enrichissait le domaine artistique en l'étendant à de nouvelles catégories, sans pour autant conforter la pensée de l'habiter. Cet inventaire avait au moins un avantage : il légitimait l'idée que les habitants transformassent leur habitat, et qu'il fût interdit de leur interdire des transformations. On se souviendra que la période des années cinquante/soixante-dix est celle de la dictature des architectes sur l'habitat : les interdictions de faire sécher le linge sur les balcons, de construire des cabanes dans les jardins, de transformer les couleurs, bref de tout ce qui pouvait porter atteinte à l'œuvre architecturale, sur laquelle le créateur conservait un droit pérenne. Rompant avec ces prétentions à l'habiter, quelques architectes s'intéressent alors aux modifications apportées par les habitants aux monuments de Le Corbusier, l'idole du Mouvement moderne : l'enquête de Philippe Boudon à Pessac [1974] montre que la majorité des habitants a choisi de trahir le Maître et d'apporter les modifications qui conviennent aux pavillons : seul un habitant s'est fait, à ses frais, le conservateur de l'œuvre, laissant la maison dans son état d'origine.

De nombreux travaux, comme ceux de Boudon, se sont orientés vers la prise en compte de la réaction de l'habitant à l'architecture plus que vers l'étude de l'action qu'il déploie comme acteur de l'habiter. La raison en est la situation très particulière de l'habitat en France, avec un parc de plus d'un million de logements issus de l'entreprise publique de logement. En fait, l'influence de l'État sur le logement n'est qu'un fragment de l'emprise du puissant corps des Ponts et Chaussées sur l'aménagement du territoire. Cette emprise est complétée par la création de l'Ordre des architectes sous le régime de Vichy, Ordre qui a trouvé assez de défenseurs dans le corps des Ponts pour se perpétuer jusqu'à nos jours.

Technocratie, vie quotidienne, habiter

Pour répondre aux besoins nés de l'urbanisation et de la guerre, l'entreprise publique de logement a exprimé, en créant des zones urbanisées, une vision politique de la vie quotidienne. Cette vision a lié le logement à la satisfaction d'exigences de confort pour un citoyen-travailleur conscient et organisé. Le corps des Ponts, dans cette entreprise humaniste, a joué un rôle décisif.

Par un de ces paradoxes qui sont habituels aux technocraties, cette emprise sur l'habitat a engendré, au sein même du noyau dur des Ponts et Chaussées, un courant défendant le point de vue de l'habitant et assignant pour tâche à l'architecture de se rapprocher de l'habiter. Cette campagne de « rectification », entreprise vers le milieu des années soixante-dix et à laquelle est attaché le nom de Lucien Brams, a eu comme conséquence un vif soutien à l'innovation architecturale. Elle a entraîné à sa suite un ensemble de recherches dont témoignent les travaux de Jacques Dreyfus [1990], qui peut être considéré comme un transfuge des Ponts et Chaussées. Il s'agit évidemment ici de *La société du confort*, qui étudie la relation entre norme et habiter. Il montre bien que l'habiter ne saurait être couvert par un système de normes ; et c'est cette incapacité de rendre compte de la quotidienneté dans l'habitat qui a engendré un retour à l'architecture.

Le mouvement pour l'innovation architecturale n'a pas d'autre origine que la volonté de combattre cette crise du système par une adaptation meilleure de l'architecture moderne : en somme, la créativité architecturale a été soutenue par l'État pour accorder à l'habitat un supplément d'âme qu'un système de normes n'est pas capable d'insuffler aux grandes réalisations publiques. Les enquêtes sociologiques sur l'innovation peuvent être considérées comme des tentatives de vérification de cette campagne de rectification. Ces enquêtes portent sur l'habiter et testent l'innovation du point de vue de l'habitant : les résultats, résumés dans le bel ouvrage de Jean-Michel Léger, *Derniers domiciles connus*, ne montrent pas un rapprochement entre le « point de vue » de l'habitant et celui de l'architecte, mais une relative indifférence de l'un à l'autre. Car l'habitant, généralement conformiste, ne se soucie pas des morceaux de bravoure de la mode architecturale. C'est à l'intérieur de son système de normes qu'il applique son esprit novateur et, lorsqu'il est confronté à l'innovation comme dans la Cité radieuse de Le Corbusier, il effectue des opérations de contournement et de détournement. Relevons cependant deux tendances émergentes dans la relation architecture-habiter :

• L'architecture de l'habitat commanditée par le technocrate et traduite par l'architecte est ambivalente : elle est image et objet de diffusion (le passage dans des revues spécialisées est devenu une étape indispensable à la promotion d'une opération), mais elle est aussi usage et objet de réception. Marion Segaud a donné, dans une thèse consacrée à la réception de l'architecture [1988], un résumé de ces nouveaux savoirs, une sociologie du goût de *l'uomo qualunque*.

• Revenant sur une enquête menée il y a quinze ans sur des immeubles innovants construits à Ivry par les architectes Renaudie et Galhoustet, Brigitte Dussart [1997] s'interroge sur la relation particulière qui s'établit entre l'architecture et certains habitants. Les immeubles sont conçus sur un parti pris d'ouverture de l'espace intérieur, et l'enquête montrait une certaine acceptation de cette ouverture par une catégorie de résidents. Brigitte Dussart en déduit que l'architecture pénètre en quelque sorte dans la biographie de l'habitant. Cette entrée s'exprime à travers le récit de quelqu'un qui choisit de vivre dans du Renaudie ou du Galhoustet ; il entame, de ce fait, avec l'architecture, une sorte d'« intrigue », au sens où Ricœur l'entend dans sa théorie du récit.

Le constat est intéressant : il pourrait passer pour une légitimation des fantaisies architecturales si l'enquête ne montrait que cette « intrigue » n'a qu'un temps et que la pesanteur sociologique des modèles finit par ramener l'habitant vers une sagesse faite de conformisme, certes, mais aussi de commodité. C'est donner de la commodité une image péjorative que de la voir comme une aide au conformisme : que l'on pense un instant aux rapports parents-adolescents dans un espace habitable ouvert et l'on verra que le conformisme s'explique par des normes éthiques et sociales bien difficiles à contourner.

L'idée que l'habiter est en quelque sorte une mise en rapport avec le monde, dont la source est une attitude morale, n'est pas neuve. On pourrait soutenir que des travaux comme ceux de Lucien Goldmann [1972] sur le retrait du monde dans ce qu'il appelle la « vision tragique », développée chez Pascal et Racine, sont étroitement liés à une image de l'habiter comme retraite, « où d'être homme d'honneur on ait la liberté » suivant l'expression du *Misanthrope.* Si l'habiter peut, dans ces cas bien précis et documentés, s'identifier à la vie quotidienne, ce n'est pas forcément par la recherche d'une anomie volontaire : ce peut être aussi par la coïncidence entre les caractéristiques éco-sociologiques d'un habitat et un système réfléchi de relations au monde social.

Ces allusions historiques ne sont pas là pour réhabiliter des « pavillonnaires » qui n'en ont nul besoin. Il s'agit plutôt de faire comprendre que, dans la vie quotidienne, comme vision et pratique de l'habitat, un habitat spécifique peut jouer un rôle déterminant qui dépasse les minuties du *marketing.*

La difficulté qu'affronte ce petit écrit est de donner à la vie quotidienne de *l'uomo qualunque* une expression suffisamment convaincante pour que le *Dichterlich wohnt der Mensch* soit autre chose qu'un thème vague et, somme toute, assez condescendant. Dans ce domaine qui est celui de l'expression de la vie quotidienne par l'habiter, il reste encore beaucoup à découvrir. Et l'on sera peut-être étonné de l'expression qu'Hölderlin lui-même donne de sa sentence dans les *Odes* :

Beglückt, wer, ruhig liebend ein frommes Weib
Am eignen Herd in rühmliche Heimat lebt,
Es leuchtet über festen Boden
Schöner dem sicheren Mann sein Himmel.

Nous ne traduisons pas, pour en laisser la surprise au lecteur...

Bibliographie

BOUDON Philippe (1974), *Pessac de Le Corbusier*, Dunod, Paris.
BOURDIEU Pierre (1970), *Esquisse d'une théorie de la pratique*, Droz, Genève.
CHOMSKY Noam (1964), *Current Issues in Linguistic Theory*, La Haye.
CLERC Paul (1963), *Les Grands Ensembles*, INED, Paris.

DARD Philippe et GOTMAN Anne (1975), *Les Habitants paysagistes et leurs réalisations*, Copedith.
DREYFUS J. (1990), *La Société du confort*, L'Harmattan, Paris.
DEPAULE Jean-Charles (1979), *Les Sauvages de l'architecture*, thèse EHESS.
DUSSART Brigitte (1997), *Intrigue et Architecture*, Paris (à paraître).
GOLDMANN Lucien (1972), *Le Dieu caché*, Gallimard NRF, Paris.
HÖLDERLIN Friedrich (1974), *Poèmes-Gedichte*, Aubier.
LEFEBVRE Henri (1947), *Critique de la vie quotidienne*, Grasset, Paris.
JUAN Salvador (1995), *Les Formes élémentaires de la vie quotidienne*, PUF, Paris.
LÉGER Jean-Michel (1990), *Derniers domiciles connus. Enquête sur les nouveaux logements 1970-1990*, Créaphis, Paris.
RAYMOND Henri *et al.* (1965), *L'Habitat pavillonnaire*, CRU, Paris.
SEGAUD Marion, 1988, *Esquisse d'une sociologie du goût en architecture*, thèse de doctorat ès lettres, Paris.

45

Prospective de l'habiter

*par François Ascher**

Un article sur la prospective de l'habiter n'a pas *a priori* sa place dans un ouvrage sur « l'état des savoirs ». En effet, si imaginer des futurs possibles peut avoir une utilité heuristique et se nourrir de connaissances disponibles, en aucun cas une telle réflexion ne peut prétendre au statut scientifique dont se réclament légitimemement les autres chapitres de ce livre. De fait, un grand nombre de chercheurs refusent de se livrer à ce genre d'exercice. Ils l'expliquent par des arguments divers et forts, dont le moindre n'est pas qu'il est déjà difficile d'identifier et d'analyser ce qui se passe ou ce qui s'est passé, et qu'en conséquence il est totalement déraisonnable d'essayer de tenir un propos scientifique sérieux sur ce qui pourrait se passer. Ils résistent donc généralement à l'insistance d'acteurs variés, responsables administratifs, élus, promoteurs publics et privés, urbanistes, qui les interpellent d'autant plus sur l'avenir que le logement est un produit particulièrement durable et que les décisions d'aujourd'hui engagent demain et après-demain.

Ce dernier chapitre ne prétend pas pour autant, malgré son titre, répondre aux interrogations de ces acteurs et ébaucher une véritable prospective de l'habiter et du logement. Mais il se saisit de l'interpellation prospective pour poser quelques questions et inviter à des spéculations sur les conséquences possibles que diverses dynamiques sociales pourraient avoir sur le logement.

Le Plan construction et architecture, agence interministérielle ayant pour responsabilité de promouvoir la recherche et l'innovation notamment dans le domaine du logement, a été confronté à plusieurs reprises à la difficulté de l'exercice prospectif. Considérant par ailleurs que le recours à des prospectivistes généralistes, utilisant

* Institut français d'urbanisme, Paris-VIII.

des méthodologies à base de scénarios ou de matrices factorielles, n'était pas adapté à ses questionnements, le PCA s'est orienté vers une approche plus modeste consistant périodiquement, d'une part, à interroger les chercheurs travaillant sur le logement, sur les grandes évolutions et leurs prolongements éventuels, possibles dans ce domaine ; d'autre part, à questionner des spécialistes d'autres terrains sur l'impact que pouvaient avoir sur le logement quelques grandes évolutions urbaines, sociales, économiques, politiques, techniques. Le présent ouvrage ayant largement donné la possibilité aux chercheurs de rendre compte des travaux et connaissances accumulés dans le champ du logement, nous nous contenterons, dans cette contribution prospective, d'illustrer la seconde démarche en faisant état de l'impact possible de quatre grandes évolutions sur le logement : la métropolisation, la transformation de l'emploi, la recherche d'une plus grande maîtrise individuelle des espaces-temps de la vie quotidienne et l'augmentation généralisée des vitesses. Tout cela est bien sûr parfaitement arbitraire. Nous aurions pu aussi bien choisir d'autres dynamiques, comme les évolutions familiales, l'extension de la sphère marchande, la remise en cause du *welfare state* ou encore les télécommunications, les exigences d'un développement durable, etc.

La métropolisation

On peut définir sommairement la métropolisation comme la concentration des richesses humaines et matérielles dans les agglomérations les plus importantes. La logique économique semble jouer un rôle déterminant dans cette dynamique qui s'impose sous des formes diverses dans tous les pays. La métropolisation ne se réduit pas au développement des grandes villes ; c'est un processus plus large qui intègre progressivement, autour des villes importantes, la vie quotidienne, économique, sociale, culturelle, politique de zones urbanisées, rurbanisées ou rurales de plus en plus éloignées et diversifiées. Leurs habitants parcourent pour des motifs divers, fréquents et répétitifs des territoires distendus et multicommunaux. Ils habitent des métropoles qui sont de plus en plus souvent multipolarisées, autour d'un ou plusieurs centres anciens et de quelques nouveaux pôles, concentrant de façon séparée ou conjointe des fonctions commerciales, administratives et directionnelles.

La métropolisation, par le jeu du changement d'échelle du bassin de vie et par les modifications des structures urbaines, devrait entraîner une diversification des caractéristiques des logements, en renforçant notamment le poids des variables liées à la localisation, aux transports et à l'accessibilité des diverses fonctions urbaines. Il devrait en résulter un élargissement des marchés du logement et une segmentation plus fine. Les politiques locales de logement pourront difficilement rester aussi monocommunales qu'elles le sont actuellement, l'adéquation entre les demandes et les offres exigeant de plus en plus fortement des mécanismes intercommunaux voire supracommunaux. La poursuite de la métropolisation devrait ainsi conforter la critique des modalités actuelles d'élaboration des programmes locaux d'habitat, des pratiques de peuplement des logements sociaux, des fichiers communaux de demandeurs de logement, de la séparation entre les politiques d'habitat, d'urbanisme et de transport. Les territoires métropolitains pourraient apparaître comme l'échelle incontournable pour organiser le développement local, comme pour assurer la solidarité socio-économique et le respect d'un droit au logement et à la ville.

Les transformations de l'emploi

Le développement du travail féminin salarié, la croissance de la mobilité professionnelle (voulue ou subie) et le report d'une insertion professionnelle stable des enfants semblent devoir se poursuivre. Dans ce contexte, les choix résidentiels des ménages pourront de plus en plus difficilement répondre aux besoins de chacun de leurs membres. Certains ménages chercheront toutefois à optimiser leur localisation en fonction de l'accessibilité aux emplois, aux équipements publics, aux services privés. Il devrait en résulter la poursuite du tropisme de certaines couches assez solvables vers les zones centrales et péricentrales les mieux desservies, notamment par les transports publics. D'autres sacrifieront l'accessibilité métropolitaine généralisée à des valeurs et usages urbains différents ; en contrepartie, ils seront contraints à des déplacements plus nombreux et fort probablement à un usage plus important des transports individuels. Dans tous les cas, la relation directe emploi-habitat aura tendance à perdre de son importance. Le désintérêt des entreprises pour le financement direct du logement de leurs salariés ne pourra que s'accentuer.

Certains ménages, notamment les plus jeunes, tenteront de réagir à la mobilité professionnelle par une mobilité résidentielle accrue, et retarderont encore plus leur éventuel accès à la propriété. Mais bon nombre de ménages stabilisés avec enfants, ne pouvant prendre en compte la multiplication et la variabilité des motifs professionnels de localisation de l'habitat du ménage, devraient accentuer leur fixation résidentielle. Cette immobilité croissante modifiera diverses caractéristiques de la demande : les logements, devenus en quelque sorte les points fixes de ménages aux activités urbaines multiples et changeantes, devront être plus adaptables au cycle de vie du ménage et à l'évolution de ses besoins.

La recherche d'une plus grande maîtrise individuelle des espaces-temps de la vie quotidienne

On ne voit pas quels changements pourraient inverser une dynamique multiséculaire qui voit les individus s'efforcer d'élargir leur sphère d'autonomie. Le logement devrait continuer d'être le cadre et l'objet de cette exigence croissante d'individuation.

La capacité d'individuation est socialement inégalement répartie. Elle s'appuie le plus souvent sur un double processus : d'une part, une autonomie plus grande du ménage dans son ensemble, d'autre part, une autonomie de chacun des individus au sein du ménage. Le premier processus a tendance à internaliser dans le logement de multiples pratiques, équipements et services ; le second à transformer une partie des équipements et lieux domestiques en lieux et équipements personnels (de la radio à la voiture en passant par la télévision, le téléphone, la chaîne stéréo et l'ordinateur).

En tout état de cause, cette dynamique d'individuation exige d'abord plus d'espace, pour le ménage et pour chacun de ses membres. Au sein de chaque ménage, les arbitrages pourraient être de plus en plus favorables aux chambres à coucher devenues chambres individuelles où l'on doit pouvoir non seulement dormir, mais aussi travailler, recevoir, éventuellement manger un repas individualisé. En revanche, les lieux collectifs dans le logement pourraient voir leur fonctionnalité réduite ou redéfinie en fonction de l'évolution des pratiques et des rituels individuels et familiaux. La cuisine pourrait ainsi passer du statut de lieu familial à celui d'équipement collectif des membres du ménage.

La recherche d'autonomie ne porte pas seulement sur l'espace, mais aussi sur le temps. Cela explique largement le succès de tous les outils qui permettent aux individus de prétendre à une maîtrise combinée de l'espace et du temps, et qui mobilisent en particulier les nouvelles technologies : moyens qui permettent de s'émanciper du temps par le stockage des informations et des biens (magnétoscopes, répondeurs, messageries électroniques, congélateurs, etc.), moyens ultra-rapides qui permettent de contracter le temps (par la vitesse de déplacement : téléphone, micro-ondes, transports rapides etc.), moyens qui permettent enfin de gérer le temps (agendas, montres, programmateurs). Les logements, et en particulier les chambres, devraient donc se remplir de ces objets et permettre aux individus de synchroniser ou de désynchroniser leurs activités sociales et familiales. Cela nécessitera probablement aussi une évolution de la distribution des pièces, des accès multiples au logement, une insonorisation interne plus grande.

De plus en plus vite

Le développement du capitalisme, avec son souci d'augmenter la productivité et d'accélérer la rotation des capitaux pour augmenter le taux de profit, est peut-être à l'origine de la recherche de vitesses de plus en plus élevées dans les transports comme dans l'exécution de multiples tâches. Toujours est-il que notre société est profondément marquée par une dynamique d'accélération qui envahit non seulement les activités économiques mais la quasi-totalité du champ des pratiques sociales. Les déplacements en sont bien sûr le terrain privilégié. Ainsi, la vitesse des transports urbains a augmenté en moyenne de près d'un tiers en une douzaine d'année. Ce phénomène est à mettre en relation avec le développement d'un habitat suburbain, l'usage croissant des automobiles individuelles et la réalisation d'infrastructures routières et autoroutières urbaines très nombreuses (en particulier les rocades, qui ont modifié profondément les territoires urbains). Il faut noter toutefois que la durée et le nombre des déplacements urbains sont restés à peu près stables, l'augmentation des vitesses étant parallèle à un allongement des distances parcourues. Cela confirme, sans l'expliquer, la conjecture de Zahavi, qui souligne une stabilité de la durée des déplacements quotidiens dans les pays développés depuis des dizaines d'années (aux environs d'une heure) et une forme de préférence pour l'espace.

L'augmentation considérable des vitesses, qu'elle soit la cause ou la conséquence de l'expansion urbaine et de l'étalement des villes, modifie et modifiera encore considérablement le contexte même de l'habitat et de l'habiter. La notion et l'usage urbanistique des densités devraient ainsi évoluer. En effet, si la densité des villes a longtemps été l'une des conditions mêmes de l'intensité des interactions sociales et des échanges, d'un point de vue théorique, l'accroissement des vitesses permet d'obtenir le même potentiel d'interactions avec des densités moindres. De ce point de vue, la ville américaine n'est pas moins ville que la ville européenne, elle l'est autrement. Mais ce qui dans la ville européenne est permis par la proximité physique, est dans la ville automobile et télécommunicante rendu possible, certes sous des formes différentes, par la vitesse de déplacement et de communication. L'automobile, qui permet à la fois la vitesse et l'autonomie individuelle, apparaît de ce point de vue comme particulièrement adaptée à ces dynamiques profondes de notre société. On peut vouloir enrayer cette « américanisation » de la ville européenne, pour des raisons diverses, mais nul doute qu'il sera difficile de limiter l'usage des automobiles en dehors des zones centrales et très denses. En tout état de cause, il faudra, pour ce faire, proposer des alternatives qui garantissent vitesse et autonomie.

L'accroissement des vitesses n'entraîne pas seulement le remplacement de la notion de densité par celle d'accessibilité ou de potentiel urbain. Il modifie aussi l'échelle de multiples phénomènes sociaux. Ainsi, une même « force ségrégative » fera passer la spécialisation sociale et fonctionnelle de l'espace à une échelle plus grande. Cinq cents mètres à pied sont de ce point de vue équivalents à deux kilomètres en bus et à cinq kilomètres en voiture. Le risque est grand de voir ainsi le couple ségrégation-vitesse entraîner la formation de villes de plus en plus spécialisées socialement et fonctionnellement. On peut donc prévoir, sans trop de risques d'erreur, que cette question aura une importance politico-sociale croissante. Pour l'heure, on s'est surtout préoccupé — à juste titre — de la ségrégation qui relègue les plus pauvres dans certains quartiers dits « d'exclusion ». Mais la ségrégation volontaire des plus riches est aussi de plus en plus forte et pourrait être une des grandes questions sociopolitiques des prochaines années.

Du quartier à l'espace sociorésidentiel ?

La métropolisation engendre des ensembles urbains de plus en plus vastes, dans lesquels chaque membre d'un même ménage se fabrique de fait un territoire physique et social particulier. La localisation du logement répond à des logiques de plus en plus autonomes : les voisins sont de moins en moins souvent des connaissances d'enfance ou des collègues. L'accroissement des vitesses de déplacement et les télécommunications distendent toujours plus les liens entre les relations sociales et la proximité physique : celle-ci n'était pas suffisante pour susciter des relations, elle devient de moins en moins nécessaire pour les rendre possibles. Commerce et loisirs se concentrent dans de vastes équipements rayonnant à l'échelle de plusieurs dizaines voire centaines de milliers d'habitants. Dans ce contexte, le quartier, dépouillé de ses fonctions anciennes par le logement et la ville qui, chacun, accueillent de plus en plus d'activités, apparaît de moins en moins comme un territoire privilégié de la socialisation et des sociabilités. Cela ne signifie pas qu'il n'apporte plus de contribution à la production des identités collectives. Au contraire, devenu l'objet d'un choix et non plus d'une détermination sociale simple, il est un moyen de regroupement et de différenciation, volontaire pour certaines catégories sociales, contraint pour d'autres. La notion de quartier se dissout ainsi peu à peu dans ce qui est avant tout un espace sociorésidentiel, lieu de regroupement d'individus et ménages qui ne partagent pratiquement que des intérêts résidentiels et statutaires. Une telle évolution nous interpelle évidemment sur la conception et les modalités de la démocratie locale dans un contexte métropolitain.

Liste des auteurs

Denise ARBONVILLE, Réseau Socio-économie de l'Habitat.

François ASCHER, Institut français d'urbanisme, université de Paris-VIII.

André BABEAU, professeur émérite à l'université de Paris-Dauphine.

René BALLAIN, centre de recherche sur la politique, l'administration, la ville et le territoire, CNRS-université Pierre-Mendès-France, IEP Grenoble.

Yvonne BERNARD, CNRS, Paris.

Catherine BONVALET, INED.

Jean BOSVIEUX, Agence nationale d'information sur le logement.

Jacques BRUN, Institut de géographie, université de Paris-I.

François CLANCHÉ, INSEE.

Henri COING, Institut d'urbanisme de Paris, université Paris-XII-Val-de-Marne.

Bernard COLOOS, Fédération nationale du bâtiment.

Laurent COUDROY DE LILLE, laboratoire Vie Urbaine, Institut d'urbanisme de Paris. Université de Paris-XII-Val-de-Marne.

Jean-Claude DRIANT, L'OEIL, Institut d'Urbanisme de Paris, université Paris-XII-Val-de-Marne.

Jocelyne DUBOIS-MAURY, LEDALOR, Institut d'urbanisme de Paris, université Paris-XII-Val-de-Marne.

Pierre DURIF, Crédit foncier de France.

Monique ELEB, Laboratoire *Architecture, Culture et Société XIX*[e]*-XX*[e] *siècle*, École d'architecture Paris-Villemin.

Yankel FIJALKOW, Groupe de Recherche Innovations et Sociétés. Université de Rouen.

Jean-Pierre FREY, Institut d'urbanisme de Paris, université Paris-XII-Val-de-Marne.

Anne-Marie FRIBOURG, direction générale de l'urbanisme, de la construction et de l'habitat (ministère de l'Équipement, des Transports et du Logement).

Anne GOTMAN, CNRS, Institut parisien de recherche : architecture, urbanistique, société (IPRAUS).

Jean-Jacques GRANELLE, université de Paris-XII-Val-de-Marne.

Yves GRAFMEYER, Groupement de recherche sur la socialisation, Lyon-II.

Catherine GRÉMION, Centre de sociologie des organisations (CNRS).

Guy HORENFELD, Union nationale des fédérations d'organismes HLM.

Marie Christine JAILLET, Centre interdisciplinaire d'études urbaines, université de Toulouse-Le Mirail.

Brigitte JOUSSELLIN, Observatoire des loyers de l'agglomération parisienne.

Anne LAFERRÈRE, INSEE.

Roderick J. LAWRENCE, Centre universitaire d'écologie humaine et des sciences de l'environnement, université de Genève.

Jean-Michel LÉGER, CNRS, Institut parisien de recherche : architecture, urbanistique, société (IPRAUS).

Jean-Pierre LÉVY, Centre de recherche sur l'habitat (LOUEST, CNRS).

Susanna MAGRI, Cultures et sociétés urbaines, Institut de recherche sur les sociétés contemporaines (CNRS, Paris).

Christian MOLEY, école d'architecture de Paris-La Villette.

Frédéric MORET, université de Marne-la-Vallée.

Patrick DE LA MORVONNAIS, directeur d'études au BIPE.

Michel MOUILLART, Centre d'études et de recherches économiques sur la ville et l'espace, université de Paris-X-Nanterre.

Hélène PAULIAT, Obsevatoire des mutations institutionnelles et juridiques, université de Limoges.

Daniel PINSON, Institut d'aménagement Régions, université Aix-Marseille-III.

Henri RAYMOND, professeur émérite.

Vincent RENARD, CNRS.

Marcel RONCAYOLO, professeur émérite, université de Paris-X-Nanterre, EHESS.

Marion SEGAUD, Institut des mers du Nord, université du littoral, Côte d'Opale.

Patrick SIMON, INED.

Claude TAFFIN, Observatoire foncier et immobilier (Crédit foncier de France).

André THOMAS, ancien directeur des affaires économiques de la Fédération nationale du bâtiment.

Daniel TOMASIN, Institut des études juridiques de l'urbanisme et de la construction, université de Toulouse-I.

Bernard VORMS, Agence nationale d'information sur le logement.

Françoise ZITOUNI, Centre d'études juridiques d'urbanisme, faculté de droit et de sciences politiques d'Aix-Marseille-III.

Table

II. LES DONNÉES FONDAMENTALES DE L'HABITAT

III. L'ÉCONOMIE DU LOGEMENT

IV. POLITIQUES PUBLIQUES

V. LE LOGEMENT DANS LA VILLE

VI. HABITER LE LOGEMENT

Composition Facompo, Lisieux
Achevé d'imprimer en avril 1998
par **Bussière Camedan Imprimeries**
Dépôt légal : mai 1998
Numéro d'imprimeur : 982527/1
Premier tirage

Imprimé en France